Zukunft der Arbeit

SCHÄFFER POESCHEL

Christian Hensch, Uli Wismer

mit Beiträgen von Will Hutton, Christian Lutz, Jeremy Rifkin, Kari Tapiola über die

Zukunft der Arbeit

1997
Schäffer-Poeschel Verlag Stuttgart

Die beiden Autoren Christian Hensch und Uli Wismer sind Autoren / Realisatoren und Mitarbeiter der Blackbox AG, Zürich.

Das vorliegende Buch ist entstanden aufgrund der TV-Serie »Zukunft der Arbeit« (eine Koproduktion der European Broadcasting Union (EBU), des Westdeutschen Rundfunks (WDR), des Schweizerischen Fernsehens (SRG) und der Blackbox AG.
Die gleichnamige Serie ist auf Videokasette im Verlag Schäffer-Poeschel erhältlich
ISBN 3-7910-1228-2.

Die Deutsche Bibliothek – CIP-Einheitsaufnahme

Zukunft der Arbeit / Christian Hensch ; Uli Wismer.
Mit Beitr. von Will Hutton ... – Stuttgart : Schäffer-Poeschel, 1997
ISBN 3-7910-1199-5

ISBN 3-7910-1199-5

Gedruckt auf chlorfrei gebleichtem, säurefreiem und alterungsbeständigem Papier

Satz: winter_graphX
Druck und Bindung: Franz Spiegel Buch GmbH, Ulm
Printed in Germany

Schäffer-Poeschel Verlag Stuttgart
Ein Tochterunternehmen der Verlagsgruppe Handelsblatt

VORWORT

»**Zukunft der Arbeit**« ist zweifellos ein schwergewichtiger Titel für ein schmales Buch wie dieses. Das Thema hat eine große Dimension und eine bedrückende Aktualität. Die tradierte Arbeitswelt steckt fast überall in der Krise. »**Die Jobmaschine funktioniert nicht mehr!**« - so bringt es eine Schlagzeile auf den Nenner: die Krise der Erwerbsgesellschaft ist bereits eine Krise des Sozialstaats. Diese Krise läßt sich nicht mehr mit dem Optimismus aus der Welt schaffen, daß die Zukunft in einer »**Wende**« die Vergangenheit wiederbringe. Denn diese ist nachhaltig entzaubert worden.

Der Titel »**Zukunft der Arbeit**« erscheint meist, wenn (wieder einmal) nur der **quantitative** Aspekt der Sache zur Sprache kommt, der Arbeits»**markt**« vor allem in Zahlen abgehandelt wird: Abbau und Verlust von Arbeitsplätzen - neugeschaffene Arbeitsplätze in einer Anzahl weit unter der Zahl der verlorengegangenen - die Auflösung der konventionellen Arbeit (Arbeitszeit, Arbeitsvolumen, Arbeitsverhältnisse usw.) und damit der Verlust vieler traditioneller Berufe - die Massenarbeitslosigkeit, die jegliche Vision von Vollbeschäftigung verblassen läßt - die Bilanz also der »**zerbröselnden Arbeitsgesellschaft**« (Dahrendorf).

Oder die Zahlen beschreiben etwa die »**Tertiarisierung**«, die Zunahme des Dienstleistungssektors im Vergleich zum industriellen Bereich: nur noch 20 % der Erwerbstätigen sind mit der Herstellung und Verarbeitung von Waren, 80 % aber mit Tätigkeiten beschäftigt, die im weitesten Sinn als Dienstleistungen gelten können (BRD 1989/ Statist. Bundesamt 1992).

Andere Befunde lassen sich in Zahlen weniger gut darstellen. Etwa der tatsächliche Bestand des »**Normalarbeitsverhältnisses**«, auf das sich auch das Arbeitsrecht bezieht. Die Erosion, von der es betroffen ist, ist überall spürbar, aber schwierig darzustellen. Es zeichnet sich auch ab, daß von der »**Normalität**« abweichende Beschäftigungsformen stark zugenommen haben und weiter zunehmen, während nach wie vor das rechtliche Schutzniveau nur für das »**Normalarbeitsverhältnis**« gültig bleibt. Der Arbeitsmarkt der Zukunft wird im Kern diffus, unausgeglichen und wandelbarer sein. Neue Beschäftigungsformen, »**neue**« Arbeitsplätze, aber auch die von Wandlungsprozessen bis ins Mark getroffenen alten Arbeitsplätze sind noch immer schwer zu zählen. Ihre Bedeutung für die zukünftige Struktur der Erwerbsgesellschaft ist quantitativ nicht schlüssig zu erfassen. Damit will sich dieses Buch auch nur am Rande beschäftigen. Es geht näher an einzelne Situation heran, in denen die Zukunft der Arbeit sich bereits zu erkennen gibt.

Vorwort

»**Work in Progress**« - der englische Titel der diesem Buch zugrundeliegenden Fernsehserie - verweist deshalb genauer auf das Interesse dieses Buchs und des Filmprojekts, deren Ergebnisse es beschreiben und dabei ergänzen will. Es geht darin um den **qualitativen** Aspekt: Wohin geht die Reise? Wie entwickelt sich die Arbeit? Was unterscheidet die neuen von den alten Arbeitplätzen? Was geht verloren? Was wird gewonnen? Wie wird die Arbeitsgesellschaft im Jahr 2020 aussehen?
Unser Augenmerk gilt »**normalen**«, alltagsnahen Entwicklungen, nicht den singulären, nicht den spektakulären und schon garnicht den exotischen. An ihnen soll abzulesen sein, ob - und welche - Chancen sie haben, sich in Zukunft zu normalisieren und neue, sichere Strukturen einer Erwerbsgesellschaft herauszubilden. Die also Bestand haben werden.
Mit ihnen soll die Aufmerksamkeit auf Entwicklungen gerichtet werden, die dem Anspruch auf Modernisierung **und** Humanisierung standhalten. Oder die als modellhafte Lösung von Problemen auf dem Arbeitsmarkt gelten können. Wir zeigen neue Formen der Arbeit, die den Stoff für konstruktives Bemühen um eine neue Definition des »**Normalarbeitsverhältnisses**« hergeben. Sie entstehen heute meist am Rand der Arbeitsgesellschaft, zuerst in Sondersituationen und in Nischen, wo sie - wie oben erwähnt - weder vom traditionellen Arbeitsrecht geschützt, noch von der traditionellen Berufsbildung angezeigt und vorbereitet werden. Jetzt noch nicht. Deshalb erscheinen sie beim ersten Zusehen als eher gefährdet, zerbrechlich und wachstumsgefährdet, also illusionär. Ihr Bestand und ihre Beständigkeit sind noch vielfach völlig im Unklaren. Ihre Ziele und Funktionen und ihr Ethos sind meist noch strittig. Sie entsprechen oft nicht den Grundprinzipien der »**alten**« Arbeitsplätze und Berufe. Sie können ihnen nicht entsprechen, ja sie sollen es auch nicht. Denn sie sind Elemente des Neuen, nicht selten in radikaler Abkehr von überholten Strukturen, die sie ablösen wollen.
Sie sind vielfach dadurch konstituiert, daß es im Erwerbsleben der Zukunft den Job fürs Leben nicht mehr gibt, nicht mehr geben kann. Phasen von Erwerbstätigkeiten wechseln sich mit Phasen (erzwungener oder freiwillig gewählter) Erwerbslosigkeit ab, in denen Berufs- und Arbeitsplatzwechsel nach subjektiven Kriterien stattfindet und in denen auch berufliche Weiterbildung, Kindererziehung, politisches und soziales Engagement gewählt werden - wenn das zu bezahlen ist. Was auch heißt: wenn sie den Lebensunterhalt und - als neue Berufe - die ökonomische Lebensplanung/ -vorsorge sichern. Denn diese Art von sozialer Job-Rotation (besser: Job-Evolution) unterscheidet sich ganz erheblich von der Job-Rotation in der Vollbeschäftigung.

Bei der Auswahl der Beispiele, die in den Filmen anschaulich gezeigt werden und die das Buch beschreibt, wurden vor allem solche Beispiele neuer Arbeitsverhältnisse bevorzugt, die eine Aussicht auf Erfolg versprechen: Erfolg, weil sie dem Inhaber des neuen Arbeitsplatzes/ Berufs eine Perspektive geben; Erfolg, weil sie nach Inhalt und Funktion Sinn geben und die sozialen Funktionen, die in der »**zerbröselnden Arbeitsgesellschaft**« irreversibel gestört worden sind, wiederherzustellen oder zu ersetzen vermögen. Die sich durchsetzen werden und die zukünftige Erwerbsgesellschaft wieder ins Gleichgewicht bringen!

Solche Beispiele werden hier dokumentiert und in ihrer Entstehungsgeschichte skizziert. Für uns war es dabei besonders wichtig, die Frauen und Männer, die diese verwandelten oder neuen Arbeitsplätze und Berufe aufgebaut und ausgestaltet haben, nach ihren Beweggründen, ihren Erfahrungen und ihren Erfolgsaussichten zu befragen. Diese Aussagen lassen wir durch prominente Experten kommentieren und bewerten.

Viele der von uns angebotenen Beispiele sind dadurch gekennzeichnet, daß es vorerst keine Hoffnung mehr auf Vollbeschäftigung gibt, und daß die Suche nach neuen Chancen meist unter dem Zwang zum Handeln steht, einen konkreten, unmittelbaren Ausweg aus der eigenen Erwerbslosigkeit zu suchen, »**koste es, was es wolle**«, da gilt: Rette sich, wer kann. Mit der neuen Arbeit geht das Bemühen um eine neue, lebensgestaltende Identität einher.
Von der »**neuen**« Erwerbsgesellschaft dürfen und müssen wir erwarten, daß sie auch die soziale Frage auf einem hohen Niveau beantwortet.
Andere Beispiele, die wir zeigen, spiegeln die Erfahrung, daß die Automatisierung eben nicht mehr Arbeit schafft als sie beseitigt. Daß man also auszuweichen gezwungen ist, wenn und weil die Arbeit knapp geworden ist. Nicht von ungefähr kommt für die derart von Arbeit Freigesetzten, in dieser lebensgefährdenden Situation, eine Rettung auch von der Wiederentdeckung der in der alten Arbeitsgesellschaft vernachlässigten kreativen, innovativen, planerischen und kommunikativen Potentiale. Intuitives, künstlerisches und kulturelles Handeln erhält in der Freizeitgesellschaft einen neuen Stellenwert. Da die Produktion immer weniger Menschen beschäftigt, hat sich der Beschäftigungsdrang schon längst den sogenannten Dienstleistungen zugewandt. Sie flankieren die automatisierte Produktionswelt, aber auch die dynamisch sich entwickelnde Freizeitwelt, deren Strukturen meist noch fließend, weich und gestaltungsfähig sind. Ähnliches gilt für das Thema Umwelt oder für das Thema Information und Kommunikation. Für diese Bereiche trifft zu, daß in ihnen und für sie noch nie so viel zu tun gab wie heute. Die Zukunft der Arbeit liegt vielleicht hier. Neue Beschäftigungsfelder tun sich auf, mit viel Arbeit, für die die herkömmlichen Branchenverzeichnisse vorerst nur ungenau, und völlig ungeeignet, Akteure anbieten können.

Vieles Wichtige wird in diesem Buch nur en passant genannt und fließt in die Kommenrate ein. Wir beschränken uns auf die Anschaulichkeit und Überzeugungskraft der von uns zusammengesuchten, exemplarisch behandelten Beispiele, die - jedes für sich - Momentaufnahmen sind. In ihrer Variationsbreite können sie deutlich machen, wie am Rand der Arbeitswelt, und auch mittendrin, Entwicklungen in Gang gekommen sind, die dazu anregen, in die Zukunft zu schauen.

Vorwort

Unser Dank gilt den zahlreichen Mitwirkenden, die im Zentrum unserer Fallbeispiele stehen. Ferner all jenen, die uns im Verlauf der Recherchen zur Fernsehserie und zu diesem Buch mit Informationen und Vorschlägen tatkräftig geholfen haben.

Ein besonderer Dank geht an die Statement-Partner, die »Kommentatoren«:
Will Hutton, Redakteur des »Observer«, London,
Liisa Joronen, Besitzerin und Direktorin von SOL, Oy Palvelut,
Christian Lutz, Direktor des Gottlieb-Duttweiler-Instituts für wirtschaftliche und soziale Studien, Rüschlikon/Zürich,
Jeremy Rifkin, Autor des Bestsellers »Das Ende der Arbeit und ihre Zukunft«, Washington D.C.,
Kari Tapiola, Stellvertretender Generaldirektor der Internationalen Arbeitsorganisation ILO, Genf.
Die ausführlichen Interviews mit ihnen und ihre wissenschaftlichen und publizistischen Arbeiten waren uns immer wieder Inspiration für unsere Beobachtungen und Erfahrungen.

Peter Teckentrup, Westdeuetscher Rundfunk WDR, Köln
John Winistoerfer, Blackbox AG, Zürich

INHALTSVERZEICHNIS

GESELLSCHAFT

Die Philadelphia Erklärung von 1944 und ihre Bedeutung heute

Kari Tapiola
Stv. Generaldirektor,
Internationale Arbeitsorganisation ILO, Genf

Gegen Ende des Zweiten Weltkriegs bekräftigten die Mitglieder der Internationalen Arbeitsorganisation in Philadelphia erneut ihre Überzeugung, wie die Welt der Arbeit mit Frieden, Wohlstand, Freiheit und den Menschenrechten zusammenhängt. Die Philadelphia Erklärung, angenommen im Mai 1944, wurde später zu einem Teil der Statuten des ILO, das am Ende des Ersten Weltkriegs gegründet worden ist. Seit dem Versailler Friedensvertrag von 1919 wurde das ILO gebeten, die Rolle des sozialen Gewissens der Welt zu übernehmen.

Die ursprünglichen Grundsätze des ILO, die später in Philadelphia weiter verbessert wurden, sind für die sich verändernden globalen Umstände heute von Bedeutung. Seit den späten 70er Jahren ist die gegenseitige Abhängigkeit der einzelnen Länder in den Mittelpunkt gerückt. Die Philadelphia Erklärung erinnerte schon damals daran, dass **»Armut, wo immer sie besteht, den Wohlstand aller gefährdet«**.

In der heutigen Debatte über die sozialen Auswirkungen der Globalisierung lohnt es sich, die Botschaft von Philadelphia zu vergegenwärtigen, gemäss der das Recht aller Menschen auf materielles Wohl und geistige Entwicklung das Hauptziel nationaler und internationaler Wirtschafts- und Finanzpolitik sein sollte. **»Es gehört zu den Aufgaben der Internationalen Arbeitsorganisation, alle internationalen Pläne und Massnahmen wirtschaftlicher und finanzieller Art unter diesem grundlegenden Gesichtspunkt zu prüfen und in Erwägung zu ziehen«**.

Der neueste ILO Bericht über Arbeit in der Welt (1996/97) zeigt, dass eine wachsende Zahl der weltweit Beschäftigten Tätigkeiten ausführen, die in Verbindung zu internationalen Handels- und Kapitalströmen stehen. Arbeitsmärkte auf der ganzen Welt werden untereinander immer mehr vernetzt.

Dies geschieht im Zusammenhang von hoher Arbeitslosigkeit und Unterbeschäftigung in allen Teilen der Welt. Arbeitslosigkeit, Unterbeschäftigung, Armut, Polarisierung, Marginalisierung und Ausschluss gehen Hand in Hand. Wie der ILO Bericht über Arbeit feststellt, transformiert langandauernde Massenarbeitslosigkeit einen Teil der Arbeitslosen zu einer bleibenden Klasse von Ausgeschlossenen. Aus der Sicht der Philadelphia Erklärung ergibt sich daraus eine anhaltende Gefahr für den Wohlstand aller - und damit für den Weltfrieden. Da der Prozess innerhalb und nicht bloss zwischen den Ländern stattfindet, wächst das Risiko aller Gesellschaften.

Dies ist ein Paradoxon der Welt nach dem Kalten Krieg. Die Kräfte der Globalisierung haben eine Situation geschaffen, in der die Widersprüche wirtschaftlicher, sozialer und politischer Ideologien dahingeschmolzen sind. Die politischen Ziele der Nationen waren noch nie so übereinstimmend, Marktwirtschaft, Vollbeschäftigung, soziale Gerechtigkeit, mindestens ein gewisser Grad an Freiheit und politischer Demokratie. Aber dies reicht nicht für einen zuversichtlichen und optimistischen, sozialen Ausblick.

Wieso nehmen die Bedenken über die Dinge, die da kommen werden zu? Technologische Veränderungen im Produktions- und Dienstleistungssektor haben zusammen mit der Internationalisierung die Aussichten für die Arbeitsplätze geändert. Die Sicherheit - häufig eine zahlenmässige Sicherheit - des traditionellen Arbeitskollektivs baut sich ab. Unmittelbare Verbindungen zwischen Arbeitnehmer und Arbeitgeber werden aufgelöst. Arbeit wird zwischen Ländern und Kontinenten verlagert. Die »**atypischen**« Formen der Arbeit werden zur Regel, nicht zur Ausnahme.

Wie darauf reagieren? Gewiss nicht, die Welt anzuhalten und zu versuchen, vorwärts in die Vergangenheit zu schreiten. Grundsätze wie Vollbeschäftigung, wirtschaftliche Sicherheit, Chancengleichheit und geistiges Wohl brauchen nicht revidiert oder neuerfunden werden. Das Schwergewicht liegt eher bei deren Anwendung unter neuen Verhältnissen.
Wenn die Strukturen der Produktion, einschliesslich der Entscheidungsfindung sich ändern, so muss dies in den Beziehungen zwischen Arbeitgebern und Arbeitnehmern berücksichtigt werden. Tarifverhandlungen und gewerkschaftliche Arbeitsmethoden müssen entwickelt werden. Einrichtungen der Arbeitnehmervertretung müssen den realen Verhältnissen angepasst werden. Arbeitgeber müssen ermutigt werden, das Potential der Arbeitskräfte durch Konsultation, Verhandlungen und Entwicklung der Menschenrechte besser zu nutzen.

Bedenken sind geäussert worden über das Ende der Vollbeschäftigung und die Arbeit, so wie wir sie kennen. Aber es gibt sicher keinen Mangel an notwendiger und produktiver Arbeit in dieser Welt, die manchmal im Stande zu sein scheint, Dinge viel schneller zu zerstören als sie zu erschaffen. Das Philadelphia-Ziel der Vollbeschäftigung kann sehr gut aufrecht erhalten werden, selbst wenn das Beschäftigungsprofil sich ändert. Die Herausforderung liegt darin, dies zu organisieren. Eine Antwort heisst Konsultation, Kooperation und Verhandlung. Auf dem Arbeitsmarkt bedeutet dies die Dreiseitigkeit von Arbeitgebern, Arbeitnehmern und Regierung. Für das ILO steht diese Dreiseitigkeit im Zentrum.

In einer zunehmend heterogenen Arbeitswelt ist es wichtig, die grundlegenden Richtlinien, die für alle und unabhänig vom Arbeitsverhältnis gelten sollten, zu stärken. Diese Richtlinien gehören weiterhin zum Mandat des ILO. Der Ansatz zu solchen Grundrechten sollte durch Tarifverhandlungen begleitet werden, die imstande sind, sich der neuen Verhältnisse anzunehmen, welche durch Technologie und Internationalisierung geschaffen worden sind.

Minimale Richtlinien sind keine Garantie gegen Unterschiede beim Einkommen und bei der Arbeitsplatzsicherheit zwischen Gruppen und Einzelnen. Die sogenannten kommunistischen Experimente haben gezeigt, dass absolute Gleichheit kein brauchbares Modell hergibt. Aber Richtlinien sind notwendig, um zu verhindern, dass Frauen und Männer einen berechtigten Schutz verlieren und um es ihnen zu ermöglichen - in den Worten der Philadelphia Erklärung - **»materiellen Wohlstand und geistige Entwicklung in Freiheit und Würde, in wirtschaftlicher Sicherheit und unter gleich günstigen Bedingungen zu erstreben«**.

Erklärung über die Ziele und Zwecke der Internationalen Arbeitsorganisation

Die Allgemeine Konferenz der Internationalen Arbeitsorganisation, die in Philadelphia zu ihrer sechsundzwanzigsten Tagung zusammengetreten ist, nimmt heute, am 10. Mai 1944, diese Erklärung über die Ziele und Zwecke der Internationalen Arbeitsorganisation und über die Grundsätze an, welche die Politik ihrer Mitglieder leiten sollten.

I

Die Konferenz erneuert das Bekenntnis zu den leitenden Grundsätzen, auf die sich die Organisation stützt, und erklärt im besonderen:

a) Arbeit ist keine Ware.
b) Freiheit der Meinungsäusserung und Vereinigungsfreiheit sind wesentliche Voraussetzungen beständigen Fortschritts.
c) Armut, wo immer sie besteht, gefährdet den Wohlstand aller.
d) Der Kampf gegen die Not muss innerhalb jeder Nation und durch ständiges gemeinsames internationales Vorgehen unermüdlich weitergeführt werden, wobei die Vertreter der Arbeitnehmer und der Arbeitgeber sich gleichberechtigt mit den Vertretern der Regierungen in freier Aussprache und zu demokratischen Entscheidungen zusammenfinden, um das Gemeinwohl zu fördern.

II

Die Konferenz ist davon überzeugt, dass die Erfahrung die Richtigkeit der in der Verfassung der Internationalen Arbeitsorganisation enthaltenen Erklärung voll erwiesen hat, wonach der Friede auf die Dauer nur auf sozialer Gerechtigkeit aufgebaut werden kann, und bestätigt folgendes:

a) Alle Menschen, ungeachtet ihrer Rasse, ihres Glaubens und ihres Geschlechts, haben das Recht, materiellen Wohlstand und geistige Entwicklung in Freiheit und Würde, in wirtschaftlicher Sicherheit und unter gleich günstigen Bedingungen zu erstreben.
b) Die Schaffung der hierfür notwendigen Voraussetzungen muss das Hauptziel innerstaatlicher und internationaler Politik sein.
c) Alle innerstaatlichen und internationalen Pläne und Massnahmen, insbe-

sondere solche wirtschaftlicher und finanzieller Art, sollten unter diesem Gesichtspunkt beurteilt und nur gutgeheissen werden, soweit sie geeignet erscheinen, die Erreichung dieses Hauptziels zu fördern und nicht zu hindern.

d) Es gehört zu den Aufgaben der Internationalen Arbeitsorganisation, alle internationalen Pläne und Massnahmen wirtschaftlicher und finanzieller Art unter diesem grundlegenden Gesichtspunkt zu prüfen und in Erwägung zu ziehen.

e) Bei der Erfüllung der ihr übertragenen Aufgaben kann die Internationale Arbeitsorganisation nach Berücksichtigung aller in Betracht kommenden wirtschaftlichen und finanziellen Umstände jede ihr zweckmässig erscheinende Massnahme in ihre Entscheidungen und Empfehlungen einbeziehen.

III

Die Konferenz anerkennt die feierliche Verpflichtung der Internationalen Arbeitsorganisation, bei den einzelnen Nationen der Welt Programme zur Erreichung folgender Ziele zu fördern:

a) Vollbeschäftigung und Verbesserung der Lebenshaltung,

b) Beschäftigung der Arbeitnehmer in Berufen, in denen sie die Befriedigung haben können, ihre Fähigkeiten und Kenntnisse in vollem Umfang zu entfalten und das Beste zum Gemeinwohl beizutragen,

c) Vorkehrungen als Mittel zur Erreichung dieses Zieles, um die Ausbildung und den Arbeitplatzwechsel einschliesslich der Wanderungsbewegung zur Erlangung von Beschäftigung und zwecks Siedlung zu ermöglichen, wobei allen Beteiligten angemessene Sicherheit zu bieten ist,

d) Gewährleistung eines gerechten Anteils aller an den Früchten des Fortschritts hinsichtlich der Löhne und des Einkommens, der Arbeitszeit und anderer Arbeitsbedingungen sowie eines lebensnotwendigen Mindestlohnes für alle Arbeitnehmer, die eines solchen Schutzes bedürfen,

e) tatsächliche Anerkennung des Rechts zu Kollektivverhandlungen, Zusammenwirken von Betriebsleitung und Arbeitskräften zur ständigen Steigerung der Produktivität sowie Zusammenarbeit von Arbeitnehmern und Arbeitgebern bei der Vorbereitung und Durchführung sozialer und wirtschaftlicher Massnahmen,

f) Ausbau von Massnahmen der sozialen Sicherheit, um allen, die eines solchen Schutzes bedürfen, ein Mindesteinkommen zu sichern, und um umfassende ärztliche Betreuung zu gewährleisten,

g) angemessener Schutz für das Leben und die Gesundheit der Arbeitnehmer bei allen Beschäftigungen,

h) Schutz für Mutter und Kind,
i) angemessene Ernährungs- und Wohnverhältnisse und Möglichkeiten zur Erholung und zur Teilnahme am kulturellen Leben,
j) Gewährleistung gleicher Gelegenheiten in Erziehung und Beruf.

IV

Die Konferenz ist der Überzeugung, dass eine gründliche und umfassende Nutzung der Produktionsmittel der Welt, die zur Erreichung der in dieser Erklärung dargelegten Ziele notwendig ist, durch wirksames internationales und innerstaatliches Vorgehen, unter anderem durch Massnahmen gewährleistet werden kann, die darauf abzielen, Erzeugung und Verbrauch zu steigern, ernstliche Konjunkturschwankungen zu vermeiden, den wirtschaftlichen und sozialen Fortschritt in den weniger entwickelten Gebieten der Welt zu fördern, eine grössere Beständigkeit der Rohstoffpreise auf dem Weltmarkt zu sichern und einen ausgedehnten und stetigen Welthandel zu fördern. Die Konferenz erklärt deshalb die volle Bereitschaft der Internationalen Arbeitsorganisation zur Zusammenarbeit mit allen internationalen Körperschaften, deren eine Mitverantwortung für diese grosse Aufgabe und für die Förderung der Gesundheit, der Erziehung und der Wohlfahrt aller Völker anvertraut ist.

V

Die Konferenz bekräftigt, dass die in dieser Erklärung niedergelegten Grundsätze für alle Völker der Welt volle Geltung haben. Die Art ihrer Anwendung muss sich zwar nach der von jedem Volk erreichten sozialen und wirtschaftlichen Entwicklungsstufe richten, aber ihre fortschreitende Verwirklichung in noch abhängigen Gebieten sowie für Völker, die bereits die Stufe der Selbstregierung erreicht haben, ist Anliegen der gesamten zivilisierten Welt.

Quelle: International Labour Organization (ILO)

STRUKTUREN

Bad Acid

Editorial

Es gibt da diese alte, weise, chinesische Fluchformel, die wie folgt lautet: ***»Mögest du in interessanten Zeiten leben!«*** *Kein Zweifel: Wir sind verflucht. Aber nicht von den Chinesen. Der Übeltäter lauert im Unsichtbaren, spukt wie ein übler Gedanke durch die Hinterstübchen von Arbeitern, Ökonomen und Wirtschaftspolitikern. S'ist ein körperloses Schemen, das überall auftaucht und nirgends beheimatet ist.*
Nur wenig, zu wenig ist bekannt über dieses Unding. Sein Wesen, zum Beispiel liegt im Dunkeln; die einen sehen in ihm den rechten Arm des Sachzwangs, andere einen unbarmherzigen, technologischen Moloch. Es beeinflusst unser Leben und unsere Arbeit und versetzt männiglich durch reine Anwesenheit in Angst und Schrecken. Nicht wenige sehen in ihm den apokalyptischen Herold einer seelenlosen Zukunft.
Was will es? Wohin drängt es? Was ist es? Die Nennung seines Namens, unter den falschen Umständen, verwandelt Blut zu Eis. Wir besitzen nicht die geringste Macht über diesen Quälgeist, er dafür uneingeschränkte Jurisdiktion über uns. Oh, er ist ein gestrenger Meister, er verurteilt seine Opfer zur Nutzlosigkeit, verbannt sie in die Gosse der Armut, zerstampft ihre Hoffnungen zu Brei und reisst ihnen die Träume aus der zuckenden Seele. Ein übles und gemeines Schreckgespenst ist's, und bei meiner Seele, ich nenne es hier furchtlos beim Namen: S'ist der Strukturwandel!

Im Jahre 1888 verfassten die zwei französischen Schriftsteller Jouvenot und Micard in Paris ein Lustspiel, welches das Selbstgefühl der Décadence ausdrücken sollte, der bourgeoisen, metropolitanen Epoche am Ende des 19ten Jahrhunderts. Sie nannten ihr Stück, mit Blick auf das ausgehende Jahrhundert »**Fin de siècle**«. Das Theaterstück wurde ein Erfolg, sein Titel auch. Er wurde zum Epochenbegriff und bezeichnet seither Dekadenz und Endzeitstimmung.
1997, das Fin de siècle hat uns wieder. So schrecklich bald schon wird die Jahreszahl mit einer 2 beginnen und werden wir mit abgesägten Hosenbeinen und leeren Händen dastehen. Die Science Fiction-Literatur hat während der hochindustriellen Euphorie nach dem Zweiten Weltkrieg das Jahr 2000 zum Ende der materiellen Sorgen erklärt; hat uns alle davon überzeugt, dass uns im Jahr 2000 die Technologie von Mühsahl und

Gefahr befreit haben wird; hat uns weisgemacht, die Zukunft sei gut, wenn wir uns bloss bis dorthin durchmogeln können.
Und wir haben es geglaubt.
Und nun zählen wir die Tage bis zum historischen Datum. Es steht heute bereits fest, dass wir das Rendez-vous mit der Zukunft verpassen werden. Dass unsere Hoffnungen und Erwartungen den Sprung vom Groschenroman in die Wirklichkeit nicht geschafft haben. Dass wir als Gesellschaft, im Kollektiv, versagt haben.
Fin de siècle.
Vielleicht ist es der nagende Grauschleier, den das Fin de siècle über alles wirft, der unseren Blick für die wirkliche Lage der Arbeitswelt trübt. Es ist möglich, dass die Endzeitstimmung das Schlechte hervorhebt und das Gute in den Hintergrund drängt. Es kann sein, dass uns allen ab dem 1. Januar 2000 eine grosse Last von der Seele fällt und dass wir ab dann wieder ohne Furcht nach vorn blicken können.
Vielleicht werden wir uns dann sogar mit dem Strukturwandel anfreunden und ihn als nützlichen Weggenossen willkommen heissen. Mit ihm einen oder zwei Kaffee trinken gehen, über Vergangenes und Erlebtes plaudern, uns seine Sichtweise darlegen lassen. Er, der grimmige Sensenmann der Vollbeschäftigung? Die Wunderwaffe der Multis? Der globale Raffer? Aus der Zukunft betrachtet, dürfte die Gegenwart ganz anders aussehen. Ich freue mich schon auf die Rückbetrachtung der 90er-Jahre aus einer zwanzig oder dreissig Jahre entfernt liegenden Zukunft.
Wenn wir heute zum Beispiel 30 Jahre zurückblicken, sehen wir die wilden und lebenslustigen 60er-Jahre und hören dazu als passende Hintergrundmusik Pink Floyds »**Atom Heart Mother**«, »**Satisfaction**« von den Rolling Stones oder, natürlich, »**A Day In The Life**« von den Beatles. Es war die Zeit der sexuellen Revolution und des Aufstandes der Jugend gegen das Establishment; William Jefferson Clinton nahm einen Zug Marihuana (ohne zu inhalieren); Miniröcke, Emma Peels Latex- und Ledermode, unmöglich breite Schlipse, Andy Warhol, psychedelische Muster, die APO, die SPIEGEL-Affäre, der Vietnamkrieg, Jugendkravalle. John Lennon sang »**All You Need Is Love**«, ohne zynische Kommentare damit zu ernten. Das milde Zeitalter des Wassermanns, the Age of Aquarius, das versprochene, goldene Zeitalter lag nur noch eine Prise LSD und ein Woodstock von uns entfernt.
Heutzutage, dreissig Jahre später, wütet AIDS; kauft Coca Cola die Olympischen Spiele; beginnt William Jefferson Clintons zweite Amtszeit; herrscht in Europa unter dem Euphemismus »**Konjunkturschwäche**« eine schleichende, wirtschaftliche Depression; ist die UdSSR zusammengebrochen; erleben die meisten Menschen mit, wie ihr Lebensstandard sinkt, während Preise und Steuerlast steigen; haben die Ex-68er auf ihrem langen Marsch durch die Institutionen irgendwo die falsche Abbiegung erwischt; steigert sich die Arbeitslosigkeit von einem Höchststand zum nächsten; erinnern uns die Teens immer mehr an Beavis and Buthead; und sind wir hilflose Gefangene in den Krallen des Strukturwandels und des Fin de siècle.

Würde damals, im Jahr 1966, sagen wir vom bunten Einkaufsrummel der Carnaby Street aus, jemand diese Zukunft vorausgesehen haben? Wem damals diese Sicht der Dinge vergönnt gewesen wäre, der hätte sich vermutlich an den Kopf gegriffen und sich leise über »**bad acid**« beklagt.
Und niemand teilte damals meine im Lauf der Arbeit an diesem Projekt langsam zur Gewissheit gereifte Vermutung, dass unsere politischen und wirtschaftlichen Führer angesichts der gewaltigen, sozialen Probleme in unserer Zeit ebenso ratlos sind wie wir; dass dieselben, alten Antworten auf die neuen Fragen keinen Ackergaul mehr vor den Pflug zaubern; und dass heute das meritokratische und oligarchische Parteien- und Unternehmenssystem, welches unsere führenden Politiker und Wirtschaftskapitäne hervorgebracht und geprägt hat, unter ihnen langsam wegbröckelt, ohne dass sie es wahrhaben wollen; so dass unsere Elite nurmehr ohne Fundament ist und den Bodenkontakt verloren hat. Man beweise mir das Gegenteil. Bitte!
Wie für ein anständiges Fin de siècle üblich, ist die Zeit reif für Gerüchte, Meinungen, Vorurteile und Populisten. Knackige Slogans und grob vereinfachende Credi sind an der Tagesordnung. Jedermann darf sein Sätzlein aufsagen und ist dabei meistens sowohl ein bisschen im Recht als auch ein bisschen im Unrecht. Hier nun unser eigener »**Zukunft der Arbeit**«-Katalog der häufigsten und falschesten Behauptungen rund um die Arbeit der Zukunft…

»Wir werden die Arbeitslosenzahl in Deutschland bis ins Jahr 2000 halbieren« (Bundeskanzler Dr. Helmut Kohl im Januar 1997)
Dass die Arbeitslosenquote bis dahin nur schon gleich hoch bleibt, wäre bereits ein sensationeller Erfolg. Statt die strukturell bedingte Arbeitslosigkeit zu bekämpfen, sollten Regierung sich auf langfristiges Zusammenleben mit vielen Arbeitslosen einrichten. Es sind Wähler, und es nützt niemandem, wenn diese immer grössere Wählerschicht auf die dritte falsche Behauptung dieses Katalogs hereinfällt.

Dies ist nur ein kurzfristiges Phänomen. Es wird auch in der Zukunft wieder Vollbeschäftigung geben.

Vornehmlich in Wahlkämpfen zu hören und dennoch falsch. Vollbeschäftigung, wie wir sie zu kennen glauben, ist ein Ding der Vergangenheit. Die Vorstellung, es gäbe Arbeit für jeden, ist falsch. 900 Millionen Menschen auf dieser Welt sind zur Zeit arbeitslos oder unterbeschäftigt (ILO, Genf). Man rechnet nicht damit, dass sich diese Zahl verringert. Fakt: Immer weniger Arbeiter erbringen dank technischer Hilfsmittel immer mehr Leistung.

Die Ausländer sind schuld!

Ach! Bedrohliche Völker, gleich hordenweise und suspekter, weil fremder Herkunft, belauern mit gierigem Sinn das abendländische Arbeitsparadies! Oh weh: Asylschwindler! Billigarbeiter! Hannibal ante Portas! Dass die Ausländer schuld seien, ist so ziemlich das dämlichste, das sich zur vorliegenden Problematik sagen lässt. Dass dies von Pat Buchanan über Jean-Marie Le Pen bis zu Jörg Haider immer wieder behauptet wird, macht es auch nicht richtiger, höchstens trauriger. Und es verdeutlicht die bestürzende Konzeptlosigkeit der etablierten, mehrheitfähigen Politik. Den jetzt tonangebenden politischen Parteien geht die traditionelle Klientel verloren: Den sozialdemokratischen Parteien die Industriearbeiter und unteren Angestellten, den bürgerlichen, christdemokratischen Parteien der Mittelstand. Ihre Parteiprogramme und ihre Parteikultur zielen immer mehr ins Leere.

Im Cyberspace werden ungezählte neue Arbeitsplätze entstehen.

Dazu an dieser Stelle nur das Fazit: Cyberspace - Shmyberspace!

Wer keine Arbeit hat, ist selber schuld!

...und ein fauler, disziplinloser Kerl und daher auch ein nutzloser Mensch. Noch vor kurzem oft gehört. Inzwischen immer seltener geworden. Solange alle den Arbeitslosen ein soziales Stigma anhängt, wird der Zustand der Arbeitslosigkeit als Abweichung von der Norm empfunden werden. Er wird je länger desto mehr zur Norm. Es gibt inzwischen schon Gesellschaftsmodelle, die postulieren, dass Mitte des nächsten Jahrhunderts nur noch 20 Prozent der arbeitsfähigen Erwachsenen Arbeit haben werden. Einer von fünf! Die übrigen 80 Prozent dürfen sich Arbeitslosigkeit und unregelmässige Gelegenheitsjobs teilen. Die Nachfolgerin der obigen, falschen Behauptung dürfte dann lauten: ***Wer Arbeit hat, ist ein rückgratloser, jasagender, egoistischer, karrieristischer Kriecher!***

Es fehlen die politischen Rahmenbedingungen für einen Aufschwung.

Oft von Wirtschaftskapitänen angestimmter Klageruf. Und falsch. Damals haben auch schon die Rahmenbedingungen der Hochkonjunktur gefehlt. Die Politik ist immer reaktiv, bessert nachträglich aus, läuft dem abfahrenden Zug hinterher. Dies ist einerseits ärgerlich, andererseits auch Voraussetzung für eine freie Gesellschaft. Täte sie es nicht und politisierte sie im voraus, lebten wir in einer Planwirtschaft. Und würde die Politik sich immer dem Willen der Unternehmen fügen und die von ihnen gewünschten Rahmenbedingungen sofort umsetzen, wären wir in einer Oligarchie oder Plutokratie.

Die profitgierigen Arbeitgeber sind das Wurzel des Übels.

Kaum. Die profitgierigen Arbeitgeber haben zur Zeit alle Hände voll zu tun, ihre Unternehmen am Leben zu erhalten. Sie sind mehr Opfer als Täter. Sie müssen sich höchstens sagen lassen, dass sie die einflussreichsten, stärksten aller Opfer sind und von ihnen herzlich wenig Widerstand zu sehen ist, während sie die Opferrolle von sich auf ihre Untergebenen abwälzen. Die Wurzel des Übels heisst Fortschritt. Und der Fortschritt ist letztendlich ebenso natürlich, logisch und unausweichlich wie der nächste Atemzug.

Die Vermehrung des Shareholder Value ist oberstes Ziel jedes Unternehmens.

Ansichtssache. Nichts gegen den Aktienmehrwert, das Problem ist nur, wie er zustande kommt. Was es dazu zu sagen gibt, ist in diesem Buch in Jeremy Rifkins Essay »**Das Ende der Vollbeschäftigung**« am trefflichsten beschrieben. Lassen wir es hier mit der Feststellung bewenden, dass die Arbeitgeber sich mit einer zu starren Fixierung auf Aktienkurse den Ast abzusägen drohen, auf dem sie sitzen.

Der überwiegende Teil der heutigen Arbeitslosen darf sich als »**strukturell arbeitslos**« betrachten, was ihnen ihre Lage nicht unbedingt erleichtert. Aber in diesem Begriff steckt die ganze Erklärung dafür, weshalb sie arbeitslos sind und weshalb dasselbe Los vermutlich noch viele andere treffen wird: Der Strukturwandel!
Die Strukturen, das geordnete Gefüge, verändern sich. Die Arbeitswelt schichtet sich um. Die Ordnung und die Abläufe in der Produktion, in der Administration, im Vertrieb und im Dienstleistungssektor verändern sich. Sie werden meistens direkter, schneller und kostengünstiger. Und im gleichen Ausmass, wie die Strukturen der Arbeitswelt rationeller und leistungsstärker werden, wächst natürlich die strukturell bedingte Arbeitslosigkeit. Dieses Phänomen ist nicht nur auf die heutige Zeit zu beziehen, denn schon immer kam es hin und wieder mal vor, dass bestehende Arbeitsformen durch neue und bessere Arbeitsmethoden reformiert wurden.
Als sich im letzten Jahrhundert die Fotografie etablierte, wurde der nicht allzu seltene Beruf des Portraitmalers ausgerottet. Die gesamte Malerei, von der fotografischen Reproduktion bedroht, verwandelte sich in einen exklusiven Kunstbetrieb (Kunst war in der Malerei bis dahin höchstens im sakralen Umfeld anzutreffen) und als direkte Antwort auf die Fotografie entstand der Impressionismus, eine neue Richtung, welche die Malerei in einen Bereich verlagerte, in den ihr die Fotografie nicht folgen konnte.

Dennoch gab es nur noch etwa ein Viertel soviel Maler zu Beginn dieses zwanzigsten Jahrhunderts, als es ein Jahrhundert zuvor noch gab - die unzähligen, überall anzutreffenden Portrait- und Landschaftsmaler waren von der Fotografie verdrängt worden. Strukturelle Arbeitslosigkeit.

Ähnliches geschah mit der Einführung der Schallplatte und des Radios im Musiksektor. Die Musik war reproduzierbar geworden, die Kneipenband wich immer mehr der Juke-Box und die Anzahl der Berufsmusiker nahm ab.

Was heute in der Arbeitswelt vorgeht, ist derselbe Vorgang. Wird irgendeine Arbeit oder nur ein Arbeitsschritt reproduzierbar, dann ist er auch automatisierbar und die Notwendigkeit für menschliches Personal entfällt. Heute sind schon sehr komplexe, technische Vorgänge reproduzierbar - und auch elementare, administrative Vorgänge: Haben unsere Vorfahren alle diese langen Zahlenkolonnen wirklich selbst aufgereiht und zusammengezählt, in jener finsteren Vorzeit vor fünfzehn oder so Jahren, als es noch keine Tabellenkalkulation gab? Wie umständlich!

Der Strukturwandel ist nicht unser Feind. Sein Vorname heisst »**Lauf der Zeit**« und sein Nachname »**Fortschritt**«. Und strukturelle Arbeitslosigkeit heisst, dass menschliche Arbeitskraft unwirtschaftlich geworden ist. In der englischen Sprache gibt es das schöne Wort »**redundancy**« für diesen Sachverhalt: Überflüssigkeit. Menschen werden als Teilnehmer am Produktionsprozess immer überflüssiger. Als Teilnehmer, bitte wohlgemerkt, nicht als Menschen!

So ziemlich jeder Arbeitnehmer kann heute spüren, wie die Überflüssigkeit ihm im Nacken sitzt. Falls sie ihn einholt, ist sein Job weg. Die Redundancy rollte das Feld von hinten auf und wir treten noch härter in die Pedale, um ihr zu entgehen. Seit der PC, der Personal Computer, immer billiger wird und immer schneller rechnet, hat die Redundancy einen Turbo vorgeschaltet bekommen und sind vor der Überflüssigkeit auch jene Territorien menschlicher Arbeit nicht mehr sicher, die wir bis vor kurzem noch für sicher hielten.

Wo bleibt nur die Gegenbewegung, der Impressionismus der Industriegesellschaft?

Im ersten Teil dieses Buches suchen wir nach neuen Strukturen und versuchen, einige, heute schon sichtbare Spielarten für zukünftige Arbeit darzustellen. Wir erheben keinen Anspruch auf Vollständigkeit. Unsere Reise in die Zukunft führt uns zuerst nach Hellerup, einem Vorort von Kopenhagen, zu einer Spaghetti-Organisation, ins Land des gewollten Chaos, in dem keine Ordnung herrschen darf. Dann untersuchen wir das Phänomen der Telearbeit anhand eines Beispiels in Frankreich und begegnen dort den Telenomaden. Was Trivandrum, Provinz Kerala, Indische Republik, mit der Stadt Leverkusen gemein hat, zeigt uns eine Fallstudie von kombinierter Telearbeit und Auslagerung: Zu Besuch bei den EDV-Fellachen des Subkontinents.

Zwei neue Unternehmertypen werden anschliessend vorgestellt: Ein komplementärer Kontrast zwischen »**Global Hero**« und »**Local Hero**«: Der Cybernaut, der global online geschaltet ist und ein virtuelles Unternehmen aufgebaut hat - sowie der zupackende,

lokale Mittler, der seine Handwerks-Dienstleistungen mit dem Liefertempo eines Pizzakuriers erbringt.
Alle dargestellten Unternehmen und Personen sind Inhalt der TV Dokumentarserie »**Zukunft der Arbeit**«. Den Abschluss dieses Teils bildet ein Essay von Jeremy Rifkin, in dem wir mehr über das Ende der Vollbeschäftigung erfahren. Rifkin's Buch »**Das Ende der Arbeit**« war in der englischen Originalfassung »**The End of Work**« ein vielbeachteter Bestseller. Obwohl Rifkin aus einer stark amerikanischen Perspektive schreibt, scheinen uns seine Kernaussagen für alle Industriestaaten relevant zu sein. Jeremy Rifkin wird sich am Ende des dritten Teils nochmals mit einer Fortsetzung zu Wort melden.

Kreatives Chaos

Über Nacht hat sich die dänische Oticon Holding A/S von einer grauen Maus unter vielen herkömmlichen Unternehmen zu einem vielbeachteten Pionierbetrieb mit innovativer Struktur gewandelt.
Um punkt 8 Uhr am Morgen des 8. Augusts 1991 begann, was die Oticoner noch heute als Revolution bezeichnen. Der Schlachtruf der siegreichen Aufständischen hallt noch heute durch das Foyer des Unternehmens, ist er doch dort auf einer dorischen Kunststoff-Ziersäule in klassizistischen Majuskeln für die Nachwelt festgehalten: COGITATE INCOGNITA. Mehrere Oticoner, vor Ort spontan nach dem Inhalt dieser Botschaft angefragt, zucken nur verlegen mit den Schultern, bevor sie zum nächsten Termin eilen müssen. ***»Denkt das Undenkbare!«*** *rufen wir ihnen die Übersetzung nach.* ***»Natürlich!«*** *lautet die erleichterte Antwort.* ***»Ich wusste es einmal. Jetzt müssen Sie mich entschuldigen, ich habe einen Termin«.***

Terminologie

Das Schlüsselwort des kommenden Artikels heisst: »**Knowledge**«.
Wörtlich übersetzt bedeutet dieses englische Wort »**Wissen**« oder »**Kenntnis**«. Seinem wahren Sinn am nächsten kommt das deutsche Wort »**Gedankengut**« - denn darin wie in »**Knowledge**« befinden sich Know-how und Erfahrung gepaart mit Erfindungsgabe und Kreativität.
Gedankengut ist kumulativ: Es wächst und wächst - und es ernährt sich aus sich selbst. Kein neues Gedankengut entsteht, das nicht auf bestehendes Gedankengut zurückgreift: eine moderne Textilmaschine beruht auf dem Gedankengut des Webstuhls; ein Computer bedient sich beim mathematischen Gedankengut über binäre Zahlen; eine Uhr greift auf das Gedankengut über astronomische Kreisläufe zurück.
Gedankengut ist Allgemeinbesitz. Niemand kann Gedankengut für sich allein haben, aber jedermann kann dazu beitragen. Gedankengut/Knowledge, heute durch Massenmedien und Kommunikationsnetze vervielfacht, nur noch einen Tastendruck von uns entfernt, ist allgegenwärtig.

Und gemäss Lars Kolind, Geschäftsführer der Oticon Holding A/S, ist die Produktion von und der Umgang mit »**Knowledge**« das Hauptmerkmal zukünftiger Unternehmen.

Die nächste Produktegeneration

Das Gedankengut über ein Hörgerät oder eine Gehörhilfe ist schnell ausgefächert: Diese kleinen, elektrischen Apparaturen enthielten bis vor kurzem ein kleines Mikrofon und einen kleinen Tonverstärker, beide von einer Knopfbatterie gespiesen und in einer mehr oder weniger fleischfarbenen Kunststoffhülle eingebaut. Die Aufgabe des Geräts war es, leise Töne aufzufangen und für den Träger zu verstärken.
Es ist nachvollziehbar, dass diese Tonverstärker begrenzt nützlich sind: Zwar können Hörgeschädigte das Flüstern eines anderen damit verstehen, doch wenn zum Beispiel gleichzeitig ein LKW in der Nähe vorbeidonnert, überlagert das Motorengeräusch jeden anderen Ton. Ein Hörschaden muss auch nicht auf einem Lautstärkeproblem beruhen; oft ist die Wahrnehmung bestimmter Frequenzen, von besonders hohen oder besonders tiefen Geräusche behindert: Ein traditionelles Hörgerät kann voreingestellt werden und zwischen Basses und Trebles unterscheiden - aber wenn man sich im Supermarkt, Zuhause, auf freiem Feld oder in einer fahrenden Eisenbahn befindet, verändert sich das äussere Klangumfeld ständig, während das Hörgerät immer nur ein (banaler) Tonverstärker bleibt.
Ideal, darüber herrscht in der audiologischen Branche seit einiger Zeit Einigkeit, wäre ein intelligentes Hörgerät, das die Qualität des Klangumfelds ständig überwacht und seine Einstellung laufend entsprechend den Hörbedürfnissen seines Trägers anpasst. Seit die Mikroelektronik immer kleinere und bessere Komponenten herzustellen fähig ist, ist diese Idealvorstellung des intelligenten Hörgeräts realisierbar geworden. Ein Minicomputer in Form eines Mikrochips kommt zwischen Mikrofon und Verstärker zum Einsatz, der den Audioinput und das Klangumfeld intelligent regelt und der gezielt die gewünschten Lautstärken und Frequenzen verstärkt oder abdämpft.
Der alte, knisternde Audioverstärker war dem Untergang geweiht. Noch bevor das erste, digitale und intelligente Hörgerät überhaupt existierte, stand fest, dass die kommende Generation intelligenter Hörgeräte spezialisiertes Know-how sowie mehr audiologische und technologische Kompetenz erforderte.
Und somit eine ganze Menge zusätzliches »**Knowledge**«.

Der Zukunft zuvorkommen

Bei Oticon war man sich bewusst, dass der Knowledge-Horizont von elektrischen zu elektronischen Apparaturen erweitert werden musste. Das Unternehmen war 1904 gegründet worden und präsentierte sich Ende der 80er Jahre als Nummer drei des Weltmarktes für audiologische Prothesen. Der Name stammt von altgriechisch: »**otikon**« ab:

»**das Ohr betreffend**« - und betreffend des Ohrs gab es zu Beginn der 90er-Jahre nur eine strategische Stossrichtung: So schnell wie möglich und wenn möglich als erster Anbieter mit intelligenten Hörgeräten auf den Markt zu kommen.
Oticon war ein herkömmliches, traditionell strukturiertes Unternehmen, mit internen Abteilungen, mit mehreren Kaderstufen, mit klarer Vertikale und pyramidenförmigen Organigramm. Bisher hatte man erfolgreich operiert, Umsatz und Gewinn verhielten sich mässig positiv und stagnierend. Oticon stand also nicht unter wirtschaftlichem Erfolgsdruck, als der Sprung vom Geräuschverstärker zum digitalen Audiocomputer gewagt wurde. Die meisten vergleichbaren Unternehmen hätten in Oticons Lage eine weitere Abteilung unter dem Namen »**Digitale Hörgeräte**« in ihr bestehendes Organigramm eingefügt oder eine kleinere Firma übernommen, die ihnen auf diesem Gebiet voraus war, und diese mitsamt Know-How absorbiert.
Know-how ist jedoch nicht »**Knowledge**«. Know-how ist nur Detailkenntnis, während »**Knowledge**« Gesamtkenntnis verkörpert. Ein Mikrochip, allein, ist Know-how; aber ein digitales Hörgerät, das in Zusammenarbeit zwischen Ohrenärzten, Testpatienten, Software-Analytikern, Designern und Marketing-Fachleuten unter Einbezug all ihres speziellen Know-Hows entwickelt wird, stellt »**Knowledge**« dar.
Lars Kolind, Geschäftsführer der Oticon Holding A/S, und sein Stab begannen daher, eine neue Unternehmensform zu ersinnen, die das bestehende »**Knowledge**«-Defizit wettmachen sollte. Dass Oticon sich unterwegs zu diesem Ziel von einigen bis anhin kaum in Frage gestellten Management-Doktrinen verabschiedete, störte sie nicht.

Die Komplexitätsfalle

Jedes Unternehmen orientiert sich in der Regel am Produkt oder an der Dienstleistung, die es herstellt und vertreibt. Die logistische Peripherie soll dem Produktionsprozess zudienen und nicht umgekehrt. Der grösstmögliche Aufwand sollte in der eigentlichen Produktion stattfinden und nicht an die Verwaltung der Produktion (oder an Löhne für die Angestellten) verschwendet werden. Je komplexer ein Produkt ist, desto komplexer droht die logistische und administrative Peripherie zu werden. Ein intelligentes Hörgerät ist zum Beispiel um einiges komplexer als ein normaler Audioverstärker - und so lief Oticon von Anfang an Gefahr, in die Komplexitätsfalle zu geraten.
Die notwendige Knowledge-Vermehrung drohte mit Komplexität: Spezialisten wie Programmierer, Software-Analytiker, Elektroniker mussten in eine interdisziplinäre Struktur integriert werden, und zwar von der Produktentwicklung bis in den Vertrieb. Ohrenärzte und sogar die Endverbraucher mussten in ein neuartiges Feedback-System eingebunden werden, um zusätzlichen audiologischen Input (»**Knowledge!**«) zu liefern. Damit nicht genug: Wie das bei elektronischen Produkten so ist, werden sie ständig besser und billiger. Mit dem Einstieg in das Computerzeitalter unterwarf sich Oticon den Gesetzmässigkeiten der elektronischen Produkte: Was heute gut ist, das ist morgen

längst veraltet, Stillstand ist Rückschritt. Es war daher klar, dass die Produktzyklen der computergesteuerten Hörgeräte sich beschleunigen würden - und dass ein wahrer Produktentwicklungs- (und damit »**Knowledge**«-)wettlauf bevorstand.
Gründe genug, um in bester Absicht in die lauernde Komplexitätsfalle zu tappen und sich hoffnungslos zu verzetteln; der Grundsatzentscheid, den Miniverstärker zu einem digitalen Hörgerät weiterzuentwickeln, beinhaltete eine komplette Neuausrichtung des gesamten Unternehmens. Diese überlebenswichtige Herausforderung wurde in der Folge gemeistert, indem drohender Komplexität nicht mit mehr Komplexität begegnet wurde, sondern im Gegenteil mit radikaler Vereinfachung.

Das wahre Produkt

Die Technologie der Produktion ist für die meisten Unternehmen die strahlende Sonne in der Mitte des Systems, der gleissende Fixstern, um den alle anderen Dinge sich als unselbständige Trabanten zu drehen haben. Die meisten Manager denken so, wie dieser Artikel verfasst ist: Vom Produkt aus rückwärts: »**Was brauchen wir, um dieses oder jenes Produkt möglichst wirtschaftlich herzustellen...?**«
Bei Oticon liess man sich vom technozentrischen Unternehmens-Weltbild nicht kirre machen. Bevor Dinge wie Reinraum-Produktion, digitale Tonübertragung, Mikrochips und modernes Marketing die klare Sicht vernebelten, wurde grundsätzlich überlegt, was eigentlich das Mass aller Dinge zu sein hatte. Technologie und Produktionsabläufe als bisherige Inhaber dieses Prädikats konnten es nicht sein, denn diese besassen einen Erzeuger, der sie erdachte - den Menschen und Mitarbeiter, und noch genauer: dessen Wissensschatz, Vorstellungskraft und Erfindungsgabe.
In einem Wort: »**Knowledge**«.
Menschliches Gedankengut war die Quelle. Oticon drehte sich um »**Knowledge**«.
Was nun gleich folgt, ist ein fundamentaler Satz:

> ***Oticon stand nicht vor einer technologischen, sondern vor einer menschlichen Herausforderung.***

Auf den ersten Blick eine äusserst banale Feststellung - aber, konsequent umgesetzt, hat sie das Zeugs zur universalen unternehmerischen Maxime der Jahrhundertwende.
Gewiss, die meisten Unternehmen erklären in Leitbildern den emanzipierten, erfüllten Menschen und Mitabeiter - neben der Kundenorientierung und der Erzeugung von bleibendem Mehrwert - zu einem der Hauptziele ihres unternehmerischen Daseins. Ob sich aber in einem streng hierarchischen Umfeld wirklich umsetzen lässt, was in den Hochglanz-Faltprospekten steht - und ob ein breit abgestützter Wille dazu überhaupt vorhanden ist, möge jeder selbst entscheiden.
Bei Oticon wurde kein Hochglanz-Faltprospekt in Druck gegeben, aber dafür ein neues und nicht länger technikzentriertes Arbeitsumfeld geschaffen, das die Erzeugung und

Vermehrung von »**Knowledge**« erleichtern sollte. Ein Umfeld, das frei von Schranken aller Art sein sollte, damit maximale Kommunikation stattfinden konnte. Die komplexe, technologische Herausforderung des intelligenten Hörgeräts wurde auf die Frage reduziert, wie es möglich war, dass die Mitarbeiter maximales »**Knowledge**« entwickelten.

Wenn die menschlich-kreativen Bedürfnisse befriedigt werden konnten, dann, so die zugrundeliegende Idee, mussten die technologischen Meilensteine wie von selbst folgen. Das industrielle Primat der Technik über die menschliche Arbeit war damit auf den Kopf gestellt.

Damit war man dem wahren Produkt von Oticon endgültig auf die Schliche gekommen. Man war ja ursprünglich angetreten, um das smarte, digitale Hörgerät der Zukunft zu entwerfen; dieses Ziel behielt man nach wie vor im Auge, aber die physische Hardware und das rein Gegenständliche, befand man, besitzen einen ideellen und immateriellen Ursprung und basieren ebenfalls auf... »**Knowledge**«.

Das wahre Produkt von Oticon ist nicht eine technische Apparatur,
sondern das »Knowledge« über eine technische Apparatur.
Nicht ein Hörgerät, sondern das Gedankengut über ein Hörgerät.

Und mit dieser Feststellung wurde die Komplexitätsfalle ausgehebelt und vollzog Oticon den Schritt vom Industriezeitalter ins Informationszeitalter:

Das Produkt der Zukunft heisst Information. (oder auch »Knowledge«)
Die Arbeit der Zukunft heisst demnach Kommunikation.

Die »Knowledge«-Organisation

Aus einem Aufsatz von Lars Kolind aus dem April 1994:

*Wenn einmal »**Knowledge**« anstelle von Hardware zum erklärten Produkt wird, muss die Organisationsform eines Unternehmens dem Aufbau eines Gehirns und nicht mehr dem Aufbau einer Maschine gleichen. Ein Gehirn funktioniert auf der Basis von vielen, unabhängigen Bearbeitungszentren (den Gehirnzellen), die untereinander in einem chaotischen Beziehungsnetz verbunden sind. Das letzte, dem ein Gehirn gleicht, ist eine geordnete Hierarchie.*

Auszüge aus einem Vortrag von Lars Kolind an der OECD-Konferenz vom November '94 in Kopenhagen über Arbeit und Wachstum in einer »**Knowledge Based Economy**«:

> *»Warum herkömmliche Unternehmen versagen...*
> *Die traditionelle, hierarchische Organisation ist unzulänglich. Schon die Existenz von verschiedenen Unternehmensbereichen vermindert die Flexibilität.....*
>
> *...Manager werden rekrutiert, um ganz bestimmte Aufgaben entsprechend von ganz bestimmten Vorgaben wahrzunehmen. Dieses organisatorische Konzept funktioniert in einer stabilen Welt. Heute aber ist es im Gegenteil die Fähigkeit, sich in einer sich verändernden Welt zurechtzufinden, welche die Unternehmen zu tatsächlichen Verbesserungen befähigt.*
>
> *...Das traditionelle, hierarchische Management-Konzept reflektiert sich im traditionellen Berufskonzept, in dem jedem Angestellten ein genau definierter Aufgabenbereich zukommt, oftmals ein sehr enger. Dies engt die Flexibilität des Angestellten unnötig ein, denn er ist in seiner Arbeit eingezäunt.*
>
> *...Selbst das Konzept der Berufe engt die Flexibilität ein: Berufsfachleute sind dazu ausgebildet, bestimmte Funktionen mit bestimmten Methoden auszuüben...*
>
> *...die heutigen, komplexen und intelligenten Produkte erfordern, dass viele Fachleute eng miteinander zusammenarbeiten. Genau das aber hat man den meisten Berufsfachleuten nicht beigebracht.*
> *Die formelle und immer noch streng papiergebundene Kommunikation innerhalb von Organisationen schränkt deren Kreativität und Handlungsfähigkeit ein...*
>
> *Mitarbeiterführung mittels Regeln und Vorschriften ist in einem sich schnell verändernden Umfeld in hohem Masse ineffektiv und flexibilitätshemmend. In einer Knowledge-Organisation muss ein breiter Konsens über die gemeinsame Strategie und die gemeinsamen Werte aufgebaut werden...«*

Und weiter:

> *Nur eine »Knowledge«-zentrierte Organisation macht es möglich...*
>
> *...umfassende Gesamtlösungen anstelle von einzelnen Produkten zu entwickeln.*
>
> *...intelligente Produkte zu entwickeln, welche den Bedürfnissen ihrer Anwender so weit wie möglich entgegenkommen.*
>
> *...die individuelle Masskonfektionierung von Produkten zu verbessern, so dass ein Informations- und Feedbackfluss zwischen Kunde und Hersteller die kostengünstige Produktion von massgeschneiderten Unikaten ermöglicht.*
>
> *...innovative und komplexe Produkte erfolgreich und kundenorientiert zu vermarkten.*

Um Oticon erfolgreich von einer »**lazy**« in eine »**crazy**« Organisation zu verwandeln und den Übergang von der hierarchischen zu einer »**Knowledge**«-Struktur zu erleichtern, wurden die folgenden vier Massnahmenpakete formuliert:

> ***Berufe: Multiple Jobs anstelle von rigiden Berufstätigkeiten. Jeder Oticoner soll tun, was er am liebsten und am besten tut. Von jedem Oticoner wird erwartet, dass er gleichzeitig mehrere und verschiedene (Neben)Funktionen innehat.***
>
> ***Organisation: Es gibt so gut wie keine interne Hierarchie mehr. Sämtliche Tätigkeiten finden im Rahmen von Projekten statt, bewältigt durch ein Team von gleichgestellten Mitarbeitern mit der Freiheit, Initiativen zu ergreifen und diese selbständig zu verwirklichen.***
>
> ***Raumaufteilung: Der persönliche Arbeitsplatz wird abgeschafft! Das Unternehmen ist ein einziger, offener Raum mit frei verfügbaren Arbeitsstationen. Niemand soll arbeiten müssen, wo es ihm nicht passt.***
>
> ***Die Kommunikation soll papierlos und informell sein. Ein kurzes Gespräch ist besser als ein langes, schriftliches Memo.***
> ***Miteinander zu plaudern heisst miteinander zu arbeiten.***
> ***Elektronische Hilfsmittel sollen den Oticonern soviel Papierkram wie nur möglich abnehmen.***

Diese Massnahmen sollten die Oticoner von hemmenden Arbeitsumständen befreien und sie in einer offenen Organisation einbetten, deren Funktionsweise dem menschlichen Gehirn glich. Sie wurden ermutigt, sich über die rigiden Grenzen ihrer angelernten Berufe hinauszuwagen; sie sollten Dinge tun, die sie gut und gerne tun; sie sollten an konkreten Projekten in Projektteams arbeiten, nicht nur zusammenhangslos in einer anonymen Hierarchie; sie sollten offen und frei kommunizieren, um »**Knowledge**« zu erzeugen (Die informelle Kommunikation, also das unaufgeforderte Fachsimpeln ohne konkreten Anlass, sollte gefördert werden. Eine Kultur des »**Laut Nachdenkens**« sollte sich unter den Oticoner breitmachen, in der auftauchende Probleme sogleich diskutiert werden. Alle Fragen, Zweifel, Ideen und Visionen sollten offen zur Sprache kommen); und die Oticoner sollten unbehelligt von administrativem Ballast arbeiten können, denn dieser würde dank elektronischer Hilfsmittel minimal sein.

Spaghetti?

Um wirksam vorzuführen, wie die neue Oticon aussehen sollte, entstand der Begriff einer Spaghetti-Organisation. Spaghetti klingt schmackhafter als »**Knowledge**« und ermöglicht eine visuelle Analogie, dank der die hierarchisch-lineare im Vergleich zur kreativ-nonlinearen Organisationsform einprägsam dargestellt werden kann:

Man schichte rohe, ungekochte Spaghetti auf einen Teller auf - man erhält ein starres und mikado-ähnliches Gebilde. Man überlege nun, wie Spaghetto 77 und Spaghetto 23 miteinander reden sollen. Weil sich diese zwei Einzelspaghetti nicht direkt berühren, muss Spaghetto 77 den Kollegen 23 via die Spaghetti 92, 38 und 65 erreichen: So fliessen Kommunikation und »**Knowledge**« auf Umwegen und über Mittelsmänner in einem hierarchischen System.

Man wiederhole das Experiment mit gekochten Spaghetti al dente: Spaghetto 77 berührt irgendwo im wirren Spaghettiknäuel drin Spaghetto 23. Und viele andere können gleich mithören und mitdiskutieren, wenn die beiden Spaghetti miteinander kommunizieren. Die Anzahl von Berührungspunkten und Ansprechpartnern im Spaghettiknäuel ist um ein vielfaches höher: totale, sofortige, unbehinderte Kommunikation findet statt.

Man wechsle nun die Spaghetti durch menschliche Mitarbeiter aus und anstelle eines Pasta-Tellers erhält man eine Spaghetti-Organisation, ein engmaschiges Beziehungs- und Kommunikationsgeflecht namens Oticon. In dieser Organisation ist das Tempo des Kommunikationsflusses beschleunigt und dessen Qualität verbessert, so dass ideale Rahmenbedingungen für »**Knowledge**« herrschen. Der Oticoner ist darin der Erzeuger, Empfänger und Mitverfolger von Kommunikation. Damit ist jeder Oticoner auch als Produktentwickler, Verkäufer, Kundenberater, Ökonom und Produktionsüberwacher gefordert: Er befindet sich nicht an einem Punkt entlang eines Produktionsprozesses, er wird Bestandteil des Produktionsprozess.

So wie im menschlichen Gehirn die vielen Gehirnzellen scheinbar wirr und zufällig durcheinanderkommunizieren und wie aus diesem unkoordinierten Tohuwabohu von neuronalen Impulsen und synaptischen Reaktionen ein klarer Gedanke entsteht, so sollte bei Oticon die chaotische und uneingeschränkte Kommunikation das erforderliche »**Knowledge**« über das volldigitale, intelligente Hörgerät hervorbringen. Diese ambitionierte Zielvorgabe wurde innerhalb von sechs Monaten erfüllt; Oticon wurde im Frühjahr 1992 zum weltersten Anbieter von volldigitalen Hörgeräten.

Zugabe: Kochendes Wasser!

Das Spaghetti-Modell postuliert Pasta al Dente: Biegsame und bewegliche Spaghetti an der Stelle von harten, starren Spaghetti. Was Erstere den Letzteren voraushaben, ist ein Bad im kochenden Wasser, was nicht unbedingt als angenehme, aber auf alle Fälle als prägende Erfahrung bezeichnet werden muss, wenn man ein Spaghetto ist. Für viele Oticoner, die ja zum Teil während Jahrzehnten in einer herkömmlichen Organisation nicht schlecht gearbeitet und sich darin eingewöhnt hatten, kam die Einführung der Spaghetti-Organisation tatsächlich einem gefährlichen Klimawechsel gleich, wie wenn man sie wirklich in kochendes Wasser zu werfen anschickte. Ihre anfängliche Reaktion fiel heftig und ablehnend aus, als Lars Kolind ihnen die Arbeitszukunft umriss: »**Ein Spinner! Ein Wahnsinniger! So etwas klappt niemals!**« Und natürlich: »**Bisher war alles in Ordnung, was wir gemacht haben. Jetzt soll alles plötzlich falsch sein?**«.

Aus einem herkömmlichen, hierarchiebewussten Oticoner, der während Jahren nur in seinem Schubladendenken bestätigt und ermutigt wurde, sich auf seinen eigenen Kram zu konzentrieren, plötzlich über Nacht einen motivierten Allrounder, teamfähigen und interdisziplinären Kommunikator, sogar einen selbständigen Miniunternehmer, einen sogenannten Intrapreneur, zu machen, war schwierig: Wenig hilfreich war auch der Umstand, dass jegliche Hierarchie verschwinden sollte: Die Kadermitarbeiter sahen sich damit zurückgestuft - und diejenigen, die ins Kader aufrücken wollten, sahen ihre Ambitionen sich vor ihren Augen in Nichts auflösen.

Die einzige Motivationshilfe, die den verschreckten Alt-Oticonern angeboten werden konnte, war die Aussicht auf bessere, interessantere und zufriedenstellendere Arbeit. Ansonsten blieb nicht viel anderes übrig, als offen zu kommunizieren und geduldige Überzeugungsarbeit zu leisten. Was den bevorstehenden Wechsel ebenfalls ein wenig zu erleichtern half, war die vorzeitige Ankündigung eines verbindlichen Termins: Als Tag X wurde der 8.8.1991 festgelegt, als Stunde H 8 Uhr morgens:

»**Am 8.8. um 8 sind wir eine Spaghetti-Organisation. That's it!**«

Ebenfalls hilfreich war der Umzug des gesamten Hauptquartiers auf diesen Termin, weg aus den zwei alten Verwaltungsgebäuden in Kopenhagen ins nördliche Hellerup, in ein ehemaliges Verwaltungsgebäude der Bierbrauerei Carlsberg und in eigens für eine Spaghetti-Organisation geschaffene Räumlichkeiten hinein. Auf drei mal weniger Raum als am alten Ort entstand hier eine neue Oticon, mit weiten, offenen Bürolandschaften und universalen Arbeitsplätzen. Die Reduktion des Raums sollte mehr Nähe zwischen den Oticonern bewirken. Mehr Nähe führt zwangsläufig zu mehr Kommunikation.

Und dies wiederum zu mehr »**Knowledge**«.

Die Vorbereitung der Revolution, die Planung, die Bauarbeiten dauerte 15 Monate. Die Schocktherapie des Umzugs in die Spaghetti-Zukunft wenige Tage.

Denkt das Undenkbare!

Augen zu und durch!

Auf die Plätze, fertig, los!

Neubeginn

Im beiläufigen Gespräch mit einigen Oticonern bekommt man den Eindruck, dass rund um den traumatischen 8. August 1991 eine ziemlich starke Legendenbildung eingesetzt hat: »**Wie gestrandete Fische, die nach Luft schnappen**«. Es war ein historischer Moment der Firmengeschichte, gewiss, der Umzugsstress, das endlose herumbugsieren von Pappkartons und plötzlich die Landung auf einem fremden Planeten. Die meisten Oticoner, steht jedoch zu vermuten, gingen mit einer angestelltengerechten Mitläufer-

Mentalität an die Sache heran: »**Die Suppe wird eh nicht so heiss gegessen, wie sie gekocht wird**« oder »**Mal sehen, was daraus wird**«.
Was daraus wurde, entnehmen wir der offiziellen Version zu den Ereignissen nach dem 8. August. 1991:

> ***Das unmittelbare Resultat des Wechsels war Chaos. Es braucht einige Zeit, um 87 Jahre Arbeitsgewohnheiten und Betriebskultur zu verändern. Ehemalige Kadermitarbeiter wurden Projektleiter oder Spezialisten; das administrative Personal involvierte sich in die Projektarbeit, da es fast keine Administration mehr gab. Tabus wurden in Frage gestellt - neue Ideen wurden formuliert und alte Ideen wiederbelebt.***

Und schon bald, anders lässt es sich nicht sagen, folgte der absolute Hammer:

> ***Kurz darauf bemerkten wir, dass Oticon das vollautomatische, intelligente Hörgerät, das wir uns zum Ziel gesetzt hatten, SCHON LÄNGST ERFUNDEN HATTE!***
>
> ***Die Erfindung ging in die Mitte der 80er Jahr zurück, aber wegen technischen Anfangsschwierigkeiten; wegen mangelnder Kommunikation zwischen der damaligen Abteilung Forschung und Entwicklung und der Verkaufsförderungs- und Marketingabteilung; und schlichtweg wegen mangelnder Vorstellungskraft, hatte niemand das Projekt als aussichtsreich eingestuft.***
>
> ***In der Spaghetti-Organisation wurde das Potential dieser Erfindung sofort erkannt und in Rekordzeit ausgenützt. Ein bahnbrechendes Marketingkonzept wurde entwickelt, das Anwender und Lebensqualität anstelle von Technik und audiologischen Grafiken betonte. Zwei ergänzende Produktlinien wurden in Rekordzeit entwickelt und auf den Markt gebracht.***
>
> ***Die Entwicklungszeit für neue Produkte wurde halbiert. Und im Jahre 1993 erzielten neuentwickelte Produkte aus den letzten zwei Jahren die Hälfte von Oticons Umsatz. Vor 1991 (und der Spaghetti-Organisation) lag der Anteil der Neuentwicklungen am Umsatz nur bei 20%.***
>
> ***Die finanziellen Resultate liessen lange auf sich warten. Auf den Umbruch folgten ein Dreivierteljahr lang Verluste. Erst im Frühjahr 1992 schrieb Oticon wieder schwarze Zahlen.***
>
> ***Im Jahr 1993 wurde ein Rekordgewinn von 84 Millionen DKK vor Steuern erwirtschaftet. Nach zehn Jahren stagnierenden Umsatzes gelang es Oticon, den Umsatz 1992 um 14, 1993 um über 20 Prozent zu steigern.***
>
> ***Die Umwandlung zu einer »Knowledge-Organisation« hat Oticon fundamental verwandelt, von einem Hersteller von Hörgeräten (und somit von Hardware) zu einem integralen Gehörpflege-Unternehmen. (»a hearing care company«)***

Nachdem ursprünglich nur das Hauptquartier von Oticon, die Firmenzentrale, zu einer Spaghetti-Organisation umgewandelt worden war, weil nur dort die strategischen Entscheide gefällt wurden und die Produktentwicklung stattfand, haben inzwischen auch diverse Ländergesellschaften und Produktionsbetriebe von Oticon - aus eigenem Antrieb - die neue Organisationsform übernommen.

	1995	1994	1993	1992	1991
Nettoumsatz	940,198	750 289	661,284	538,816	476,531
Bruttogewinn	511,835	411,160	322,074	257,891	214,264
Reingewinn	99,184	88,316	62,305	8,822	(287)
Mitarbeiter	1,485	1,192	1,073	1,069	1,086

Beträge in DKK (000)

Alltag

Heute, fünf Jahre nach der Revolution, herrscht noch immer das grosse Chaos: Ein Produktives, kreatives Chaos. Lars Kolind bezeichnet jegliche Ordnung als Gefahr für das Unternehmen und widmet den Hauptteil seiner Zeit der mühseligen Anstrengung, Oticon in einem konstanten Zustand der Desorganisation beizubehalten. Er besitzt heute kein eigenes Büro mehr; er hat keine Sekretärin und erledigt wie alle anderen die nötigen Sekretariatsfunktionen selbst; er arbeitet wie alle anderen Oticoner an einer universalen Arbeitsstation und lässt sich jeweils jene freie Ecke zuteilen, wo er der laufenden Projektarbeit nicht im Weg steht.

Chaos und Anarchie, gestern der grosse Feind - morgen der gute Freund?

Ganz ohne eine minimale Ordnung geht es aber nicht und selbst in der flachsten aller Spaghetti-Organisationen gibt es Oticoner, die ein bisschen gleicher als alle anderen sind. Oticon benötigt allen egalitaristischen und partizipatorischen Prinzipien zum Trotz eine fachlich übergeordnete Instanz, weil auch das Chaos minimale Organisation erfordert. Die Kunst liegt darin, das Minimum minimal zu halten:
Ein Gremium, bestehend aus einem Dutzend erfahrenen, langjährigen Oticonern bildet eine Art internen Generalstab unter dem Vorsitz von Lars Kolind. Dieses Kollegium entscheidet, welche Projekte weiterzuverfolgen sind und wer als Projektleiter die Federführung übernimmt. Jeder Oticoner kann und sollte interne Projektvorschläge unterbreiten, wie zum Beispiel eine neue Produktlinie ganz speziell für Kinder; die Suche nach hautfreundlicheren Kunststoffen; oder ein neues, vollelektronisches Buchungssystem für die Sitzungszimmer und für das Videoconferencing mit der Fabrikation in Jütland.

Oticons Mission Statement: Oticons Ziel ist es, Leuten mit Gehörschwierigkeiten zu helfen, so mit ihrem Gehör zu leben, wie sie es sich wünschen.

Das Gremium gibt Grünes Licht für die Projekte. Ein Projekt wird ausgeschrieben und der zuständige Projektleiter bestimmt. Die anderen Oticoner erfahren vom Projekt aus dem Computer-Netz. Wer sich dafür interessiert und das Gefühl hat, er könne dazu beitragen, meldet sich selbständig an. Wer keine Ahnung davon hat und gerne mehr darüber lernen will, auch. Oder der Projektleiter fragt herum und bietet Kollegen auf, die er für nützlich hält. Ein Projektteam formt sich ad hoc; aber zu gross darf es nicht sein, denn zuviele Köche verderben bekanntlich den Brei. Das Team verändert sich dauernd, je nach Projektphase und je nachdem, ob nun technisches, medizinisches oder organisatorisches »**Knowledge**« erforderlich ist, verlassen die einen das Team und stossen neue Mitglieder dazu.
Nicht selten, zumindest bei längerfristigen Projekten, werden die Arbeitsplätze neu zugeteilt, so dass die Mitglieder des Teams gleich nebeneinander zu sitzen kommen - ihre Arbeit gestaltet sich daher wie ein einziges, kontinuierliches Projektmeeting.
Jeder Arbeitsplatz ist identisch eingerichtet: Tisch ohne Schublade, PC (vernetzt), ein Handy-Aufladegerät. Für persönliche Gegenstände und Referenz-Unterlagen bekommt jeder Oticoner einen persönlichen Rollkorpus, den er von Arbeitsplatz zu Arbeitsplatz mit sich nehmen kann und der maximal 30 Hängeregistratur-Mäppchen und 8 DIN A4-Ordner enthält.
Es gibt übrigens keine festen Arbeitszeiten bei Oticon. Jeder Oticoner kommt und geht je nach Arbeit. Wenn trotzdem die allgemeinen Bürozeiten von etwa 8 Uhr morgens bis 17 Uhr nachmittags von den meisten eingehalten werden, dann liegt es auch daran, dass der Rest der Arbeitswelt immer noch nach festen Zeiten operiert und dass die meiste Arbeit bei Oticon ohnehin aus Teamarbeit und Kommunikation besteht, so dass man im Interesse des Teams die überlieferten Zeiten mehr oder weniger einhält.
Ein weiterer interner Bereich, der minimale Ordnung erfordert, ist die Buchhaltung. Kreativität in Ehren, aber Ende Monats sollte der Monatslohn überwiesen und muss die aktuelle Geschäftsbilanz ermittelt werden. Die gleichgestellten Oticoner verdienen nicht alle gleich viel, denn ihr Lohn wird primär auf der Grundlage ihrer beruflichen Ausbildung festgelegt: Wer ein Universitätsdiplom in Ökonomie besitzt verdient also zum Beispiel mehr als ein gelernter Elektromechaniker. Die Buchhaltung, sehr stark abgeschlackt, bildet daher die einzige eigentliche Abteilung mit festem Personalbestand und vorgeschriebener Aufgabe innerhalb von Oticon.
Ein weiteres Merkmal des heutigen Oticons ist die Allgegenwart von elektronischen Kommunikationsmittteln: Jeder Oticoner besitzt ein Handy mit eigener Nummer, das er immer bei sich hat; jeder Oticoner hat Zugriff zu einem der vielen, untereinander vernetzten PC's - und wer will, bekommt für Zuhause einen PC oder ein Laptop zur

Verfügung gestellt; Telefaxe und E-Mail werden direkt auf den PC's verfasst und an die Adressaten abgeschickt oder auf demselben Weg empfangen; es findet beinahe keine Korrespondenz mehr mittels Briefpost statt; eingehende Briefe werden sofort in das Computer-Netzwerk eingescannt, die Papieroriginale zerschreddert; Geschäftsreisen werden so oft wie möglich durch Videoconferencing ersetzt; ein Sitzungszimmer mit über einem Dutzend vernetzten PC's mit eigener Software dient als spezieller Raum für Brainstormings, wo man offene (auch schlechte und vernichtende) Meinungen in den für einmal wohltuend unpersönlichen Computer eintippen kann.
Die Kommunikation, sowohl nach innen und nach aussen, soll immer in Echtzeit und ohne grossen, administrativen Aufwand stattfinden. Oticon hat das papierlose Büro der Zukunft zwar noch nicht vollständig verwirklicht, befindet sich aber entschlossen zu diesem Ziel unterwegs.
Es lässt sich daher mit Fug und Recht behaupten, dass eine Spaghetti-Organisation ohne moderne, elektronische Hilfsmittel wie PC's, Handies und Netzwerke gar nicht möglich wäre. Erst mir leistungsfähiger Telekommunikationselektronik wurde es möglich...

> ***...die zeitraubende und umständliche, papierlastige Administration zu automatisieren und abzuschlacken.***
>
> ***...die Durchgängigkeit und universelle Verfügbarkeit von Daten und Ideen und »Knowledge« zu ermöglichen.***
>
> ***...eine jederzeitige Erreichbarkeit der Mitarbeiter zu gewährleisten und ihnen die Mittel zu sofortigen Reaktion zu geben.***

Unter Druck

Es gibt in der heutigen Oticon aktive, dynamische und teamkompatible Typen ebenso wie grüblerische, zurückhaltende Eigenbrötler. Es gibt dort Altruisten ebenso wie Egoisten, es gibt freundliche und weniger freundliche, lustige und traurige, so wie es eben überall und jederzeit im Leben ist. Den Prototypen des wahren, kommunikativen und »**Knowledge**«-besessenen Oticoners trifft man erfrischend selten an. Obwohl die Arbeitsbedingungen identisch und standardisiert sind und man daher eine Uniformität unter den Oticoner erwartet hätte, überrascht die Diversität der Charaktere. Jeder Oticoner erfährt, lebt und erfüllt Oticon auf seine eigene, persönliche Art.
Aber auch wenn in Oticon alle möglichen Typen anzutreffen sind, so ist Oticon nicht etwas für alle. Was auf den ersten Blick auffällt, ist der fast vollständige Mangel an persönlichen Diskretzonen; Anonymität ist beinahe unmöglich und jeder Oticoner steht jederzeit vor allen anderen Schaufenster, was je nach Sichtweise als leistungsfördernd oder als stressig empfunden werden kann. Der Druck der Gruppe und des Teams ersetzt den Druck durch einen Vorgesetzten, die Oticoner kontrollieren sich selbst und ihre Nachbarn gleich mit. Nicht unbedingt jedermanns Sache.

Ständige Verfügbarkeit ist eines der obersten Gebote. Mehrere Meetings pro Tag und ein hyperaktives Handy sorgen für ein Klima von ruckhafter Dauerkommunikation. Für alle Nicht-Oticoner ist es sehr schwer nachvollziehbar, dass jemand sich in dieser permanenten Hektik auch nur kurz zurücklehnen und einen klaren Gedanken in Ruhe durchdenken kann. Wenn es schon so schwierig ist, das Denkbare zu denken, wie soll dann das Undenkbare gedacht werden? Man erinnert sich beim Anblick dieser Oticoner wieder an die rundherum vernetzten Gehirnzellen, von denen jede planlos hin- und herkommuniziert. Die Summe des Ganzen ist offenbar wirklich mehr als die Summe aller Einzelteile.
Dennoch, die babylonischen Kommunikationszustände sind nicht unbedingt jedermanns Sache. Die Personalfluktuation ist minimal. Neue Stellen werden nicht ausgeschrieben, weil inzwischen ganz Kopenhagen von Oticon weiss und viele junge Leute sich bei Oticon von selbst bewerben. Für Neuzugänge gelten die folgenden Kriterien: Es müssen die besten ihres Fachgebiets sein (nicht die zweitbesten!) und sie müssen den Beweis erbringen, dass sie mental flexibel sind, und somit dass sie zu Aussergewöhnlichem, ja Verrücktem im Umgang mit anderen Menschen fähig sind. Wer zum Beispiel ein Jahr beim Roten Kreuz hinter sich hat oder regelmässig Freiwilligendienst leistet oder eine Weltumsegelung gemacht hat oder am Wochenende bei den Pfadfindern mitmacht oder in einer Free Jazz Band mitspielt, hat bessere Karten als jemand, der nur bei sich auf dem Balkon Gewürzkräuter züchtet.
Strenge Aufnahmebedingungen; es hat eben nicht jeder das Zeug zum Oticoner.

Der ganze Mensch

Es leuchtet ein, dass die Oticoner in der Spaghetti-Organisation mehr leisten und auch produktiver arbeiten als viele andere, unmündigere Angestellte in den herkömmlichen Organisationen. »**Man stösst bis an die eigenen Grenzen vor - und manchmal darüber hinaus; wenn ich einmal 60 bin, dann werde ich müde sein...**« Es lässt sich daher bei Oticon fast schon ein stiller Zwang zur Mündigkeit beobachten, zu einer produktiven und aktiven Mündigkeit im Sinn von Selbstdisziplin, Selbstkontrolle, Selbstmotivation. Diese Mündigkeit wird vorausgesetzt und, falls nicht vorhanden, verunmöglicht sie einen längeren Aufenthalt bei Oticon.
Nichts gegen diese positive und für jedermann wünschenswerte Art der Mündigkeit, ohne die jede Spaghetti-Organisation scheitern muss, aber nicht alle Arbeitnehmer können sie im genügenden Mass besitzen, was vor allem erzieherische und historische Gründe hat. Ausserdem gibt es nicht wenige Menschen, die sich ihre Mündigkeit im Privatleben bewahren wollen und sie daher im Berufsleben gerne zurückstellen. Für diese ist Oticon nicht der ideale Arbeitgeber - und umgekehrt. Oticon setzt ganz einfach Begeisterung, Motivation und Willenskraft voraus. Oticon, dies ist eine weitere und fundamentale Entwicklung in der modernen Arbeitswelt...

...braucht den Menschen nicht als fremdbestimmte Arbeitskraft (weil das zu teuer und zu umständlich ist), sondern muss den ganzen, selbständigen Menschen mit Leib und Seele für sich gewinnen (weil es billiger und produktiver ist)

Gegen diesen Vorsatz soll an dieser Stelle kein schlechtes Wort fallen. Der Druck auf Arbeitnehmer in allen Tätigkeitsfeldern, sich für eine Sache, ein Unternehmen, eine Philosophie, ein Produkt unbedingt begeistern zu müssen, wächst ständig an. Das liegt vermutlich daran, dass wir an einer Zeitenwende stehen, an welcher ein Mensch sich als unselbständiger Arbeitnehmer nicht mehr rechnet, zumindest nicht mehr in den entwickelten Industrieländern: Er kostet zuviel und verursacht zu hohe Nebenkosten - während die Technik und die Maschinen, die sein Arbeitspensum automatisieren und daher übernehmen können, immer besser und billiger werden.
Im Konkurrenzkampf zwischen der menschlichen und maschinellen Arbeit muss der Mensch die bisherigen, maschinellen, körperlichen, repetitiven Aspekte seiner Arbeit immer mehr an die Maschinen abtreten und sich auf menschliche, geistige Aspekte konzentrieren: Denken, Fühlen, Sprechen, Schreiben, Planen, Erfinden.
»**Knowledge**«.
Man spult »**Knowledge**« nicht ab wie vier Stunden Akkordarbeit, denn »**Knowledge**« setzt den ganzen Menschen voraus, sein Wissen und seine Erfahrungen, Ambitionen, Gefühle, Träume und Visionen.
Diesen und keinen anderen Menschen braucht die Spaghetti-Organisation von Oticon.

Abschliessend

...stellt sich noch die Frage, wieviele andere Unternehmen bisher dem Vorbild von Oticon gefolgt und zu Spaghetti-Organisationen mutiert sind? Immerhin wurde schon viel über Oticon geschrieben und viel an Kongressen und Symposien diskutiert.
Gemäss Lars Kolind: Keines.
Dafür, dass den Pionieren aus Hellerup (noch) niemand nachfolgt, gibt es zwei Gründe. Zum ersten ist der Wandel von einer Standardhierarchie zur Spaghetti-Organisation damals aus einer eigenen, spezifischen Logik und aus einer bestimmten Konstellation heraus entstanden. Diese Logik lässt sich nicht anderen Unternehmen aufdrücken. Der Wandel - das »**Knowledge**« des Wandels - muss überall von innen heraus wachsen.
Zweitens ist gerade dies ein Problem: Die oberste Unternehmensführung, die Chefetage stellt sich quer. Ein Spaghetti-Manager muss sein Informationsmonopol

aufgeben und all seinen Privilegien und Statussymbolen abschwören, muss also sein schönes Büroräumen, seine Sekretärin(nen) vergessen, selber Briefe am PC schreiben, und sogar sein Firmenmercedes steht zur Disposition. Dass viele Manager sich angesichts solcher Vorgaben damit nicht schwer tun, die Spaghetti-Organisation mit folgenden Worten zu beschreiben, erstaunt wenig: **»Sehr interessant, wirklich. Aber doch nicht ganz genau das Richtige für uns«.**
Cogitate Incognita.

Telearbeit

»Stell dir vor, es gibt Arbeit - und niemand geht hin«.
Immer mehr Arbeitnehmer können sich das vorstellen, bleiben zuhause und machen ihre Arbeit dort. Und immer mehr Arbeitgeber analysieren ihre Overheads mit der Sparschere im Kopf und kommen zum Schluss, dass Telearbeit sich rechnet.
Die Telearbeit wurde als solche 1976 vom Amerikaner Jack Nilles »erfunden«, der den damals neuen, in den USA heute noch gängigen Begriff ***»Telecommuting«*** *schuf, aus dem später das Wort* ***»Telework«*** *hervorging. In Deutschland sprach man Anfangs der 80er Jahre von* ***»Teleheimarbeit«****, von* ***»Fernarbeit«*** *oder von* ***»moderner Heimarbeit«****, bevor man sich auf* ***»Telearbeit«*** *einigte.*
Es gibt ebensoviele Spielarten der Telearbeit wie es Telearbeiter gibt; jeder macht aus demselben etwas anderes. Jeder Telearbeiter bastelt sich seinen eigenen Mix von Arbeit und Freizeit - Sozialwissenschaftler und Ökonomen tun sich deshalb schwer, der Telearbeit mit griffigen Definitionen und wirtschaftlichen Parametern Herr zu werden. Kontrollfanatiker bekunden Probleme mit dem Umstand, dass die Telearbeiter unkontrolliert operieren - und das nicht selten erfolgreich.
Das stört die Telearbeiter nicht weiter. Sie, die telearbeiten, wissen etwas, das alle andern erst lernen müssen: Telearbeit ist nicht nur ein arbeitsrechtlicher Zustand, nicht nur eine technische Weiterentwicklung bestehender Arbeitsformen, sondern in erster Linie ein kulturelles Phänomen - oder, wie es Grace Scotte aus Paris sagt: It's a Lifestyle!

Nicht stören!

Mélanie ist 9; eine putzige, junge Dame mit frechem Sommersprossen-Gesicht. Aus ihrem Auftreten und aus dem grossen Wert, den sie ihren eigenen Launen einräumt, wird schnell ersichtlich, dass sie sich in kindischer und koketter Weise für jemanden hält. Sie ist es gewohnt, dass man auf sie eingeht - was gewiss daran liegt, dass regelmässig auf sie und ihre Bedürfnisse eingegangen wird. Sie wohnt mit ihren Eltern und einem älteren Bruder in einem Einfamilienhaus in Sucy-en-Brie, und somit in einer von vielen Dutzenden Gemeinden der Banlieu, dem breiten Vorortsgürtel rund um Paris, Frankreich.

Mélanie sitzt in der Küche und malt mit Buntstiften ein Bild. Gerne möchte sie es ihrer Mutter zeigen, als es fertig ist, aber sie überlegt es sich anders: Sie weiss, dass sie jetzt nicht stören darf. Ihre Mutter arbeitet im oberen Stock und die Türe zu ihrem Arbeitsraum ist geschlossen. Nicht mit dem Schlüssel abgesperrt, natürlich, sondern einfach nur zu. Mélanie überlegt: Ihre Mami hat ihr beigebracht, sie dürfe sie unter keinen Umständen stören: Geschlossene Türe heisst: Mami arbeitet und darf nicht gestört werden. »**Sauf s'il y a le feu!**« hatte Mami noch gesagt: Ausser, wenn es brennt. Mélanie fragt sich, ob es brennt. Sie guckt auf ihre Zeichnung und entscheidet, dass es nicht brennt.

Mélanie erinnert sich, dass sie schon zweimal das Verbot missachtet hat und in Mamis Arbeitsraum hineingegangen ist. Mami war vor dem Ordinateur gesessen und hatte in den Bildschirm geschaut. Sie war über den Besuch der Tochter nicht erfreut gewesen. Sie hatte Mélanie mit strengen Worten nach aussen geschickt, und ihre Augen hatten Mélanie gezeigt, dass sie etwas Falsches getan hatte - ohne dass sie eine Ahnung hatte, was.

Mélanie schaut auf die Küchenuhr und runzelt die Stirn. Viertel vor Irgendetwas. Zu dieser Tageszeit arbeitete ihre Mami sonst nie. Heute hatte sie sich beim Mittagessen bei ihrer Tochter entschuldigt und gesagt, sie müsse etwas Dringendes tun. Mélanie hatte sie wieder einmal gefragt, was sie eigentlich genau mache. »**Aber, chérie**«, hatte die Mutter ihr geantwortet, »**das habe ich dir schon hundert Mal erklärt...**«. Selbst beim 101. Mal hatte Mélanie nicht genau verstanden, was dieses »**Télétravail**« genau war. Es hatte etwas mit Arbeit zu tun, aber Mélanies Vater arbeitete doch auch, an einem anderen Ort.

Mélanie beginnt, ein zweites Bild zu malen. Mami hat gesagt, es dauere nur eine Stunde oder so. Sie würde gewiss bald herunterkommen. Mélanie mag Mami. Seit drei Jahren arbeitet sie oben im Haus anstelle des Büros in Paris. Seit sie nicht jeden Morgen früh auf die Métro muss und abends nicht mehr so spät nach Hause kommt, ist Mami besser gelaunt und netter zu Mélanie. Jetzt kocht wieder Mami das Mittagessen und Mélanie muss nicht mehr Sandwiches über Mittag essen. An manchen Tagen fährt Mami Mélanie zur Schule und holt sie dort wieder ab. Und nachmittags machen sie jeweils Mélanies Hausaufgaben zusammen, gehen einkaufen, spazieren. Früher war Mami ein gehetztes, flüchtiges Gespenst. Heute ist Mami eine Mami.

Zwar ist das Rätsel der geschlossenen Türe im oberen Stock für Mélanie nicht gelöst, aber alles in allem sind die Dinge besser geworden. Mami soll doch ihr Télétravail ruhig behalten, denn Mélanie fühlt instinktiv, dass es dies ist, das aus dem Gespenst eine Mami gemacht hat.

Freiwilligkeit

IBM ist ein Akronym für International Business Machines Corporation. In Zeiten des Erfolgs und der Marktführerschaft, die schon ein Jahrzehnt oder mehr zurückliegen, war

»**The Big Blue**« ein multinationaler Gigant mit 200'000 Mitarbeitern weltweit. Heute schnellt der IBM-Aktienkurs jedesmal hoch, wenn der Abbau von tausenden Stellen angekündigt wird - Zeichen dafür, dass eine streng hierarchisch gegliederte Organisation ihre Überkapazitäten abbaut und sich den Sachzwängen des schlankheits- und flexibilitätsversessenen globalen Marktes unterwirft.
IBM gab zwar dem PC seinen Namen, doch andere Anbieter, allen voran Compaq, bauten bessere PC's, und dies auch noch billiger. Was die CPU's betrifft, hat sich Intel mit dem Pentium-Prozessor gegen alle IBM-eigenen Entwicklungen durchgesetzt. Und wenn die Hardware-Entwicklung und die Erschliessung des Privatkunden-Marktes von IBM fast verschlafen wurden, so wurde die Software-Entwicklung fast ganz vernachlässigt; nur das ursprüngliche DOS Betriebssystem stammt aus dem Hause IBM - zur Freude von Bill Gates und seiner Microsoft, der spätestens mit Windows 95 die IBM auch aus diesem Marktsegment verdrängt hat. IBM ist heute noch die Weltnummer 1 unter den Elektronik-Unternehmen; als Resultat von in besseren Jahren angesammelter Masse. Es ist die beste Adresse für Mainframes, für Problemlösungen, spezielle Hard- und Softwarekonfigurationen sowie für den Aufbau und den Unterhalt von LAN's, Local Area Networks: Spezialitäten für Geschäftskunden.
Dazu betreibt IBM auf internationaler Ebene aufwendige, hochstehende Forschung und Entwicklung: Das Elektronenrastermikroskop sowie die fraktale Mandelbrot-Figur sind nur zwei von vielen Neuentwicklungen made by IBM.
Aus IBM's besseren Tagen stammt das heutige, weltumspannende Niederlassungsnetz. Jedes grössere Land besitzt seine eigene IBM Vertriebs- und Verkaufsorganisation, sogenannte Business Units. In Paris befinden sich die nationale IBM France, und mit der IBM Europe auch das kontinentale Hauptquartier. Aufgabe dieser Geschäftseinheiten ist der Vertrieb und Verkauf von IBM-Produkten, die Betreuung der bestehenden und die Gewinnung von neuen Kunden sowie die Entwicklung von kundengerechten Problemlösungen und Gesamtsystemen für die lokalen Märkte.
Grace Scotte, eine gebürtige Amerikanerin, arbeitet seit mehr als zehn Jahren bei IBM France als Pressevertreterin und Informationsspezialistin. Ihre Aufgabe besteht darin, den gewaltigen Informationsfluss, der zwischen dem IBM-Weltkonzern und seinem französischen Ableger täglich hin- und herfliesst, zu überwachen und zu bündeln. Sie ist eine Art Stellwerkarbeiterin, die vor allem dafür zu sorgen hat, dass die Weichen für die internen und externen Informationen richtig gestellt werden; dass alle Pressemitteilungen aus dem In- und Ausland richtig bearbeitet und übersetzt werden; und kurzum, dass ihr Aktionsgebiet Europa, Naher Osten und Afrika mit relevanten News und Informationen versorgt wird. Sie spricht fliessend Englisch und Französisch und der grösste Teil ihrer Arbeit besteht darin, Mitteilungen zu lesen, zu schreiben, zu bearbeiten und weiterzureichen. Dafür braucht sie kein Bürohochhaus; ein vernetzter Computer bei sich zuhause tut es auch. Grace Scotte ist eine Telearbeiterin und die Mutter der kleinen Mélanie.

Vor vier Jahren, als sie noch in einem Bürohochhaus inmitten der Pariser Défence-Überbauung arbeitete, wurde sie angefragt, ob sie nicht Telearbeit leisten wolle. IBM France lancierte damals eine umfassende, interne Telearbeit-Kampagne und suchte für dieses Programm Freiwillige. Anders als auf freiwilliger Basis liess sich das Projekt nicht realisieren, denn es macht keinen Sinn, jemanden zur Telearbeit zwingen zu wollen, der es nicht will; es würde nur schlechte Arbeit dabei herausspringen. Grace Scotte, deren Ehemann berufstätig ist, war als Mutter von zwei kleinen Kindern nur zu gern bereit, mitzumachen. Sie war im Jahr 1994 eine unter 2'000 IBM-Angestellten, die den Schritt in das Telearbeit-Pilotprojekt wagten.

IBM France besorgte die Einrichtung und Verkabelung des PC bei Grace zuhause, liess eine eigene Telefonleitung mit eigener Nummer legen, um die Kosten für die Modem-Kommunikation erfassen und bezahlen zu können. Das Unternehmen entrichtet auch eine monatliche Pauschale an Grace Scotte, als Entschädigung für den Arbeitsraum, den sie benützt, und als Zugabe an die Stromrechnung, damit sie nicht die Elektrizität für ihren Computer selbst berappen muss. Und auch das Mobiliar für ihren Arbeitsraum subventionierte IBM France; dazu schaute sogar ein Ergonome bei ihr vorbei und sah nach dem Rechten in Sachen Augenebene, Wirbelsäulenkrümmungswinkel, Bildschirmentfernung, Tastaturhöhe, Arbeitslicht usw, damit keine Ermüdungserscheinungen oder arbeitsplatzbedingten Erkrankungen auftauchten.

IBM France trug mit diesem Projekt und dem damit verbundenen Massnahmenpaket den bereits in den USA gemachten Telearbeitserfahrungen Rechnung. Das »**Knowledge**« aus Übersee fand in Europa dankbare Nachahmer. Der Hauptgrund für den Schritt zur Telearbeit war offensichtlich: Die fetten 80er waren den mageren 90ern gewichen; der IBM-Aktienkurs purzelte Anfangs des Jahrzehnts von einem Tiefstand zum nächsten. IBM erwirtschaftete nicht genug Umsatz im Vergleich zu seiner gewaltigen Grösse ; IBM schrieb zuwenig Profit im Verhältnis zum Umsatz; IBM's Overheads waren zu hoch im Vergleich zum Profit.

Man ging mit dem festen Vorsatz über die eigenen Bücher, zu sehen, wo noch Potential für Kosteneinsparungen vorlag. Eine der beschlossenen Massnahmen am Ende dieses Kassensturzes war das Telearbeit-Projekt. Die Zahlen belegten: Telearbeiter kamen billiger als sesshafte Büroarbeiter - ohne dass die Qualität ihrer Arbeit sich dabei verringerte.

Die Ursachen dafür, dass die Arbeiter ursprünglich sesshaft wurden und sich täglich an gemeinschaftlicher Arbeitsstätte versammelten, lagen in der Natur der Massen- und Fliessbandproduktion von Gütern; in der zu Gründerzeiten geringen Reichweite der Telekommunikation, die räumliche Nähe erforderte, um Zeitverluste zu vermeiden; und vielleicht ein wenig in der patriarchalischen Tradition, wonach ein Unternehmen sich wie eine grossbürgerliche Familie am Mittagstisch unter dem gestrengen Blicke des Vaters aufzuführen und gesittet aufzutreten habe.

Nun, die Zeit der Serien- und Massenproduktion ist so gut wie zu Ende, zumindest in

den Industriestaaten. Gegen das magere Tagesgehalt von 2 US$ einer Textilarbeiterin in Vietnam oder die täglichen 4.25 US$ eines Elektronikmonteurs in Singapur ist kein europäisches Kraut gewachsen; ausser, vielleicht, ein Textilroboter oder eine bessere Bestückungsmaschine. Repetitive, monotone und technisch anspruchslose Arbeit wird in Billiglohnländer ausgelagert oder automatisiert - und basta! Und die Reichweite der Telekommunikation ist heute global - räumliche Nähe ist überall möglich. Was die patriarchalische Tradition der Arbeitsstätte als Mittagstisch der Unternehmensfamilie betrifft, sie wird zum immer kostpieligeren Luxus. Es gibt heute keinen rationalen Grund für grössere Mitarbeiterballungen am selben Ort, mit der einzigen Ausnahme einer Spaghetti- und »**Knowledge**«-Organisation.
Dies waren nur einige der Überlegungen, die IBM France veranlassten, das Telearbeit-Projekt voranzutreiben. Allein 1995, im ersten vollen Jahr des Pilotprogramms von IBM France, als 2'000 freiwillige Telearbeiter, darunter Grace Scotte, die Telearbeit aufnahmen,

benötigte IBM France 85'000 Quadratmeter weniger Bürofläche,

zahlte dafür in einem Jahr 260 Mio FF weniger Miete

und reduzierte die Zahl der Geschäftsniederlassungen in Paris von 18 auf 6.

IBM France hatte also pro telearbeitenden Mitarbeiter über 130'000 FF an Fix- und Mietkosten eingespart. Ein Erfolg, ohne Zweifel. Er hat IBM France veranlasst, fortan die »**Nomadisierung**« der gesamten Belegschaft anzustreben, mit Ausnahme des oberen Managements und von zentralen Stabstellen wie zum Beispiel Labors, Schulungsräume usw. Insgesamt 11'000 Stellen wurden als nomadisierbar eingestuft - und sollten bis zur Herausgabe dieses Buches nomadisiert worden sein.
Die mit der Einführung der Telearbeit verbundenen Einsparungen haben es ermöglicht, den Personalbestand und das Salär einigermassen konstant zu belassen. Hätte man eine sesshafte Organisationsform beibehalten, hätte nur ein Personalabbau die hohen Fixkosten verringern können. Und mit weniger Personal hätte man weniger Leistungen erbringen und weniger Arbeit leisten können.

Nomadisierung

Nomade: Von altgriechisch »**nomos**«, die Weide. Weidenbewohner.
Nomadismus: Wirtschafts- und Gesellschaftsform, die auf Viehwirtschaft beruht und die mit nichtsesshafter Lebensweise verbunden ist.
Der Begriff des Telenomaden mag auf Anhieb despektierlicher und rustikaler wirken, als er gemeint ist; sachlich ist er korrekt. Die Viehweide von damals ist der Markt von heute; das Vieh ist die Arbeit, die Aufträge; die nichtsesshafte Lebensweise bedeutet, dass Telenomaden ohne Unternehmensheimat, ohne Anbindung zu einem Hauptquartier

arbeiten, während sie den Aufträgen nachziehen. Arbeitsnomaden gibt es seit geraumer Zeit, sei es früher als Marketender, Schausteller und Marktschreier; oder seit der Industrialisierung als Saisonarbeiter im Bau- und Gastgewerbe, als Vertreter oder als Aussendienstmitarbeiter.

Die Telenomaden sind ihre Nachfolger im Informationszeitalter.

Alain Depetris arbeitet als Verkaufsberater bei IBM France. Sein Arbeitsplatz ist die Verkaufsfront im Aussendienst; er eilt durch ganz Paris von einem Firmenkunden zum nächsten, berät, offeriert, kalkuliert, verkauft IBM-Produkte und -Dienstleistungen. Seine Arbeit ist die eines Nomaden. Vor 1994 war der für ihn mit Abstand mühsamste Aspekt seiner täglichen Arbeit der Besuch des Hauptquartiers, der Büro- und Papierteil, wo er Kontaktrapporte über seine Kundenbesuche ausfüllen, die eingegangenen Anrufe und Bestellungen entgegennehmen, die Verträge und Lieferscheine ansehen musste. Für einen kommunikationsfreudigen jungen Mann wie Alain, der das knallharte Verkaufen geniesst und sich an der Front wohlfühlt, waren das Handy und die E-Mail ein Geschenk des Himmels. Dass er dank diesen zwei Dingen, über die er heute direkten Zugang zu den aktuellsten Datenbanken von IBM France hat, zu einem Telenomaden geworden ist, macht ihm nichts aus. Er meldete sich freiwillig zum Telearbeit-Projekt von 1994 und bereut diesen Schritt nicht. Im Gegenteil.

Alain Depetris wohnt im Zentrum von Paris. Jeden Morgen, während auf den Strassen unten die reine Berufsverkehrshölle ausbricht, weil wie an jedem Wochentag mehr als eine halbe Million PKW's und LKW's ins Stadtzentrum drängen und sämtliche Strassen verstopfen, sitzt er bei sich zuhause auf der Couch, trinkt einen Kaffee und schaut sich die E-Mail an, mit der ihm IBM France Wissenswertes mitteilt. Sein kleiner Laptop-Computer besitzt ein eingebautes Modem, so dass er sich mittels Handy zu jeder Stunde in das IBM-eigene Informations-Netzwerk einklinken kann. So erfährt er, um die Analogie des Nomaden beizubehalten, in welcher Ecke der Weide er auf Vieh stossen wird.

Unter »**News**« kann er, wenn er es denn will, bei sich zuhause oder unterwegs das Transkript eines Vortrags über die neue Konzernstruktur und Marketingstrategie von IBM nachlesen, den Lou Gerstner, der oberste Chef, gestern bei einem Kurzbesuch vor den Kollegen der IBM UK in London gehalten hat. Dass diese Datei am Vortag von Grace Scotte bei ihr zuhause in Sucy-en-Brie verfasst wurde und dass die kleine Mélanie deshalb am Nachmittag anderthalb Stunden lang auf ihre Mami verzichten musste, kann und muss er nicht wissen.

Ab 9 Uhr hat Alain Depetris seinen ersten Kundentermin. Um diese Zeit hat sich der Strassenverkehr beruhigt. Im Laufe des Verkaufsgesprächs kontaktiert er mittels Laptop, Modem und Handy die interne IBM-Datenbanken über Hardware-Lagerbestände und Stückpreise. Gleich vor Ort kann er eine Offerte erstellen, konkrete Lieferfristen zusichern. Das Resultat seines Meeting und die notwendigen, weiteren Massnahmen wird er in Form eines elektronischen Rapports abspeichern.

Der zweite Kunde, um halb elf am anderen Ende der Stadt, möchte zwei Datenbanken miteinander verbinden, die auf verschiedenen Programmen und Formaten beruhen. IBM soll ein spezielles Interface anfertigen. Alain Depetris kann wiederum aufgrund der umfassenden Datenbanken gleich vor Ort feststellen, dass vor einem Jahr in den Niederlanden ein ähnliches Problem aufgetaucht ist. Die Lösung lässt sich vielleicht übernehmen. Er wird die zuständige Entwicklungsabteilung anrufen und jemanden auf dieses Problem ansetzen.
Der dritte Kunde hat vor einem Jahr eine Bestellung aufgegeben. Ist er zufrieden? Wie nützlich ist ihm sein Computersystem? Die elektronische Agenda von Alain Depetris weist ihn darauf hin, dass er hier kurz nachfassen sollte. Noch vor Mittag ruft er an und erkundigt sich nach dem Stand der Dinge. Der Kunde äussert sich im grossen und ganzen zufrieden, wünscht aber Auskunft über einige Einzelheiten. Ein Termin wird für die nächste Woche vereinbart.
Der Telenomade zieht weiter. Dank seinen telematischen Hilfsmitteln, sagt er, kann er viel schneller und umfassender auf seine Kunden eingehen. Er kann je nach Stand der Aufträge oder Anfragen dank ihnen mehr Termine als bisher pro Tag abmachen - oder sich mehr Zeit für die Beratung seiner Kunden lassen. Er kann seinen Zeitplan frei organisieren, ohne Rücksicht auf Bürozeiten. Seine tägliche Arbeit ist inzwischen fast papierlos, so dass der Kern seiner Tätigkeit seit seiner Telenomadisierung nurmehr aus Kommunikation und Beratung besteht. Die schwere Bürde der Bürokratie wurde ihm abgenommen und auf ein modernes, telematisches Netzwerk aufgeladen. Von der Automatisierung des Aussendienstes profitieren er, IBM und die Kunden. Anstelle sich immer wieder im Büro melden zu müssen, kann er sein elektronisches Büro jetzt zu den Kunden und nach Hause mitnehmen.

Unternehmenskultur?

Es ist so eine Sache mit der Unternehmenskultur: Viele reden darüber, jeder versteht darunter jedoch etwas anderes. Für die einen ist sie das Salz der Erde; die gesunde Topferde, in welcher der Unternehmensbaum wurzelt; oder der Mörtel, mit dem aus vielen Ziegelsteinen ein Haus gebaut werden kann. Andere wiederum nennen sie einen blanken Humbug. Oft wird diese Unternehmenskultur herbeibemüht, um einen sachlichen Argumentationsnotstand zu überspielen. In anderen Fällen wird sie schlicht und vermutlich falsch mit der CI, Corporate Identity, verwechselt.
Ohne uns allzuweit in den Kulturmorast hineinzuwagen, bezeichnen wir von nun an die Unternehmenskultur als die Summe aller Faktoren, die innerhalb eines Unternehmens unter den Mitarbeitern ein Wir-Gefühl erzeugen.
Ein Firmenname, wie zum Beispiel IBM, umreisst die äusseren Demarkationslinien der Unternehmenskultur. Zur Unternehmenskultur gehören, neben vielem mehr, der allgemeine Umgangston, die formelle und informelle Kommunikation, die vielen, oft kleinen und

trivialen Rituale, Traditionen und Automatismen, die wir alle jeden Tag absolvieren, ohne sie zu bemerken. Ebenfalls gehören visuelle Schlüsselreize dazu: das Firmenlogo, natürlich, oder die Empfangslobby am Hauptsitz, die Produkte, Farben, die Fassade, usw. Selbst der strenge Geruch eines Linoleum-Bodenbelags kann das Wir-Gefühl unter der Belegschaft verstärken. Das allgemeine Feeling, die Stimmungslage, ist als Faktor ebenfalls zu nennen: gibt man sich eher lutheranisch-entsagungsvoll-freudlos-produktiv oder im Gegensatz dazu locker-intuitiv-kreativ? Der Uniformzwang prägt ebenfalls die Unternehmenskultur: Hemd und Kravatte oder eher casual Sportsware? Ebenfalls aussagekräftig ist die Sprache, die sprachlichen Codes, die Insidern bewusst sind, die Art und Weise, wie Dinge formuliert oder nur angedeutet werden.

Was immer genau die Unternehmenskultur darstellen mag, auffällig an ihr ist, dass aus ihr meist dann ein Gesprächsstoff wird, wenn man ihren Verlust befürchtet. Die Telearbeit wird dabei als grosse Gefahr für die Unternehmenskultur angesehen: Wie soll unter Telearbeitern und Telenomaden ein Wir-Gefühl entstehen bzw. beibehalten werden, wenn die erste Voraussetzung dafür, die physische Anwesenheit am gleichen Ort, fehlt? Wenn alle die emotionalen, räumlichen, sinnlichen, kommunikativen und traditionellen Gemeinsamkeiten infolge dauernder Abwesenheit wegfallen? Ist es denn überhaupt möglich, ohne zentralen Arbeitsort und seinen Genius Loci, eine lebendige Unternehmenskultur zu pflegen?

Warum sollte Grace Scotte, zuhause an ihrem Schreibtisch in Sucy-en-Brie, mit den Aufs und Abs einer IBM France mitleiden, zu der sie keinen unmittelbaren, physischen Kontakt mehr besitzt? Und wie soll Alain Depetris für eine IBM France an die Front in die Verkaufsschlacht ziehen, wo IBM France für ihn nur ein Name ist, der genausogut Motorola, Siemens-Nixdorf, NEC, Digital oder Matra-Thomson heissen könnte?

Wie wirkt sich somit Telearbeit auf die Unternehmenskultur aus?

Die Antwort im Fall der IBM France ist einfach: Gar nicht. IBM France hat niemals aufgehört zu existieren. Und das Unternehmen dachte gar nicht daran, seinen Platz im Alltag seiner Telearbeiter aufzugeben: Jeder von ihnen muss sich einmal in der Woche beim Unternehmen melden. Ein eigenes, speziell für Telearbeiter ausgestaltetes Forum wurde eingerichtet, ein geräumiges Grossraumbüro mit allgemeinen Arbeitsplätzen, in dem die Telearbeiter einen freien Platz beziehen, ihren Laptop ans Netz andocken und arbeiten können. Und gesehen werden können. Und sehen, wer sonst noch da ist. Und miteinander ins Gespräch kommen.

Jeder Telearbeiter kann seine Präsenzzeit frei bestimmen, muss aber regelmässig im Hauptquartier von IBM vorbeischauen, mindestens für einen halben Tag. Dabei ist das informelle Gespräch unter Kollegen, der Stützpfeiler jeder Unternehmenskultur, bei diesen Stippvisiten fast schon Pflicht: Erfahrungen austauschen, Meinungen einholen, Ideen entwickeln, Ratschläge erteilen und entgegennehmen, fachsimpeln, ja sogar (mit Mass) herumblödeln: Ohne dieses gemeinschaftliche Fundament ist der überwiegende, grosse Rest an selbständiger Telearbeit zu abgehoben.

Telearbeit ja, aber nur mit Bodenhaftung!

Schulung und Mitarbeiterinformation finden anlässlich dieser Wochenbesuche statt. Neue Produkte und Dienstleistungen werden vorgestellt, neue Verkauftstechniken geübt, neue Shortcuts im neuen Programm ausprobiert. Auch diese Veranstaltungen gehören zur Unternehmenskultur.

Und schliesslich treffen anlässlich dieser wöchentlichen Besuche die Telearbeiter von IBM France auch ihre Televorgesetzten. Beinahe eines der grössten Hindernisse bei der Einführung der Telearbeit ist die Befürchtung vieler Vorgesetzten, die Kontrolle über ihre Untergebenen zu verlieren - und natürlich auch, selbst an Wert einzubüssen. Die Handschrift des Managers prägt schliesslich jede Unternehmenskultur entscheidend mit - und droht jetzt, wegen der Telearbeit, zum grossen Schaden aller Beteiligten, verlustig zu gehen.

Diese Befürchtung hat sich bei IBM im Lauf der Zeit absolut bewahrheitet - doch die Erkenntnis, dass die herkömmliche Mitarbeiterüberwachung durch Vorgesetzte, das sogenannte »**Eyeball-Management**«, ohnehin nicht so ganz das Gelbe vom Ei war, hat den Kulturschock der Managerentmündigung etwas gemildert. IBM France setzt jetzt auf Management by Objectives, auf Projektarbeit und Zielvorgaben. Mit Vorgesetzten in der Rolle von Inspiratoren und Mentoren, die koordinieren, vermitteln, den Rahmen vorgeben und Resultate bewerten, ohne sich in die eigentliche Ausführung der Arbeit einzumischen.

Die Erfahrung zeigt, dass je mehr Freiheit den Telearbeitern eingeräumt wird, sie es desto mehr dem Unternehmen danken. Damit Telearbeit funktionieren kann, müssen sie unabhängig handeln, schnell und autonom entscheiden dürfen.

Je länger die Leine ist, an der man sie führt, desto weitere Kreise können sie ziehen. Und je weitere Kreise sie ziehen, desto hochwertiger wird die Unternehmenskultur, denn dann handelt es sich nicht länger um eine vertikale Unternehmenskultur von gegängelten Pendlern, sondern vielmehr um eine horizontale Unternehmenskultur unter selbständigen Nomaden.

Je freier die Telearbeiter, desto grösser und stärker ist ihre Bindung an die Firma, die ihnen ihre Freiheit zugesteht.

Es sei auffällig und positiv, sagt einer der Manager von IBM-France, Gérald Karsenti, wie die ausgeprägte Unabhängigkeit der Telearbeiter einen unternehmerischen Sinn fördere. Weil alle lernen müssen, spontane Entscheide zu fällen, würden sie beginnen, viel kostenbewusster und effektiver zu denken. Weil sie alle sich ein Gespür für die Lage aneignen müssen, erkennen müssen, wo sich ein Risiko lohnt und wo die Initiative zu ergreifen ist, werden sie zu Kleinunternehmern innerhalb des Unternehmens. Jeder Telearbeiter ist auch sein eigener Vorgesetzter.

Telekultur

Die ersten Denkanstösse zur Telearbeit, das amerikanische Telecommuting, wurden durch die Ölkrise von 1973 erzeugt. Damals drohte das traumatische Schreckgespenst

einer Welt ohne Benzin, ohne Autos, in der die Arbeiterschaft nicht mehr zur Arbeit fahren konnten. Man stiess auf das Telecommuting, den Tele-Pendelverkehr, als neue Möglichkeit, um die Arbeit zum Arbeiter zu senden, so dass der Arbeiter nicht mehr zur Arbeit fahren musste. Am Anfang der Telearbeit steht somit die Vision von einer PKW-freien, benzinunabhängigen Arbeitswelt.
Da inzwischen aber das Benzin wieder frei aus den Zapfsäulen fliesst, ist diese Vision in den Hintergrund gerückt. Ganz in Vergessenheit geraten ist sie nicht und wer jemals das Vergnügen hatte, den abendlichen Verkehrsstau auf dem Inneren Ring von München, oder auf dem Circular Highway rund um London, oder auf dem Boulevard Périphérique von Paris zu erleben, oder sogar bei einem Bumper-to-bumper auf einer der vielen Stadtautobahnen in Los Angeles mitzumachen, für den ist die Telearbeit plötzlich nicht mehr so unattraktiv.
Für Grace Scotte in Sucy-en-Brie bedeutet Telearbeit auf alle Fälle satte 10 bis 12 Stunden Zeitgewinn pro Woche. Diese Zeit spart sie ein, weil sie nicht länger mit dem PKW oder öffentlichen Verkehrsmitteln aus der Banlieu ins Zentrum von Paris fahren muss. Zwei Drittel dieser Zeiten sind reine Wartezeiten, nebenbei, an Bahnstationen oder in Staus. Für sie ist Telearbeit gewonnene Zeit - für Mélanie auch.
Wenn man sich doch nur endlich allgemeinverbindlich einigen könnte, was Telearbeit denn nun ist! Gemäss der zuständigen EU-Kommission ist Telearbeit

> ***das Spektrum von Arbeitsformen, die Telekommunikation als Werkzeug nutzen und wenigstens teilweise ausserhalb der traditionellen Büroumgebung praktiziert werden.***

Dieser weichen Gummidefinition stellt empirica, Gesellschaft für Kommunikations- und Technologieforschung mbH, Bonn, folgende harte Definition gegenüber (in Kordey/Korte: Telearbeit erfolgreich realisieren. Vieweg Verlag, Braunschweig/Wiesbaden, 1996):

> ***Telearbeit bezeichnet die wohnortnahe Arbeit unabhängig vom Firmenstandort an mindestens einem Arbeitstag pro Woche, wobei die (Zusammen-)Arbeit über räumliche Entfernungen hinweg unter primärer Nutzung von Informations- und Kommunikationstechnologien erfolgt und eine Telekommunikationsverbindung zum Arbeitgeber bzw. Auftraggeber zur Übertragung von Arbeitsergebnissen genutzt wird.***

...damit das klar ist. Und damit es noch klarer ist, aus derselben Quelle, einige Zeilen weiter unten, dies:

> ***...Unserer Auffassung nach sollte man beim gegenwärtigen Kenntnis- und Entwicklungsstand daher auch nicht allzuviel Aufwand in die Suche nach einer präzisen Definition investieren.***

Immerhin haben wir den Namen: Telearbeit. Solange die offizielle Definition fehlt, ist

Telearbeit etwas, das mit Telekommunikation zu tun hat: Anrufen statt Hingehen und Zusenden statt Dortsein. Oder so.
Immerhin hat sich schon herumgesprochen, dass Telearbeit nicht gleich Telearbeit ist. Die gängigsten Erscheinungsformen wurden von empirica wie folgt katalogisiert.

Teleheimarbeit
Der alleinige Ort der Arbeitsverrichtung ist hierbei die Wohnung des Telearbeiters. Da die Gefahr der sozialen Isolation besteht, ist diese Form der Telearbeit nicht unumstritten.

Alternierende Telearbeit
Der Telearbeiter wechselt in der Regel zwischen den Arbeitsorten Büro und zu Hause. Diese Organisationsform ist bereits weit verbreitet. In einigen Fällen können auch andere Arbeitsorte hinzukommen.

Telearbeitszentren
Hierzu gibt es verschiedene Ausprägungsformen.
Das Satellitenbüro ist ein dezentrales Arbeitszentrum eines Unternehmens in Wohnortsnähe der Mitarbeiter, in das in der Regel ganze Aufgabenblöcke ausgelagert werden. Das Nachbarschaftsbüro ist ein Telearbeitzentrum in Wohnortnähe der Mitarbeiter, das von mehreren Unternehmen gemeinsam betrieben wird, um den jeweiligen Pendelaufwand zu minimieren. Ein Telehaus oder Teleservicezentrum dient dazu, meist mit staatlicher Unterstützung, in strukturschwachen (ruralen) Gebieten eine Telekommunikationsinfrastruktur für die lokale Wirtschaft bereitzustellen.
(Vgl. dazu das Kapitel »http://Provinz.Nirgendwo« in diesem Buch)

Virtuelle Unternehmen
Der Zusammenschluss von rechtlich unabhängigen und räumlich getrennten telearbeitenden Einzelpersonen oder Kleinstunternehmen zu einem virtuellen Unternehmen, das auf dem Markt als eine Einheit unter eigenem Firmennamen agiert.
(vgl. dazu das Kapitel »Der Cybernaut« in diesem Buch.)

Und auch über die wichtigsten Vor- und Nachteile der Telearbeit ist man sich mehr oder weniger schon einig. Wobei jeder Vorteil ein Nachteil sein kann und umgekehrt: Eine Frage der Perspektive: Was für die einen als »**bessere Vereinbarkeit von Beruf und Privatleben**« ein klarer Vorteil ist, nennen andere einen Nachteil und bezeichnen ihn als »**Fehlende Trennung von Beruf und Privatleben**«. Möge daher jeder selbst entscheiden, was ihm taugt und was nicht.

Mögliche Vorteile für Telearbeiter:
Verringerung, bzw Wegfall der Pendelzeit; Bessere Vereinbarkeit von Beruf

und Privatleben; angenehme Arbeitsatmosphäre; Zeitsouveränität, Arbeiten nach individuellem Arbeitsrhythmus; grössere Wahlfreiheit bei Wohnortwahl.

Mögliche Nachteile für Telearbeiter:
Ungeschützte Beschäftigungsverhältnisse; soziale Isolation; Karriereeinbussen; fehlende Trennung von Beruf und Privatleben.

Mögliche Vorteile für Unternehmen:
Direkte Kostenersparnis bei Büroflächen etc.; höhere Produktivität und Kreativität der Mitarbeiter; Erhalt und Zugang zu qualifizierten Mitarbeitern; grössere Kundennähe und besserer Kundenservice; bedarfsgerechter Einsatz freier Mitarbeiter.

Mögliche Nachteile für Unternehmen:
Unwirtschaftlichkeit; mangelnde Datensicherung, bzw. Datenschutz; Reibungen mit traditionellem, unflexiblem Management; höherer Koordinierungsbedarf.

Mögliche Vorteile für die Gesellschaft:
Verringerung des Berufsverkehrs und Energieeinsparung; Minderung des Siedlungsdrucks auf die Ballungsräume; Schaffung von Arbeitsplätzen u.a. in strukturschwachen ländlichen Räumen; Beschäftigungsmöglichkeiten für spezielle Zielgruppen (Frauen mit kleinen Kindern, Behinderte, usw)

Mögliche Nachteile für die Gesellschaft:
Abwanderung/Auslagerung von Arbeitsplätzen ins Ausland; Landschaftszersiedelung; Anstieg des Individualverkehrs.

Seit das Internet in den letzten zwei Jahren in unser kollektives Bewusstsein gerückt ist, seit immer mehr Menschen, die meisten unter ihnen Arbeiter, bei sich zuhause erleben können, wie spielend einfach und wie unermesslich global inzwischen Texte, Grafiken, Fotos und Geräusche verbreitet werden können, leuchtet das Prinzip der Telearbeit immer mehr Menschen automatisch ein. Telearbeit ist Netzwerkarbeit und der technische und organisatorische Unterschied zwischen physischer Anwesenheit und Abwesenheit wird immer geringer.
Information und Kommunikation sind nicht länger ortsgebunden. Dies ist der Kern der Telearbeit: Räumliche Entfernungen sind in Echtzeit überbrückbar. Und wenn einmal Glasfaserkabel und ISDN etabliert sind, wird mit Videoconferencing oder Bildtelefonie der Augenkontakt mit Kommunikationspartnern möglich werden. Diese Entwicklung zu assimilieren, ihre Bedeutung wahrzunehmen, zu verstehen, was für Gelegenheiten und Herausforderungen sie für uns darstellt, das ist mehr als nur ein Frage der korrekten wissenschaftlichen Definition und sprengt auch den Rahmen der unternehmerischen

Dimension. Es ist schlichtweg ein Kulturschock, der uns allen bevorsteht, sowohl als Einzelne wie auch als Gesellschaft.

Abschliessend

soll darauf hingewiesen werden, dass nicht jeder das Zeug zum Telearbeiter hat. Wie Grace Scotte und Alain Depetris bestätigen, brauchte es mehr Selbstdisziplin und mehr Selbstkritik, um als Telearbeiter bestehen zu können. Man muss sich selbst hin und wieder am Riemen reissen können. Man sollte unternehmerisch denken und selbständig handeln können, sollte als Voraussetzung eine gute und umfassende Fachausbildung mitbringen, gut und offen mit anderen Menschen kommunizieren können und darf die Verantwortung nicht scheuen.

Mindestens 150'000 solche Menschen gibt es in Deutschland. Es sind Telearbeiter - und die meisten unter ihnen sind Freelancers, selbständige Telearbeiter, die projektbezogen arbeiten. Telenomaden, die mit PC und Modem (den sie selber gekauft haben) die globale Weide des Cyberspaces auf der Suche nach Arbeit durchstreifen. Dass ihre Zahl in Zukunft zunehmen wird, ist unbestritten - man kann sich höchstens streiten, ob diese Zunahme linear oder exponential erfolgen wird. Ihre Websites, die uns zugesandten Fotos und Lebensläufe tauchen immer öfters in unserem E-Briefkasten auf.

Von diesen freischaffenden Cybernauten wird im übernächsten Kapitel dieses Buch noch mehr die Rede sein. Von ihnen geht aber schon jetzt ein grosser Konkurrenzdruck auf herkömmliche Zeitarbeiter und herkömmliche Administrationsmitarbeiter aus, denn deren angestammte Arbeit nehmen die Cybernauten ins Visier und locken mit schnellerer Ausführung und niedrigerem Salär bei keinen Sozialabgaben.

Wie so manches in der heutigen Arbeitswelt ist die Telearbeit sowohl für eine weitangelegte Humanisierung als auch für eine zusätzliche Entmenschlichung der Arbeit gut; sie kann Befreiung und Entmündigung in einem sein. Was sie mit Bestimmheit sein wird, ist ein fester Bestandteil der Arbeitswelt von morgen. Sie ist zu vorteilhaft, um es nicht zu sein. Und zu kostengünstig, um übergangen zu werden.

Sie ist daher schon heute eine Tatsache, die im Entstehen begriffen ist und der man sich stellen sollte. Dieses Stellen kann freiwillig und mit dem festen Vorsatz erfolgen, der Telearbeit das Beste abzugewinnen. Oder es kann unfreiwillig stattfinden, weil wieder einmal eine klare Stossrichtung der Entwicklung unterschätzt wurde und weil daraus eine Norm entstanden ist, der man sich zu unterwerfen hat.

Grace Scotte und Alain Depetris wurden noch gefragt, ob sie freiwillig Telearbeiter werden wollten. In wenigen Jahren kann es durchaus sein, dass über die Arbeitnehmer eines Unternehmens hinweg beschlossen wird, dass sie Telearbeiter werden müssen, wenn sie ihren Job behalten wollen.

Wer soll sich dann noch einer solchen Entscheidung widersetzen?

Die Unternehmenskultur?

Auslagerung

Der Begriff ist heute ein fester Bestandteil des marktwirtschaftlichen Wortschatzes: Outsourcing, Auslagerung. Unternehmen lagern Teile ihrer Arbeit aus und beziehen sie in Form von Leistungen aus anderen als den eigenen Quellen. Sie tun dies, weil die ausgelagerte Leistung anderswo entweder billiger oder besser erbracht werden kann. Oder beides. Was neben den Leistungen ebenfalls ausgelagert wird, ist ein Teil des unternehmerischen Risikos: Der Zulieferer bezahlt für Infrastruktur, Gebäude, Technik und Mitarbeiter - der Auslagernde baut all diese Dinge im Gegenteil ab und ist alle damit verbundenen Sorgen und Kostenfaktoren los.

Outsourcing oder Auslagerung steht stellvertretend für so viele Entwicklungen in der modernen Arbeitswelt, die man nur mit gemischten Gefühlen beobachten kann: Auf der einen Seite ist es nicht nur ein sinnvolles Verfahren, um Kosten einzusparen und um wirtschaftlich zu produzieren, es ist auch absolut global und - per se - die fast ultimative Ausdrucksform für das Spiel eines wirklich freien Marktes. Freier kann es nicht werden, als dass jede Arbeit jederzeit nach Korea, China, Neuseeland, Chile, Indien, Osteuropa ausgelagert werden könnte.

Die Kehrseite der Medaille ist der Verlust von Arbeitsplätzen - und damit verbunden die Schaffung von Arbeitslosen und Sozialfällen - in unseren Breitengraden. Arbeit geht verloren, denn sie wandert aus, ins Ausland, zu billigeren Standorten. Was ein Unternehmen an Personalkosten und Sozialabgaben einspart, belastet Staat und Steuerzahler mit mehr Sozialkosten - und die Unternehmen mit höheren Steuern und Sozialabgaben, die sie dann mit noch mehr Auslagerung abfedern... der Teufelskreis schliesst sich. Die bisherige Hochkonjunktur-Gleichung, wonach alles, das gut für die Wirtschaft ist, auch für den Staat und die Menschen gut ist, geht nicht mehr auf.

Leverkusen

> ***»Wo früher Schafe weideten, erhoben sich jetzt Hochhäuser. Die Betonbauten betonten den modernen Charakter der Stadt«.***

Wer in diesen Tagen noch dieses Wirtschaftswunder-Vokabular verwendet, ist die Stadt Leverkusen in den »**Informationen 1996**«. Das kleine Zitat spricht für eine sehr industrielle, wachstumszentrierte Sicht der Dinge, aber Leverkusen kann gar nicht anders: Der Ort liegt eingekeilt zwischen Köln im Süden und Düsseldorf im Norden - und will einerseits so gross und berühmt wie die beiden Nachbarn und dennoch völlig anders als sie sein.

Dabei ist Leverkusen wie eine Dame ohne Unterleib; kein historisch gewachsener Ort, kein geographisch verankerter Ort; bis zum Jahr 1930 existierte es gar nicht. Der Name der Stadt ist so synthetisch und industriell wie die Stadt selbst und stammt von Carl Leverkus ab, einem Apotheker, der 1860 in Wiesdorf die Ultramarin-Fabrik errichtete, aus der später das Chemiewerk Bayer hervorging. Mit der Chemie begann die stetige Zuwanderung von Arbeitnehmern, des Industrieproletariats, in das zuvor landwirtschaftlich geprägte Gebiet der Weiler Schlebusch, Steinbüchel, Rheindorf und Wiesdorf. Die Gründung der Stadt Leverkusen war die offizielle Sanktionierung des Umstands, dass eine rurale Landschaft sich - infolge Zuwanderung von Arbeitern und ihrer sozialen Bedürfnisse - in einen Industriestandort verwandelt hatte. Der Name zeigt unmissverständlich auf, wem die Stadt ihr Dasein verdankt.

1963 wird aus Leverkusen eine Grossstadt mit 100'000 Einwohnern. Weitere Orte, wie Opladen, Bergisch Neukirchen und der Monsheimer Stadtteil Hitdorf werden der Stadt einverleibt. Einwohnerzahl heute: 161'000. Der Ausländeranteil an der Stadtbevölkerung beträgt 24,7 Prozent; ein Viertel.

Ein Blick auf den Stadtplan zeigt immer noch die alten, einverleibten Dorfkerne der Gründergemeinden. Zwischen den alten Zentren liegen etwas dünner besiedelte Pufferzonen mit Parks, Grünflächen, dem Flusslauf der Dhünn, Sportanlagen und Baggerseen. Das Autobahnkreuz Leverkusen und die Autobahntrassen von Osten nach Westen und von Norden nach Süden sorgen für noch mehr Gliederung. Wohl mag diese sehr heterogene, partiell urbane Masse nun Leverkusen heissen, aber nur aus verwaltungstechnischen Gründen. Die einzige Quelle für eine urbane Identität ist die Industrie, aus der - und vor allem: für die - die Stadt gemacht wurde.

Leverkusen am Rhein: Tochter der Industrialisierung.

Dienstleistung total

Den Personal Computer gibt es schon seit geraumer Zeit. Mit diesem omnipräsenten Universalwerkzeug, das unsere Arbeitswelt langsam grundlegend umgestaltet, ändert sich auch die Art und Weise, die Dinge zu tun. Zum Beispiel eine Stadt wie Leverkusen zu verwalten.

Jeder Computer beschleunigt und vereinfacht eine Arbeit - sofern er richtig eingesetzt wird, natürlich - und ermöglicht seinen Anwendern vielseitigere Tätigkeiten, weil er die Schreibtischarbeit automatisiert: Standard-Formulare abrufen, Daten in die Matrix eingeben, abspeichern, ausdrucken, fertig. Der noch vor zehn Jahren unentbehrliche Berufsstand der meist weiblichen Schreibkraft (Sekretärinnen und Stenotypistinnen) ist heute so gut wie ausgestorben - dank der Automatisierung der Schreibtischarbeit durch die Computer.

Die Leverkusener Stadtverwaltung war bis vor kurzem ein wahrer Gordischer Knoten von Ämtern, die über viele Stadtteile verstreut lagen. Dann wurde die Administration gestrafft und ins neu errichtete Rathaus am Friedrich-Ebert-Platz zusammengelegt. Mit dieser Konzentration eng verbunden war, wie vielerorts auch, die Vision und das Gedankengut des New Public Managements: Schluss mit dem drögen Amtsstuben-Mief, her mit einer modernen, bürgernahen, dynamischen Dienstleistungsorganisation; weg mit den unpersönlichen Schaltern, her mit offenen Beratungslandschaften; Beamte sind nicht länger stubenhockende Minimalisten, sondern engagierte Kundenbetreuer; und der vorsprechende Bürger ist nicht länger ein lästiger Bittsteller, sondern ein Kunde, und zwar bitteschön ein anspruchsvoller, der zufriedengestellt werden muss.
Diese Umstellung erforderte neue, freundlichere Räumlichkeiten; eine übersichtliche Darstellung der städtischen Dienstleistungen; entscheidend schnellere Durchgangs- und Bearbeitungszeiten; sowie natürlich, das A und O, minimale Wartezeiten für die vorsprechenden Kunden. Sogar die Öffnungszeiten wurden von 26 auf 33 Wochenstunden verlängert. Weitere Richtlinien sind:

Bearbeitung aller Angelegenheiten an jedem Arbeitsplatz (Ausser der Ausgabe der BPA/Reisepässe)

Bessere Orientierungsmöglichkeit des Bürgers durch Zuweisung »seines« Beratungsplatzes durch eine Personenaufrufanlage. Daher gleichmässigere Auslastung der einzelnen Beratungsplätze (Bisher starke Belastung in Türnähe)

Verbesserte Technik: Jeder Arbeitsplatz mit PC und Drucker Selbstverantwortliche Regelung einer flexiblen Arbeitszeit. Das Bearbeiter-Team regelt ohne Einwirkung der Vorgesetztenebene und bedarfsorientiert, wann wer anwesend ist.

All dies ist ohne vernetzte PC's schlicht nicht möglich. Und diese wiederum brauchen eine optimale Software, die für die kommunalen Beamten leicht handzuhaben ist und die ihnen möglichst viel administrative Arbeit abnimmt, damit sie den Dialog mit dem Bürger pflegen können. Der repetitive, administrative, alphabetische und numerische Teil der Arbeit wird automatisiert: Dem Computer die Fleiss- und Knochenarbeit, dem Menschen die kommunikative und kreative Arbeit.
Bei der dafür erforderlichen Software handelt es sich nicht um Office-Software von der Stange, wie sie jedermann erwerben und auf die eigenen Bedürfnisse zurechtschustern kann; mit Textverarbeitung und Tabellenkalkulation allein kommt man nicht weit. Eine leistungsfähige, vernetzte, kommunale Software musste daher der Stadt Leverkusen von EDV-Profis speziell auf den Leib geschrieben werden; sie musste alle städtischen Diensteistungen umfassen und weitestgehend automatisieren, somit alle erforderlichen Arbeitsschritte zuverlässig ausführen, weiterleiten und abspeichern. Es handelte sich bei

dieser Software nicht nur um ein einzelnes Programm, sondern um ein komplexes, verästeltes Softwaresystem mit einer speziellen Programm- und Datenarchitektur, mitsamt Datenbanken und eigenem Netzwerk, um die gewaltige, kommunale Datenmenge schnell und effizient zu verwalten.
Für die Stadtverwaltung von Leverkusen stellte diese elektronische Herausforderung ein offensichtliches »**Knowledge**«-Problem dar. Das erforderliche Fachwissen und die notwendigen EDV-Profis waren in der Stadtverwaltung nur ungenügend vorhanden. Das Meiste musste extern beschafft werden.
Es machte aber nur wenig Sinn, einen externen Zulieferer mit dem Mammutprojekt zu betrauen; es war auch politisch nicht einfach, den Steuerzahlern zu erklären, warum sehr viele Millionen DM in Zeiten knapper, öffentlicher Finanzen an externe Lieferanten ausbezahlt werden sollten - so sinnvoll es auch war. Daher gründete die Stadt Leverkusen 1993 das Tochterunternehmen ivl, die Informationsverarbeitung Leverkusen GmbH, in die hinein sie EDV-Spezialisten auslagerte und neue anheuerte. Diese ivl sollte das »**Knowledge**«-Manko der Stadt beheben, die kommunale Software herstellen - und gleichzeitig ihre guten Dienste an Drittkunden weiterreichen.

Name:
Informationsverarbeitung Leverkusen GmbH.

Gesellschafter:
Energieversorgung Leverkusen GmbH; Stadt Leverkusen

Unternehmensphilosophie:
Die Informationsverarbeitung Leverkusen GmbH (ivl) ist ein Beratungs- und Softwareunternehmen für Kommunen, Energieversorger und andere, öffentliche Institutionen. Unser Dienstleistungsangebot erstreckt sich von der Entwicklung von Standardsoftware im R/3-Umfeld, über Managementberatung, die Einführung von Standardsoftware bis hin zur Konzeption und Realisierung einer vollständigen IT-Architektur
(IT = Informations-Technologie. Anm. d. Herausgebers)

Die ivl machte sich im Februar 1993 ans Werk. Das städtische Grossprojekt liess sich nicht über Nacht umsetzen - es würde Jahre dauern, um die Hard- und Software für vernetzte, kompromisslose 'Fast-Echtzeit-Bürgernähe' in Betrieb zu nehmen. Bis Ende 1997 soll die kommunale Software für das Führerscheinwesen, die Fahrzeugzulassungen, für Bussgelder und Verwarnungen, die Parkraumverwaltung, die Verwaltung von Übergangsheimen, das Wohnungswesen, die Jugendzentraldatei, das Einwohnermeldewesen und für das Grundwasserkataster zur Prüfung stehen. Geprüft wird ausserdem die Einführung eines automatisierten Liegenschaftskatasters.
Und zuletzt übernimmt ivl ebenfalls die Betreuung, Wartung und Pflege der gesamten städtischen Hardware- und Software-Landschaft der Stadt Leverkusen. Ein Blick auf die Unternehmenszahlen belegt, dass ivl damit mehr als genug zu tun hat.

Auslagerung - ***ivl Leverkusen***

	Umsatz	Personal
1993	12.8 Mio DM	54
1994	17.5 Mio DM	77
1995	21.0 Mio DM	96

Die Herstellung von Programmen und Software gehört zu den anspruchsvollen, immer profitableren »**Knowledge**«-Tätigkeiten. Spezialistenarbeit, die eine gute bis sehr gute Schulbildung und ein fast schon täglich zu vermehrendes Fachwissen erfordert. Was an dieser Arbeit aber bemerkenswert ist, das ist vor allem der Umstand, dass ein grosser Anteil davon eigentlich ziemlich langweilig, langwierig und erschütternd unkreativ ist. Wohl wahr, die moderne Software-Herstellung erfordert hervorragende Designer und Art Directors, die eine Bildschirmoberfläche aufgrund der neuesten Erkenntnisse über Corporate Identity, Farbenlehre, Typographie und Graphic Design gestalten, in die der städtische Beamte später den Namen und die persönlichen Daten eines Antragstellers für eine Fahrzeugzulassung eingibt - aber es braucht hinter der Bildschirmoberfläche vor allem einen Programmierer, der die Bildschirmmaske erstellt, die Datenfenster eingibt, die automatische Weiterleitung der Daten bestimmt, die Maschinensprache spricht, der einen Tag lang einen einfachen Vorgang einprogrammiert - und diesen vier Tage lang austestet und nach Programmfehlern durchsucht.
Es liegt in der Natur der Elektronik: Computer sind Idioten und verstehen nur Einsen und Nullen. Es ist entsprechend mühsam und zeitraubend, einem Idioten einzubläuen, was von ihm erwartet wird und was nicht - zumal wenn nur eine von Abermillionen Einsen oder Nullen nicht stimmt, der ganze Rest dann sogleich zusammenbricht und wertlos ist.
Es geht im Softwarebau genau so zu wie im Hausbau: Es gibt wenige Architekten und Fassadenmaler, dafür umso mehr Maurer, Zimmerleute, Kranführer und Handlanger im Hintergrund. Kreativ sind wenige; die vielen anderen schuften an der Umsetzung. Diese unsichtbare Knochenarbeit stellt volumenmässig den viel grösseren Teil der Softwareherstellung und Datenverarbeitung dar. Sie ist zeitlich und somit finanziell aufwendig, denn sie verschlingt ungezählte Personenjahre, die allein daraus bestehen, einem Idioten Einsen und Nullen vorzubuchstabieren. Notwendig, aber langwierig, wenig anspruchsvoll, personalintensiv - und daher teuer.
Computerprogramme und Software-Pakete sind ein wenig wie die antiken Pyramiden: Gewaltige Monumente von monumentaler Arbeit. Von den Pyramiden kennen wir zwar die Namen der Pharaonen, die sie erbauen liessen, nicht aber die Namen der Fellachen, die sie wirklich gebaut haben.
Für die ivl waren hunderte Personenjahre, die in das kommunale Softwareprojekt für die Stadt Leverkusen investiert werden mussten, ein entscheidender Kostenfaktor. Wie jedes andere Unternehmen in derselben Lage stellte sich ivl bald die Frage, wie sich die hohen Personalkosten senken liessen, um billiger zu produzieren?

Man entschloss sich zur Auslagerung und begann daher folgerichtig, nach »**EDV-Fellachen**« Ausschau zu halten.

Mathematisch-Analytische Tradition

Mit dem sechsten, vorchristlichen Jahrtausend begann im fruchtbaren Tal des Indus auf dem indischen Subkontinent bereits die Zivilisation. Seit 3000 vor Christus, also als die Germanen das heutige Deutschland noch nicht einmal besiedelt hatten, zeitgleich mit der sumerischen Hochkultur in Mesopotamien und der Thinitischen Epoche der ersten und zweiten Dynastien in Ägypten, beherrschte die Indus-Kultur rund um die Stadt Mohenjo-Daro bereits die Schrift und die Mathematik, wurden dort die Gestirne beobachtet und ihre Bahnen errechnet. Dorthin, ins fruchtbare, reiche Indien, jenseits des Perserreichs, drängte es noch im vierten, vorchristlichen Jahrhundert, Alexander den Grossen. Er erreichte 325 v. Chr. den Indus - das Ende seines Vormarschs.

Mit Beginn der römischen Kaiserzeit, ab 20 v. Chr., unterhielt ein indischer Pandya-König eine diplomatische Vertretung in Rom. In Indien lösten sich die Königreiche und Dynastien ab: Maurya, Aschoka, Magadha, Ändhra, Gupta, Harscha. Ab dem frühen 8ten Jahrhundert dringt der Islam in den Subkontinent ein. Der bis heute latent schwelende Konflikt zwischen Muslimen und Hindus, den Nachfolgern von Indiens Sanskrit-Kultur, beginnt.

1602 kamen die Holländer und eröffneten Handelsstützpunkte an der indischen Küste, später auch die Franzosen und Briten aus demselben Grund, und irgendwann einmal entstand Britisch-Indien als Kolonie des britischen Empires.

Die Kolonialherren fanden auf dem Subkontinent eine feudale Zivilisation vor, mit eigener Schrift, eigenem Gedankengut und mit einem Alphabetisierungsgrad, der sich ohne weiteres auch mit demjenigen Grossbritanniens im 18ten, 19ten Jahrhundert vergleichen liess. Mit Universitäten und einem Schulsystem nach islamischem Vorbild. Und mit einer langen, mathematisch-analytischen Tradition. Indien fiel nur deshalb unter Britische Dominanz, weil das Land damals noch nicht Indien war, sondern ein Flickenteppich von rivalisierenden Königen, Maharadschas, Sultanen und Lokalfürsten. Es gab noch keine nationale Identität auf diesem Subkontinenten mit zwei verfeindeten Religionen, wovon die eine sich durch ihr rigides Kastensystem zusätzlich lähmte, so dass die Engländer diese »**balkanischen**« Zustände nach altrömischem Imperialvorbild aunützten, durch Teilen und Herrschen.

Es folgten Mahatma Ghandi und 1947 die Unabhängigkeit von Britisch-Indien, als erste Kolonie des Empires überhaupt. Erste, grössere Amtshandlung - der Zerfall zur Indischen Union als Heimat für eine Hinduistische Mehrheit und zu Pakistan als Heimat der islamischen Bevölkerung. Kaum ist das eine Empire weg, schielt schon das nächste auf Indien: Der übermächtige Nachbar im Norden, die Volksrepublik China. 1962 verlor Indien viele nordöstlichen Gebiete im Himalaya-Krieg an China. Seitdem versuchte es an der Spitze der Blockfreien Staaten und als Stimme der Dritten Welt eine Linie zu vertreten, die unabhängig vom kapitalistischen Westen und vom kommunistischen Osten sein sollte. Mit dem Ende der Sowjetunion wurde auch diese Ambition hinfällig; Indien ist heute Regionalmacht und Schwellenland zugleich, auf der Schwelle von der Dritten in die Erste Welt.

Es steht mit je einem Bein in je einer der Welten, gehört daher keiner so richtig an und scheint dabei nicht vom Fleck zu kommen. Das Land möchte, muss, um es auf den einfachsten Nenner zu bringen, seine Drittwelt-Probleme mittels Erstwelt-Erfolge lösen. Was Indien aber von vielen anderen Drittwelt- und Schwellenländern positiv unterscheidet, ist das einheimische Humankapital: Verteilt auf viele Bürger besitzt es eine alte, mathematisch-analytische Tradition und einen hohen Alphabetisierungsgrad, zum Teil auch als Erbgut der Britischen Kolonialherren, die ein ausgebautes Schul- und Hochschulsystem hinterlassen haben.

Indische Hochschulabgänger besitzen ein Ausbildungsniveau, das sich mit westlichen Industriestaaten vergleichen lässt. Viele untere ihnen verstehen die englische Sprache, so dass man sich leicht mit ihnen verständigen kann. All diese gebildeten, Erstwelt-kompatiblen Arbeiter sind für einen gehobenen Drittwelt-Lohn zu haben. Es ist in Indien die erklärte Wirtschafts- und Erziehungspolitik, das lokale Humankapital, somit die fachliche Qualifikation der vielen Hochschulabgänger, möglichst zu fördern und zu verstärken und möglichst aggressiv zu vermarkten. Der indische Staat hat erkannt, dass mit einheimischem Können viel ausländisches Geld nach Indien gelockt werden kann. Akademisches Dumping, ist man versucht zu sagen, ist Indiens USP (Unique Selling Proposition) in der globalen Wirtschaft.

Technopark

Die Provinz Kerala liegt im Südosten des indischen Subkontinents. Die Meeresküste, mit Blick nach Westen, auf das Arabische Meer hinaus, wird auch als die Gewürzküste bezeichnet: Dorthin zog es einstmals Christoph Kolumbus, bis er unterwegs auf den amerikanischen Kontinent stiess. Ansonsten ist von der Provinz Kerala nur bekannt, dass es die ärmste Provinz von Indien ist und dass gemäss einer Erhebung von 1988 mehr als 60 Prozent der ansässigen Bevölkerung weniger als 1500 Kalorien pro Tag zu sich nehmen, was eine neutrale Ausdrucksform für massive Unterernährung ist. Die Provinz ist eines der am dichtesten bevölkerten Gebiete der Welt: 30 Millionen Menschen leben auf einer Fläche von 39'000 Quadratkilometern.

Davon berichtet der TECHNOPARK-Prospekt allerding nichts; er stellt sich seinen nur ausländischen Interessenten als »**The World's Greenest Electronics Technopolis**« vor, mitsamt fotografischen Touristik- und Industrie-Clichés auf Hochglanzpapier.

Der Elektronics Technology Park, Kerala, landläufig TECHNOPARK genannt. Wir sind ein einzigartiger elektronischer Technologiepark, welcher von der Provinzverwaltung Kerala aufgebaut wurde. Wir arbeiten in enger Zusammenarbeit mit dem Indischen Departement für Elektronik und mit einem weltweiten Netzwerk von Organisationen aus der Forschung, der Akademie und der Arbeitswelt zusammen.

TECHNOPARK strebt danach, der Welt gastfreundlichster Gastgeber für Elektronik-Unternehmen zu sein

TECHNOPARK beinhaltet einen modernen Software Technologiepark und einen hochstehenden Technopark für elektronische Hardware

TECHNOPARK bietet eine Umgebung und eine Infrastruktur an, wie sie notwendig ist für die Herstellung von High-Tech Elektronik, für die Forschung, das Design, für Entwicklung und Ausbildung.

TECHNOPARK ist Mitglied der IASP, International Association of Science Parks.

TECHNOPARK möchte die Basis für führende, internationale Elektronik und Software-Unternehmen legen. Als modernster Technologiepark Asiens zieht unsere unabhängige Technopolis inzwischen Top-Unternehmen der Branche aus aller Welt an.

Auch die ivl zog es nach Trivandrum. Am TECHNOPARK (immer in Großschreibweise) werden Bestandteile der kommunalen Software von Leverkusen erstellt werden. Damit liegt die ivl völlig im Trend: Indien ist die weltweit erste Adresse für Software-Auslagerer. Von Bombay, Provinz Maharashtra, über Bangalore, Provinz Karnataka, bis hinunter nach Trivandrum, Provinz Kerala: Im armen, indischen Südosten sind die EDV-Fellachen am billigsten. Die Stadt Bangalore hat auch dank ihnen den Beinamen »**Indisches Silicon Valley**« erhalten.

Die meisten europäischen Luftfahrgesellschaft lassen schon seit Jahren ihr Ticketing und die Flugbuchungen in Indien ausführen. Swissair lässt zum Beispiel Tag für Tag 40'000 Flugbillette und 11'000 Frachtrechnungen hier erfassen und verarbeiten; Lufthansa, Britisch Airways, KLM, Air France, Alitalia, tun alle dasselbe. Banken, Versicherungen, Börsen, Unternehmen, Städte, Kraftwerke - das Wachstumspotentital ist enorm: Überall, wo Datenberge flink und billig zu verwalten und zu ordnen sind, ist ein Markt für Indische Anbieter vorhanden, zumal der Standort eines Anbieters heute dank globalen Datennetzen und Satelliten-Kommunikation keine Rolle mehr spielt.

1995 erwirtschaftete die Indische Software-Industrie einen Jahresumsatz von 840 Mio US$; bis ins Jahr 2000 rechnet man mit 5 Mrd. US$. Was diese gewaltige Summe für ein Land wie Indien bedeutet, wo die Kaufkraft und die Lebenshaltungskosten sehr

gering sind, lässt sich in europäischen Grössenordnungen erahnen, indem man sie um den (konservativ geschätzten) Faktor zehn vervielfacht. Die Differenz zwischen diesen beiden Summen stellt auch ungefähr das substantielle Einsparungspotential dar, das sich westlichen Auftraggebern eröffnet, die ihre Software-Entwicklung nach Indien auslagern.
Die gute Nachricht: Millionen, Milliarden werden eingespart, ohne Qualitätseinbussen, wohlgemerkt. Die Preise sinken.
Die schlechte Nachricht: Millionen, Milliarden werden daher im Ursprungsland nicht ausgegeben und die Auftragsbücher der lokalen Wirtschaft bleiben leer.
Es geht nicht darum, den Indern ihre Arbeit und ihren Software-Erfolg zu missgönnen. Es kann auch nicht darum gehen, die Auslagerer als Egoisten zu bezeichnen. Es geht um die schlichte, wertfreie Tatsache, dass in einer global vernetzten Wirtschaft...

jede geleistete Arbeit eine andernorts entgangene Arbeit ist,

jede verdiente Mark eine andernorts verlorene Mark ist,

jede geschaffene Stelle eine andernorts verlorene Stelle ist.

Niemand kann sich dem Wettbewerb entziehen. Die Mathematik der Arbeitswelt lässt keinem Unternehmen die Wahl: Die Informationsverarbeitung Leverkusen GmbH plant zum Beispiel die Auslagerung von 3 bis 500 Personenjahren in den TECHNO-PARK nach Trivandrum. Würde diese Arbeit nicht nach Indien verlagert und würde sie stattdessen in Deutschland von deutschen Software-Ingenieuren erbracht werden, würde die dafür erforderliche Lohnsumme, sehr vorsichtig geschätzt, um 12 bis 20 Millionen Mark teurer ausfallen.
In Trivandrum arbeiten zur Zeit 15 indische Software-Ingenieure für die ivl. Bald werden es 60 sein. Der Anfangslohn beträgt 2'300 US$ (3'500 DM) im Jahr. Das Maximum liegt bei 4'000 US$ (6'000 DM). Im Jahr. Damit lebt es sich im armen Trivandrum ganz ordentlich. Sozialleistungen müssen keine bezahlt werden und auch die eine oder andere freie Überstunde schlägt nicht unbedingt aufs Konto. Und eine gewerkschaftlich erkämpfte 35 Stunden-Woche gibt es in Indien auch nicht. 40 und mehr Wochenstunden sind hier üblich.
Für die ersten 15 ivl-Arbeitsplätze haben sich über 1'500 Bewerber gemeldet, wovon die meisten eine gute Hochschulausbildung besitzen, wie zum Beispiel einen Abschluss in Computer Sciences and Engineering an der Universität von Kerala.
Die besten Programmierer und Software-Ingenieure Indiens verbindet übrigens ein- und derselbe Zukunftstraum: Eine Green Card, eine Arbeitserlaubnis und Stelle in den USA angeboten zu bekommen, im Eldorado der Computer-Elektronik. Amerikanische Computer- und Softwarefirmen sind gar nicht abgeneigt: Zehntausende von gebürtigen Indern arbeiten schon für Microsoft und Co. Sie sind gleich gut wie die amerikanischen Kollegen - dafür ein bisschen fleissiger und ein bisschen billiger.
Auf dieses Ziel arbeiten viele Indische Software-Ingenieure zu. Hartnäckig.

Und wenn es schon nicht die USA sind, dann gibt es noch andere Industriestaaten und die Golfstaaten: Dort fehlt es inzwischen an gut geschulten Software-Ingenieuren, und es geschieht immer öfter, dass für grössere, komplexere Projekte »**Kollegen aus Indien**« zur tatkräftigen Unterstützung eingeladen werden. So geschehen bei einigen hiesigen Unternehmen namens Novartis, Nestlé, ABB - die Liste lässt sich beliebig verlängern und liest sich wie ein Who's Who der multinationalen Industrie. Besonders geschätzt werden die Indischen Kollegen in unseren Landen für ihr seriöses und methodisches Vorgehen, für ihren grossen Fleiss, ihre grosse Motivation, ihre Gewissenhaftigkeit und für ihre besonders hohe Konzentrationsfähigkeit.
Die Besten ihres Fachs arbeiten nicht mehr in Indien. Die Elite, die talentiertesten Software-Ingenieure, werden nach Übersee abgeworben. Jedes Jahr packt die Spitze der Branche ihre Koffer und zieht weg, ins Ausland. Oder zieht um, in die indischen Niederlassungen von ausländischen Software-Unternehmen, wo 20 Prozent mehr Lohn zu verdienen sind. Die hinteren Chargen rücken nach - um später ebenfalls ins Ausland oder zur Konkurrenz zu ziehen. Die Löhne werden Jahr für Jahr besser, die noch vor kurzem gute Profitmarge wird durch die immer höheren Personalkosten langsam wegerodiert.
Es gibt nichts daran zu rütteln: Indische Computerfachleute gehören zu den besten. Eine vom Indischen Staat konsequent befolgte Ausbildungspolitik trägt ihre Früchte, der Software-Boom ist das Resultat geduldiger Aufbauarbeit - und Computer-Fachleute sind Indiens führender Exportartikel. Das vorhandene Humankapital wurde auf den letzten Stand gebracht und geschickt auf die globale Arbeitswelt vorbereitet.

Aufgabenverteilung

Damit ist das Wesentliche fast schon gesagt. Die Kollegen aus Indien kommunizieren mit den Auftraggebern aus Leverkusen über Satelliten-Datentransfer. Die Bildschirmmasken und Programmroutinen, die Einzelteile des riesigen Programmsystems für die Stadt Leverkusen gelangen auf diese Weise zur Zentrale nach Deutschland, wo aus den vielen Einzelteilen ein Ganzes gemacht wird. Die Federführung und Projektleitung befindet sich nach wie vor in Deutschland, denn die ivl entwickelt die kommunalen Programme in enger Zusammenarbeit mit dem städtischen Personal von Leverkusen, ihren Kunden. Was im TECHNOPARK von den Indischen Software-Ingenieuren beigetragen wird, ist die Ausführung und Umsetzung.
Systemarchitektur, Interface-Design, Projektleitung und Kreativkompetenz wurden nicht nach Trivandrum ausgelagert. Nach Indien ging die Knochenarbeit der Software-Herstellung: Masken konstruieren, zehntausende von Programmzeilen schreiben, testen und debuggen, schnell und gewissenhaft. Natürlich efolgt die Zusammenarbeit auf partnerschaftlicher, offener Basis. Man kennt sich, die Leute aus Leverkusen und die Kollegen aus Indien haben sich getroffen, sei es in Leverkusen oder in Indien, und beide

Seiten denken von sich als Partner in einem Team. Vorschläge werden offen und direkt diskutiert, bessere Lösungen gemeinschaftlich abgesprochen.
Aber die Endverantwortung liegt bei der ivl. Leverkusen ist der Kunde, trotz allem, und das indische TECHNOPARK-Kontingent ein ausführendes Organ, ein Zulieferer. Und der einzige Grund für sein Bestehen ist einzig und allein, dass es gute Arbeit billiger als andere leistet.
Der TECHNOPARK von Trivandrum entpuppt sich bei näherem Hinsehen als »**Work in Progress**«: Erst gerade das erste Fünftel des riesigen Grundstücks ist überbaut und der Rest besteht aus leeren Bauparzellen, die für zukünftige Kunden brachliegen. Das Guest House, das Restaurant sowie drei (von mehr als zwei Dutzend geplanten) industriellen Modulbauten stehen schon (in einem davon wird für die ivl gearbeitet).
Ein Hauch von Provisorium schwebt über dem TECHNOPARK. Hier wurde offensichtlich für die Zukunft gebaut und auf beständiges, anhaltendes Wachstum spekuliert, damit die technopolitische Einöde sich nach und nach mit Leben füllen kann, bis dass hier ein gigantisches High Tech-Zentrum entstanden ist. Der Geschäftsführer des indischen ivl-Partners, Sunil Gupta, stellt dazu fest, dass Rom auch nicht an einem Tag gebaut wurde. Es bedürfe gewiss einiger Zeit, bestätigt er, doch die Vision eines Weltklasse-Zentrums mit Mitarbeitern auf dem Niveau eines Bill Gates (sic!) sei durchaus realistisch.
Fast die ganze Stadt Trivandrum befindet sich unter Kokospalmen, von denen viele Millionen Exemplare aus der Kerala-Provinz einen üppigen Garten machen - und sie am Leben erhalten. Ihre Früchte spenden Essen und Trank; aus ihren starken Fasern lassen sich Stricke, Gewebe und Teppiche herstellen; ihr Holz dient als Baumaterial; und während sie noch wächst und gedeiht, dient die Kokospalme als Schattenspender und als willkommenes Trennelement, das im dichtbevölkerten Land räumliche Struktur und Privatsphäre erzeugt. Das Stadtbild von Trivandrum ist, bis auf das Zentrum, dasjenige eines Palmenwaldes; die Bevölkerung lebt in kleinen Hütten im Schatten der Kokospalmen - nur Software-Ingenieure können sich hier eine Mietwohnung oder sogar ein eigenes Haus leisten.
Der Anblick der grossen Satellitenschüssel, einer Parabolantenne für digitale Daten, die über den im Monsun wehenden Blättern der Kokospalmen schwebt und die sich nach oben, himmelwärts, öffnet wie die heischende Hand eines Bettlers, macht die wahren Verhältnisse deutlich: Die Datenautobahn führt über die Kokospalmen und die grosse Mehrzahl aller Menschen hinweg; für die meisten Inder liegt das Global Village viel zu hoch in den Wolken und der klaffende Abgrund zwischen der Dritten und der Ersten Welt ist viel zu breit, um überwunden zu werden. Was wenig an neuer Arbeit über die Parabolantenne bis hierher gelangt, ist in ihrem Kern ebenso monoton, nieder und fremdbestimmt wie das Steinklopfen in der Strassenbaukolonne. Solange die indischen Spezialisten einen Schnellkurs in deutscher Sprache machen müssen, und nicht etwa umgekehrt die Leverkusener Spezialisten in Malajalum (die »**Sprache zwischen Berg**

und Meer«, die in Kerala gesprochen wird), werden indische Fachleute nur als willige und billige Zulieferanten gefragt sein, als Belagsarbeiter in der Pflasterkolonne des Information Highway.

Abschliessend

lässt sich feststellen, dass alle mit gutem Grund zufrieden sein können. Die Bürger der Stadt Leverkusen werden im neuen Rathaus schnell, kompetent und freundlich bedient werden; die tägliche Arbeit der städtischen Beamten wird interessanter, kurzweiliger und erfreulich papierlos werden; die Stadt Leverkusen verfügt über eine zeitgemässe, kommunale Software zu interessanten Herstellungskosten; die ivl hat ein zeitgemässes Produkt sowie das dazugehörige »**Knowledge**« entwickelt, das nochmals an andere Städte und ihre Verwaltungen weiterverkauft werden kann; der TECHNOPARK von Kerala hat einen zufriedenen, deutschen Kunden, der mit Folgeaufträgen kommen könnte; und die indischen Software-Ingenieure wie Hima Madhusoodan oder Anjan Chaudhuri leisten gute Arbeit für gutes Geld und dürfen sich zu den »**Chosen Few**« von Indiens Software-Boom zählen.

Willkommen ihnen allen im globalen Markt.

Als Lektion der letzten Jahre gilt es, uns hier abschliessend in Erinnerung zu rufen: Dass die moderne Technologie die repetitiven, sequentiellen, zeitraubenden Arbeiten gerne automatisiert, weil ihre Ausführung durch Menschen schlicht zu teuer wird. Das Programmieren von Computern ist zu grossen Teilen eine solche Arbeit - und daher ist es nicht von der Hand zu weisen, dass zumindest die subalternen, monotonen Aspekte des Programmierens automatisiert werden könnten.

Ist es zu vermessen, eine neue Computergeneration in nicht allzuferner Zukunft zu erwarten, die sich selbst programmieren kann? Zumal schon heute, mit zahlreichen, automatisierten Subroutinen und mit neuartigen Programmiersprachen wie JAVA, das Programmieren schon viel schneller und einfacher geworden ist.

Ist so abwegig, dass zukünftige Computer via Voice-Interface und mittels künstlicher Intelligenz einen Grossteil jener Aufgaben übernehmen, die heute von den Software-Ingenieuren von Trivandrum geleistet werden?

Ist es wirklich völlig auszuschliessen, dass nicht zuletzt dank Software aus Indien neue Programme und Computersysteme gebaut werden könnten, die das Programmieren so vereinfachen, dass aus den 3 bis 500 Personenjahren von heute morgen etwa noch zwanzig Personenjahre übrig bleiben? Und übermorgen ein halbes Personenjahr?

Natürlich wird die Welt immer neue Programme brauchen. Doch in die Zukunft wird es immer weniger um das eigentliche Schreiben und immer mehr um das Ersinnen und Erschaffen, das Designen und Komponieren gehen - der Rest ist automatisierbar.

Und Indien, das einen hervorragenden Ruf für billige und gute Programmierer besitzt, könnte ziemlich schnell entbehrlich werden, solange es nur Tausende von Ausführern

und Umsetzern heranbildet - und dabei die eigentliche Kreativität und Festlegung der Programminhalte vom zahlenden Ausland aufgedrückt bekommt.
Inzwischen heulen denn auch in den indischen Erziehungs- und Wirtschaftsministerien die Alarmsirenen: »**Wir haben uns zu sehr aufs Geldverdienen konzentriert**« heisst es nun. Die neue strategische Stossrichtung geht jetzt klar in Richtung einheimischer und selbständiger Software-Entwicklung; jetzt muss eine Killer-Software Made in India auf dem Weltmark einschlagen, ein Betriebssystem, eine Browser-Software oder ein gutes Spielprogramm. Grosse Anstrengungen werden in dieses Vorhaben gesteckt: Es ist Indiens einzige Chance, den Software-Boom am Leben zu erhalten, denn die Löhne für Software-Ingenieure steigen und steigen von Jahr zu Jahr, bis an einem schönen Morgen in Ägypten oder in Namibia oder in Honduras oder in einem anderen Drittweltland billige Konkurrenz entsteht und die westlichen Kunden weglockt.
Willkommen ihnen allen im globalen Markt.

Der Cybernaut

Tony der Tiger hat's nicht leicht: Seine Freunde Smacks, Coco und Toucan Sam sind Gefangene eines bösen Drachens. Tony der Tiger hat alle Klauen voll zu tun, sie aus ihrer misslichen Lage zu befreien; umso mehr, als Heerscharen von fiesen, hüpfenden, fliegenden, schwimmenden Ameisen, die Leibgarde des Drachens, ihn daran hindern wollen, ihn und seine Freunde von allen Seiten mit Knubbelspeeren und Hüpfeicheln bewerfen und ihnen den Weg verbauen. So viel Gefahr und Anstrengung laugt ganz schön aus, so dass Tony and Friends unterwegs regelmässig viel Vitamine zu sich nehmen müssen, um nicht zu ermüden und von den lauernden Ameisen überrumpelt zu werden. Die für ihr Abenteuer lebenswichtige Energie in Form von knusprigen Corn Flakes muss laufend am Wegrand aufgesammelt werden. Wer nicht genug gesunde Corn Flakes verspeist, stirbt. Immerhin, der Tod besitzt für sie wenig Schrecken; er bedeutet nur Scheitern, nicht das Ende. Denn die Jagd geht immerzu weiter, durch Welten und Ozeane, durch Dörfer und über Abgründe hinweg, vorbei am See, in dem ein gefrässiges Krokodil lauert, in den Dschungel hinein, über Äste und Baumkronen an einer bösen Schlage vorbei und schliesslich in das unterirdische Höhlenlabyrinth hinein, das zur Burg und zum Endkampf gegen den Drachen führt.
Weshalb tut Tony der Tiger das alles? Wozu diese unendliche Mühsal, um die Freunde von einem übermächtigen Feind zu befreien? Ist es Freundschaft, die ihn antreibt? Abenteuerlust? Pflichtgefühl? Sein Hunger nach Corn Flakes? Was ihn wirklich antreibt, ist ein Joystick.
Und Tony der Tiger will nicht etwa seine Freunde befreien. Sein einziger Vorsatz ist es, den Kids die Produkte aus dem Hause Kelloggs zu verkaufen. Tony ist schlau und er packt die Sache indirekt an: Als animierte Spielfigur in einem klassischen **»Jump and Run«** *Computerspiel ist seine wahre Mission die Bindung der Primärzielgruppe der Kinder an sich, als munteren, tapferen Kerl. Ganz clever, der Bursche: Tony der Tiger ist vom TV-Bildschirm zum Computermonitor übergewechselt und wirbt dort nun in einem PC-Spiel. Spielend Werben. Thorsten Rauser, der Cybernaut, nennt dies Advertainment.*

Kybernetisches

Die Kunst der Etymologie, der Wortherkunft, ist ein in unseren Zeiten arg gebeutelter Teil der Sprachwissenschaft. Sie steht im Verruf, nicht nur etwas Akademisches zu sein und auf dröge, ausgestorbene alte Sprachen zurückzugreifen, es haftete ihr auch der Verdacht des Nutzlosen an - und ein Hauch Purismus. Immerhin, was hat man denn schon davon, wenn man weiss, dass der »**Chirurg**«, wörtlich aus dem Altgriechischen übersetzt, ein »**Handwerker**« ist (wobei das Wort »**Manager**« sein genauer, lateinischer Zwilling wäre); oder dass das Wort »**Arbeit**« vom indogermanischen Begriff »**orbho**« herstammt, der ein rechtloses Waisenkind bezeichnet, das zu schwerer, körperlicher Arbeit und Leibeigenschaft verdingt ist; und dass der Begriff »**Büro**« sprachlich von lat. »**burra**« abstammt: Zottiges Gewand, Wolle, womit ursprünglich der grobe Wollstoff gemeint war, mit dem man alte Schreibtische bezog, später der Schreibtisch selbst und schliesslich der ganze Arbeitsraum.
All dies mag höchstens für zehn Sekunden Gesprächsstoff bei der nächsten Stehparty sorgen. Reicht es nicht, die Dinge zu kennen? Müssen wir sie auch noch verstehen? Das nächste Thema bei derselben Stehparty könnte dafür wichtig sein: das Surfen im Cyberspace. Das neuenglische Wort ist wohlbekannt und muss daher nicht unbedingt verstanden werden, um verstanden zu werden. Bevor wir es jedoch mit der lässigen Selbstverständlichkeit des netzerprobten Cybernauten missverstehen, ist eine kleine, etymologische Auszeit angebracht.
Die Wurzel ist der altgriechische »**Kybernetes**«: Steuermann - derjenige, der das Ruder eines Schiffs handhabt. Verwandte Begriffe: französisch: »**gouvernail**« (Schiffsruder), der »**Gouverneur**« als Steuermann eines Gebiets, und natürlich das englische Wort für die Regierung, das »**government**«, die Steuerung eines Staates.
1948 stand der griechische Steuermann der modernen »**Kybernetik**« Pate, einer vom U.S. Mathematiker Norbert Wiener ersonnenen Wissenschaft, die Systeme jeder Art auf selbsttätige Regelungs- und Steuerungsmechanismen hin untersucht. Seit Isaac Asimov, Wissenschaftler und SF-Autor, in den 60er-Jahren über die kybernetischen Robotergesetze schrieb, ist die Kybernetik mit Computern und Elektronik verkabelt: Wie lassen sich elektronische Systeme in etwas Schlaues, Selbständiges verwandeln?
Anfangs der 90er-Jahre tauchte das »**Cyberspace**« auf und es bezeichnete die virtuelle Kunstwelt innerhalb eines Computers oder eines Computernetzes.
Heute ist das Cyberspace fast schon Synonym für das Internet, wobei viele Internet sagen, wenn sie eigentlich das World Wide Web meinen. Kurzum, Cyberspace ist auf alles zutreffend, das sich unmittelbar jenseits der Scheibe eines Computermonitors abspielt (Monitor: lat. für »**Aufseher, Bewacher**«).
Das Cyberspace ist virtuell -und daher »**der Kraft und Möglichkeit nach vorhanden**», ohne dazusein. Es besteht anlagemässig, aber nicht in Wirklichkeit. Das Cyberspace ist kein Ort, sondern nur ein Ort, der ein Ort sein könnte. Es befindet sich, so es sich denn

befinden kann, zwischen den Ohren, in unserem Kopf. Computer, Modem, Internet und andere Cyberspace-Paraphernalia (= Zubehör) sind Werkzeuge ohne Eigenleben - und das System, das sich selbsttätig regelt, sind letztendlich wir Menschen, als User. Das Cyberspace ist ein Treffpunkt der Gedanken und der Aussagen. Nicht mehr, aber nicht weniger. Das Cyberspace sind wir.

Freiheit ist eines der magischen Attribute des Cyberspace. Im Cyberspace, dank des Internets, gibt es keinen Staat, keine Autorität, so gut wie keine Gesetze. Das Internet ist hundertprozentig global und wird vermutlich die englische Sprache endgültig zur Weltsprache katapultieren; im Internet kann das Individuum noch viel mehr als in der realen Welt Individuum sein. Es ist viel einfacher, an einer Internet-Kampagne gegen den Walfang teilzunehmen - eine edle Sache, gewiss - als in der wirklichen Welt die wirklichen Grosseltern im Altersheim zu besuchen. Lustiger ist es auch.

Das wirklichste am Cyberspace ist das, was es aus uns macht. Es saugt wie ein grosser, elektronischer Schwamm viel menschliche Energie und kreatives Potential in sich auf und sondert es höchstens tröpfchenweise und eher zufällig wieder aus.

Inzwischen gehört das Cyberspace zum Vokabular von Politikern, Unternehmern und Medienschaffenden; sollen im Cyberspace viele, neue Stellen und Berufe entstehen; und liegt dort überhaupt die Zukunft unserer Spezies. Gar leichtfertig wird manchmal mit dem Wort umgegangen. Aus der Zeitschrift Business Computing 5/95:

...Geschäftsführer Thorsten Rauser operiert erfolgreich im Cyberspace...

Das ist, milde gesagt, höchst ungenau: Geschäftsführer Thorsten Rauser operiert nicht erfolgreich im Cyberspace, er operiert erfolgreich in Reutlingen. Und Reutlingen liegt nicht im Cyberspace, sondern am Neckar und am nördlichen Ende der Schwäbischen Alb. Und sein Advertainment-Geschöpf, Tony der Tiger operiert auch nicht erfolgreich im Cyberspace, denn Kelloggs Corn Flakes werden hier in der realen Welt verkauft und verspeist, so dass Tony's Erfolge keineswegs virtueller Art sind.

Der Bundesrat im Cyberspace!

So titelte eine Schweizer Tageszeitung, als die Eidgenössische Bundesverwaltung eine Internet-WebSite einrichtete, in das sich die Bürger einklinken konnten (um nichts wesentlich Neues zu erfahren). Mit Verlaub, der Bundesrat möge bitte hier in der Schweiz bleiben und seine Pendenzen abarbeiten.

Über das Internet werden wir alle früher oder später Filme gucken, Bücher lesen, Orte besuchen, Dateien abrufen, Bankgeschäfte abwickeln, Dinge kaufen können. Wir werden virtuelle Cyber-Ichs mit Cyberkörpern wie Arnold Schwarzenegger oder Cindy Crawford auf Hedonimus-Safari in eine visuell immer atemberaubendere Kunstwelt senden. Wir werden unser Vokabular mit ungezählten Worten anreichern, die mit dem Cyber-Präfix beginnen, wir werden Cybergeld verdienen, Cyberferien machen und Cyberarbeit leisten.

Aber hinter diesen virtuellen Cyberworten werden ganz konkrete, handfeste und mit Bestimmtheit gar nicht virtuelle Interessen lauern, die mit sehr realen Werten und richtigem Geldverdienen in unserer realen Welt zusammenhängen.
Das Wort »**Cybernaut**« ist eine linguistische Scheusslichkeit und ein Pleonasmus. Es passt daher gut in den Cyberboom: Es bedeutet, wortwörtlich, Steuermanns-Seefahrer und bezeichnet in Cybersprache einen Menschen, der

Im Internet regelmässig herumsurft,

Das Cyberspace als Arbeitsplatz benützt,

Oder einen Unternehmer, der Cyberprodukte herstellt.

Cybermania

Anstelle Reutlingens könnte es ebensogut Trochtelfingen, Hechingen, Sigmaringen oder Tuttlingen sein, eine von zahllosen Ortschaften in der Schwäbischen Alb, deren Name mit -ingen aufhört. Die Rede ist von Reutlingen, weil Thorsten Rauser hier geboren wurde und aufgewachsen ist. Damit ist Reutlingens Beitrag zum Cyberspace bereits abgehandelt, der Ort spielt nicht die geringste Rolle mehr.
Es begann Ende der 80er mit einem Hobby, um nicht zu sagen mit einer unter jungen Leuten weitverbreiteten Sucht. Nennen wir sie ruhig - und zeitgemäss - Cybermania. Damals war Thorsten Rauser gerade mal 17 Jahre jung und es gab weder das Internet für den Heimgebrauch noch das Wort Cyberspace, doch schon jede Menge PC's, Spiele und eine ganze, dazugehörige Gameboy-Generation. Thorsten verbrachte viel freie Zeit vor dem Computer: Spiele spielen, programmieren, Spass haben, mit anderen Kollegen fachsimpeln. Wenn jemand jemals das Cyberspace mit eigenen Augen gesehen hat, dann am ehesten noch er, als er den Vorsatz fasste, sein Hobby zum Inhalt seines Berufs zu machen. Vermutlich während eines der Computerspiele jener Zeit und anlässlich einer besonders schlechten Grafik oder einer klobigen Figur oder einer ruckenden Animation oder einer besonders lieblosen Musik, muss es bei ihm gefunkt haben: ***»So etwas kann ich doch auch! Und erst noch besser!«***
Thorsten Rauser, mit diesem Vorsatz, viel Elan und jugendlicher Unbekümmertheit gewappnet, machte sich sogleich ans Werk - sofern man ihn liess, denn was ihm nun noch fehlte, um loszulegen, war ein Auftrag. Um auf eigene Rechnung ins Blaue hinaus loszuprogrammieren, war kein Geld vorhanden.
Ausserdem wollte er etwas tun, das gebraucht werden würde. Er selbst liebte alles, was

mit Computerspielen zu tun hatte, und wollte gerne Spiele produzieren, doch der Entwicklungsaufwand war ziemlich hoch - wer sollte ihm das bezahlen? Ein Sponsor? Jemand, der für sein Geld einen Gegenwert erwarten durfte? Es entstand die Idee des Computers als kombiniertes Werbe- und Spielmedium.
Eine originelle, unverbrauchte Idee. Thorsten Rauser erfand das »**Advertainment**« und liess es gleich als Markenartikel eintragen. Hinter dem Wort Advertainment taucht öfters das kleine TM-Zeichen auf: Trademark. Es darf weltweit nur von einem Anbieter angeboten werden, von Thorsten Rauser und seiner Rauser Advertainment GmbH. Mit Advertainment hatte er seine unternehmerische Vision entwickelt: Sie eröffnete ihm eine unbesetzte Marktnische und verlieh dem jungen Unternehmen eine einleuchtende raison d'être. Hierzu das Mission Statement:

> ***Am Anfang, als in den 80er Jahren in Form von ersten Telespielen und Homecomputern eine neue Ära der Freizeitbeschäftigung eingeläutet wurde, begann sich ein Virus auszubreiten, das heute die meisten Kinderzimmer, Hobbyräume und Büros fest im Griff hat: Hobby Computer.***
> ***Wir gehörten zu den ersten, die diesem neuen Medium verfallen waren. Nächtelang und oft heimlich spielten, programmierten und bastelten wir mit unseren Homecomputern. Zwischenzeitlich wurde uns immer deutlicher: Die Rolle eines Computers beschränkt sich nicht auf die eines erweiterten Taschenrechners oder einer Schreibmaschine: Der Computer ist ein Kommunikationsinstrument. Beim Spielen. In der Information, Beim Lernen...***
> ***Die Idee entstand 1988, die Anfangs 1989 zur Gründung des Reutlinger Pioniers für das interaktive Werbemedium führte. Der Gedanke war ganz einfach: Den Computer durch seine Interaktivität und sein Unterhaltungspotential zum zentralen Werbeträger zu machen. Warum sollten Werbung und Information nicht Spass machen? Der Auftrag, an uns selbst gestellt, war dann: Die Entwicklung eines Kommunikationssystems mit neuartiger Kontaktqualität bei der Zielgruppe. Die Verantwortung gegenüber unseren Kunden und unserer Zielgruppe sahen wir von Anfang an - ohne Kompromisse. Unsere Produkte sind zielgruppengerecht und gewaltfrei.***
> ***...Es ist unser Ziel, Ihnen alle Möglichkeiten der interaktiven Kommunikation anzubieten und das nennen wir ADVERTAINMENT™!***

Thorsten Rauser musste also losziehen und seinen ersten Kunden aufstöbern, den er davon übezeugen konnte, ihn mit der Herstellung eines Advertainment-Programms zu beauftragen. Keine einfache Aufgabe, wenn man 17 Jahre jung ist und ausser viel guten Willens und einer originellen Idee nichts Handfestes vorzuweisen hatte.
Rausers erster Kunde wurde das Bundesumweltamt - 1991 erschien das Ergebnis der Zusammenarbeit: »**Das Erbe**«. Praktischer Umweltschutz im Alltag war das zentrale Anliegen; der Spieler sollte auf spielerische Weise zwischen direkter und indirekter

Umweltverschmutzung unterscheiden und dergestalt lernen, wie ökologische Fehler zu vermeiden sind. Mehr Edutainment als Advertainment, aber immerhin..
Sechs Monate Arbeit steckten im Programm. Thorsten Rauser zog Kollegen und ihm bekannte Computerfreaks für die Herstellung hinzu. Da jeder von ihnen den Computer bei sich zuhause stehen hatte, jeder andere Arbeitszeiten einhalten wollte, der Auftrag sich zwischen bezahltem Hobby und echter Arbeit ansiedelte, das Budget ohnehin keine eigene Geschäftsräumlichkeiten rechtfertigte und einige von ihnen noch zur Schule gingen, teilten sie sich die Arbeit untereinander auf und arbeiteten jeder an seinem Teil zuhause. Sie kommunizierten über das Telefonnetz, begutachteten, kritisierten, verbesserten und fügten so das Programm Stück für Stück zusammen.
Der Grundstein war gelegt. Der Cybernaut und Advertainer war im Business.
Der Umstand, dass aus Hobby und persönlicher Begeisterung mit ein bisschen Glück und viel Einsatz ein richtiger Beruf entstehen kann, wird an anderer Stelle in diesem Buch nochmals ausführlicher dokumentiert. Belassen wir es dabei, dass ein gewisser Herr Carl Benz aus Karlsruhe am Ende des letzten Jahrhunderts ein Bastlerhobby und eine Tochter namens Mercedes hatte; der Rest ist Geschichte.

Cyberstrukturen

Über Virtuelle Unternehmen wurden schon viele Bücher geschrieben und unzählige kluge Gedanken gedacht. Arbeitswissenschaftler, Ökonomen, Futurologen haben sich des Phänomens angenommen und zu einer der kommenden Normen für die Zukunft erklärt. Hätte Thorsten Rauser all diese Sachen gelesen, bevor er sein virtuelles Unternehmen aufbaute, er hätte vermutlich die Finger davon gelassen.
Da tauchte doch dieser blutjunge Kerl mit 17,18 erstmalig auf dem Arbeitsmarkt auf, ignorierte die gesamte Fachliteratur darüber, was ein Unternehmen zu sein hat und wie es aufgebaut sein soll, verschmähte dazu noch die geballte Managementkompetenz aller Kaderschmieden des Landes, und, der Gipfel der Frechheit, führte er einfach so Telearbeit und eine virtuelle Unternehmensform ein, ohne einmal zu wissen, was das ist! Und der Schmach nicht genug: Es klappte!
Was er tat, war schlicht und einfach, rund um seine organisatorischen Bedürfnisse und die Produkte, Advertainment-Programme, diejenige Unternehmensorganisation aufzubauen, die ihm am besten geeignet erschien. Er tat dies, ohne dem traditionellen Ballast der Industriezeit verbunden zu sein. So, wie er mit seinen Kollegen »**Das Erbe**« angepackt hatte, schien es ihm vernünftig: Ein minimaler, unternehmerischer Kern im Zentrum - und darum herum eine möglichst kreative und dynamische Pheripherie. Damit war er der virtuellen Struktur auf die Schliche gekommen: Minimaler Stamm koordiniert maximales, externes Talent.
Man täte Thorsten Rauser Unrecht, wenn man in ihm nur einen Hans im Glück sehen würde, der ohne eigenes Verdienst einen Zufallstreffer gelandet hat. Er ist heute (erst) 24

Jahre alt, aber man merkt sofort, dass er jemand ist, der nicht nur genau weiss, was er will, sondern der auch sehr schnell ausknobeln kann, wie er es bekommt. Ein selbstsicherer Macher, vif und zielstrebig, ein klassischer Self-Made-Typ. Wenn man sein Dachstudio in Reutlingen betritt, wo er mit fünf Mitarbeitern den Hauptsitz der Rauser Advertainment GmbH führt, herrscht vom ersten Augenblick an kein Zweifel, wer hier der Boss ist: Derjenige mit dem drahtigen Gang und dem stählernen Blick.
Das Portrait von sich selbst, das er jeweils Presseleuten mitgibt, die wieder einmal über das Cyberspace schreiben und ihn als Cyberspace-Pionier bezeichnen, zeigt in Schwarzweiss einen jungen Mann mit ernstem Gesicht, sphinxhaftem Lächeln und stechenden Augen, der seinen Kopf nachdenklich mit Daumen und Zeigefinger abstützt. Er sitzt im karrierten Jacket vor schwarzem Hintergrund, das Licht strahlt ihn von rechts an, so dass die linke Gesichtshälfte im Schatten liegt. Wer sich so darstellt, hat im Leben eine Mission zu erfüllen.
Thorsten Rauser ist von Kopf bis Fuss aus Unternehmerholz geschnitzt. Der klassische Unternehmer, der Entrepreneur und Firmengründer, ist eine zeitlose Gestalt. Es ist der, der irgendwie für andere entscheidet, was zu tun ist. Es ist der, der Beziehungen und Abhängigkeiten visualisiert und neue Wege sieht. Der, der etwas tut, wo andere zaudern. Derjenige, der nicht nur eine Vision entwirft - das können alle - sondern sie auch unbeirrt verfolgt und absolut davon überzeugt ist, sie mit Disziplin und Einsatz erreichen zu können. Ein vorausschauender, zupackender Visionär, im besten Fall, und ein krankhaft Besessener mit einer Idée Fixe im schlechtesten.
Die unternehmerische Vision war Advertainment. Thorsten Rauser erklärte von Anfang an Telearbeit zur organisatorischen Grundlage für die Realisation dieser Vision. Damit wurden die Fixkosten niedrig gehalten und konnten die Telearbeiter ihre Arbeit so frei, kreativ und selbständig angehen, wie es ihnen passte. Die Telearbeit ist in einem vorhergehenden Kapitel ausführlich beschrieben, so dass hier nur kurz auf sie eingegangen wird: Eine Analyse von 60 Fallstudien, durchgeführt durch empirica, Gesellschaft für Kommunikations- und Techonologieforschung mbH, Bonn, nennt die folgenden, unternehmerischen Argumente für die Einführung der Telearbeit:

Kostenreduktion für den Arbeitgeber (Büromieten, usw.)
Die schnellere und bessere Bewältigung von Arbeitsspitzen
Eine Steigerung der Wettbewerbsfähigkeit des Arbeitnehmers
Das Halten von qualifizierten Mitarbeitern
Raschere Rekrutierung von neuen, qualifizierten Mitarbeitern
Ein Steigerung der Mitarbeitermotivation - und damit der Produktivität

Telearbeit schien Thorsten Rauser eine natürliche Form von Arbeit für seine Branche zu sein. Kaum war es möglich und vor allem bezahlbar, wurden die Computer aller seiner Mitarbeiter vernetzt und mit Modems für elektronische Telekommunikation ausgestattet. Auf den ersten Auftrag folgten andere, eine Trilogie von Computerspielen für den BHV-

Verlag anlässlich der CeBIT'92; »**Der Calippo-Fresser**«, ein Spiel zur Promotion von Langnese-Fruchteis, mitsamt dazugehöriger Printkamapagne in vielen Jugend- und Computerzeitschriften und Gewinnspiel; Ein »**Sony Game**« im »**Jump and Run**«-Stil, das die Bekanntheit von Sony-Produkten steigern sollte, mitsamt einer Hotline zur Hilfestellung für die Spieler; »**Abenteuer Atlantis**«, ein Fantasy-Game rund um die Brand-Figur »**Knorrli**« der Knorr Schweiz AG; der »**Energie-Manager**« im Auftrag des Bundesministeriums für Wirtschaft, ein Wirtschaftssimulationsspiel, in dem eine möglichst vorteilhaft Energiebilanz eine entscheidenden Rolle spielt. Alle diese Programme erschienen 1992 auf dem Markt.

Advertainment im Anfangsstadium. Wohl war der Name schon anfangs da, doch das »**Knowledge**« entstand erst mit der Zeit: Begleitende Printkampagnen, Hotlines und Gewinnspiele, die Geheimnisse der erfolgreichen Acquisition und Distribution, die Marktforschungen. Und im Lauf der Zeit schälte sich heraus, wie unheimlich wuchtig und werberisch gezielt Advertainment wirken kann. Der Markt wuchs und wuchs, je billiger die PCs wurden und ihren Weg in die heimischen Stuben zu den Kids fanden. Elektronik in deutschen Kinderzimmern: Wussten Sie schon…

…dass 30% aller Grundschüler einen Heimcomputer im Zimmer haben?

…dass 33% aller Grundschüler einen GAME BOY ™ besitzen?

…dass 50% aller Kids mindestens 2x in der Woche den Joystick schwingen?

…dass 60% aller Computerbesitzer diesen als ihr wichtigstes Hobby bezeichnen?

…dass 65% der Computerbesitzer mehr als sechs Stunden pro Woche damit spielen?

…dass 80% der Computerspieler Werbespielen »positiv« oder »sehr positiv« gegenüberstehen?

Sie erreichen mit einem Computerspiel schon beim Einsatz nur innerhalb Deutschlands garantiert zwischen 2 und 4 Millionen Kontakte. Sollten Sie sich, wie einige unserer Kunden, entschliessen, eine solche Kampagne in ganz Europa und/oder auch in den USA zu adaptieren, vervielfacht sich die Zahl der erreichten Kids.

Und was mehr: Jedes Kind, das mit Tony dem Tiger wilde Abenteuer im Kellogg's-Land erlebt, ist mehrere Stunden der Gegenwart dieser Werbefigur ausgesetzt. Die Werbung am TV dauert im Gegensatz dazu nur einige, wenige Sekunden und kostet viel Geld. Für die Bearbeitung eines jungen, computerbelesenen Publikums ist Advertainment sehr attraktiv: Grössere Streuung, längere Präsenzzeit und sehr grosse Spielintensität, daher auch viel bessere Produkt- und Markenbindung durch Advertainment als durch TV-Werbung.

In Deutschland gab es per November 1994 insgesamt 12.9 Millionen Spielcomputer und Spielkonsolen. Jedes einzelne ist eine potentielle Advertainment-Plattform. In mindestens fünf Millionen deutschen Haushalten steht ein Homecomputer oder PC, der zumeist von Kindern, jugendlichen oder jungen Erwachsenen benützt wird, sowohl für die Arbeit, als auch für die Unterhaltung. Wenn nun anstelle der Mario Brothers ein Tiger-Tony durch das Cyberspace hüpft, wirkt sich das positiv auf den Bekanntheits- und Sympathiegrad von Kellogg's aus...

...sofern natürlich das Computerspiel gut ist! Die Kids von heute fahren auf »**scharfe**« Ware ab, da komme ihnen niemand mit schlechtem Sound, öder Grafik und ätzenden Stories. So etwas spricht sich herum, in der total vernetzten und anspruchsvollen Subkultur jener Prototypkäuferschicht, die »**Kids**« heisst. Als 1994 »**Tony and Friends in Kellogg's Land**« von Rauser Advertainment erschien, erhielt es gleich als einziges Werbespiel die Bestnote »**sehr gut**« für seinen Unterhaltungswert. Der Kellogg's Marketingmanager ging mit seiner Begeisterung darüber publik, dass »**sein**« Spiel in der Szene unglaublich »**heiss**« sei.

»**Köder im Kinderzimmer**«, mahnte die Schlagzeile über diesem Statement derweilen, und untertitelte: »**TV-Spots sind out. Mit Computerspielen und über Datennetz will die Industrie Jugendliche anmachen!**« - »**Werbeflut, aber gut**«, meinte dafür eine andere Pressestimme : »**Die Werbeelemente wurden auffällig, aber sinnvoll eingebaut. Wer damit leben kann, bekommt einen unterhaltsamen Reaktionstest geboten**«. Dem Spiel wurde der Penetranz-Faktor »**Unbescheiden**« verliehen, während PC Games 9/94 über »**Brilliante Grafiken, butterweiches Scrolling und phantastische Animationen**« ins Schwärmen kommt. Das drittletzte Wort des folgenden Zitats sollte endgültig auch den hinterletzten Werbeberater aus seiner indifferenten Lethargie rütteln: »**Vor allem die Möglichkeit, vier verschiedene Charaktere mit völlig unterschiedlichen Fähigkeiten spielen zu können, hebt den Suchtfaktor ins Unermessliche!**«

Als Tony lostigerte, um Kids für gesunde Vitamine und Aufbaustoffe zu begeistern, war Rauser Advertainment längst zum weltweit tätigen, virtuellen Unternehmen geworden und erfuhr Thorsten Rauser endlich hochoffiziell, dass seine Firma tatsächlich ein virtuelles Unternehmen war. Er muss es mit Gelassenheit zur Kenntnis genommen haben. Ein neues Kunstwort entstand bei dieser Gelegenheit, das so köstlich künstlich ist, das wir es nicht versäumen wollen, es mit dem geschätzten Leser hier zu teilen: Ein Entrepreneur, der ein virtuelles Unternehmen aufbaut, darf sich ab sofort als ein »**Virtupreneur**« bezeichnen.

In Reutlingen, am Hauptsitz in einem Dachstudio, arbeitet unter ihm ein kleiner Stamm von fünf Mitarbeitern: Dort wird ein Teil der Acquisition, die Administration und die Projektleitung ausgeführt. Der gesamte Rest des Unternehmens und die vielen übrigen Mitarbeiter befinden sich anderswo und sind über eigene Modemleitungen oder über Telefon und Telefax mit der Zentrale verbunden: Zum Beispiel eine Mailbox in Köln; die Programmierung in Hattingen bei Tuttlingen; für Stories und Dialoge ist eine

Textwerkstatt in einem Bauernhof in Gütersloh zuständig; Musik und Sound werden in einem Spezialstudio in Dortmund beigefügt; in München werden die Programme von sachkundigen Computerfreaks auf Herz und Nieren und Bugs getestet; und die Grafiken schliesslich laufen alle über Köln nach Reutlingen.
Dazu kommen zahlreiche, freischaffende Telearbeiter aus dem In- und Ausland, auf deren Artwork Portfolios man im Internet stiess. Wer zu den besten seines Fachs in Sachen Grafik und Programmierung gehört und freelancender Telearbeiter ist, darf für Rauser Advertainment arbeiten. Nur die Besten oder die, welche Thorsten Rauser für die Besten hält, bekommen Arbeit - alles andere als das Beste ist im inzwischen hartumkämpften Werbespielmarkt schlicht nicht gut genug. Butterweiches Scrolling und brilliante Animationen sind das Minimum - alles andere ist Sub-Standard und daher unerwünscht.
Von Heiko Schröder in Daytona Beach, USA, bis zu Celal Kandermiroglu, Istanbul, für jedes Projekt sucht Thorsten Rauser den nach seiner Vorstellung passend talentierten Telearbeiter, Telegrafiker, Teleprogrammierer aus. Bei erstmaliger Zusammenarbeit wird der Telearbeiter mittels kleinerer, zeitlich beschränkter Aufträge ausprobiert: Liefert er pünktlich, denkt er mit, kann man mit ihm reden? Es muss für beide Seiten ein Vertrauensverhältnis entstehen: Ein Telearbeiter muss wissen können, dass er seine Arbeit einem fairen Auftraggeber zuschickt, der von ihm nicht doppelte Arbeit in halber Zeit fordert und der ein Honorar anbietet, das in vernünftiger Relation zu den Lieferfristen und dem erforderlichen Arbeitsaufwand steht. Andererseits muss der Auftraggeber von seinem Telelieferanten gute, qualitativ hochstehende Arbeit erwarten können - mehr als ein Kopieren-Einsetzen-Job, sondern ein »**dedicated work**«, ein spezifischer, projektbezogener Lösungsansatz. Nach ersten Probeaufgaben, sobald sich beide Seiten aneinander gewöhnt haben, folgen die längeren, grossen Aufträge.
Heute kann Thorsten Rauser wie einst Karl V., Kaiser von Spanien, sagen, dass in seinem Reich die Sonne niemals untergeht. Das können MacDonalds und Coca Cola zwar auch, aber sie benötigten für dieselbe Aussage viel mehr als ein kleines Dachstudio in Reutlingen und sechs kurze Jahre Geschäftstätigkeit. Heute wandert die Telearbeit der Sonne nach, rund um den Globus, als Staffellauf der Informationen, an unsichtbaren Netzlinien entlang, um über Reutlingen bis in die Kinderzimmer der User zu sickern. Die Werbung erobert die letzten Bastionen der Privatsphäre.
Die ersten Werbeflächen sind seit Anfang 1996 zum Schrecken vieler im Internet aufgetaucht. Spielfilmproduktionen aus den USA finanzieren sich zum Teil mit Product Placement und betreiben es auf der Rückseite selbst, bieten ihre eigenen WebSites an, vertreiben eigene Werbespiele und erzielen mit Merchandising grosse Gewinne. Keine grössere Werbekampagne findet heute statt, die nicht auch ein Internet-Paket enthält. Wie Lemminge zum Wasser zieht es Werber in das Cyberspace.
Die Anzahl der Internet-Teilnehmer hat sich in den letzten vier Jahren verzehnfacht. Zu Weihnachten schenkt man sich jetzt schon Internet-Abonnements. Dabei übersieht man

gern, dass ein sehr enger Flaschenhals in Form der Telefonleitung besteht, über die alle Daten laufen und die leider nur eine begrenzte Menge Daten in nicht allzugrosser Geschwindigkeit verbreiten kann. Je mehr Teilnehmer ins Internet drängen, desto länger werden die Wartezeiten und Verzögerungen in der Modemkommunikation. Zwar erhofft man sich von Glasfaserkabeln und ISDN-Kommunikation Abhilfe, doch diese sind noch rar und teuer.
Thorsten Rauser muss daher heute etwas tun, was er früher nicht tun musste: Seinen virtuellen Mitarbeitern Computerdisketten auf dem Postweg zusenden. Das Telefonnetz ist blockiert, auf dem Information Highway herrscht Stau. Dennoch: Der Cybernaut ist am Ziel: Advertainment wurde global, er war ein Pionier der ersten Stunde und ist heute immer noch dabei.

Virtuelle Unternehmen

Die virtuelle Unternehmensform ergab sich für Thorsten Rauser mit natürlichster Selbstverständlichkeit aus der Anlage der Dinge: Er verlieh seinem Unternehmen seine Cyber-struktur, weil er nichts anderes gewöhnt war.
Als Vorteile einer virtuellen Organisation werden bezeichnet: Günstige Kalkulation, geringer Verwaltungsaufwand, kein Personalmanagement, kleine Bürofläche und die flexible und schnelle Reaktion auf dem Markt. Ein kleines, virtuelles Unternehmen kann auch Grossaufträge annehmen. Die Qualität der Arbeit ist generell besser, da in einem virtuellen Unternehmen jeder Teilnehmer eine grosse Eigenverantwortung übernimmt und weil seine individuellen Fähigkeiten besser und projektbezogener zum Tragen kommen. Ausserdem spielt der Standort keine Rolle mehr; es gibt noch weitere Ortsnamen, die mit -ingen enden: Hossingen, Tieringen, Tailfingen, Ostmettingen - und alle von ihnen sind heutzutage potentielle Brutstätten für Virtupreneure.
Natürlich gibt es auch Schattenseiten für virtuelle Unternehmen. Einige davon stellen sogar ganz massive Problemkreise dar:

Noch sind keine Formularverträge für Rechtsgeschäfte verfügbar.

Reglementierungen und Gesetze müssen erst geschaffen werden.

Die soziale Absicherung für den Einzelnen ist nicht gegeben.

Die Telekom-Tarife für Modemkommunikation waren bis vor kurzem sehr teuer. Solange ein staatlicher Monopolbetrieb das Telekomwesen beherrscht und keine Konkurrenzsituation herrscht, bleiben die Preise zu hoch.

Cyberfrust: Überlastete Telefonleitungen - zu langsamer Datentransfer und überflüssig hohe Kommunikationskosten.

Das mit Abstand grösste Problem ist aber der seltsame Umstand, dass zwar die Norm eines virtuellen Unternehmens feststeht und dass die Technologie dafür vorhanden ist, dass aber zur Zeit noch jeglicher gesetzliche und arbeitsrechtliche Hintergrund fehlt. Solange ein allgemein anerkannter Standard fehlt, liegt ein Schatten über der Zukunft im Cyberspace und sind virtuelle Unternehmen eine teilweise rechtsfreie Zone, zum Nachteil aller.

Als ein virtuelles Unternehmen bezeichnet man den Zusammenschluss von rechtlich unabhängigen und räumlich voneinander getrennten, telearbeitenden Einzelpersonen oder Kleinstunternehmen zu einer virtuellen, unternehmerischen Einheit, die auf dem Markt als eine Einheit unter eigenem Firmennamen agiert.

Das Wort »**virtuell**« selbst bedeutet: Der Kraft und Möglichkeit nach vorhanden bzw. anlagemässig.

Noch eine weitere Definition, im Sinne einer Vereinfachung. Sie stammt von Hans-Olaf Henkel, dem Chef des Bundesverbands der Deutschen Industrie und davor Chef von IBM Deutschland: ***»Es wird immer mehr Unternehmen geben, deren Abteilungen nicht mehr durch Gänge, Flure und Fahrstühle verbunden sind, sondern durch den Information Highway«.***

Ein virtuelles Unternehmen ist eigentlich nur ein Unternehmen, das die Möglichkeiten moderner Tele- und Datenkommunikation konsequent einsetzt. So wie Thorsten Rauser, der findige Jungschwabe es einst in Reutlingen tat. Inzwischen haben die meisten User Tony den Tiger schon aus ihrer Harddisk gelöscht und stattdessen vielleicht Cleanman aufgeladen, einen muskelbepackten, spandexbetuchten Putzfimmel im Körper eines Superhelden, der im Auftrag von 3M und in hochauflösender SuperVGA Grafik für die Scotch Reinigungskassette durch die Luft braust und mit Pepsodent-Strahlelächeln und knackig bunten Farben wider den Grauschleier des infernalischen Dr. Dirty ins Feld zieht und dabei allerlei Schmutzfinken ihre Dreckarbeit verdirbt. Für PC Player 3/95 schlicht »**das Spiel des Monats**«. »**Sauber, Mann!**« und »**Echt sauber!**« lauteten andere Reaktionen der Fachpresse.

Inzwischen hat man Thorsten Rauser schon mit einem 3D-Cyberhelm auf dem Kopf und einem Cyberglove in der Hand gesichtet. Für die Weltausstellung 2000 in Hannover baut er schon jetzt an einem virtuellen Ausstellungsgelände. Wir verlassen Reutlingen im sicheren Gefühl, dass ihm die Arbeit nicht so schnell ausgehen wird.

Abschliessend

scheint es sehr schade, dass es keine anderen Namen für die reale Welt als Gegenpol des Cyberspace gibt. Biospace? Orthospace? Non-Cyberspace? Eh' nicht so wichtig, denn, so stellen wir es einmal in den Raum:

Es gibt kein Cyberspace.

Es gibt auch keine virtuellen Unternehmen, die erfolgreich im Cyberspace operieren, nur wirkliche Unternehmen, die ihre Strukruren den Möglichkeiten der modernen Datenkommunikation anpassen. Und ein Cybernaut oder Virtupreneur ist ein moderner Unternehmer unter anderem Namen. Das Cyberspace ist eine linguistische Konvention und ein oft krass überschätzter Sammelbegriff für das Unverstandene, Vernetzte und Unberührbare jenseits des Computerbildschirms. Was immer an Leben im Cyberspace herrschen soll, es wird von uns dort provisorisch hineingesteckt, um hier im Non-Cyberspace konkrete, handfeste Ergebnisse zu zeitigen.

Die moderne Datenkommunikation ist eine technische Erweiterung des menschlichen Horizontes: Unser Wahrnehmungshorizont, die Kommunikationsreichweite und unser Aktionsradius werden durch elektronische Netzwerke vervielfacht. Netzkapazität, Datenkompression, Speicherfähigkeit und Prozessorgeschwindigkeit von Computern nehmen ständig zu: Die Aufnahmefähigkeit und das Aufmerksamkeitsvolumen von uns Menschen aber nicht. Unser Bewusstsein ist auf Realzustand geeicht, nicht auf virtuelles Surfen.

Das menschliche Bewusstsein ist wie eine Brücke gebaut, die nur für ein bestimmtes Maximalgewicht berechnet ist - Wenn mehr Verkehr über diese Brücke hinüber will, je schwerer die Ware und grösser der Andrang ist, dauert es eben länger, denn wenn alle auf einmal über die kleine Brücke wollen, stürzt diese ein. Wird die Warteschlange nun aber unüberschaubar, um nicht zu sagen global, dann wird am äusseren Ende der Brücke entschieden, wer überhaupt über die Brücke darf und wer nicht gebraucht wird. Jede Wahrnehmung, reell oder virtuell, wird bewertet: Wichtig, unwichtig, darf über die Brücke, darf nicht. Das extrem Unwesentliche sehen wir vielleicht, aber ihm wird die Aufmerksamkeit verweigert: Wenn wir mit den Augen danach suchen, können wir ein Staubkorn auf dem Fensterbrett erkennen. Aber es braucht dazu eine bewusste Anstrengung, denn dieser Anblick darf sonst nicht über die Brücke.

Unsere Aufmerksamkeit bleibt begrenzt, während das Informationsangebot, das um unsere Aufmerksamkeit buhlt, ins Grenzlose ausufert. Wir müssen also Wachposten vor der Brücke aufstellen, die immer geschickter und sicherer in der Kunst werden, das für uns Wesentliche ausfindig zu machen und das Unwesentliche daran zu hindern, über die Brücke bis zu unserer begrenzten Aufmerksamkeit vorzudringen.

Das ist einer der Knackpunkte des Informationszeitalters: Der stetige, noch um vieles erbitterter geführte Kampf um die Aufmerksamkeit. Hans-Magnus Enzensberger hat diese einmal als eines der wertvollsten Luxusgüter bezeichnet. Frei über seine eigene Aufmerksamkeit bestimmen zu können, wählen zu können, wohin diese zielt, ist Luxus. Gegen diese Souveränität der Aufmerksamkeit kämpfen Werbungen mit grellen Farben, schönen Bildern und allen Mitteln an. Aber Aufmerksamkeit ist ein begrenzter Luxus, die Brücke wird nicht grösser oder breiter oder dicker- und an diesen natürlichen Grenzen endet das Cyberspace zusammen mit dem Rest der Welt.

Deshalb sei bei allem Cybergerede allen Cyberianern eines immer bewusst, die eine Wortwurzel: Kybernetes, der Steuermann. Wenn einem vor lauter Cyberspace die

3D-Grafiken um die Ohren schwirren, vor lauter Surfen die Augen schmerzen und die erste Telefonrechnung nach dem Internetanschluss eine kostspielige Sache wird, dann überlege man sich in aller Ruhe, wer hier das Ruder in der Hand hält und den Kurs bestimmt. Als nächstes frage man sich, ob die naheliegende Antwort »**Ich, natürlich!**« wirklich zutrifft.
Man möge seine volle Aufmerksamkeit auf dieses Problem richten.

Der lokale Unternehmer

*Es liegt am Namen. **»Männer Für Alles«** erklärt sich von selbst: Echte, ganze Kerle, die wissen, wie man zupackt. Ein anderer Name hätte niemals soviel Zugkraft. Sogar seine abgekürzte, umgangssprachliche Variante, MFA, bezeugt Dynamik.*
*Die Inhaber von MFA scheinen zu wissen, was sie an ihrem Namen haben. Allein der anthrazithgraue Jeep von Heinz Hünnemeier ist an allen Seiten mit MFA-Aufklebern vollbepflastert. Auf allen Firmen-LKW's und auf den Geschäfts-PKW's ist das Logo vorne, hinten und seitlich angebracht, mitsamt der Kopfzeile: **»Dienstleistungen fast aller Art«.** Und auf dem Vorplatz vor Heinz Hünnemeiers Haus, an der Strasse von Abbehausen nach Stollham, prangen allein drei verschiedene MFA-Schriftzüge in drei verschiedenen Schreibweisen, einmal als Schild am Strassenrand, dann als Aufschrift über dem Eingang und schliesslich auch auf dem Briefkasten. Ein Corporate Identity-Overkill, der jeden Unternehmensberater auf die Barrikaden locken würde*
Doch gerade diese rührige Logo-Besessenheit macht auch deutlich, dass die Männer hinter den Männern Für Alles keine geschulten Manager im üblichen Sinn, sondern eher Selfmademänner sind - und dass ihrem Dienstleistungsbetrieb etwas Spontanes und Unkompliziertes anhaftet, das ohne gestyltes Erscheinungsbild auskommt.

Das Umland

Die Halbinsel Butjadingen ist zu vier Fünfteln von Wasser umgeben, im Südwesten vom Jadebusen, im Westen und im Norden vom Wattenmeer, im Osten von der Weser - ein Stück echtes Norddeutschland, das mehr auf die weite See hinauszublicken als auf das eigene Hinterland zu achten scheint und wo ein Schiff noch ein Kahn oder ein Pott ist. Nordenham, der grösste Ort Butjadingens, liegt direkt gegenüber von Bremerhaven an der Wesermündung. Dort und entlang der Weser ist Butjadingens Industrie zuhause: Stahl und Chemie, Schwerindustrie und Hafenbetriebe.
Im Landesinneren, hinter den hohen Deichen und zwischen rechtwinklig angeordneten Entwässerungskanälen eingepfercht, die das viele Regenwasser ins Meer lenken und so Überschwemmungen verhindern sollen, herrscht auf topfebenem, sattgrünem Land die

Landwirtschaft. Rinderzucht steht hierbei im Vordergrund, vornehmlich mit den schwarzweiss gescheckten, friesischen Kühen.
An wenigen Orten jenseits der Deiche, wo sich ein Streifen Sand findet, in Burhave im Norden oder in Tossens im Westen, findet ein wenig Tourismus statt, auf Badestränden mit Strandsesseln, mit Campingplätzen, Restaurants, Souvenirläden, Minigolfplätzen. In Tossens entsteht ein Feriendorf mit Mehrfamilienhäusern und sogar ein Hotel aus der Holiday Inn-Kette hat es dorthin verschlagen. Der Tourismus ist für Butjadingen eine nicht unbedeutende Einnahmequelle, zumindest im Sommer und an Wochenenden. Ausserdem ist das Gebiet aufgrund der geographischen Lage ein Naherholungsgebiet für die Einwohner der 50 Kilometer entfernt liegenden Städte Bremen und Oldenburg.
Die wirtschaftliche Lage ist ähnlich durchzogen wie überall sonst - vielleicht etwas schlimmer. Der grösste Umsatzlieferant der Region war bis vor kurzem die U.S. Army, denn der Nordenhammer Hafen ist der einzige Warenumschlagsplatz für in Deutschland stationierte U.S. Truppen. Während des Golfkriegs war da noch »**richtig was los**«, jetzt nicht mehr. Seit die Sowjetunion zu Russland wurde und die Vereinigten Staaten ihre Truppenbestände in Westeuropa abbauen, versiegt auch diese Einkommensquelle langsam. Die örtliche Schwerindustrie, die privaten Hafenbetriebe und die Landwirtschaft haben die üblichen Schwierigkeiten. Von Ausnahmen abgesehen sind die Zeiten schlechter, die Margen knapper und die Jobs seltener geworden. Der EU-Binnenmarkt lockt grosse Industrieunternehmen in billigere Gefilde und lässt die Preise für landwirtschaftliche Produkte in den Keller fallen. Der Standort Deutschland mit seinem sozialen Netz und den hohen Lohnnebenkosten zeigt sich hier von seiner unvorteilhaftesten Seite und auf Butjadingen wie überall in den Industriestaaten gilt, dass wer hier einmal arbeitslos wird, es meistens auch bleibt.
Das einzige, das auf Butjadingen rund läuft, sind die vielen, turmhohen Windräder. Das Land ist übersäht davon, weisse Windgeneratoren, die manchmals einzeln und öfters in ganzen Elektroparks gruppiert das Landschaftsbild prägen und sich im Wind drehen, der Tag und Nacht mit frischer Wucht weht. Staatlich subventionierte Windenergie scheint Butjadingens bester Exportartikel zu sein.
Das globale Beziehungs- und Finanznest der modernen Arbeitswelt scheint nur wenige Knotenpunkte in der Region geknüpft zu haben. Anwesende Industrien gehören meistens zu grösseren Konglomeraten, die nicht auf Butjadingen beheimatet sind und daher keine Bindung zur Region haben. Der Standort ist nur für Waren und Produkte gut geeignet, die eigentlich für anderswohin bestimmt sind und mit Frachtschiffen dorthin spediert werden.
Das bunte Treiben im Global Village befindet sich Lichtjahre von Butjadingen entfernt, der Abstand dazu nimmt kaum ab. Für viele ein wenig erfreulicher Sachverhalt. Für andere eine Chance. Heinz Hünnemeier und Stefan Barthel beispielsweise scheinen vom weltweiten Kampfruf der Globalen »**Think globally - act locally**« nur den zweiten Teil mitbekommen zu haben. Zum eigenen Vorteil.

Entstehung

Heinz Hünnemeier und Stefan Barthel heissen die Männer hinter der Männer Für Alles GmbH. Beide Geschäftsführer ergänzen sich, obwohl sie unterschiedlichere Typen gar nicht sein könnten, gut. Heinz Hünnemeier, ein schnörkelloser Pragmatiker, betreut vorwiegend die industriellen Kunden, während Stefan Barthel sich als etwas ruhigerer und zupackenderer der beiden um die Privatkundschaft kümmert.
Zusammen mit einem dritten, inzwischen ausgeschiedenen Kollegen, haben sie MFA gegründet und ausgebaut. Dieser Gründung lag nicht eine wirtschaftliche Standorts- und Marktanalyse zugrunde, sondern der Karriereknick an ganz anderem Ort sowie die eigene Biographie.

Hünnemeier: *Die Gründer dieser Firma - darunter ich - waren allesamt, bevor es diese Firma gab, Erzieher in einem Kinderheim für schwer erziehbare Jugendliche. Dieses Kinderheim hat eines Tages zugemacht und wir wurden entlassen. Dann stellte sich die Frage: »**Was mache ich jetzt? Bewerbe ich mich woanders als Erzieher oder versuche ich mal etwas völlig Anderes zu machen?**« Wozu wir eigentlich nach sechzehn Jahren Erzieherdasein Lust dazu hatten.*

Barthel: *Ich hatte mein Haus selbst gebaut, ich konnte einiges; die Kollegen konnten dieses und jenes, das ich nicht konnte... Und so haben wir uns zusammengesetzt und eine Firma gebildet. Der Name war auch schnell gefunden, geboren von der Feuerwehr-Umschreibung »**Mädchen für alles**« kam ich auf den Namen »**Männer Für Alles**«. Ja, und so nahm es seinen Lauf. Der erste Auftrag war eine Dachrinne, die wir gereinigt haben, da erinnere ich mich heute immer noch, wenn ich daran vorbeifahre. Und dann ging es ständig bergauf mit den Aufträgen...*

Hünnemeier: *Es war Bedarf, ja. Nicht wenig, und wir haben jetzt diese Firma innerhalb von zwölf Jahren auf eine Firma mit fünf verschiedenen Abteilungen und 40 festangestellten Mitarbeitern im Jahresmittel hochgebracht.*

Am Anfang von MFA standen »**Dienstleistungen fast aller Art**«. Meistens handelte es sich dabei und einfache, wenig begeisternde, zeitraubende, handwerkliche Arbeiten. Dinge, die getan werden müssen und die man gerne an jemanden weiterdelegieren würde, wenn es doch nur diesen jemanden gäbe, der sie schnell und vor allem billig übernähme. Mit MFA erschien nun dieser jemand auf dem Plan - und es war, alle hätten alle nur darauf gewartet.

Der lokale Unternehmer - *Männer für Alles*

Die Liste der MFA-Dienstleistungen (Prospektauszug):

Gartenarbeiten aller Art
Wiesen mähen
Sämtliche Arbeiten mit Fräse
Acker umgraben
Gräben loten
Bäume fällen oder lichten
Alle Arbeiten mit Motorsense
landschaftsgärtnerische Arbeiten
Holzschutzarbeiten
Aufräumungsarbeiten
Boden und Keller entrümpeln
Windfang- und Sichtschutzaufbau
Rasen mähen
Sturmschadenbeseitigung
Zäune setzen
Anbringen von Uferbefestigungen
Pflug- und Hackarbeiten
Fischteiche anlegen
Brennholz hacken
Abriss alter Gemäuer
Obstbäume beschneiden
Alle Arbeiten mit Hochdruckreiniger
Rasen vertikulieren
Dachrinnenreinigung
Hecken schneiden
Pflasterarbeiten
Gruben ausheben
Brandschadenbeseitigung
Bauschuttbeseitigung
Wir fahren ihren Müll zur Deponie

Aussenanlagenpflege für Industrie, Handel und Privatpersonen

Die hier aufgeführten Arbeiten sind aus Platzgründen nur ein Auszug dessen, was wir für Sie alles machen. Sollte irgendeine handwerksähnliche Arbeit, die wir für Sie machen sollen, hier nicht aufgeführt sein, dann rufen Sie einfach bei uns an!

Womit eindrücklich feststeht, dass Männer Für Alles zu allem bereit war! Als Grund für den Erfolg des Unternehmens ist der Blickwinkel zu erwähnen, aus dem damals, Mitte der 80er-Jahre, die Arbeit angegangen wurde, nicht etwa als eine handwerkliche Arbeit, sondern als Dienstleistung! Dieser Dienstleistungsgedanke führte zum Erfolg, denn manuelle Arbeiten kann jeder verrichten, diese aber mit dem prompten Service eines Pizzakuriers zu verbinden, das gelang nur MFA.

Barthel: *Das Einzigartige, was uns von anderen Betrieben unterscheidet, ist unsere grosse Flexibilität. Also wir können von heute auf morgen dank unserer grossen Personalstärke entscheiden: »**Wir machen dieses, wir machen jenes**«. Oder aber wenn Notaufträge kommen, Wassereinbrüche in Kellern oder Umzüge, die aus familiären Gründen sofort über die Bühne gehen müssen oder wenn Betriebe anrufen und Personal brauchen, darauf können wir sofort reagieren.*

Schnelle Reaktion und ständige Verfügbarkeit zeichnen MFA aus. Noch heute, von einer Woche zur nächsten, wissen Heinz Hünnemeier und Stefan Barthel noch nicht, was die

nächsten Tage auftragsmässig bringen werden. Das Einzige, was sie tun können, ist zu warten, bis das Handy summt. Meistens verstreicht bis dahin nicht allzuviel Zeit. Der Erfolg hat ihnen beigebracht, dass Sätze wie »**Geht nicht**«, »**Keine Zeit**«, »**Mal sehen**« auf wenig positives Echo stossen. Deshalb heisst es immer »**Kein Problem**«, »**Wir kommen**« und »**Geht klar**« - aus Prinzip.
Weitere Gründe für den Anfangserfolg lagen in der vielseitigen Angebotspalette: »**Alles**« und im Umstand, dass praktisch über Nacht ein neuer Dienstleistungssektor entstand, den es vorher noch gar nicht gab: »**Dinge, die irgendwie gemacht werden müssen**«. MFA übernahm Aufträge, die es gar nicht gegeben hätte, wenn es MFA nicht gegeben hätte. Im kleinen Umfeld von Butjadingen, wo jeder schnell einmal jeden kennt, bürgten Heinz Hünnemeier und Stefan Bartels mit ihrem eigenen Namen für ihren Betrieb. Die Kosten waren niedrig, denn die ursprüngliche Motivation der beiden war nicht das grosse Bombengeschäft, sondern - nachdem sie arbeitslos geworden waren - in erster Linie die Arbeit um ihrer selbst willen.

Barthel: *Arbeit ist für mich Entspannung, so seltsam das auch klingt. Arbeit hat eine befreiende Wirkung. Arbeitslos zu sein könnte ich mir nicht vorstellen. Da arbeite ich lieber vierzehn Stunden am Tag.*

Hünnemeier: *...es steht ein Sinn hinter der Sache. Das ist auch das, was ich absolut nicht verstehen kann, dass ein Arbeitsloser sich damit begnügt, mit einer Kiste Bier in der Ecke zu sitzen und sich zu bedauern, und je länger er das tut, desto sinnloser wird sein ganzes Dahinvegetieren. Anstatt sich zu sagen: »**Jetzt kremple ich mal die Ärmel hoch, jetzt lasse ich mir mal etwas einfallen, jetzt gehe ich dieses Problem mal an...**« Man sollte sich nach der fünfzigsten Bewerbung auch nicht sagen »**Die wollen mich alle nicht**«, sondern es muss sich irgendwie ein Weg finden.*

Der Weg lautete: »**Etwas tun wollen**«.

Wachstum

Da es mit den Aufträgen ständig bergauf ging, wurde bald der Punkt erreicht, an dem die Gründer allein nicht mehr alles tun konnten. Zusätzliche Mitarbeiter, einer nach dem anderen, stiessen dazu, um das Arbeitsvolumen zu bewältigen.

Hünnemeier: *Die Mitarbeiter werden uns vom Arbeitsamt vermittelt oder sie melden sich auf Anzeigen, die wir in der Presse schalten, wenn wir eine bestimmte Art von Arbeitskraft suchen. Wir beschäftigen zu drei Vierteln ungelernte Mitarbeiter, die keine Berufsausbildung haben und die wir in jenen Bereichen anlernen, in denen sie dann eingesetzt werden.*

Vom Arbeitsamt vermittelte Mitarbeiter sind die billigsten, denn das Arbeitsamt zahlt dem neuen Arbeitgeber einen Teil ihres Lohnes aus. Ungelernte Mitarbeiter erhalten naturgemäss einen niedrigen Lohn. MFA kann nur als billiger Dienstleister bestehen.

Heinz Hünnemeier und Stefan Barthel zogen sich nach und nach aus der Auftragsarbeit zurück; besonders Heinz Hünnemeier widmete sich der Organisation, Administration und Acquisition. In seinem Privathaus befindet sich die Einsatzzentrale von MFA, in zwei vorderen, nicht besonders geräumigen Räumen, in denen er, seine Frau und die Sekretärin Frau Funke das Hauptquartier des Unternehmens bilden. Stefan Barthel hat bei sich zuhause ebenfalls einen Arbeitsraum eingerichtet.
Im Laufe der Zeit, als immer mehr Mitarbeiter dazustiessen, hat sich MFA verändert, nicht von innen heraus, sondern dem Markt entsprechend. Zur Zeit besitzt der Betrieb fünf klare Geschäftsbereiche.

Hünnemeier: *Die erste Abteilung, mit der wir angefangen haben, das waren reine Dienstleistungen. Das fing an beim Rasenmähen, Dachrinnen reinigen und viele andere kleine Dienstleistungen mehr. Dann kam eine gewerbsmässige Arbeitnehmerüberlassungs-Abteilung hinzu, das heisst, dass wir unsere Mitarbeiter an die Industrie- und Handwerksbetriebe verleihen. Dies ist auch unter dem Namen »**Zeitarbeit**« bekannt, wir haben beim Landesarbeitsamt Hannover die Genehmigung dafür eingeholt. Die dritte Abteilung umfasst Umzüge und Gütertransporte im Güternahverkehr. Dafür haben wir zusätzliche Prüfungen bei der Industrie- und Handelskammer in Oldenburg ablegen müssen. Die vierte Abteilung ist der Tief- und Strassenbau. Dafür haben wir einen Strassenbaumeister eingestellt, weil das in Deutschland ein Meisterbetrieb ist und man diesen Meister als Voraussetzung haben muss. Und die fünfte Abteilung haben wir jetzt vor einiger Zeit gegründet, das ist die Abteilung Objekt- und Personenschutz.*

Barthel: *Unser Betrieb verändert sich eigentlich von Jahr zu Jahr so, wie wir esnicht geplant haben. Dieses Jahr kam der Objektschutz dazu, da haben wir vor einem Jahr noch überhaupt nicht daran gedacht, vor drei Jahren kam die Arbeitnehmerüberlassung hinzu, da wurden wir von der Industrie gedrängt, doch so etwas anzubieten. Ich bin kein Hellseher... es ist alles möglich bei uns.*

Ein entscheidendes Erfolgskriterium. MFA ist inzwischen wie ein Chamäleon, das sich der Geschäfts-Umgebung anpasst. Wo es eine Lücke gibt, wo ein Bedürfnis herrscht, kann und muss MFA blitzschnell in die Bresche springen. Heinz Hünnemeier und Stefan Barthel brauchen sich inzwischen nicht mehr den Kopf zu zerbrechen, wo es weitere Tätigkeitsfelder für sie gäbe. Sie brauchen nur noch auf den Anruf zu warten, der mit den folgenden Worten beginnt: »**Mensch, ihr seid doch Männer für Alles, oder? Könntet ihr nicht auch...**«; und dann, wie gehabt, zu sagen »**Kein Problem**«, »**Machen wir**«, »**Geht klar**«.
Das unausgesprochene Firmenmotto und das Erfolgsrezept von Männer Für Alles könnte in etwa so lauten:

Wir sind, was Sie brauchen - wir tun, was Ihnen hilft.

Auf diese Weise entstanden drei der fünf Geschäftsbereiche. Was in den meisten Fällen noch fehlte und so zügig wie möglich von den Inhabern beschafft wurde, das war das entsprechende Fachdiplom oder die amtliche Zulassung.

Hünnemeier: *Stefan Barthel hat einen Speditionslehrgang bei der Industrie- und Handelskammer in Oldenburg gemacht, zur Erlangung der Bewilligung für den Güternahverkehr und den Umzugsverkehr. Ich selbst habe einen Objektschutzlehrgang gemacht, habe beim Landesarbeitsamt einen Arbeitnehmerüberlassungs-Lehrgang gemacht, und bin für den Tief- und Strassenbau eingearbeitet durch unseren Strassenbaumeister.*

Das MFA-Modell wurde den Anforderungen der Zeit behutsam angepasst und verfeinert. Die Grundidee des Pizzakuriers für Dinge, die irgendwer machen sollte, wurde auf ein unternehmerisches Fundament gestellt, das Ordnung in die Auftragsvielfalt brachte, ohne dabei die dienstleisterischen Grundzüge zu verwischen.

Hünnemeier: *Am Beispiel einer Umzugsfirma, wenn sie MFA mit einer Firma vergleichen,die nur Umzüge macht: Diese Firma hat das Problem, dass wenn sie keinen Auftrag hat, dass ihre LKW's und Mitarbeiter unausgelastet auf dem Hof stehen und Geld kosten, ohne dabei etwas zu erwirtschaften. Unsere 40 festen Mitarbeiter werden aber in allen fünf Geschäftsbereichen eingesetzt: Die, die gestern noch einen Umzug gemacht haben, fahren morgen Sand in der Pflasterkolonne. Und so sind dann diese Mitarbeiter vielseitig einzusetzen, viele von ihnen werden auch für ein paar Wochen an die Industrie ausgeliehen, und so beruht MFA auf einem Schema, wo man keine Angst haben muss, wenn einmal ein Auftrag nicht kommt, dass es dann keine Arbeit mehr gibt. Alles ist variierbar.*

Und für Heinz Hünnemeier und Stefan Bartels bedeutete dies, dass sie damit endgültig in den Rang von Unternehmern aufgestiegen waren. Jeder von ihnen legt mittlerweilen 50 bis 70'000 PKW-Kilometer im Jahr für das Geschäft zurück, um etwa Kunden zu besuchen oder Arbeiten zu leiten, die im Umkreis von maximal 70 Kilometer rund um Nordenham angesiedelt sind.
Und sie haben es seither mit denselben Problemen und Nebenerscheinungen zu tun, die auch andere Unternehmer beschäftigen. Unmittelbar nach der Gründung lagen noch die wesentlichen Schwierigkeiten von MFA bei naheliegenden Dingen wie der Auftragslage, der Arbeitsauslastung und der Personalrekrutierung; heute sind es die Schwarzarbeit, die Gewerkschaften und das arbeitsrechtliche Verordnungsdickicht.

Hünnemeier: *Wir haben oft die Situation gehabt, dass Arbeitslose bei uns angefangenhaben und dann haben sie sich so nach drei-vier Tagen überlegt:* ***»Menschenskind, warum arbeite ich hier überhaupt? Ich muss doch vier Wochen für diese 2'500 Mark netto richtig knuffen, bekomme aber als Arbeitsloser soundsoviel Geld vom Arbeitsamt und vom Sozialamt - und wenn ich nur 14 Tage lang Schwarzarbeit mache, komme ich auf denselben Betrag, muss aber nur die Hälfte der Zeit arbeiten...«*** *Diese Mitarbeiter, wenn sie diese Erkenntnis erlangen, hören sofort wieder auf. Oder wir hatten diesen Mitarbeiter, der nicht lange bei uns war, der wenig gearbeitet und viel getrunken hat, und als ich den innerhalb der Probezeit fristlos entlas-*

sen habe, hat es die Gewerkschaft beim Arbeitsgericht fertiggebracht, dass ich ihm für drei Monate Lohnfortzahlung bezahlen musste. Das war absolut nicht einzusehen, aber Deutsches Gesetz, Deutsches Recht.

Barthel: *Schön wäre es, wenn wir einige Fachkräfte einstellen könnten, die auchflexibel genug sind, um unseren Betrieb zu bereichern. Daran hapert es oft heutzutage: Arbeiter, die wollen zwar arbeiten, die können auch gut arbeiten, nur die wollen eben gerne an einem Arbeitsplatz sitzen und sind nicht bereit, verschiedene Arbeitszeiten einzugehen und flexibel, sprich: fast rund um die Uhr zu arbeiten.*

Hünnemeier: *Das ist einfach das grosse Problem: Das Heer der Arbeitslosen besteht eben vorwiegend aus ungelernten Mitarbeitern. Selbst wenn wir zwanzig Millionen Arbeitslose hätten, würde ich wahrscheinlich immer noch nach Fachkräften suchen! Wir suchen jetzt zum Beispiel händeringend einen gelernten Steinsetzer für unsere Pflasterabteilung, und im Tief- und Strassenbau ist im Moment in ganz Norddeutschland nichts zu finden.*

Barthel: *Mein Arbeitstag, da kann man bald schon von einer Arbeitsnacht sprechen. Es geht morgens um sieben Uhr los, dann sitze ich meistens im Auto und es hört Abends um neun, zehn Uhr auf, mit Rechnungen schreiben, telefonieren, organisieren. Man kann also sagen, so zwölf bis sechzehn Stunden, immer.*

Hünnemeier: *Zwischen zwölf und sechzehn Stunden werden es dann doch meistens. Es ist eben auch viel Arbeit, so einen Betrieb zu führen, und da muss man schon mit Leib und Seele dabeisein. Man muss auch bereit sein, die vielen unbezahlten Überstunden zu leisten. Sicherlich gibt es da Parallelen zu unserem früheren Beruf. Unsere Mitarbeiter sind zwar nicht schwierige Jugendliche, wie wir sie damals im Heim hatten, aber es ist beides Menschenführung. Es ist fast dieselbe Arbeit, nur auf andere Bereiche verlagert....Es ist ein gutes Gefühl, sein eigener Chef zu sein. Früher hatte ich Heimleiter über mir. Zum anderen, man macht es nicht umsonst und man hat aber doch ein bisschen die Befriedigung - und deshalb macht man es auch gerne - dass man viel mit Menschen zu tun hat. Das hatte man schon als Erzieher und das kommt einem jetzt in diesem Berufsbild auch zugute. Es macht Spass, mit Menschen umzugehen und es ist eine feine Sache. Ich glaube, dass ich heute mehr Geld als früher verdiene, das mit Sicherheit. Das muss ich aber auch, sonst bräuchte ich keine 16 Stunden arbeiten; früher hatte ich nach 8 Stunden Feierabend. Dass man mit MFA reich wird, möchte ich allerdings nicht sagen.*

Alltag

Heute scheint MFA mit 40 festen Mitarbeitern eine kritische Grösse erreicht zu haben. Noch grösser darf MFA kaum werden, denn sonst würden beide Gründer und Inhaber des Betriebs den Überblick verlieren. Wäre MFA grösser, könnten Heinz Hünnemeier und Stefan Barthel ihre privaten und industriellen Kunden auch nicht mehr persönlich betreuen,

was aber entscheidend für diese Art von Firma ist, dass man hier noch vom Chef bedient wird, der dieselbe Sprache sprich und mit dem man sich per Handschlag einigt. Ein smarter Aussendientmitarbeiter, der bei den Kunden Blanko-Bestellscheine ausfüllen kommt, wäre für die Selfmade-Männer von Butjadingen kaum förderlich.
Selfmade - Kleinunternehmer - direkt und unkompliziert. Nur so klappt's mit MFA.
Und dass auch die heutige Grösse von 40 festen Mitarbeitern nicht gottgegeben ist und für ewig Bestand haben muss, zeigt das Beispiel des Winters 95/96.

Hünnemeier: *Es war ein sehr harter und langer Winter. Zuwenig Aufträge, wir musstengewaltig Mitarbeiter entlassen. Gottseidank hat sich das jetzt im Frühjahr von der Auftragslage her entspannt, so dass wir diese Mitarbeiter wieder eingestellt haben. Aber wenn es finanziell vertretbar ist, versuchen wir die wirklich absolut längsten und besten Mitarbeiter irgendwie über den Winter zu kriegen.*

Die fundamentalste Veränderung, die MFA in den letzten Jahren aber erfahren hat und die das Unternehmen heute kennzeichnet, ist die weiter oben bereits zweimal erwähnte Leiharbeit. MFA leiht Mitarbeiter an andere Firmen aus. Der Firmenprospekt dazu:

> ***Gewerbsmässige Arbeitnehmerüberlassung:***
> ***Wir haben vom Landesarbeitsamt Hannover die Genehmigung zur Durchführung der »gewerbsmässigen Arbeitnehmerüberlassung«!***
> ***Wir verleihen unsere Mitarbeiter an Industrie und Handel!***
> ***Unser Ziel: Lösung ihrer Personalprobleme!***
> ***Auch Werkverträge sind mit uns möglich.***

Das ursprüngliche Produktangebot von MFA war »**Alles**« oder abgeschwächt »**manuelle, handwerksähnliche Dinge, die irgendwer machen muss**«.
Das neue Produkt heisst: Arbeitskräfte und Leiharbeits-Vermittlung.
MFA entwickelt sich vom Handwerks-Dienstleister zur Agentur für Zeitarbeit.
»**Wir sind, was Sie brauchen!**« Was MFA-Kunden vermehrt brauchen, das sind schnell verfügbare Zeitarbeiter in Spitzenzeiten, um die Personalkosten niedrig zu halten. Als die Dreharbeiten zur TV-Serie »**Zukunft der Arbeit**« Ende Juni 1996 in Nordenham stattfanden, arbeiteten drei Viertel des MFA-Personals in der Industrie.

Hünnemeier: *Sie sind aber nach wie vor Angestellte von MFA und werden von unsbezahlt - und sind lediglich für eine bestimmte Zeit an die Industrie ausgeliehen. MFA trägt nach wie vor das unternehmerische Risiko. An einem Hafenbetrieb lässt es sich am besten verdeutlichen: Es läuft ein Schiff ein, dann ein zweites und noch ein drittes, und die eigenen Arbeiter im Hafen können diese drei Schiffe nicht mehr gleichzeitig be- und entladen. Da die Liegezeiten unheimlich teuer sind, ruft dieser Hafenbetrieb bei uns an und bestellt für - sagen wir - die nächsten fünf Tage etwa vier oder fünf Mitarbeiter, die beim Löschen helfen. Gerade der Nordenhamer Hafenbetrieb hat uns angefragt, ob wir uns mal nicht für die Genehmigung bemühen wollen, unsere Leute ausleihen zu dürfen, weil es hier in der Gegend* *nichts solches gibt und sonst Leiharbeiter - so nennen die sich -immer aus Bremen oder sonst irgendwo teuer eingekauft werden mussten. Ein Hafenbetrieb wird, nur weil jetzt mal drei Schiffe zur gleichen Zeit kommen, nie und nimmer zusätzliche Leute einstellen. Was macht er mit ihnen, wenn die Schiffe wieder weg sind? Dann stehen die herum, haben nichts mehr zu tun und kosten Geld. Also leiht er sich diese Arbeiter kurzfristig aus. Leiharbeit, mit mindestens 50 Umsatzprozenten im Jahresmittel, ist inzwischen der grosse Stamm der Männer Für Alles GmbH. Sie ist aber für uns nur deshalb so erfolgreich durchzuführen, weil die Struktur des Betriebs auf mehreren Pfeilern basiert, denn wenn ein ausgliehener Mann vom Hafenbetrieb hierher zurückkommt, wird er von mir ja nicht entlassen oder muss er nicht tatenlos auf den nächsten Zeitarbeitseinsatz warten, sondern er wird gleich wieder in den anderen Bereichen eingesetzt.*

MFA als ausgelagerte Personalabteilung der Industrie? Mit manuellen Dienstleistungen als Warteschlaufe zwischen den Leiheinsätzen? Es kommt schon vor, dass so viele feste Mitarbeiter externe Zeitarbeit verrichten, dass die übrigen MFA-Dienstleistungen durch zusätzliche Aushilfskräfte bewältigt werden müssen. Dieses Hilfspersonal, um möglichst schnell und billig zum Einsatz kommen zu können, rekrutiert sich aus der steigenden Schar der arbeitslosen oder ausgelagerten Sozialhilfe-Empfänger, die nicht mehr als 600 Mark im Monat verdienen dürfen.

Hünnemeier: *Dazu kommen manchmal 590-Mark-Mitarbeiter. Das sind reine Aushilfskräfte, die bei uns nicht unter Vertrag stehen und immer nur dann hinzugezogen werden, wenn wir mit unseren 40 festen Mitarbeitern nicht mehr ganz klarkommen, also in Spitzenzeiten, wo es sich nicht lohnt, die Nummer 41 einzustellen, sondern wo für zwei-drei Tage eine Aushilfe reicht.*

Die Männer Für Alles GmbH hat sich in den zwölf Jahren seit ihrer Entstehung stetig vom Rand der Arbeitswelt immer mehr in den Mainstream hineinbewegt. Das Produkt und der Schwerpunkt der unternehmerischen Tätigkeit hat sich von manueller Arbeit und totaler Dienstleistungsbereitschaft langsam wegbewegt und hat sich immer mehr zu »**Knowledge**« mutiert. Rundschreiben aus dem Frühjahr 1996:

> ***Sehr geehrte Damen und Herren.***
> ***Es ist wieder soweit! Die Firma MFA expandiert weiter! Wir ergänzen unser Dienstleistungsangebot um eine weitere Abteilung und stellen uns der immer aktueller werdenden Forderung vieler Geschäftspartner, indem wir für Sie jetzt auch Personen- und Objektschutz anbieten. Wir schützen und bewachen: Personen, Immobilien, Geschäfte, Strassenzüge. Messe- und Veranstaltungsschutz, Objektschutz, Chauffeurdienste, Baustellenbewachung, Patrouillendienste.***

Wie Heinz Hünnemeier es sagte: »**Alles ist variierbar**«. Oder Stefan Bartels: »**Es ist alles möglich bei uns**«. Solange alles möglich bleibt, bleibt MFA im Geschäft.

Abschliessend

Heinz Hünnemeier und Stefan Barthel stehen für einen neuen Typ Unternehmer und MFA für ein neuartiges Unternehmensmodell, dasjenige des lokalen Dienstleistungs-Chamäleons. Der Unternehmertyp wäre der des »**local hero**«, diametral entgegengesetzt zum Beispiel zu Thorsten Rauser, dem »**global villager**«.
Gleich, was die Zukunft bringt, es wird immer in unmittelbarer Nähe, gleich um die Ecke, Dinge und Arbeiten geben, um die sich wer kümmern muss. Gleich am nächsten Haus gibt es vielleicht eine Regenrinne, die gereinigt werden muss. Wer dies erkennt und die Hemdsärmel hochkrempelt, der hat schnell Arbeit gefunden. Wer sich dabei als Dienstleister versteht und diesen Anspruch konsequent umsetzt, wird erfolgreich sein. Es gibt viele Gelegenheit, zwischen den Maschen des globalen Netzes, man muss sie nur finden.

> ***Man muss nur nahe genug danach Ausschau halten und die Ansprüche tief genug stellen. In der Regel sollte man dabei nicht einmal nach Arbeit suchen, sondern nach Beschäftigung. Jede Arbeit hat eine Beschäftigung in ihrem Ursprung.***

Es gibt heute in vielen Städten und Regionen ähnliche Kleinbetriebe, die alles schnell und überraschend billig machen und selbst dann Zeit haben, wenn sie gar keine Zeit haben. Das Modell von MFA ist universell einsetzbar und kann überall erfolgreich praktiziert werden. Viele kleine Umzugsfirmen, um eines von vielen Beispielen zu nennen, führen heute Elektroinstallation und Gebäudereinigung in ihrem erweiterten Angebot. Noch vor einigen Jahren undenkbar. Man lernt dazu.
Je globaler die Arbeitswelt wird, desto schneller schlägt die Stunde der »**local heroes**«. Ein Kleinbetrieb ist schnell gegründet. Dienstleistungsbereitschaft und Fachausdrücke wie »**Kein Problem**«, »**Machen wir**«, »**Geht klar**« sind die wichtigsten Zutaten. Und viele Stickers und Aufkleber nicht vergessen, mit einem Logo oder einem guten Namen, die man überallhin aufkleben kann, damit alle ihn sich merken müssen.
Der beste Name ist schon nach Butjadingen vergeben. Aber vielleicht lassen Heinz Hünnemeier und Stefan Barthel mit sich reden. Und vielleicht könnte das ja der sechste Geschäftsbereich der Männer Für Alles GmbH werden: Ausbildung im MFA-Modell und exklusive Überlassung an Lizenznehmer - im globalen Franchising.

Das Ende der Vollbeschäftigung

Jeremy Rifkin
Verfasser des Bestsellers
»Das Ende der Arbeit«
(Campus Verlag, Frankfurt/M., 1997)

Zwischenzeit

Das Wesen der Technologie und der Arbeit wandelt sich fundamental. Wir sind mitten in der Übergangsperiode von der Industriezeit ins Informationszeitalter.
Hochentwickelte Computer, neue Telekommunikationstechnologien, Roboter und andere, intelligente Maschinen und Systeme werden ganze Berufsgruppen ersetzen. Immer mehr geistige Arbeit in unserer Gesellschaft wird von immer leistunsfähigeren, intelligenteren Maschinen übernommen. Diese werden uns begleiten, unterstützen - uns manchmal auch verdrängen - und dabei auf immer effizientere Art und Weise immer mehr körperliche und geistige Arbeit in der Wirtschafswelt bewältigen.
Falls Sie zum Beispiel im Sekretariat oder in einem Büro arbeiten, die Hauspost verteilen, falls Sie bibliothekarische oder archivarische Arbeit leisten, am Schalter einer Bank oder bei der Post Kunden betreuen, eine Telefonzentrale bedienen, dem mittleren Feld-, Wald- und Wiesen-Kader angehören oder in der Werkhalle unten arbeiten, dann kann es sehr gut sein, dass Ihr Job bald einmal ausstirbt.
Das gewaltige Ausmass des grundlegenden Wandels in der heutigen Arbeitswelt wird am besten ersichtlich, wenn man das Schicksal der Landwirtschaft seit dem letzten Jahrhundert betrachtet: Vor hundert Jahren waren die Vereinigten Staaten ein Land von Farmern. Mehr als die Hälfte aller Menschen arbeiteten auf einer Farm und bewirtschafteten das Land. Heutzutage sind gerade noch 2 Prozent aller US-Arbeiter in der Landwirtschaft beschäftigt und wir setzen Hochleistungstechnologien ein, um einen Output herzustellen, der um ein Vielfaches grösser ist als vor hundert Jahren. Erklären Sie einmal einem Farmer von damals, dass wir heute, am Ende des 20ten Jahrhunderts unsere Bauern tatsächlich schon dafür bezahlen müssen, weniger zu produzieren.
So unglaublich radikal hat die Technologierevolution die damalige Landwirtschaft verändert. Und heute erleben wir, dass eine vergleichbare Technologierevolution in die entscheiden-

den Bereiche der Industriegesellschaft erfasst hat, die industrielle Fabrikation und auch die Dienstleistungsindustrie. Wir müssen uns von der traditionellen Vorstellung verabschieden, wonach unsere Wirtschaft auf geographischen Faktoren beruht, und uns langsam mit der Idee vertraut machen, dass wir uns in einer wirtschaftlichen Arena befinden, in welcher der Wettbewerb vermehrt auf dem elektromagnetischen Spektrum ausgetragen wird.
Der Übergang von der industriellen Epoche ins Informationszeitalter ist ein Übergang vom Land ins elektromagnetische Spektrum. War in der industriellen Epoche die Knappheit an Mitteln, an Boden, Geld oder Rohstoffen, noch der entscheidende Faktor - und dienten die Technologien dazu, diese sicherzustellen - so wird im Informationszeitalter die Knappheit an Zeit zum kritischen Faktor. In der neuen Ära wird der Erfolg vor allem auf der Fähigkeit beruhen, immer komplexere Aktivitäten in stets kürzerer Zeit zu bewältigen, schneller als alle anderen Mitbewerber, um eine Steigerung des Outputs zu bewirken. Aus dem Wettstreit um die Mittel wird ein Wettlauf gegen die Zeit.
Für uns alle und für unsere Arbeit ist dies ein Wandel von enormer Tragweite.
Betrachten wir doch einmal die Fabrikation und den Maschinenbau, die im Zentrum der industriellen Revolution standen: Die Vereinigten Staaten waren in den 60er Jahren noch ein Land von Fabrikarbeitern; ein Drittel der arbeitenden Bevölkerung war in Werkhallen und entlang von Fliessbändern und Produktionsstrassen beschäftigt - die USA war die führende Industrienation der Welt. Heute arbeiten unter 17 Prozent unserer Arbeitnehmer noch in der Fabrikation - und wir sind immer noch die Nummer 1.
Wir setzen ganz einfach weniger Abeiter und dafür mehr und intelligentere Maschinen ein. Wie zum Beispiel die U.S. Steel Corporation, ein grosses, nationales Stahlwerk: 1980 beschäftigte das Unternehmen 120'000 Arbeitnehmer. Heute sind es noch 20'000, aber diese 20'000 Arbeiter stellen mehr Stahl her als es die 120'000 noch vor 16 Jahren taten. Die Tage der industriellen Fabrikation sind damit gezählt: In zehn Jahren werden unter 12% unserer Arbeitnehmer in der Fabrikation arbeiten - und die Vereinigten Staaten werden dennoch führende Industrienation bleiben.
Bis ins Jahr 2020 dürfen wir mit dem quasi totalen Abgang des Fabrikarbeiters von der Bühne der Arbeitswelt rechnen. Vollständig durchautomatisierte Fabrikationsanlagen, die fast ohne menschliche Arbeitskräfte auskommen, stehen in verschiedenen Industriestaaten kurz vor dem Durchbruch.
(Anmerkung des Herausgebers: Gemäss SPIEGEL 3/97 gingen seit 1991 in Deutschland im Maschinenbau 500'000 Arbeitsplätze verloren; in der Chemischen Industrie 180'000; und im Automobilbau 100'000)
Wenn die Automatisierung der Fabrikation die einzige radikale Veränderung wäre, die von neuen, leistungsstärkeren Technologien verursacht wird, dann wäre dies ein gewaltiger, historischer Gezeitenwechsel; es wäre ein gewaltiges Ereignis von ungeheurer politischer, sozialer und wirtschaftlicher Tragweite.
Es ist aber nicht die einzige Veränderung!
Neue Technologien, Personal Computer, elektronische Telekommunikation, treffen

auch den Dienstleistungssektor mit voller Wucht. Das Banken- und Versicherungswesen, das Finanzgewerbe, Grosshandel und Einzelhandel: Grosse Dienstleistungs- und Handelsunternehmen, Büro- und Administrationsbetriebe, bauen massiv Arbeitsplätze ab. Sie tragen Schicht um Schicht ihrer Infrastruktur und ihres Managements ab. Sie stutzen sich selbst zurecht, um das Tempo, die Beweglichkeit und die Hochleistung der modernen Informationstechnologie ausnützen zu können.
Das endgültige Ziel des Schrumpfungsprozesses im Dienstleistungssektor ist die Entstehung von virtuellen Unternehmen, ausgehöhlte Fassadenbetriebe, die mehr mit einem Netzwerk als mit einem räumlichen Gebilde gemein haben: Gesellschaften, die aus einer Unternehmer-Elite und einem kleinen professionellen, technischen Kernpersonal bestehen werden, die eine viel grösse Just-in-Time Belegschaft beschäftigen. Dieses Personal auf Abruf wird sich aus Teilzeitarbeitern, Kurzarbeitern, Telearbeitern, Halbtagsarbeitern zusammensetzen und entsprechend den Bedürfnissen des Marktes ad hoc aufgeboten bzw. abgebaut.
Was also im nächsten Vierteljahrhundert zu erwarten ist: Vollautomatisierte und beinahearbeiterlose Produktionsanlagen in Fabrikation und Maschinenbau - und virtuelle oder fast-virtuelle Unternehmensformen im Dienstleistungssektor. In beiden Bereichen wird immer weniger Bedarf an menschlicher Arbeit herrschen. Es braucht keine Arbeitermassen mehr, weder Fabrik- noch Büroarbeiter, um alle notwendigen Waren und Dienstleistungen in der globalen Wirtschaft herzustellen.
Wir müssen uns alle im Klaren über den Preis sein, den uns diese technologische Revolution abverlangen wird: Drei Viertel aller Aufgaben, 75 Prozent der gesamten Arbeit in unserer Industriegesellschaft sind sogenannte repetitive, wiederholbare Aufgaben - und die sind durch die Technologien automatisierbar, die wir bereits heute schon haben. Aber viel bessere, viel schnellere, viel hochstehendere Technologien kündigen sich bereits an. Und erst einmal 5 Prozent aller Unternehmen auf der Welt haben kaum damit begonnen, ihre Infrastruktur an die bestehenden, technologischen Möglichkeiten anzupassen.
Wir stehen am Anfang einer Entwicklung, die so grundlegend sein wird wie der Übergang von der mittelalterlichen Feudalkultur ins Industriezeitalter. Aber dieser Übergang hier wird sich nicht auf 500 Jahre Menschheitsgeschichte verteilen, er sollte eher innerhalb eines halben Jahrhunderts vollzogen sein. Und er wird uns alle dazu zwingen, den bestehenden Gesellschaftsvertrag, unser Wertsystem und unsere Institutionen zu erneuern. All dies, und nicht weniger, in einer historisch sehr, sehr kurzen Zeitspanne.

Von Masse zu Elite

Schon heute lässt sich eine ziemlich klare Vorstellung darüber entwickeln, wohin uns die Technologisierung der Arbeitswelt führen wird. Grundsätzlich wird immer mehr Arbeit in unserer Zivilisation von Nullen und Einsen bewältigt, in binären Codes. Bessere

Software, Telekommunikation, die Digitalisierung von Handel und Wirtschaft, wenn Sie so wollen, wird es uns erlauben, Dinge zu tun, von denen wir bis anhin nicht einmal träumen konnten. Die Technologie wird die Produktion, die Innovation und den Ablauf von finanziellen und kaufmännischen Tätigkeiten beschleunigen - und so den Charakter der menschlichen Arbeit radikal verändern.

Das bedeutet zum Beispiel, dass neue Arbeitsplätze auf dem Arbeitsmarkt fortan vor allem

für »**Knowledge**«-Arbeit bestimmt sein werden. Im kommenden Informationszeitalter wird das »**Knowledge**«, das Wissen, die Fertigkeiten, die man im Kopf hat, das unerlässlichste Anstellungskriterium sein. Solche Wissens-Arbeiter sind zum Beispiel Wissenschaftler, Ingenieure, Techniker, Berater, Produzenten, Autoren: Jene Klasse von Profis also, die eine überdurchschnittliche sowie qualitativ hochstehende Allgemein- und Fachausbildung besitzt. Bezeichnen wir sie fortan, ein wenig vereinfachend aber der guten Griffigkeit halber, als Kopfarbeiter.

Natürlich hoffen jetzt viele Politiker und Wirtschaftswissenschaftler in den westlichen Industriestaaten, dass der zur Zeit im Entstehen begriffene Kopfsektor ebensoviele, neue Arbeitsplätze erzeugen wird, wie in den industriellen und dienstleisterischen Bereichen verlorengehen, während wir von einem Zeitalter zum nächsten rutschen. Ich halte es für sehr unwahrscheinlich, dass diese Hoffnung sich jemals erfüllt.

Selbst wenn wir die gesamte Arbeiterschaft Europas, der ganzen Welt, zu fähigen Arbeitern im neuen Kopfsektor umschulen könnten, so ist es immer noch mehr als unwahrscheinlich, dass dieser Kopfsektor die Millionen von redundanten Fabrik- und Büroarbeiter aufnehmen und beschäftigen könnte. Das ist ja auch der Grund, weshalb ich »**Das Ende der Arbeit**« in Angriff genommen und geschrieben habe - um den fundamentalen Unterschied zwischen der Industriellen Epoche und dem Informationszeitalter aufzuzeigen:

Das Industriezeitalter wurde durch menschliche Massenarbeit geprägt, mit der die Güter und Dienstleistungen für den Markt hergestellt wurden. Das Informationszeitalter hingegen wird nur noch von kleinen, elitären und exklusiven Belegschaften bestritten werden, von hochbezahlten und hochgebildeten Kopfarbeitern, die unterstützt von hochgezüchteten und immer besseren Maschinen Güter und Dienstleistungen in einer automatisierten Wirtschaft herstellen werden.

Das Industriezeitalter setzte der Sklavenarbeit ein Ende - das Informationszeitalter wird die Massenarbeit und die Vollbeschäftigung abschaffen.

Lassen Sie mich dazu noch etwas anmerken: Selbst im Kopfsektor wird der zukünftige Erfolg eher von noch weniger als von noch mehr Arbeitsplätzen abhängen - ganz im Gegensatz zur Glanzzeit der Industriellen Epoche, als mehr Jobs Sinnbild für Erfolg waren. Noch immer, natürlich, wird grosse Nachfrage nach den besten Ingenieuren und Architekten herrschen - aber Durchschnittsingenieure und Dutzendarchitekten brauchen wir nicht mehr, denn wir haben ja jetzt computergestütztes Design, das ebensoviel wie diese leisten kann. Und, ganz klar, noch immer wird es viel Arbeit für die besten Ärzte, Anwälte und Buchhalter geben - aber die normalen Feld-, Wald- und Wiesenspezialisten sind überflüssig, denn es gibt jetzt hochstehende Software, Simulationen, Diagnose- und Analyseprogramme, die schon heute alles leisten können, was noch vor zehn Jahren menschliche Ärzte, Anwälte und Buchhalter geleistet haben. Erfolg im Kopfsektor wird an immer weniger Arbeitsplätzen bei besseren Leistungen gemessen werden, und bestimmt nicht mehr an der Anzahl Jobs.

Das ist ein gewaltiges, anthropologisches Problem auf dem Weg in das 21ste Jahrhundert und ins dritte Millenium; eine beängstigende, gesellschaftliche Herausforderung einerseits und ein grosses Potential für eine bessere Zukunft andererseits. Unglücklicherweise haben wir bis zur jetzigen Stunde aus diesem Potential noch kein Kapital geschlagen, weil wir bisher die richtigen Fragen noch gar nicht gestellt haben.

Über die Jahre hinweg habe ich viel mit Ökonomen, Politikern und Wirtschafsführern über genau diesen Punkt debattiert und festgestellt, dass sie dies entschieden in Abrede stellen. Vor zwei Jahren führte ich auf dem Sender CNN ein Streitgespräch mit Dr. Laura Tyson, der Chef-Ökonomin von President Clinton und sie sagte zu mir, *»Jeremy, Sie denken nicht weit genug im voraus: Alle neuen Produkte, alle neuen Güter und Dienstleistungen, all diese neuen Technologien entlang der Datenautobahn und im Cyberspace, wir wissen doch noch nicht einmal, wie sie aussehen werden. Aber die menschliche Vorstellungskraft ist doch grenzenlos! Wir werden neue Produkte und Dienstleistungen erzeugen, diese werden neue Märkte erschliessen und diese werden wiederum neue Arbeitsplätze schaffen«.*

Nun, Dr. Tyson hat absolut recht. Aber wieviele neue Arbeitsplätze werden in Wirklichkeit entstehen? Nehmen wir einmal schnell an, dass im Informationszeitalter ein gerissener Unternehmer mit einer neuen Art von Produkt auf den Markt kommen würde; einem Produkt mit einem internationalen Massenpotential, etwa so wie ein TV-Gerät, ein Computer oder ein Automobil. Dieses Massenprodukt könnte er am billigsten, schnellsten und erfolgreichsten in vollautomatischen Fabrikanlagen herstellen lassen und über ein virtuelles Unternehmen vermarkten. Natürlich werden dadurch neue Arbeitsplätze entstehen, aber eben immer nur elitäre Jobs für wenige Kopfarbeiter und nicht länger Arbeit für Massen.

Zwei aktuelle Beispiele hierzu. Zum ersten: Die berühmte Datenautobahn. Viele Ökonomen, Politiker und Wirtschaftsführer erhoffen sich von ihr Unmengen neuer Dienstleistungen und daher von neuen Arbeitsplätzen im Cyberspace. Na gut, betrachten wir also einmal das Teleshopping via TV-Gerät oder durch das Internet mitsamt elektronischer Bezahlung. Es könnten in den nächsten zehn Jahren gut und gerne hundert Shopping-Kanäle entstehen, und sie alle werden menschliches Talent, Moderatoren, Videotechniker, Telemarketingleute, Produzenten, Autoren und Berater einstellen. Neue Arbeitsplätze also, und erst noch gut bezahlt. Aber selbst für hundert solcher Kanäle sind das sehr wenige, elitäre Arbeitsplätze im Vergleich zu den hunderttausenden von Arbeitsplätzen im Einzelhandel, die allesamt von Unterbeschäftigung und Arbeitslosigkeit bedroht sind, wenn die Kunden wirklich einmal damit beginnen, wegen den neuen Technologien ihre Einkäufe von zu Hause aus anstatt im Einkaufszentrum zu machen. Neue Arbeitsplätze - auf Kosten der alten.

Zweites Beispiel: Die Biotechnologie, die Gen-Industrie. Eine Paradebeispiel für Politiker, die dazu immer wieder gern stolz sagen: *»Na bitte! Eine völlig neuartige Industrie, ganz aus dem Nichts, mit allem drum und dran! Das gab es vor zwanzig Jahren noch nicht. Ganz bestimmt ist dies der Beweis dafür, das menschliche Erfindungsgabe sich neue Märkte erschliessen und neue Technologien und neue Arbeitsplätze erschaffen kann«.*

Ganz richtig, stimmt schon. Aber wie viele, neue Arbeitsplätze? In den letzten 20 Jahren, nach Milliardensubventionen durch die Regierung, wurden daraus nur 92'000 Jobs hier in den Vereinigten Staaten geschaffen. Ist das etwa Massenarbeit? Es ist elitäre Kopfarbeit für wenige Ingenieure und Techniker.

Und deshalb, selbst dann, wenn die gesamte Arbeiterschaft während der gesamten, nächsten Generation für Kopfarbeit im Kopfsektor umgeschult werden würde, selbst dann ist es nicht zu erwarten, dass im Kopfsektor jemals genug Arbeit für all jene Arbeitnehmer entstehen wird, die heute aus Fabriken und Büros wegrationalisiert werden.

Nochmals, dies ist die Kernaussage. Die Arbeit im Informationszeitalter wird Eliten- und Boutiquen-Arbeit sein: Etwas Anspruchsvolles und Exklusives. Wir werden sicher niemals erleben, dass zum Feierabend eine Masse von zehntausend Arbeitern aus den Fabriktoren einer Biotechfabrik herausströmt - nur eine Handvoll Wissenschaftler und Laboranten. Wir werden ebenfalls niemals den Anblick von zehntausend Programmierern beschauen, die aus einem Microsoft-Gebäude hinausströmen.

Nur Elite-Arbeiter.

Da steckt für mich ein gewisser, makaberer Humor dahinter. Als ich aufwuchs, waren die angesehenen Berufe ebendiese Kopfberufe. Ein Arzt zu sein, ein Ingenieur, ein Anwalt oder ein Manager, das war mit viel Ansehen verbunden. Dazu der Humor: Die meisten dieser so hoch angesehenen Berufe werden im kommenden Jahrhundert immer mehr von Nullen und Einsen bewältigt werden: Binäre Mathematik, Computer und Software. Handkehrum jedoch, diejenige Arbeit, die bis vor kurzem so geringgeschätzt wurde und zuallerunterst in der industriellen Statuspyramide anzutreffen war, die ja nicht einmal auf dem Arbeitsmarkt anwesend war, weil sie mehrheitlich von Frauen geleistet wurde, nennen wir sie einmal die **»zivile«** Arbeit, die ist so grundlegend komplex, dass keine von uns erfundene Technologie sie jemals wird automatisieren können. Die unmittelbare, menschliche Fürsorge, der kleine und elementare Dienst am Nächsten, innerhalb einer Familie, im Freundeskreis oder unter Nachbarn, das Eingehen auf und die Befriedigung der Bedürfnisse anderer Menschen. Diese zivile Arbeit, die ein Mann oder eine Frau zum Beispiel in einer Tagesaufsichtsstätte für Kinder oder in einem Altersheim leistet, ist zu vielschichtig und kompliziert, als dass sie jemals von einer Maschine bewältigt werden könnte.

Wir werden es deshalb noch erleben, dass zusammen mit der Natur der Arbeit sich auch ihr Status verändern wird: Die hoch angesehene, professionelle Arbeit dieses Jahrhunderts wird immer mehr den Maschinen anvertraut werden - im Gegensatz dazu muss daher das Ansehen jeder menschlichen Arbeit, die soziales Kapital erzeugt, zunehmen. Immer mehr Menschen werden sich daher im nächsten Jahrhundert zu solchen, stets zu verrichtenden und jederzeit vorhandenen Arbeiten berufen fühlen.

Produktivitätsgewinne teilen

Wir müssen den Übergang von Massen zu Elite-Arbeit dringend in den Griff bekommen, denn hinter unserem jetzigen Gesellschaftsvertrag steht ein riesiges Fragezeichen. Und die Frage, die sich als erste aufdrängt, lautet: Gibt es Arbeit jenseits des Arbeitsmarktes? Sobald wir einmal akzeptieren, dass die Industriezeit und ihre Vollbeschäftigung zu Ende geht, können wir anfangen, etwas zu tun; wir, die Menschen und Arbeiter, die Regierungen, die Gewerkschaften, die Arbeitgeber. Und wir sollten uns alle gleich einmal die folgende Frage stellen: Wem sollen die massiven Gewinne zugute kommen, die aus der gesteigerten Produktivität der Unternehmen und dank moderner Technologie erzielt werden?
Meine Antworte lautet: Uns allen.
Selbstredend, dass in jedesmanns allerbestem Interesse sein sollte, dass wir alle gemeinsam versuchen, eine gerechte und verständnisvolle Gesellschaft aufzubauen, in welcher niemand für unnütz oder untauglich erklärt wird. Es ist mit Bestimmheit auch im besten Interesse von Unternehmen und Arbeitgebern, dass uns allen dies gelingt - nicht in ihrem abstrakten, humanitären, sozialen Interesse, nein, sondern in ihrem unmittelbaren, materiellen und mathematischen Eigeninteresse.
Ihr Überleben hängt schliessliche davon ab.
So viele Arbeitgeber haben sich schon schlankstrukturiert, die Personalkosten reduziert und immer mehr Hochleistungstechnologie eingekauft, damit der Wert ihrer Aktien steigt und sie ihren Marktanteil vergrössern können. Aber ebendiese Arbeitgeber sind in letzter Zeit immer kleinlauter geworden. Es dämmert ihnen ganz langsam, dass ihr industrielles Weltbild unter zwei Widersprüchen leidet; dass die Wirtschaft gleich zwei Achillesfersen hat, die mit fortlaufender Technologisierung immer verwundbarer werden und gegen die es kein technisches oder strukturelles Heilmittel gibt.
Der erste Widerspruch: Der Verlust der Kaufkraft.
Weltweit begegenen wir gesteigertem Angebot bei rückläufiger Nachfrage. Der Grund dafür ist ganz einfach: Arbeiter sind eben auch Kunden und Konsumenten. Wird nun eine Belegschaft verringert, werden Arbeitsplätze abgebaut, werden Menschen durch Maschinen ersetzt, dann wird selbstverständlich weniger Einkommen erzeugt. Das heisst, es gibt weniger Kunden, die sich den Kauf von Gütern und Dienstleistungen leisten können. Maschinen gehen nicht einkaufen, nur Menschen. Wenn die Wirtschaft also

damit weitermacht, Menschen durch Maschinen zu ersetzen oder die Anzahl Arbeitsplätze abzubauen, schrumpft genau diejenige Kaufkraft langsam weg, die eigentlich als Grundvoraussetzung für den Erfolg von Waren und Dienstleistungen einer zukünftigen, automatisierten Hightech-Wirtschaft schon heute eingeplant ist. Das ist der erste, grosse Widerspruch.

Henry Ford, der Automobilbauer aus Detroit, hat diesen Zusammenhang schon in den 20er-Jahren dieses Jahrhunderts begriffen, als die zweite industrielle Revolution die erste in den Schatten stellte: Fertigungslinien, Öl und Elektrizität hatten zu jener Zeit gerade die alten Dampfmaschinen abgelöst und diese neue Technologie zeitigte sogleich dramatische Folgen: Die Produktivität machte einen Riesensatz und die Fabrikbesitzer entliessen viele Arbeiter, denn sie hatten ja jetzt Maschinen. In diesen Tagen besuchte Henry Ford die Verkaufsräume seiner Firma und stellte fest, dass dort noch viele, unverkaufte Automobile dichtgedrängt herumstanden. Er hielt eine berühmte Rede vor anderen Wirtschaftsführern der Vereinigten Staaten und sagte: **»Gentlemen, vielleicht müssen wir diese Arbeiter wieder einstellen - wer soll sonst meine Fords kaufen?«**

Heute müssen Arbeitgeber und Regierungen dieselbe Lektion nochmals lernen, während wir ins Informationszeitalter vorrücken: Arbeiter sind Käufer und Kunden. Die Gewinne aus der gesteigerten Produktivität dank neuer Technologie müssen unter allen verteilt werden, oder es ist eines schönen Tages nicht mehr genügend Kaufkraft vorhanden, um die Produkte und Dienstleistungen erfolgreich und in ausreichender Anzahl zu verkaufen.

Der zweite Widerspruch ist ebenfalls sehr interessant.

In allen Industriestaaten existieren gesetzlich geregelte Vereinbarungen zur Altersvorsorge. Arbeitgeber und Arbeitnehmer haben sich geeinigt, dass die Arbeitgeber Rentenbeiträge und Beiträge an Pensionskassen als Bestandteil des Salärs oder in Form von Lohnnebenkosten und Sozialabgaben bezahlen. Nun möchten viele Arbeitgeber aber viel lieber eine kleinere und provisorische Belegschaft beschäftigen, als einer grossen Belegschaft nebst dem Gehalt auch noch diese vertraglich zugesicherten, zusätzlichen Renten- und Pensionsbeiträge entrichten zu müssen. Also werden Zeitarbeiter angeheuert, Kurzarbeiter eingestellt und generell die Arbeitsplätze von abgängigen, festen Mitarbeitern nicht mehr besetzt.

Das ist wirtschaftlicher, ganz klar, aber es gibt dabei ein Problem: Wenn die Belegschaft immer mehr von permanent auf provisorisch zurückgestuft wird und daher die Beiträge an Rentenfonds und Pensionskassen eingespart werden, dann riskiert man damit nicht weniger als den Verlust der grössten Kapitalquelle der kapitalistischen Welt. Denn es sind nicht die wenigen Millionäre, die das Investitionskapital für die Weltwirtschaft aufbringen - es sind die weltweit Abermillionen von Arbeitern mit ihren Altersrückstellungen.

In den meisten Ländern werden diese Renten- und Pensionsgelder auf dem Kapital- oder Immobilienmarkt investiert. Hier in den Vereinigten Staaten wurden 6 Milliarden US$

an Altersrückstellungen erarbeitet: Dieses Geld gehört den erwerbstätigen Arbeitern - es ist mehr als alle Aktivenposten aller US-Banken zusammengerechnet. Die Altersrückstellungen von Arbeitern bilden 72 Prozent aller Ersparnisse in unserem Land. Die Arbeiter sind die Besitzer von 30 Prozent aller US-Aktien und 40 Prozent aller US-Obligationen. In jedem Industriestaat sind es diese gewaltigen, kollektiv erarbeiteten Summen, die schliesslich in den Aktienmarkt investiert werden und ihn am Leben erhalten.

Wenn also die Arbeiter an den gesellschaftlichen Rand gedrückt werden, durch Maschinen abgelöst und für unnütz erklärt werden, und wenn sie deshalb nicht mehr in der Lage sind, Rückstellungen für ins hohe Alter zu erarbeiten, dann erzielen die Arbeitgeber vielleicht kurzfristigen Profit - während aber langfristig die Kaufkraft und das Investiontionskapital für die gesamte Weltwirtschaft reduziert werden. Und diese kommt dann ganz langsam ins rutschen, weil niemand wahrhaben will, dass jeder kleine Dutzendarbeiter in Wahrheit als Kunde, als Konsument und als Investor für die Arbeitswelt von grosser Bedeutung ist. Und dass es ohne ihn schlicht und einfach nicht geht.

Jedesmal, wenn ich also den Begriff »**Shareholder Value**« höre, muss ich an Pensionsgelder denken. Die wirklichen Shareholder der Weltwirtschaft, vergessen wir das niemals, sind diejenigen Arbeiter, die Altersrückstellungen erwirtschaften. Rentenfonds, Pensionskassen mit ihrem Geld besitzen die meisten Aktien und Obligationen auf dem Kapitalmarkt.

Und die schreckliche Ironie dieser Situation ist diese: Millionen von Arbeitern stellen einen Teil ihres Salärs für ihr Alter zurück - während der Kapitalmarkt ebendieses Geld dafür einsetzt, um Unternehmen zu finanzieren, die damit in neue Technologien investieren, die dazu dienen, die Arbeitsplätze derjenigen Arbeiter abzubauen, die diesen Vorgang ja noch ursprünglich bezahlt haben.

Wir müssen das ändern. Das macht absolut keinen Sinn.

Es darf nicht sein, dass die Altersrückstellungen von Arbeitnehmern dazu dienen sollen, ihnen ihre Arbeit wegzunehmen.

Wir sollten neue Wege finden, um die Pensionsgelder und Altersrückstellungen dergestalt zu verwenden, dass sie nicht ausschliesslich Innovationen und technische Weiterentwicklungen subventionieren. Und wir sollten die Gewinne aus der gesteigerten Produktivität unter allen Beteiligten gerecht verteilten, damit möglichst viele Arbeiter sich Altersrückstellungen erarbeiten und diese weiterhin in Pensionskassen investieren können. Das ist letztendlich nur durch kürzere Wochenarbeitszeiten und höhere Löhne zu erreichen.

Diese zwei Widersprüche, schwindende Kaufkraft und schwindendes Investitionskapital, die doppelte Achillesferse des kapitalistischen Systems, verurteilt alle derzeitigen Versuche der Regierungen, ihre Haushaltsdefizite abzubauen, ihr Budget zu balancieren und die Zinsen zu senken, zum Scheitern.

Es liegt daher im ureigensten, unmittelbarsten Eigeninteresse aller Arbeitgeber - und der gesamten Wirtschaft als Kollektiv - dass wir uns ernsthaft zu überlegen beginnen, wie die

Produktivitätsgewinne möglichst breit und gerecht verteilt werden können, damit im 21sten Jahrhundert eine ausreichende Kaufkraft und genügend Investitionskapital sichergestellt sind.
Im Gespräch unter vier Augen hat mir noch jeder Wirtschaftsführer, mit dem ich diesen Problemkreis angeschnitten habe, zugestimmt. In der Öffentlichkeit findet aber fast keine Debatte über diese zwei Sachverhalte statt, die doch so wichtig für die Zukunft unserer Wirtschaft sind.

Lean and mean - Schlank und rank

Die Vereinigten Staaten erteilen immer wieder ganz gern den Europäern und anderen Staaten den folgenden Ratschlag: »**Macht es uns doch nach! Wir haben uns selbst schlank und rank getrimmt, wir sind wirtschaftlich fit und wettbewerbstüchtig und wir haben eine niedere Arbeitslositkeit!**«
Nun, das ist eben nicht wahr!
Während die offizielle Arbeitslosen-Statistik alles in rosa Farben malt, nennen dennoch in unabhängigen Umfragen Millionen von US Bürgern ihren Job und die Arbeitsplatzsicherheit als das wichtigste Problem in ihrem Leben. Wie das denn, wenn unsere Arbeitslosigkeit so niedrig ist? Der Grund für die wachsende Diskrepanz zwischen der alltäglichen Erfahrung von Millionen von Amerikanern, die sich Sorgen um ihre Arbeit machen, und der rosigen Arbeitsbilanz, die im Weissen Haus gezogen wird - sind die Arbeitslosenzahlen selbst. Die Statistik sagt nur die halbe Wahrheit.
Offiziell haben wir eine Arbeitslosigkeit von 5,5 Prozent. Nicht in dieser Statistik enthalten sind die Millionen von Arbeitslosen, die aufgehört haben, nach Arbeit zu suchen. Wenn die Arbeitslosenentschädigung einmal ausläuft und man immer noch keine Arbeit gefunden hat oder nicht mehr danach sucht, wird man nicht mehr als arbeitslos eingestuft. Wir haben in den USA 5 bis 6 Millionen verlorene Männer, es sind grösstenteils Männer und wir nennen sie die »**Missing Men**«. Diese gehören dem Arbeitsmarkt nicht länger an, es gibt sie offiziell nicht und niemand weiss so recht, was sie treiben. Sie arbeiten nicht, das ist das einzige, was wir wissen.
Zählt man diese dazu, steigt unsere Arbeitslosigkeit auf 9,5 Prozent an.
Und zählt man die zusätzlichen Millionen von nomadischen Amerikanern dazu, die heute nur Teilzeit- und Leiharbeit leisten und vor wenigen Jahren noch Festangestellte waren, dann sind wir bei 14 Prozent.
Dann rechnen wir noch die sehr vielen Menschen dazu, die in Gefängnissen sitzen (3 Prozent all unserer erwachsenen Männer sind heute entweder im Gefängnis, auf Bewährung oder in Untersuchungshaft), dann erreichen und übertreffen wir locker europäische Zustände in Sachen Arbeitslosigkeit und Unterbeschäftigung. Wir haben das Problem der Arbeitslosigkeit überhaupt nicht im Griff - wir haben es lediglich mit passenden Statistiken unter den Teppich gewischt.

Und dies führt dazu, dass wir in einer zunehmend polarisierten, gefährlichen Gesellschaft leben müssen.

Präsident Clinton hat kürzlich in seiner Rede gesagt, als er die Präsidentschaftskandidatur für den Wahlkampf 1996 am demokratischen Kongress in Chicago angenommen hat, dass die amerikanische Regierung in den letzten vier Jahren Millionen von neuen Arbeitsplätzen geschaffen hat und dass die Mehrheit dieser Arbeitsplätze gut bezahlt sind. Wenn das stimmt, wie erklären wir uns dann dies: Das US Bundessteueramt hat soeben seinen seit langem erwarteten Bericht über die Einkommensentwicklung in den USA veröffentlicht. Und laut dieses Berichts einer US Regierungsstelle erleben wir zur Zeit die grösste Einkommens-Diskrepanz zwischen Arm und Reich seit dem Ende des Zweiten Weltkriegs. Wenn wir also, wie es der Präsident behauptet, wirklich Millionen gutbezahlter Arbeitsplätze geschaffen haben, wie ist es dann möglich, dass die Einkommensentwicklung von arm und reich so weit auseinanderklafft? Und wie lässt sich dann die Tatsache erklären, dass zur Zeit 24 Prozent der Jugendlichen in unserem Land unterhalb der Armutsgrenze aufwachsen? Da muss etwas grundlegend Falsches in der Formel stecken, die der Präsident und das Weisse Haus für die Berechnung der Millionen Arbeitsplätze verwendet haben.

Bis in die 80er Jahre war die Weltwirtschaft vom Konflikt zwischen den Industriestaaten und den Billigarbeitsmärkten wie in Asien geprägt. Ein Langzeitkonflikt zwischen unserer Hochtechnologie und deren Billiglohn-Arbeiterschaft. Dieser Wettstreit wird sich bald erledigt haben.

Nehmen wir das nördliche Mexiko, Bangalore in Indien oder Malaysia: Sie alle ziehen mit der Technologierevolution des Informationszeitalters mit. Schon heute gibt es supermoderne High Tech-Fabriken in Nordmexiko und beinahe-virtuelle Unternehmen in Indien. Die ganze Welt verlagert sich von der Massen- zur Elite-Arbeit.

Wissen Sie, dass gerade jetzt, heute, weltweit 900 Millionen Menschen ohne Arbeit oder unterbeschäftigt sind und sich ihre Existenz nicht selbst erarbeiten können? Das ist die aktuelle Zahl, die das ILO, das International Labour Office der UNO, veröffentlicht hat. Das ist niederschmetternd!

Es ist die grösste Zahl, die wir im 20sten Jahrhundert erlebt haben. Und stellen Sie sich vor, wie es in zehn, zwanzig Jahren einmal sein wird, wenn noch mehr, noch bessere Maschinen und Computer noch viel mehr menschliche Arbeit noch schneller und noch kostengünstiger werden verrichten können?

Natürliche setzen jetzt viele nördliche Industriestaaten grosse Hoffnungen auf neue, junge asiatische Märkte als Abnehmer ihrer Produkte. Aber Asien wird bald seine eigene Rezession erleben, und diese dürfte punkto Entlassungen, Arbeitslosigkeit und Restrukturierung noch heftiger als in Europa und den USA ausfallen. Die Billiglohntradition der asiatischen Länder basiert auf nur zwei Branchen: Die Textil- und Bekleidungsindustrie - und die Fabrikation von elektronischen Bausteinen. Beide diese Bereiche sind technologisch akut bedroht. Für die unmittelbare Zukunft, innerhalb der

nächsten fünf Jahre, sind voll durchautomatisierte, grossindustrielle Nähmaschinen angesagt. Die Produktion von Elektronik-Bausteinen ist ebenfalls im Begriff, vollständig durchautomatisiert zu werden. Was soll dann in Indien, Vietnam, Thailand, Kambodscha, Malaysia und China passieren, wenn innerhalb von weniger als zehn Jahren die gesamte Textil- und Elektronikindustrie durchautomatisiert worden ist? Auf diese Billiglohnländer, wir nennen sie die asiatischen Wachstumsmärkte, bauen wir im Norden, um dort in den kommenden Jahrzehnten unsere Exporte zu verkaufen. Aber die Rezession im asiatischen Raum wird mindestens ebenso schlimm, wenn nicht sogar schlimmer ausfallen. Das Potential für Automation, Restrukturierung, Massenentlassungen ist in Asien noch viel grösser als im Norden - ein wuchtiges, jähes Erwachen wird dort in Bälde einsetzen.
(Anmerkung des Herausgebers: Mitte Januar 1996 - Massenstreiks und gewalttätige Ausschreitungen in Seoul, Südkorea. Eine halbe Million Arbeiter protestieren gegen ein verschärftes Arbeitsgesetz und die Aufhebung des Kündigungsschutzes. Armee und Polizei stehen in Alarmbereitschaft. Der Wirtschaftsminister schiebt die gesamte Schuld auf kommunistische Provokateure aus Nordkorea. Gewerkschaften sind verboten.)

Druck aufsetzen

Zur Zeit gehen gerade die traditionellen Mittelstufen-Berufe verloren. Intelligente Maschinen bzw. Softwarepakete beginnen, die halbspezialiserten Stellen hinauf bis ins mittlere Kader zu ersetzen. Sie übernehmen damit Teile der mentalen Arbeit, die bisher den menschlichen Arbeitnehmern der mittleren Stufe vorbehalten war. Und genau diese mittlere Stufe bildet die Mittelklasse mit ihrer bürgerlichen Kultur und ihrer Tradition einer demokratischen Staatsform. Die grösste Gefahr ist deshalb, dass uns die Mitte verlorengeht, was natürlich zu einer Polarisierung zwischen arm und reich führt, zum Entstehen einer Zweistufen- oder Festungsgesellschaft, sowie zu immer mehr Wut und Unzufriedenheit.
Die Rolle des Nationalstaates ist in einem Wandel begriffen, der ebenso dramatisch wie der Wechsel von der industriellen Revolution zur Informationsrevolution ausfällt. Das Konzept des Nationalstaates entstand im 19ten Jahrhundert vollumfänglich als politisches Echo auf die beginnende, industrielle Revolution. Damals benötigte man grosse politische Einheiten, die weitläufig genug waren, um als kommerzielle Territorien, sprich: nationale Märkte für die junge, industrielle Revolution zu dienen. Der Nationalstaat war gross genug, um für die Industrie Infrastrukturen, Transportwege, Bodenschätze und Arbeitsmärkte zu sichern.
Heute, da der Arbeitsmarkt sich vom Land weg und in das elektromagnetische Spektrum hineinbewegt, werden die überlieferten Nationalstaaten eigentlich nicht mehr gebraucht und müssen eine neue Rolle finden. Es gibt eine Welthandelsorganisation und ein Gatt-Abkommen. In Europa gibt es die Wirtschaftsunion. Die grössten, globalen

Unternehmen übernehmen heute schon eine pseudo-politische Rolle, die in direkter Konkurrenz zur etablierten Rolle der Nationalstaaten steht.
Für sich allein ist dies eine sehr ernstzunehmende Herausforderung des Nationalstaates. Und leider erhält er so gut wie keine Hilfe von einem möglichen, natürlichen Verbündeten im Wettstreit um das Primat im Lande, von den Gewerkschaften.
Gewerkschaften und Arbeitnehmerverbände stecken bis zum Hals in Schwierigkeiten, und zwar weltweit. Der Grund, warum der überlieferte Gesellschaftsvertrag in der heutigen Zwischenzeit nicht mehr anerkannt wird, liegt im Schwächeanfall, der die Gewerkschaften in jedem Land dieser Erde erfasst hat.
Wie soll eine Gewerkschaft sich am Produktionsstandort organisieren, wenn es gar keinen Produktionsstandort mehr gibt? Wenn es immer mehr Telearbeiter, ausgelagerte Arbeiter, Leiharbeiter und Zeitarbeiter gibt, fällt es einer Gewerkschaft natürlich immer schwerer, all diese Arbeitnehmer an einem räumlichen Ort zu versammeln und zu organisieren. Und wie sollen die Gewerkschaften ihre wirkungsvollste Waffe einsetzen, den Streik, wenn die Unternehmer dank zunehmender Automation ohne Arbeiter auskommen können?
Die Gewerkschaften müssen die eigene Rolle und ihren Forderungskatalog neu überdenken. Sie dürfen ihre Aufgabe nicht länger in Angriff nehmen, als befänden sie sich noch immer in einer industriellen Vollbeschäftigungs-Umgebung. Sie müssen sich völlig neu formieren und erkennen, dass das Informationszeitalter den Elite-Belegschaften gehört.
Zuallererst sollten die Gewerkschaften entschieden ein starkes Mitspracherecht in allen Belangen durchsetzen, die die Pensionsgelder und die Altersrückstellungen ihrer Mitglieder betreffen. Es ist dieses Geld, das den Arbeitern gehört und das die Wirtschaft vorantreibt, und trotzdem haben die Arbeiter nicht den geringsten Einfluss über die Art und Weise, wie es investiert wird. Ich denke, dass eine Mitbestimmung beim Einsatz der Pensionsgelder für die Gewerkschaften eine neue, strategische Stossrichtung im 21sten Jahrhundert darstellen sollte, damit dieses Kapital nicht nur zur Produktivitätssteigerung auf Kosten der Arbeiter verwendet wird, sondern auch den Interessen derjenigen Rechnung tragen kann, denen es in Wirklichkeit gehört. Das entspricht dem gesunden Menschenverstand.
Worauf es hinausläuft, ist ganz einfach: Es muss Druck ausgeübt werden. Die Arbeiter benötigen mehr denn je einen starken Fürsprecher und Interessensvertreter, der ihre Anliegen mit Nachdruck formuliert. Eine wiedererstarkte, rundum erneuerte Arbeitnehmerbewegung, die den lähmenden, ideologischen Ballast der Industriezeit abgeworfen hat, scheint gerade das Richtige zu sein, um auf Arbeitgeber und Regierungen Druck auszuüben.
Manchmal erkläre ich den Wirtschaftskapitänen und Unternehmensführern dies:
»Ihr solltet alle auf Knien für eine starke, gewerkschaftliche Bewegung beten, die Euch dazu zwingt, das zu tun, von dem Ihr ganz genau wisst, dass Ihr es tun müsstet, das Ihr aber niemals von Euch aus tun werdet, weil niemand Euch zwingt!

Im Innersten Eures Herzens wisst Ihr dabei längst ganz genau, dass Ihr die Profite, die Aktiengewinne und alle Produktivitätsgewinne mit allen teilen müsst, weil Ihr sonst Eure Arbeiter als Kunden, Konsumenten und Investoren verliert.
Aber dennoch unternehmt Ihr nichts, weil Euch niemand in den Hintern tritt!«

MENSCHEN

Zynismus, bitte!
Editorial

Die Erkenntnis, das die überlieferten Autoritäten zerbröckeln und immer mehr an Einfluß verlieren, ist nicht ausgesprochen neu. Davon betroffen sind in unserer Zeit vor allem der Staat und die Politik, die Kirche und der christliche Glaube, sowie die Familie und die elterliche Gewalt. Trifft dies zu und nagt die Erosion am Sockel dieser Säulenheiligen? Oder liegt es am Fin de siècle oder an einer Zynismus-Epidemie?

Mit dem Begriff der Autorität verbunden ist die Aura der Macht und ihr Mysterium. Jede Autorität besitzt nur solange Macht, als die Quelle ihrer Macht im Geheimen liegt. Wird das Mysterium ans Tageslicht gezerrt und vor allen Augen ausgebreitet, dann schwindet die Autorität. Rumpelstilzchen, beim Namen genannt, zerreißt sich.

Mit der Allgegenwart der Massenmedien, deren Geschäft es ist, Geheimes ans Licht zu zerren, Kontroversen zu verstärken und publik zu machen, haben die Mysterien heute einen schweren Stand: Die Mythen der Nationalstaaten und der Nationalheiligen werden wissenschaftlich als Legenden und Märchen entlarvt; Politiker werden nicht mehr als Gralshüter der Nation und Respektspersonen, sondern nach den ixten Skandalen und Indiskretionen als primadonnenhafte Parteibonzen wahrgenommen. Jedermann weiß inzwischen, das das neue Testament in der heutigen Form nicht das Wort Gottes ist, sondern ab dem Jahr 1'000 und erst nach langer, redaktioneller Überarbeitung durch menschliche Zensoren entstanden ist und das im Namen christlicher Nächstenliebe und ewigen Lebens im Verlauf der letzten zwei Jahrtausende viel mehr Verbrechen, Morde, Hexenverbrennungen und weltweites Unrecht in den Überseekolonien verübt wurde als aus irgendeinem anderen Grund.

Wird neben den hehren Ansprüchen und großen, vereinigenden Ideen der niedere und pragmatische Alltag sichtbar, wird der Abgrund zwischen Vorsatz und Wirklichkeit zu tief, schwindet die Autorität. Wird das Rätsel enträtselt, ist die Lösung trivial.

Wo der Schleier des Geheimnisvollen allerdings noch nicht verrutscht ist, wo sogar die moderne Legendenbildung alles daran setzt, ihn noch rutschfester zu machen, können neue Autoritäten an Macht gewinnen. Die globale Wirtschaft, um nur ein Beispiel zu nennen, scheint jedes Opfer wert zu sein, zumal ihr Menschen- und Arbeitsplatzopfer in Millionenhöhe dargebracht werden. Wer sich zur Rechtfertigung eigener Taten auf den globalen Schutzgott beruft, erstickt Kritik im Keim. Sein Mysterium ist stark, denn alle sprechen davon und niemand weiß genau, was es ist.

Die Arbeit ist auch eine moderne Autorität, die an Einfluß gewinnt, je kostbarer und seltener sie wird. Der kommunikative Arbeitgeber und erfolgreiche Entrepreneur wie Bill Gates oder Percy Barnevik ist ihr Prophet, sein Wort ist Religion. Was immer an Macht diese und ähnliche Gestalten über uns dumpfe Rackerer besitzen, hängt mit dem Mysterium zusammen, das rund um das Phänomen der Arbeit aufgebaut wird. Es ist auch ein Ziel dieses Buchs, die Berührungsängste mit diesem Mysterium abbauen zu helfen, indem wir das anscheinend Komplexe vereinfachen und das anscheinend Ewige und Gottgewollte als Menschenwerk und Zeiterscheinung entlarven.

Gar viel steht in diesem Buch über die Arbeit und ihre Manifestationen geschrieben, einiges Kluges hoffentlich auch, doch in ihrem Kern ist Arbeit weder eine heilige und ewige Mission noch dient sie der Befreiung oder Erleuchtung des Menschen. Sie ist ein zeitgemäßes Lebens-Mittel, nichts mehr als das, und kann, im besten Fall, ein Mittel zur Selbstverwirklichung sein. Sie ist der mikroskopische Beitrag, den jeder von uns am Gang der Welt, an ihrer Weiterentwicklung und Instandhaltung leistet, sie steht im Zentrum unserer Kultur und der industriellen Weltmaschine, die wir aufgebaut haben und gerade mit erheblichen Unkosten zum elektronischen Informationsnetz umrüsten, aber sie ist weder ein Glücklichmacher noch ein Seligsprecher noch ein Sinngeber. Sie besitzt keine eigene spirituelle Dimension - mit Ausnahme derjenigen, den wir ihr zuzubilligen bereit sind: ein Akt der Gabe, den niemand uns wegnehmen kann. Nicht, das es nicht immer wieder versucht wird... Dennoch, nicht die Arbeit bestimmt über unseren Wert, sondern wir über den ihren.

... im Idealfall zumindest. Das der Idealfall ein Sonderfall ist, belegen Ausschnitte aus einem Interview der Sonntags-Zeitung vom 23. Februar 1997 mit Claude Rossel, dem Leiter der Antistressklinik in Montreux:

»Als wir vor neun Jahren angefangen haben, über Streß öffentlich zu debattieren, hat man uns nur ausgelacht. Ein großer Multinationaler in dieser Region hielt Streß im Betrieb für inexistent. Die Dauerkrise der 90er Jahre hat die Sensibilität für diese Zivilisationskrankheit maßgeblich beeinflußt. Seither wird nicht mehr bestritten, das einerseits die Arbeitslosigkeit zu Streß führt, das aber auch diejenigen, die ihre Stelle halten konnten, ebenfalls unter Streß stehen...

...Streß wird heute als gesellschaftliches Problem allgemein anerkannt. Die Weltgesundheitsorganisation WHO bezeichnet den Streß sogar als Epidemie der Industrienationen. In den urbanen Zonen der USA sind heute 75 bis 80 Prozent der Bevölkerung von diesem Phänomen betroffen. In Europa dürfte es nicht viel anders aussehen...

...Wenn ein Unternehmen die Produktivität erhöhen will, werden Arbeitnehmer entlassen und der Druck auf die Belegschaft wird erhöht. Zu Beginn funktioniert dieses System bestimmt sehr gut. Aber wenn der Druck über Jahre anhält, dann wirkt sich diese Maßnahme kontraproduktiv aus...

...ich bin überzeugt, das Streß ein Unternehmen auf die Dauer zerstören kann. Im Endeffekt wird diese Zivilisationskrankheit uns sehr teuer zu stehen kommen, weil sie immer mehr medizinische Leistungen erfordert. In Schweden, wo man in Sachen Streß viel weiter ist als hier, setzt sich die Meinung durch, das nicht mehr Ökonomen den Gang der Volkswirtschaften bestimmen sollten. Diese sind sich gar nicht bewußt, in welches finanzielles Drama wir hineinschlittern...
In den USA hat man nachgerechnet, das durch Streß jährlich gegen 350 Millionen Arbeitsstunden verlorengehen. Und das kostet die Steuerzahler pro Jahr gegen 200 Milliarden. Das ist eine unglaubliche Summe. In Frankreich werden von den Ärzten jährlich 60 Millionen Mittel gegen Schlafstörungen und Ängste verschrieben...
...in Frankreich gab es Untersuchungen, das rund die Hälfte aller der 15'000 Selbstmorde und 150'000 Selbstmordversuche eindeutig auf Streß zurückzuführen sind. In den USA gehen 80 Prozent der Arbeitsunfälle auf Streß zurück...
Der Streß ist eigentlich ein Abwehrmechanismus, der dem Menschen erlaubt, entweder zu kämpfen oder zu fliehen. Hält er aber zulange an, werden unsere Reserven aufgebraucht.

Die heutige Arbeitswelt ist verdammt gefährlich. Hinter jeder Ecke lauern Redundanz, Globalisierung und Herzinfarkt. Kämpfen oder Fliehen! Es gibt wirklich keinen Grund, die Arbeit in einem Unternehmen zu verherrlichen oder Arbeitgeber als Helden oder Visionäre zu verehren. Die wichtigste Lektion, die jeder spätesten heute lernen muß, ist, das er wirklich allein auf sich gestellt ist, das die »Blühenden Landschaften« in Wahrheit ein dichter Dschungel sind und darin jeder zum Affen gemacht werden kann.
Aus den Stelleninseraten in den Tageszeitungen dieser Tage:

> ***»Sie arbeiten selbständig, begeistern sich für moderne Informatik-Technologie und sind bereit, Überdurchschnittliches zu leisten!«***
>
> ***»Um hier erfolgreich zu sein, sollten Sie gerne teamorientiert arbeiten, kontaktfreudig und mobil sein sowie über eine ausgeprägte Kommunikationsfähigkeit verfügen«.***
>
> ***»Wenn Sie zudem flexibel und belastbar sind und gerne in einem lebhaften Team arbeiten, freuen wir uns auf...«***

Angesichts solcher Texte sei vielleicht erwähnt, das die oben genannte Streßklinik in Montreux zur Zeit zwischen 8 bis 10 Prozent Umsatzzunahme pro Jahr verzeichnet. Hier die wesentlichen Qualifikationen die den Arbeitnehmer der Zukunft auszeichnen, falls er überhaupt eine Zukunft als Arbeitnehmer haben will.

> ***Fachkompetenz***
> ***Ist doch klar! Aber nicht irgendeine Fachkompetenz, denn Dutzendware kann man sich als Freeware vom Internet herunter***

laden. Die Besten der Besten, das beste Humankapital bitteschön, nur echte »Knowledge«-Träger!

Sozialkompetenz
Kommunikativ, kreativ, teamfähig... was auch immer das ist, aber sie müssen es sein. Einzelgängerei ist suspekt, wir sitzen alle im selben Boot.

Humankompetenz
Gute Typen müssen es sein. Menschlich in Ordnung, anständig und belastbar und angenehm. Kerle wie Essig vermiesen das produktive Betriebsklima und die Heile Welt der schönen Arbeit.

Sprachkompetenz
Zwei Fremdsprachen sind ein absolutes Muß: Die englische Weltsprache und die Computersprache in Form von Computerbelesenheit. Wer dies nicht draufhat, soll sich gar nicht bemühen.

Kulturkompetenz
Wer die verschiedenen, immer feineren Kleidungscodes nicht versteht, wer den Formal Dress nicht von der Casual Sportswear unterscheiden kann, wer noch keine private E-Mail-Adresse hat, wer die Kultur ausländischer Kunden nicht kennt ist ein kultureller Neandertaler und ergo betriebsschädigend.

Erfahrung
Weniger denn je haben die Unternehmen Lust, Experimente zu machen. Gefragt ist langjährige Erfahrung, wenn möglich sogar Auslandserfahrung. «Sie waren arbeitslos und haben sich umgeschult? Keine Erfahrung? Tut uns leid...«

Jugend
(und Schönheit). Ab 30 wird's altersmässig brenzlig. «Trau' keinem über 30« ist bittere Realität. Junge Leute geben schlechtere Zyniker ab, ist es das?

Diese Aufzählung mag satirisch anmuten. Es ist leider Realsatire. Noch nie wurde der Arbeitnehmer so rücksichtslos durchkatalogisiert und werden die Kriterien für seine Brauchbarkeit so eng ausgelegt. Wer sich heute auf normalem Weg bewirbt, weil er nicht von einem Headhunter entdeckt oder von einer Agentur für Zeitarbeit betreut wird oder aber dank Vitamin B zu seiner Stelle kommt, der muß auf mehrere Stellen hinter dem Komma genau in die Nische passen, die man ihm anzubieten geruht. Wer heute in der Schweiz eine Stelle ausschreibt, erhält hunderte von Bewerbungen; vor zehn Jahren war es etwa ein Dutzend. Früher suchten sich Arbeitnehmer die Stelle aus, die ihnen paßte;

heute ist es umgekehrt. Der Druck wird in Zukunft zunehmen: Je größer die Arbeitslosigkeit und das Heer der Stellensuchenden, desto pingeliger und unverschämter können Arbeitgeber sich an ihren Idealvorstellungen festklammern und desto mehr Patienten werden den Weg an den Genfersee zur einzigen Streßklinik Europas in Angriff nehmen. Es ist nachgerade zynisch, das je fester die Schraube angedreht wird, je mehr die Manager für ihre unerschütterliche Sturmfestigkeit und für ihre gesunde Härte bewundert werden sollen. Mit Verlaub, wofür? Dafür, dass sie wirtschaftlichen Druck ungeschwächt nach unten weiterreichen? Dass sie Downsizing der Innovation vorziehen? Dass sie Profite vor Sicherheit stellen? Dass sie den Schwachen wacker wacker Änderungen und Flexibilität abverlangen? Dass sie sich blind für ihre gesellschaftliche Verantwortung stellen und von den sozialen, medizinischen, kulturellen und ökonomischen Spätfolgen nichts wissen wollen? Den oft verängstigten und überforderten, von Sachzwängen gebeutelten Unternehmensführern gehört gewiss nicht anerkennend auf die Schulter geklopft, sondern die gelbe Karte gezeigt. Und ihren politischen Aufsehern die rote.

Zynismus
(Zu griech. kynikos: hündisch, schamlos) destruktive, nicht nur Meinungen, sondern auch die, die Meinungen vertreten, verächtlich machende Kritik und radikale Infragestellung aller Wahrheiten, Werte und Normen.

Eine zynische Sicht der Dinge ist heute die Regel. Sie ist zynisch, weil der Mensch als beseeltes Wesen und Mass aller Dinge nicht im Zentrum und nicht einmal mehr am Rand der wirtschaftlichen Entscheidungen angesiedelt ist. Und mit wem zynisch umgesprungen wird ; wessen körperliche und geistige Gesundheit zur Nebensache erklärt wird; wessen Schicksal ohne sein Zutun und ohne seine Mitsprache fremdbestimmt wird, der sollte zumindest in der Lage sein, den Zynismus als solchen zu erkennen. Das geht am einfachsten, indem man selber zum Zyniker wird und die Kardinaltugend aller Zyniker, die radikale Infragestellung aller Wahrheiten, Werte und Normen, stets aktiv auslebt. Guter Zynismus will gelernt sein: Er ist niemals dumm oder destruktiv, sondern scharf und durchdringend wie ein Rapier; er ist niemals dumpfer Selbstzweck und immer Werkzeug der Wahrheitsfindung. Zynismus, heisst es unter Zynikern, entsteht ganz natürlich aus der Mischung von Lebenserfahrung und Klugheit.
John Maynard Keynes, Baron von Tilton und Schöpfer des Keynesianismus, der ein wirtschaftliches Gleichgewicht mit Vollbeschäftigung lediglich als einen Sonderfall unter den möglichen Gleichgewichtszuständen betrachtete, verdanken wir dieses kleine, zynische Zitat:

in the short run, there is no such thing as a free lunch
in the long run, we will all be dead

Wer dieser Behauptung zustimmt, ist auf dem besten Weg. Wer immer noch denkt, dass ihm in dieser Welt etwas geschenkt wird, arbeite an sich selbst.

Das folgende Drittel dieses Buches behandelt Situationen und Personen, in denen die persönlichen Fähigkeiten im Vordergrund stehen, die in der zukünftigen Arbeitswelt eine Rolle spielen dürften. Eine Sammlung von Mitteln und Wegen, wenn man so will, durch die sich das Humankapital optimal entfalten läßt.
Wir begegnen einem jungen Berner, der Abwechslung im Beruf fordert und uns mit jugendlicher Unbekümmertheit die fundamentale Erkenntnis vor Augen führt, das Arbeitsqualität auch Lebensqualität ist. Und umgekehrt. Ihm folgt ein in der Schweiz tätiger Brite, der als Umsteiger beweist, das die Beantwortung der Zukunftsfrage in manchen Fällen radikale Maßnahmen rechtfertigt. Das Ende des Arbeitnehmers und die Entstehung der Lebensunternehmerin wird dann von Dr. Christian Lutz, dem Leiter des Gottlieb Duttweiler Instituts GDI ausgerufen. Einem Ausflug in die Sozialkompetenz und das moderne Lehrlingswesen bei ABB folgen ein Sprachaufenthalt in Malta und eine Feldstudie in Computerbelesenheit und Netzanschluß auf den Shetlandinseln und in Wales. Nach einem Abstecher über Lübeck, zu Besuch bei einem EU preisgekrönten familien- und frauenfreundlichen Unternehmen, endet dieser Abschnitt in Finnland und in der wirklichkeitgewordenen Utopie des glücklichen Unternehmens mit seinen glücklichen Mitarbeitern und seiner glücklichen Besitzerin, Liisa Joronen. Allesamt Beispiele, auf der individuellen wie auch auf der institutionellen Ebene, wie die Dinge besser gemacht werden könnten und weshalb sie besser gemacht werden sollten.
Bis es soweit ist, übe man sich in Zynismus. Wir brauchen mehr davon! Wem dies zu weit geht, begnüge sich mit Sarkasmus.

Der Faktor Freude

Das Hotel liegt gleich gegenüber des Bahnhofs Lichterberg, im Ostteil von Berlin. Die Umgebung ist, im besten Fall, nostalgisch zu geniessen. Bewölkter Himmel, Nieselregen. Das Hotel ist frisch renoviert und sieht äusserlich wie ein Mietshaus aus, das nach der Wende eine weisse Fassade verpasst bekommen hat und innen mit Einzelzimmern ausgestattet worden ist. Wer das Hotel betreten will, muss unten am Eingang klingeln. Im zweiten Stock, nur über den Aufzug erreichbar, befindet sich die Rezeption, die aus einem Schreibpult, einem Schlüsselregal, einem Stapel Reiseprospekte »Berlin, Weltstadt mit Pfiff« und einem übernächtigten, hemdsärmeligen Rezeptionisten besteht.

Andreas Schrag, 22, Schweizer, bezeichnet denn auch das Etablissement als das, was es höchstens ist: Eine Absteige. Als solches benutzt er es auch. Er hat die vorherige Nacht durchgearbeitet, ist an diesem Vormittag um 10 Uhr im Hotel eingetroffen und auf sein Zimmer gegangen, wo er bis etwa 17 Uhr durchgeschlafen hat. Er steigt jeden Monat zweimal hier ab. Aufwachen und auschecken. Der Portier am Empfang schaut kaum von der Zeitung hoch. Andreas Schrag bezahlt nichts; sein Arbeitgeber tut es für ihn.

Keine Minute später und auf der gegenüberliegenden Strassenseite, im Lichtenberger Bahnhof, bestellt er einen Kaffee. Blick auf die Uhr: zehn vor sechs. Am Kiosk unten kauft er sich Zigaretten. Fünf Minuten vor 18 Uhr steht er auf dem Bahnsteig und nickt der Zugchefin zu, mit der er die City Night Line nach Zürich erwartet. Ein Bahnbeamter kommt hinzu und teilt ihnen mit, der Zug könne sie nicht hier am Bahnsteig abholen, kurzfristige Umstellung, ob sie ihm folgen möchten.

Es beginnt ein gehetzter Fussmarsch, Unterführungen und Bahnsteigen entlang, im Regen, viele Treppen und Rampen hoch und hinunter. Am Ende dieses Weges und am Ende der Gleisanlage, dunkelblau gefärbt, mit goldenen Lettern und einem lachenden Halbmond verziert, wartet die Zugkomposition der City Night Line. Andreas Schrag wird die nächsten vierzehneinhalb Stunden innerhalb dieses rollenden Eisenwurms arbeiten.

Intercity

Der Konkurrenzkampf um die europäischen Städtereisenden tobt. Der PKW, das immer noch am häufigsten benützte Transportmittel, ist zwar die individuellste und billigste, aber nicht selten langsamste und zumeist stressigste Fortbewegungsart. Wer fährt denn schon gerne in einer ihm fremden Stadt mit dem PKW herum, mit einem Auge auf dem Stadtplan und dem anderen auf der Benzinanzeige; quält sich durch Staus, durch ein ihm unbekanntes Strassenlabyrinth und sucht nach einem Parkplatz? Da muss es doch eine Alternative dazu geben!

Das Flugzeug bietet sich an. Der Flughafen liegt allerdings etwas ausserhalb, sowohl am Ort des Abflugs wie auch am Zielort, also wieder Autos, Taxis, lange herumfahren, einchecken, stressen. Das Frühstück im Flugzeug, nun ja, man ist ja nicht wegen des Essens hier. Die Sitze in der Economy-Klasse sind sehr eng, das Flugzeug ist meistens randvoll mit Geschäftsleuten, Passagiere werden massenweise abgewickelt. Enjoy your flight. Verlässt man das Flugzeug endlich wieder, ist man einerseits froh, den klaustrophobischen Ritt überstanden zu haben und andererseits frustriert, weil es noch ein weiter Weg bis ins Hotel oder zum Treffpunkt mit Gesprächspartnern ist. Der europäische Luftraum, die europäischen Grossflughäfen, sind am oberen Ende ihrer Aufnahmekapazität angelangt. In den letzten zehn Jahren hat sich der Flugverkehr über Westeuropa verdoppelt und sind die Preise gefallen. Mehr liegt nicht drin.

Dann vielleicht die gute, alte Eisenbahn? Die Bahnhöfe befinden sich ja alle schon im Stadtzentrum. Die Fahrtzeit wird immer kürzer, weil die Züge immer schneller werden. Im Eisenbahnwagen kann man noch auf den halben Quadratmeter zusätzlichen Raum hoffen, der es einem ermöglicht, die Beine auszustrecken; kann man ein Buch lesen; ein wenig Ruhe finden. Die Fahrtzeit, nun ja, die ist fast so lange wie die Fahrtzeit mit dem PKW. Dafür kann man im Zug Zeit für sich haben und man kann - dies leuchtet immer mehr zur Mobilität verdammten Zeitgenossen sofort ein - sich sogar während einer Reise entspannen. Je mehr die Luftwege und das Strassensystem an Überlastung leiden, desto attraktiver wird der Schienenweg. Steht eine Renaissance der Eisenbahn bevor?

Bevor es Städteflüge und für jedermann einen PKW gab, in den 50er Jahren und zuvor, war die Eisenbahn das so gut wie einzige Fernverkehrsmittel. Und weil das Reisen in der Eisenbahn immerhin seine Zeit dauerte, musste man die Nacht hindurch fahren und die Passagiere in Schlafwagen unterbringen. Es entstanden die Nachtzüge, und heute, da das inzwischen veraltete Schlafwagen-Rollmaterial dem neuzeitlichen Städtereisenden nicht länger zugemutet werden darf, ist die Zeit reif für ein Comeback unter neuem Namen. 1989 gründete die Deutsche Bahn AG mit der Österreichischen und Schweizer Bundesbahn die D.A.CH Hotelzug AG mit Sitz in Gümligen, Kanton Bern, Schweiz; und entwickelte man zu dritt das neue Ganzzugsystem der City Night Line. Der altmodische Schlafwagen wurde zum rollenden Hotel, das »stressfreie und witterungsunab-

hängige Reisen von Zentrum zu Zentrum« mit »exzellentem Service in attraktiver Umgebung« ermöglichte. Kurzum: »Traumreisen in Reinkultur«.
Die doppelstöckigen, nachtblau lackierten Hotelwagen der City Night Line enthalten kleine Einzel- und Doppelabteile, entweder als Komfortabteile mit Waschbecken oder in der Deluxe-Variante mit eigener Dusche. Diese Abteile sind modern gestylt und das Bett, die Kästen und Wände sowie der Klapptisch in dezentem Grau eingefärbt. Sie sind räumlich mehr als nur eng bemessen, bieten aber immerhin für Zugsreisende etwas Neues und Wertvolles, das eine bessere Qualität der Reise gewährleistet: Eine wenn auch kleine, so doch gesicherte und spürbare Privatsphäre.
Der vorderste Wagen in der 300 Meter langen Zugkomposition enthält verstellbare, korbförmige Ruhesessel mit eigener Leselampe für all jene, die keine 400 DM oder mehr für ein Abteil bezahlen wollen oder denen ihre Privatsphäre nicht soviel wert ist. In der Mitte der City Night Line, als eigentliches Zentrum des Zuges, befindet sich der Lounge- und Servicewagen, halb Speisewagen, halb Hotelbar, wo die ganze Nacht hindurch Speisen und Getränke serviert werden. Es ist auch der einzige Ort im ganzen Zug, wo Raucher ihre Kloppe anfeuern dürfen. Alle nachtblauen Eisenbahnwagen sind vollständig klimatisiert und dazu mit eigenen Scheibenbremsen ausgerüstet, auf dass der Zug möglichst ruhig gleite, anstelle holperig zu fahren.
Die City Night Line wurde von Grund auf neu gebaut und gestylt, vom Rollmaterial über das Serviceangebot. Jede Nacht werden die folgenden Strecken in beiden Richtungen befahren: Zürich - Hamburg, Berlin - Zürich, Dortmund - Wien, Wien - Zürich. Und weil die City Night Line unterwegs an allen grösseren Orten hält, sind auch die Kunden aus den am Weg liegenden Städten anvisiert, aus Köln, Stuttgart, Hannover, Dresden, Frankfurt, Salzburg, um nur einige zu nennen. Abteil oder Sitz kann man im voraus auf dem üblichen Weg buchen - oder aber direkt im Zug selbst, wenn man an einer kleinen Rezeption innerhalb der City Night Line eincheckt.
Weitere Strecken sollen, müssen erschlossen werden. Ende 1996 ist die OeBB aus der D.A.CH Hotelzug AG ausgestiegen, um eigene Wege im Städteverkehr zu verfolgen. Die City Night Line, wie alle neuen Dinge in der Welt, litt während der ersten anderthalb Jahre an teilweise schlimmen Kinderkankheiten: Kein Warmwasser in den Abteilen, öfter mal wieder Stromausfall in der ganzen Komposition, und dann gab es noch diese wenigen Male, als die WC-Spülung nicht funktionierte und es daher zu argen olfaktorischen Beeinträchtigungen der Traumreise kam. Inzwischen sind diese Probleme unter Kontrolle und die Zukunft der City Night Line ist nach wie vor ungewiss. Wenn nicht neue Verbindungen dazustossen oder andere nationale Eisenbahngesellschaften sich anschliessen und das Konzept übernehmen, wird die Fahrt ins Morgen trotz der Scheibenbremsen ziemlich holprig werden.
Die Schiene wird erst dann eine echte, konkurrenzfähige Alternative zu Flugreisen darstellen, wenn ein gesamteuropäischer Städte- und Nachtzugverband ins Leben gerufen wird, die teilweise erbitterten Kleinkriege um Linien und Durchfahrtszeiten aufhören

und die nationalen Krämerseelen einsehen, dass nur grenzüberschreitende Zusammenarbeit weiterhilft. Die Grundidee ist durchaus verfolgenswert.

Stewards

Ebenso verfolgenswert, mit Trendcharakter für die gesamte Arbeitswelt und daher in diesem Buch dokumentiert, war die Lösung der Personalfrage rund um die City Night Line. Zwei Aspekte stechen dabei besonders ins Auge:

Der Einsatz von Generalisten
Die Verwendung von Zeitarbeitern

Es gab, als die City Night Line ins Leben gerufen wurde, den genau passenden Beruf für das begleitende Personal im rollenden Hotel noch nicht. Man bezeichnete sie, nach dem Vorbild der Fluggesellschaften, als Stewards. Dieser englische Ausdruck bedeutet auf Deutsch ursprünglich 'Stiegenwart' und somit: Hauswart, Hausverwalter. Aufseher. Die Stewards der City Night Line sollten als kombinierte Bediener und Betreuer den Passagier durch die Reise begleiten.
Die Suche nach Stewards führte die Verantwortlichen der City Night Line in das Gastgewerbe. Ein bahnbrechender Entscheid, und zwar wortwörtlich: das traditionelle Bahnpersonal, das Stammpersonal der Trägerschafts-Unternehmen, wurde wegen mangelnder dienstleisterischer und fachlicher Kompetenz gar nicht berücksichtigt. Eine grosse Zeitarbeits-Agentur wurde beauftragt, innerhalb etwas mehr als eines Monats 70 junge, ausgebildete Gastgewerbetätige zu rekrutieren. Diese wurden in einem Schnellkursus ausgebildet und in der City Night Line eingesetzt. Zu Beginn des Projekts waren es allesamt Zeitarbeiter, erst später begann die City Night Line damit, neue Stewards direkt einzustellen.
Diese begrüssen die Passagiere am Bahnsteig, weisen ihnen den Weg in ihr Abteil, nehmen von ihnen Tickets und Reisepässe entgegen, bringen ihnen einen Begrüssungsdrink, schaffen auf Bestellung Essen und Getränke herbei und umsorgen die Passagiere so gut wie möglich - aber niemals mehr als nötig. Ihr Auftreten soll die Privatsphäre, sofern diese gewünscht wird, niemals beeinträchtigen. Jeder Steward betreut einen ganzen Wagen mit einer Kapazität von etwa 30 Passagieren.
Andreas Schrag, 22, aus Bern in der Schweiz, arbeitet mehrheitlich an der Bar im Loungewagen, kocht im Mikrowellenherd die vorgefertigten Gerichte, die seine Kollegen für die Abteile bestellten, und bedient die Nachtschwärmer mit Drinks. Das Licht im Loungewagen ist schummrig und man hat Mühe, Dinge zu erkennen. Ein zwielichtiges Halbdunkel herrscht unter einem falschen Halogen-Sternenhimmel. Die Luft ist bissig vom Zigarettenrauch. In dieser intimen, gedimmten Atmosphäre auf die Schnelle einen Drink zu geniessen, mag zwar angenehm sein; hier stundenlang Leute zu bedienen, ermüdet die Augen aber ungemein.

Kommt dazu, dass der Zug sich bewegt, ständig ganz schwach vibriert, herumkurvt, sanft abbremst oder beschleunigt. Die Stewards arbeiten, bewegen sich und verbringen viel Zeit auf einer Unterlage, die bestimmt nicht als fester Boden unter den Füssen bezeichnet werden kann. Mit ein wenig Übung lernt man zwar schnell, das Rütteln und Schütteln zu kompensieren und sein Gleichgewicht zu halten, doch dies erfordert einen zusätzlichen Muskeleinsatz. Und ermüdet.
Noch heute prägt daher eine grosse Personalfluktuation die City Night Line. Länger als ein Jahr hält es der durchschnittliche Steward auf dem Zug nicht aus. Das liegt weniger am Arbeitgeber oder an der Unternehmenskultur - denn eine positive, kooperative und unverkrampfte Stimmung prägt die City Night Line nicht nur vor, sondern auch hinter den Kulissen; es liegt an der Arbeit selbst: Nachtarbeit, Tageshotels, viele Stunden und eine anstrengende Umgebung. Stewarding auf der City Night Line ist körperlich und seelisch auslaugend. Der Lohn ist gut, die Stimmung ist gut - der Zug fährt einem ganz einfach in die Knochen.

Andreas Schrag

Das nachfolgende Interview mit dem jungen Berner wurde anlässlich der Dreharbeiten zur TV-Serie »Zukunft der Arbeit« geführt. Das Interessante daran sind weniger die rein fachspezifischen Auskünfte, als vielmehr die pragmatische Betrachtungsweise, mit der ein junger Mann die Arbeitswelt und seinen Platz darin sieht. Ein kurzer Blick in die Zukunft der Arbeit, ermöglicht durch jemanden, der zu ihr einen kleinen Beitrag leisten wird.

Wie würdest du dich selbst beschreiben?

Ja...(überlegt)...ich bin gross, schlank, zieh' mich meistens schwarz an...im Ernst: Ich lebe unter Leuten, ich mag Feste, ich mag Leben.... Das ist mir eigentlich wichtig, Leben.

Dein beruflicher Werdegang?

Also, nach Abschluss der obligatorischen Schule, mit 16, hatte ich Berufswahl... oder weitere Schulen, wobei das war für mich irgendwie »out of limit«, weil ich nicht mehr in die Schule mochte, das ging mir über die Hutschnur. Ich habe mich also beraten lassen, Berufsberatung und so, und was wir dort herausgefunden haben, das war eigentlich: Etwas mit Leuten. Das ist wichtig für mich. Mein Berufsziel war damals eigentlich Krankenpfleger, aber man musste mindestens 18 sein, was ich damals noch nicht war. Einige der möglichen Spitäler forderten sogar zusätzlich eine absolvierte Rekrutenschule, Militärdienst, was ich bis jetzt auch noch nicht getan habe. Also habe ich beschlossen, etwas zwischen Krankenpflege und »Etwas mit Leuten« zu lernen. Und das war dann Kellner. Und so, über die Jahre, das dauert zwei Jahre und ist eigentlich eine Schnellbleiche, hat mir das sehr gut gefallen und ich bin im Gastgewerbe geblieben. Direkt nach der Lehre hatte ich trotzdem die Schnauze voll und ging für ein Dreivierteljahr auf den Bau, jobben, Holzbau, Dachdeckerei, solche Dinge, wobei ich merkte, dass die Arbeitszeiten nichts für mich waren: Morgens um 7 raus, abends um 6 Uhr zum Umfallen todmüde, etwas essen und ab ins Bett, das war nichts für mich. Und auch immer dieselben Leute, dieselben Gesichter. So ging ich dann zurück ins Gastgewerbe, wo ich seither geblieben bin, immer von einem Restaurant zum andern, ein paar Bistros, Konzertlokale und so, Anlässe, Feste, Caterings… und bin schlussendlich auf dem Zug gelandet, mal etwas anderes, als in Restaurants am Platz zu bleiben, einfach mal raus, in die Welt. Klingt blöd, aber ist so.

Wieviele Jobs würdest du sagen, hast du schon gemacht?

Jetzt bin ich 22, und ich hatte Jobs, na ja, vielleicht zwei, drei… sechs Jobs, wo ich fest angestellt war, nicht nur im Gastgewerbe. Und dazwischen, im Stundenlohn, irgendwo in der Gärtnerei, bei Freunden aushelfen, bei Parties mithelfen… etwa um die zehn bis 15 Engagements irgendwo.

Wie kamst du zur City Night Line

Ich habe das von zwei Girls gehört, die ich kennengelernt habe und die dort arbeiteten. Da dachte ich »okay, das wäre etwas für mich«. Die Stelle in der ich bisher gearbeitet hatte, war mir schon zu sehr zur Routine geworden. Ich rief bei der Adresse an, die sie mir gaben, und dort hiess es, ich müsse mich über den offiziellen Weg bewerben. Also erstmal ins Temporärbüro und dann zurück zum Management Selector und überall Papiere vorweisen und einstündige Gespräche, bis ich dann in den Kurs kam, wo wir eingeschult wurden, Teamtraining und Verkaufstraining, zwei Tage dauerte das, bis ich eingeteilt wurde und mitfahren konnte. So ging das.

Woraus besteht deine Arbeit beim City Night Line?

Wir sind als Stewards angestellt - und das umfasst auch alles, was man sich darunter vorstellt. Das beginnt mit dem Einchecken der Passagiere am Bahnhof, ihnen ihre Abteile zuzuweisen, ihnen alles zu erklären, das für sie wichtig ist, während der ganzen Nacht sie zu umsorgen, mit Speise und Getränken zu betreuen, ihnen mit allerlei Informationen zur Seite zu stehen, die Papiere für den Zoll zu übernehmen. Zur Zeit besteht meine Aufgabe in erster Linie darin, an der Bar zu arbeiten: Kochen, die Leute an der Bar zu bedienen, ein bisschen »Entertainment« gehört da auch dazu, also einfach dem Gast zu dienen, für ihn dazusein.

Fällt dir das leicht, einen Gast zu bedienen?

Es gibt Leute, die haben es nicht verdient, bedient zu werden (lacht). Aber eigentlich bin ich gerne für die Leute da. Das ist einerseits mein Job und andererseits, denke ich, meine Berufung.

Wie sieht dein Arbeitsplan aus? Wieviel Arbeit, wieviel Freizeit?

Wir arbeiten im Moment im einem 13-Tage-Rhythmus. Wir haben zwei Touren. Wenn ich von zuhause weggehe und bis ich wieder da bin, das ist eine Tour. Es sind zwei verschiedene Touren zu je vier Tage, rechnen wir es eher in Nächten, je vier Nächte und dazwischen einmal zwei und einmal drei Tage frei. Das geht so: ich gehe von hier weg, nach Zürich, um die Arbeit aufzunehmen. Von da fahre ich dann nach Hamburg und am nächsten Tag zurück nach Zürich, wo ich mich im Tageshotel ein wenig ausruhe. Am selben Abend geht es weiter nach Berlin und in der nächsten Nacht von Berlin wieder zurück. Das sind vier Nächte. Dann habe ich drei Tage frei und dann geht es auf die andere Tour, nach Wien, von Wien hoch nach Dortmund, wieder zurück nach Wien und zurück nach Zürich, also wieder vier Nächte und danach zwei Tage frei. So wiederholt sich das immer.

In Stunden gerechnet ergibt das wieviel?

Pro Nacht sind es zwischen zehn, zwölf, manchmal 14 Stunden. Vom ersten Mal, wenn ich den Zug berühre, bis wir den Zug wieder verlassen, werden die Stunden gerechnet. In der Nacht haben wir zwei Stunden Pause zugute, die werden dann abgezogen, was so zwischen achteinhalb und zwölf bezahlte Arbeitsstunden pro Nacht ergibt. Das sind dann etwa zwischen 40 und 50 Arbeitsstunden die Woche, über den Daumen gepeilt.

Kannst du so überhaupt ein geordnetes Privatleben führen?

Geordnet ist relativ. Privatleben, ja, sicher. Ich habe genügend Kontakte zu Leuten, ich wohne hier mit zwei Kollegen zusammen und wenn ich nach Hause komme, ist immer etwas los, Besuch ist da, Kollegen rufen an, Freundinnen. Regelmässige Kontakte, wo man sagen könnte: »Gehen wir wieder einmal zusammen Mittag essen«, das geht natürlich nicht. Aber ich kenne noch von früher ziemlich viele Leute, die auch im Gastgewerbe arbeiten, was bedeutet, dass die auch einmal Dienstag Nachts um 1 Uhr Zeit haben, wenn ich zuhause bin, und das verschiebt sich dann alles zeitlich ein bisschen.

Was gefällt dir am meisten an der City Night Line?

Unterwegs zu sein. Es ist kein statisches Verweilen an einem Ort, wie in anderen Betrieben. Und die Leute, die zu uns kommen, sind auch unterwegs; sie gehen in die Ferien, kehren nach Hause zurück, machen einen kleinen Ausflug, gehen Verwandte besuchen, sie haben irgendeinen Grund, um unterwegs zu sein, wenn sie bei uns sind. Du weisst selbst, wie man sich fühlt, wenn man in die Ferien geht, und das prägt eben meistens auch die Stimmung, die bei uns vorherrscht. So ist es schön.

Was gefällt dir am wenigsten?

Nie zuhause zu sein. Nie ist übertrieben, aber es gibt schon manchmal Zeiten, da hat man es schwer, schon wieder im Hotel, irgendwo am Arsch von Deutschland, an der

Nordsee oben oder sonstwo, und man möchte sich doch lieber zuhause ein paar Stunden auf der Couch hinlegen oder man denkt an vieles, das man lieber täte, als auf dem Zug oder im Hotel zu sein.

Was machst du in deiner Freizeit?

In erster Linie ausschlafen. Naja, für mich ist es immer schön, wenn ich zwei, drei Tage an einem Stück frei habe. Das lass' ich meistens auf mich zukommen und dann passiert irgendwas. Zum Beispiel im Sommer baden gehen, in der Aare schwimmen, eine Velotour machen, am Abend mit Freunden ins Kino, gut essen, 'rumhängen. Dazu fotografieren oder zwischendurch schreibe ich auch mal ein paar Seiten mit der Schreibmaschine, wenn mir langweilig ist.
Was ich versuche, mit der Fotografie zu machen? Ich gebe mir Mühe, das, was ich sehen will, auf Papier umzusetzen. Leute, Landschaften, Konstruktionen, das spielt eigentlich keine Rolle. Das Schöne ist wirklich, wenn das Foto so herauskommt, wie ich es mir vorgestellt hab. Nicht ein 1:1 Abklatsch vom Original, sondern etwas, das mir persönlich gefällt. Ich habe eine kleine Kamera gekauft, ein wenig herumgeknipst und es hat mir grossen Spass gemacht. Ich habe ein, zwei Filme die Woche verbraucht, was auch einiges gekostet hat und dann irgendwann einmal eine billige Ausrüstung reingezogen und immer wieder, wenn ich Zeit gefunden habe, damit losgezogen.

Wie lange bist du schon bei der City Night Line? Und wie lange bleibst du noch?

Ich bin jetzt seit 10 Monaten dort, seit 1. Oktober letzten Jahres. Wie lange ich noch bleibe? Ich will mal so sagen: Diesen Herbst habe ich vor, zu kündigen. Ein Jahr ist für mich immer so der Punkt, an dem ich mich selbst fragen muss: »Was mache ich hier? Wie gehe ich von hier aus weiter? Was tue ich als nächstes? Will ich über ein Jahr an einem Ort bleiben?« Was soviel heisst, dass sich alles wiederholt: Die Jahreszeiten, das Reiseaufkommen wiederholt sich noch mehr, als es sonst schon tut. Berufliche Perspektiven gibt es in meinem Fall bei der City Night Line keine, dass ich also einmal Zugchef werden oder aufsteigen und ein paar Fränkli mehr kassieren könnte, das liegt nicht drin. Also würde ich sagen, dass ich bis Ende September, noch zwei Monate, dort arbeiten und dann kündigen werde. Und dann mal auf zu neuen Ufern.

Magst du Routine?

Nein. Ich schaue in die Welt, irgendwie, ich fahre mit dem Zug, und wenn ich mir die Leute so ansehe, habe ich irgendwie immer das Gefühl, sie machen alles immer in einem Ablauf. Ich will nicht unbedingt dich oder jemanden persönlich angreifen, ich habe einfach das Gefühl, bei den meisten, dass bei ihnen jeden Tag dasselbe abläuft. Das will ich auf keinen Fall. Ich will mir selbst ein Stückchen Freiheit soweit bewahren, dass ich die Dinge auf mich zukommen lassen und so nehmen kann, wie sie sind; dass ich jede Situation immer wieder neu erleben kann. Dass ich nicht genau weiss: »Halb neun ist Kaffeepause, dann gehe ich eine Viertelstunde lang in die Cafeteria quatschen, und dann geht's zurück in den Stollen und

dasselbe wie gestern passiert und ich gehe genau gleich wie gestern damit um...« Das wäre für mich ein Horror!
Ein gewisser Ablauf, sicher, ist schon gut. Man gewöhnt sich halt daran, aber Routine, dass es tägliches Ackern wird, das möchte ich nicht. Da würde ich auch die Freude verlieren.

Hat die Erfahrung dich in dieser Auffassung bestätigt?

Oh ja. Nach zehn Monaten auf der City Night Line kommen schon die ersten Déjà-vus, wo ich mir sage: »Okay, das hatten wir schon, und das hatten wir auch schon...«. Und wenn so etwas passiert, mache ich den Handgriff (Deutet eine WC-Spülung an) und dann ist es nicht mehr aufregend, dann ist es nur noch ein Schalten und Walten. Und das möchte ich nicht unbedingt.

Am Lohn kann's aber nicht liegen, oder?

Für Gastgewerbe-Verhältnisse, wo ich herkomme, ist der Lohn bei der City Night Line gut, ja. Ich verdiene 4'000 SFR Ende Monat auf die Hand.

Du kündigst, gut. Wie geht's dann weiter?

Für mich geht's so weiter: Ich kann nicht sagen, dass ich für in zwei oder zehn Jahren ein bestimmtes Ziel habe. Ich habe schon Ziele, die ich erreichen will, ich will sicher einmal ein eigenes Ding, Restaurant oder Bar aufmachen, bestimmt. Der Weg dorthin ist für mich nicht definitiv, dass ich erst diesen Schritt und dann den nächsten mache, ich plane meine Karriere und meine Zukunft nicht im voraus.
Ich will für mich selbst auch noch einige Schulungen machen, eine Hotelfachschule ganz sicher und diesen Herbst, das ist das Naheliegendste, eine Barfachschule, dann ein paar gute Barerfahrungen sammeln, hinter einer Theke ein paar Cocktails mixen, hört sich romantisch an, ist aber eines meiner Ziele. So in dieser Richtung geht das dann weiter.

Was bedeutet für dich Arbeit?

Arbeit bedeutet für mich ein notwendiges Übel, um Geld zu beschaffen, um damit den Rest der Zeit leben zu können. Arbeit nimmt im Leben einen ziemlich grossen, zeitlichen Stellenwert ein, man muss immer voll bei der Sache sein - und deshalb muss Arbeit auch Vergnügen sein. Der Arbeitsplatz, die Art der Arbeit, die Leute, mit denen man zusammenarbeitet, das muss alles irgendwie gut sein. Es muss mich aufstellen, damit ich eine Arbeit machen kann.
Es ist ein Teil des Lebens, irgendwie. Es ist nicht so, dass ich mein Leben lang arbeiten möchte, denn ich lebe nicht, um zu arbeiten, sondern stelle mir das eher umgekehrt vor. Ich bin eigentlich faul, deshalb ist die Arbeit ein notwendiges Übel.

Abschliessend

...muss jetzt und hier der Hedonismus zur Sprache kommen. Der geistige Urheber des Hedonismus ist Epikur, 341 - 270 v. Chr. Er bezeichnete die Lust, griechisch Hédoné, als oberstes Ziel menschlichen Strebens. Wobei er damit den Begriff der Lust sowohl im seelischen wie auch im körperlichen Sinn verstanden haben wollte, frei von Gier oder von sexueller Masslosigkeit.

> ***Es ist nicht möglich, lustvoll zu leben***
> ***ohne dass man vernünftig, schön und gerecht lebt.***
> ***Noch ist es nicht möglich, vernünftig, schön und gerecht***
> ***ohne gleichzeitig lustvoll zu leben.***

Ein Zitat Epikurs zur Lust. Und hier gleich noch eins:

> ***...ich aber rufe zur fortwährenden Lustempfindung auf***
> ***und nicht zu sinnlosen, nichtssagenden Tugenden,***
> ***die nur verworrene Illusionen über mögliche Früchte in sich bergen.***

Und über den Urheber dieser Worte meinte Gotthold Ephraim Lessing, in Belangen der Weisheit der Unbewandertsten einer nicht, dass das Meiste und Beste der Philosophie seit Epikur schon gesagt - und von Epikur am besten gesagt worden sei. Heute gelten die Hedonisten nicht als Epikureer, sondern als Verweigerer der Arbeits-welt. Ein Hedonist ist, im Sprachgebrauch von Werbeagenturen und Personalchefs, das genaue Gegenteil zu einem Workaholic: Jemand, der es somit wagt, seine Prioritäten ausserhalb der Arbeitwelt zu setzen und sich privat selbst zu verwirklichen. Während gemäss Umfragen 60 Prozent aller Arbeitenden ein ausgewogenes Nebeneinander von Arbeit und Freizeit wünschen, unterteilt sich der kleinere Rest in etwas mehr als 20 Prozent zumeist ältere Workaholics und etwas weniger als 20 Prozent jeweils jüngere Hedonisten.
Bemerkenswert ist, dass die Gruppe der Workaholics mehrheitlich männlich ist, sich durch einen tiefen Bildungsgrad auszeichnet und aus ländlichen bzw. kleinbürgerlichen Verhältnissen abstammt und politisch engagiert ist. Die Hedonisten rekrutieren sich mehrheitlich aus jüngeren Arbeitern beider Geschlechter, besitzen einen mittleren Bildungsgrad und sind politisch uninteressiert. Die Mehrheit der Ausgeglichenen sind jüngere und weibliche Arbeitnehmer mit hohem Bildungsgrad, urbanem Hintergrund und politischem Engagement.
Andreas Schrag ist ganz bestimmt kein Workaholic. Seine vorschnelle Klassifizierung als Hedonist vermag ebenfalls keiner näheren Untersuchung standzuhalten, denn er verweigert sich der Arbeit nicht und strebt seine Selbstverwirklichung als Besitzer eines Lokals nicht ausserhalb der Arbeitswelt an. Er akzeptiert Arbeit als notwendig, stellt aber seine Bedingungen: Arbeit ist nur

erträglich, wenn sie Freude macht, wenn sie Abwechslung und neue menschliche Kontakte ermöglicht.

Arbeitszeit ist Lebenszeit
Arbeitsqualität ist Lebensqualität

Das eine zehrt vom anderen. Es kann sein, dass wenn Andreas Schrag einmal Frau und Kind hat und Besitzer eines eigenen Lokals sein wird, seine Prioritäten sich verändern werden und dass er dann nicht länger den Faktor Freude in einem Umfeld anstrebt, das streng utilitaristisch gestaltet und eher freudlos in seinem Charakter ist. Man wünscht ihm, dass er die Prinzipien, die er im jugendlichen Selbstbewusstsein von 22 Jahren zu Protokoll gegeben hat, auch in Zukunft ausleben kann und damit keinen Schiffbruch erleidet.
In diesem Kontext fällt die Bemerkung auf, die Christian Zogg, Unternehmensleiter der City Night Line bezüglich Arbeit und Jugend gemacht hat:

Die jungen Leute erwarten Abwechslung, die erwarten auch ein wenig Freiheiten, Selbständigkeiten...Arbeit bedeutet für mich Freude. Arbeit bedeutet für mich Kommunikation, Arbeit bedeutet für mich Identifikation, aber unter dem Strich muss Arbeit Freude sein, ansonsten soll man es sein lassen ...(lacht kurz auf) Sofern man es kann.

Faktor Freude: Das Seinlassen freudloser Arbeit ist nicht nur eine Frage des Könnens sondern immer mehr auch eine Frage des Wollens. »Das ist die Härte! Tu' ich mir doch nicht an!«. Die Gameboy-Generation macht nicht jedes Spiel mit. Die ihr nachfolgende Techno-Generation dröhnt sich an Raves den Kopf für die nächste Arbeitswoche voll. Entfällt die Freude bei der Arbeit, gibt es heute im Vergleich zur Vergangenheit immer mehr Mittel und Wege, um anderswo nach ihr zu jagen.
Der Faktor Freude dürfte in Zukunft an Bedeutung gewinnen: Bei Arbeitnehmern, die sich als Zeitarbeiter immer mehr daran gewöhnen werden, sich nicht nur aussuchen zu lassen, sondern selbst ihre Arbeit auszusuchen. Bei den Arbeitgebern, sobald diese einmal die nicht so neue Erkenntnis assimiliert haben, dass die von ihnen geforderte Leistung eben nicht nur aus der wahrgenommenen Pflicht, sondern ebenfalls aus der erlebten Freude entsteht.
Und dass die Gewährung und Erleichterung von Freude eines der besten und billigen Mittel zur Leistungssteigerung ist: Mehr Mitsprache, grössere Selbständigkeit und das weitestmögliche Eingehen auf die individuellen Eignungen und Neigungen erzeugen mehr Freude und letztendlich mehr Leistung.
Arbeit als oberste Menschenpflicht und als demütiger Gottesdienst scheint als Credo ausgedient zu haben. Dass Autoritäten immer mehr an Bedeutung verlieren, ist so neu nicht: Der Staat, die Kirche, beiden Institutionen gehen langsam die Gläubigen aus. Und auch der Institution »Arbeit« geht es kaum besser: Das Verständnis dessen, was Arbeit ist und weshalb wir sie tun, hat sich säkularisiert: Sie ist, zumindest in ihrer Form

als bezahlte Lohnarbeit, nicht länger jedes Menschen gottgegebene Aufgabe, der sich auf der Reise durch das Jammertal durch mühsame Arbeit und Selbstentsagung für ein besseres Dasein jenseits des Tods empfehlen soll. Und sie ist nicht mehr die einzige, existentielle Ausdrucksweise für Menschen, je länger desto weniger der Massstab für den Wert eines Seins. Berufung hat immer weniger mit dem Beruf zu tun.
Was die Arbeit als einziges ist und bleiben wird: Eine materielle Notwendigkeit. Und was sie sein sollte, anstelle eines übernatürlichen Gebots: Unterhaltsam, sinnvoll und begeisternd. Faktor Freude: Arbeit als Form des Entertainments.

Der Umsteiger

In etwas mehr als der Hälfte der in der TV-Serie »Zukunft der Arbeit« dokumentierten Beispiele ist der Personal Computer das wichtigste Arbeitswerkzeug. Der blinkende Kasten, von anthrazitgrau bis hellbeige, ist ein visuell stark dominierendes Merkmal und daher auch für alle Dokumentarfilmer, die nach wahrhaftigen, aussagekräftigen Bildern jagen, ein mittlerer Alptraum.
Hört man einen Kameramann zum Beispiel während der Besichtigung einer Location leise »Oh nein! Nicht schon wieder!« stöhnen, dann hat zumeist ein PC-Arbeitsplatz diesen Stoßseufzer ausgelöst. Tausendmal gemacht, tausendmal gesehen! Wenn jemand vor dem Computer sitzt, bietet er ein statisches, nein, seien wir ehrlich, ein total langweiliges Bild! Er sitzt und tippt. Auf dem Bildschirm flackert etwas. Es nennt sich Arbeit, aber es sieht nicht wie Arbeit aus.
Der Regisseur macht einmal die Runde, sucht nach ungewöhnlichen Blickwinkeln, von denen es an Computerarbeitsplätzen herzlich wenig gibt. Pflichtbewusst wandert er bis zur entferntesten Ecke des Raumes und beginnt, weite Kreise um das Zielgelände herum zu ziehen. Eine Totale mit langer Brennweite, gegen das Tageslicht, damit es wenigstens einigermassen aussieht? Keine Chance, denn die vielen im Grossraumbüro verteilten Trennwände verbauen jede Fernsicht, um für die Arbeiter einen minimalen Diskretbereich zu erzeugen. Der Auftrag des Regisseurs ist die wertfreie Wiedergabe der Wirklichkeit, ohne Rücksicht auf sein Gefühl für visuelle Ästhetik.
Als er von seinem Ausflug zurückkehrt, sieht der Regisseur den forschenden Blick des Kameramanns: Etwas gesehen? Er schüttelt den Kopf und sagt mit nüchternem Tonfall, was Sache zu sein hat: »Das Übliche!«. Das Übliche wird gemacht: Überschulter in der Halbtotalen und im Close up; Gegenschuss über die Oberkante des Monitors auf das Gesicht; Reproaufnahmen vom Bildschirm; seitliche Nahaufnahmen von Händen und Tastatur, Mausbewegungen, Klick-Klick, das Profil des Computerarbeiters. Alles gegen das Tageslicht mit Weichzeichner und tiefer Blende, damit der Hintergrund überstrahlt und der Vordergrund konturig wird.
Der Regisseur fasst den Vorsatz, seinen Computerdarsteller für das Interview und für zusätzliche Sequenzen in einem grossen Park aufzunehmen. Eine alternative, visuelle Ebene, die vom Büroalltag losgelöst ist. Er begutachtet die gedrehten Kamerabilder:

Clean, technisch, déjà-vu. Tausendmal gemacht, tausendmal gesehen. Aber was genau Richard Baker an seinem Computer macht und weshalb, wird man aus dem Kontext heraus erfahren müssen. Das Bild allein erklärt nichts.

Berufswechsel

Dies ist vor allem Richard Bakers Geschichte. Er selbst, dessen Lebenspfad hier zum Teil verfolgt werden wird, hat in britisch zurückhaltender Manier darüber berichtet. Orte, Jahreszahlen und Namen hat er möglichst nicht zu Protokoll geben wollen, nicht etwa, weil sie geheim sind, sondern weil sie keine besonders grosse Rolle spielen. Von seiner jetzigen Arbeit und über seinen derzeitigen Arbeitgeber, denkt man sich nicht selten, spricht er mit angezogener Handbremse. When in doubt, stick to the facts. Und lieber ein Wort zu wenig als eines zuviel. Was uns an ihm interessiert, ist, dass er bereits zweimal in seinem Leben arbeitsmässig umgestiegen ist. Zuerst hat er seinen Beruf von Grund auf gewechselt und später auch seinen Status, von einem internen zu einem externen Mitarbeiter, vom festangestellten Arbeitnehmer zum Zeitarbeiter. Richard Baker hat damit Flexibilität und Karrierebewusstsein am eigenen Leib vorexerziert.
Begegnen wir also unserem Helden an jenem Punkt seiner Laufbahn, als er in seinem Heimatland England die ersten Schritte in die Arbeitswelt hinein tat.

Ich habe damals ein Studium in Geschichte an der Universität von Cambridge abgeschlossen. Das bedeutete, dass ich vor allem für einen Lehrberuf an einer Universität oder an einer Schule qualifiziert war. Ich tat etwas anderes, ging in den öffentlichen Dienst arbeiten und schulte mich dort on-the-job zum Executive Officer um, zum Ministerialbeamten also, der als Sachbearbeiter Recherchen durchführte, Hintergrundberichte verfasste und Anfragen der Öffentlichkeit beantwortete.
Nach einer Weile bekam ich den Eindruck, in einer Sackgasse zu stecken. Ich kam nicht vom Fleck und die Aussichten auf Beförderung waren sehr gering. Die Arbeit an sich war interessant, aber sie hatte keine Zukunft, keine Entwicklungsmöglichkeit.

Der öffentliche Dienst, von dem Richard Baker spricht, war (vermutlich) Whitehall, der Sitz des British Foreign Office. Dass er nicht vom Fleck kam, erklärt sich aus dem Umstand, dass damals, in den 70ern, das Britische Klassensystem noch sehr stark war. (Es greift auch heute immer noch.) Richard Baker stammte aus der »falschen« Klasse, war in bürgerlicher Topferde aufgewachsen oder hatte sich dadurch schuldig gemacht, dass er in die falsche Familie hineingeboren wurde. Er trug die falsche oder gar keine Clubkravatte: Eine berufliche Todsünde.

Und eines Tages fiel mir in einer Mitarbeiterzeitschrift ein Inserat für einen internen Weiterbildungskurs auf, bei dem man lernen konnte, Computer zu programmieren. Das war damals noch völlig neuartig. Ich meldete mich an, unterzog mich erst einer Befähigungsprüfung und wurde - sehr zu meiner eigenen Überraschung - für dieses Trainingsprogramm zugelassen.
Ich lernte die COBOL-Programmiersprache und belegte auf eigenen Wunsch einen weiteren Kurs in Systemanalytik, immer noch im öffentlichen Dienst. Ich arbeitete dann als Systemanalytiker und Leiter eines Programmiererteams in einem, bis ich den öffentlichen Dienst verliess und zur Rundfunkanstalt BBC wechselte. Von dort ging ich später zum Stock Exchange, die Börse von London, um schliesslich für ein Privatunternehmen, eine Softwarefirma, zu arbeiten, die auf Business-Anwendungen spezialisiert war. An all diesen Orten war ich fest angestellt.

Vom Ministerialbeamten zum Software-Analytiker? Ein gewaltiger Satz über einen klaffenden Abgrund hinweg, möchte man meinen. Richard Baker nickt und erklärt, dass es gar nicht so schlimm sei:

Ursprünglich war ich mir nicht ganz so sicher, als ich mit der Informatik begann. Das war ein grosser Sprung für jemanden, der Geschichte studiert hatte und ich werde oft gefragt, was mich dazu veranlasst hat. Ich denke, dass ich damals bereits unterschwellig begriffen hatte, dass die Informatik mehr Zukunftsaussichten bietet als der öffentliche Dienst. Viele Lebensbereiche sind heute bereits mit der Informatik verbunden: bei sich Zuhause, bei der Arbeit, unterwegs, im Internet. Es scheint mir wichtig, die Bedeutung von alledem zu verstehen, nicht nur den beruflichen Stellenwert, sondern die Rolle der Informationstechnologie auf unser Leben insgesamt.
Es ist falsch, von Programmierern in erster Linie als von Wissenschaftlern zu denken, als von Fachidioten, die abseits im dunklen Kämmerchen sitzen, mit niemandem ein Wort wechseln und Sandalen an den Füssen tragen. Es stimmt einfach nicht. Die Arbeit des Programmierers beinhaltet sehr viel Satzlehre, sprachliche Kenntnisse, und die Fähigkeit, Sprache erfolgreich zu gebrauchen, also einzelne Sätze und Aussagen sehr genau einzusetzen. Mit einer guten, sprachlichen Vorbildung, die ich damals hatte - denn ich hatte an der Uni antike Sprachen studiert - besitzt man eine wertvolle Starthilfe. Es ist wirklich nur ein Vorurteil gegenüber Programmierern und der Informatik im Allgemeinen, dass dies nur etwas für Mathematiker und Grübler sei.

Es fällt auf, wie oft Richard Baker die beiden Begriffe »**Lernen**« und »**Ausbildung**« in seinem Diskurs verwendet. Für ihn ist die berufliche Weiterbildung ein Muss, stellt sich heraus. Dazulernen und Arbeiten gehen Hand in Hand, sind ein- und dasselbe.

Ich will immer wieder neue Dinge erlernen. Sachen, mit denen ich umgehen können muss, die ich verstehen kann und die mir für die Zukunft von Nutzen sein könnten. In der Informatikbranche muss jeder seine Kenntnisse und Fertigkeiten auf dem aktuellen Stand halten. Was letztes Jahr noch wichtig war, taugt heute schon nichts mehr. Daher muss ich immer wieder Weiterbildungskurse besuchen, mich auf dem Laufenden halten und versuchen, möglichst schnell möglichst viel praktische Erfahrungen mit neuen Techniken zu gewinnen. Das ist überlebenswichtig. Es gab Zeiten, früher, da es noch sehr wichtig war, topspezialisiert zu sein. Heute ist das schon ein wenig anders und es wird immer unerlässlicher, eine ganze Menge Wissen über sehr viele verschiedene Sachen zu besitzen. Nur ein Spezialist in JAVA zu sein, ist zum Beispiel nicht mehr genug, denn heute muss man eben auch die Arbeitsschritte, Techniken und Möglichkeiten kennen, die rund herum von Bedeutung sind.

Eine gesunde Neugier gegenüber allem, das rund um einen herum vorgeht; dazu ein wachsamer Blick auf alles, das die eigene Arbeit auch im entferntesten berührt; einen Trend in der Arbeitswelt frühzeitig erkennen; sich konsequent umschulen lassen; dann ebenso konsequent umsteigen: Für Richard Baker war dies damals eine den Umständen entsprungene Notwendigkeit; für kommende Generationen von Arbeitnehmern wird das gekonnte, mehrfache Umsteigen eine überlebensnotwendige Fertigkeit sein - denkt man üblicherweise.

Ein Blick auf die Zahlen belegt allerdings, dass je weniger Arbeitsplätze insgesamt vorhanden sind und je mehr der Arbeitsmarkt schrumpft, desto mehr ein Arbeitnehmer sich an seinem Arbeitsplatz festklammert, und auch seine Motivation sinkt, den Arbeitnehmer zu wechseln. In Westdeutschland gingen von 1990 bis 1995 satte 5 Prozent aller Arbeitsplätze verloren (in den Neuen Bundesländern sehr viele mehr), aber die durchschnittliche Beschäftigungsdauer aller Arbeitnehmer stieg in derselben Periode um ein Dreivierteljahr von 12 auf 12,75 Jahre an. Somit nimmt in einem rückgängigen Arbeitsumfeld die Wander- und die Experimentierlust unter den Arbeitnehmern ab, und es werden eher Entlassungen anstelle von natürlichen Abgängen zur allgemeinen Norm für die Beendingung eines Arbeitsverhältnisses.

Studien des International Labour Office (ILO) aus allen Industriestaaten belegen, dass Arbeitsplatztreue und Beschäftigungszahlen sehr eng miteinander verbunden sind. Je weniger Arbeit vorzufinden ist, desto unbeweglicher verhält sich die arbeitende Bevölkerung. Und je weniger Arbeitnehmer umgekehrt bereit sind, das Risiko »**Arbeitsplatzwechsel**« auf sich zu nehmen, je zähflüssiger die Personalzirkulation in der Arbeitswelt sich darstellt, desto mehr Arbeitsplätze gehen verloren, weil eine mentale Unbeweglichkeit und defensive Karriereplanung weder besonders effizient noch innovativ sind.

Das Umsteigen ist heutzutage nicht so einfach und selbstverständlich, wie es gepredigt wird. Der erste Teil des Umsteigens, das Aussteigen, wird einem so leicht gemacht wie noch nie. Beim zweiten Teil allerdings, dem Einsteigen an anderer Stelle, liegt aber einiges im Argen, denn dort (übertrieben formuliert) klebt meist ein verängstigter, langjähriger Mitarbeiter an seinem Platz und rührt sich nicht vom Fleck. Es zeigt sich auch immer wieder, dass Unternehmen und insbesondere ihre Personalabteilungen zu sehr auf

Sicherheit setzten, also auf Diplome, Leistungsausweise und vor allem auch noch auf praktische Erfahrung bedacht sind, so dass von den meisten unter ihnen keine verlockenden Impulse für Umsteigewillige zu erwarten sind. Und wer über 30 ist, der gehört eh' schon zum alten Eisen und dem wird jede mentale Mobilität abgesprochen.
Ein grosses Problem, das noch wenig Beachtung geniesst: Der stockende Kreislauf von Humankapital in der Arbeitswelt. So bahnen sich in der menschlichen Anatomie jeweils die Herzinfarkte an, wenn die Arterien verstopft sind und das Blut den Körper nicht mehr mit genug Sauerstoff versorgen kann. Die roten Blutkörperchen der Arbeitswelt, die neugierigen, wanderlustigen, umsteigewilligen Arbeitnehmer hatten auch schon mal freiere Bahn.
Als wir Richard Baker um seine persönliche Meinung zum technischen Fortschritt der letzten Jahre und dem allgemeinen Zustand der Arbeitswelt fragten, in der Hoffnung, auf diese Weise ein knackiges Zehnsekunden-Zitat für die TV-Serie zu ergattern, da räusperte er sich erst einmal kurz und meinte dann, na gut, hier könne er ein bisschen offener reden. Ohne dass er von Jeremy Rifkins Gedankengut berührt worden wäre oder den nachfolgenden Aufsatz von Christian Lutz über Lebensunternehmer gelesen hätte, überraschte er uns mit einer Sichtweise, die dem Grundtenor dieses Buchs sehr nahe kommt und die wir nachfolgend in ihrer Vollständigkeit wiedergeben:

Meiner Meinung nach sind wir heute an einem Punkt angelangt, an dem wir Menschen viel flexibler werden müssen, gedanklich, fachlich, beruflich. Vor allem in England ist das heute schon so, dass mehr und mehr Arbeitnehmer nur noch zeitlich beschränkte und kurzfristige Arbeitsverträge erhalten. Dazu kommt die Telearbeit, immer mehr Leute wollen bei sich zuhause arbeiten, das ist technisch inzwischen schon möglich. Ich hoffe, dass die Arbeit an einem Arbeitsplatz bei einem Arbeitgeber immer mehr in den Hintergrund rücken wird. Wir müssen heute vor allem in Teams integriert sein, mit Kollegen zusammenarbeiten und ich sehe keine grosse Notwendigkeit, tagein tagaus nur am Arbeitsplatz zu sitzen, um das zu tun. Mit entsprechender Ausrüstung und mit den neuen Telekommunikationstechnologien kann man geradesogut zuhause bleiben. Die Arbeit wird heute meistens in Paketform zugeteilt, als befristetes Projekt, das auf einen bestimmten Termin erledigt sein muss. Gutes, echtes Management bedeutet heute vor allem, den Mitarbeitern die zu leistende Arbeit brockenweise zuzuteilen, damit sie dann in einem bestimmten Zeitrahmen abgearbeitet werden kann. Ich mache mir allerdings Sorgen um meinen Sohn. Er ist jetzt zwölf Jahre jung und wenn er einmal älter wird, dann frage ich mich oft, was er dann tun soll. Nun gut, ich wusste es damals auch noch nicht, als ich die Schule verliess, aber das schien damals kein Problem zu sein, denn es gab mehr als genug Arbeit. Heute ist es für die Jungen ungleich schwieriger. Ich kenne die Zahlen hier auf dem Festland nicht, aber zumindest in England finden inzwischen ein Viertel aller Schulabgänger keine Arbeit. Das sieht meiner Meinung nach gar nicht gut aus und wir müssen uns dringend etwas einfallen lassen, damit die Jungen in unsere Gesellschaft eingebunden werden. Wir müssen für sie Arbeitsplätze schaffen, sei es um den

Preis, dass die älteren Semester dafür ein wenig zurückstecken, damit auch die Jungen Erfahrungen sammeln und zu unserer Gesellschaft beitragen können. Sonst verlieren wir sie. Für mich persönlich sieht die Zukunft gut aus. Mir gefällt aber einiges nicht so gut, das rund um mich herum passiert. Das heute vorherrschende Gefühl unter den meisten Menschen ist die Angst, dass die Wirtschaftslage noch schlechter wird, dass sie sich noch weniger vor den Auswirkungen einer Wirtschaftskrise schützen können und dass sie schlicht und einfach ihre Stelle verlieren. Diese Angst wirkt sich lähmend aus. Die Leute scheinen mir heute viel unsicherer und ängstlicher als damals, als ich aufwuchs. Mir kommt es viel nützlicher vor, sich heute zu fragen, auf welche Weise wieder mehr Menschen Arbeit bekommen können, als sich nur darum zu bemühen, wie es heute der Fall ist, als Einzelner das Bestmögliche für sich selbst zu erreichen. Das ist doch das Problem: Die Menschen fühlen sich bedroht und weigern sich deshalb, ihre Arbeit und ihre Erfahrungen mit anderen zu teilen.

Was ich vorschlagen würde? Zum Beispiel sollten Schulung und Weiterbildung eine viel wichtigere Rolle spielen als bisher. Nicht nur, wenn man jung ist, sondern immer. Ich würde eine Regelung anregen, die es allen Arbeitnehmern ermöglichen sollte, regelmässig eine Auszeit aus dem Arbeitsalltag zu nehmen, um sich ausserhalb mit anderen zu treffen, sich an Kursen und Seminaren fortzubilden und alternative Tätigkeiten auszuüben. Ich würde es begrüssen, wenn alle Arbeitnehmer selbstsicherer arbeiten könnten und wenn man sie nicht immer sofort entmündigen und damit auch verdächtigen würde, nur an den eigenen Vorteil zu denken und den Arbeitgeber übers Ohr hauen zu wollen. Es sollte sich ein Weg finden, damit alle Menschen, die einen Arbeitsvertrag bekommen, damit gleichzeitig auch ein Gefühl der Sicherheit erhalten. Wenn die Menschen Angst haben, dann können sie nicht gut arbeiten und leisten nur das Minimum, das ihnen ihre Stelle erhält. Aber sie haben keine Überzeugung, keine innere Bindung an ihre Arbeit. Erst wenn man sie vorbehaltlos in ein Team, in ein Arbeitsumfeld einbindet und sie ernst nimmt, dann leisten sie das kleine bisschen mehr, das den ganzen Unterschied ausmacht.

Zeitarbeit

Richards Bakers zweiter Umstieg war etwas subtiler und dennoch ebenso umwälzend wie der erste. Diesmal wechselte er nicht den Beruf, der ihm gefiel und der ihm gute Perspektiven bot, sondern seinen Status im Arbeitsmarkt. Vor fünf Jahren verliess er das englische Softwareunternehmen, für das er gearbeitet hatte und bewarb sich, von Kollegen auf diese Möglichkeit aufmerksam gemacht, bei der Interskill Services SA in Neuchâtel, in der Schweiz, als Zeitarbeiter.

Interskill gehört zu einer der weltweit grössten Zeitarbeits-Agenturen, der Delphi Group PLC, und befasst sich allein mit der Vermittlung von Computerspezialisten. Als Richard Baker vorstellig wurde, hiess man ihn willkommen. Einer der Gründe, warum er angenommen wurde, neben anderen, war seine COBOL-Erfahrung: Common Business Oriented Language, eine Programmiersprache zur problemorientierten Formulierung von Programmen der Datenverarbeitung, war wieder gefragt. COBOL war schon längst als Programmiersprache abgelöst worden (Richard Bakers kleine Spitze gegen JAVA weiter oben ist vielleicht auch in diesem Licht zu verstehen), doch noch gibt es sehr viele Anwendungen, die auf COBOL basieren. Und nicht zuletzt, seit man herausgefunden hat, dass die zweistelligen Datumsanzeigen in einigen älteren Programmen (darunter solche auf COBOL-Basis) ab dem Jahr 2000 viele Softwaresysteme zu umfangreichen und falschen Umrechnungen verleiten werden, sind COBOListen wieder gefragt. Die Jugend in der Informatikbranche hat allerdings keine Lust, ihre Zeit mit dieser alten Sache zu verschwenden, so dass die Aktien von jemandem wie Richard Baker wieder steigen.

Interskill nahm Richard Baker unter Vertrag. Er wurde erst einmal eine von tausenden kleiner Karteikarten, einer unter sehr vielen Computerexperten im internationalen Beziehungsnetz der Interskill. Doch keine Angst, als Karteileiche nützte er niemandem etwas, am wenigsten der Interskill. Denise Probst-Germann, Richard Bakers Agentin machte sich daran, ihren Schützling bei denjenigen ihrer Stammkunden anzupreisen, die jemanden wie ihn brauchen konnten.

Die Produkte von Interskill sind angesammeltes, zeitgemässes Computerfachwissen und langjährige, praktische Berufserfahrung. Es wird dem Kunden hübsch verpackt in der Form von Zeitarbeitern verkauft. Die Produktepalette wird immer aktualisiert: Interskill-Zeitarbeiter werden von der Agentur zu Weiterbildungskursen angemeldet, die teilweise von der Agentur bezahlt werden. Wäre Richard Baker nicht selbst schon vom Wert der »**Permanent Education**« überzeugt worden, seine Agentin würde ihn hin und wieder anstupfen und auffordern müssen, sich zusätzliche Fertigkeiten und noch mehr Fachwissen anzueigenen.

Inzwischen ist der Informationsvorsprung der Zeitarbeiter fest etabliert: Während die internen, festangestellten Mitarbeiter noch emsig das Tagesgeschäft bewältigen und den nächsten Auslieferungstermin irgendwie einhalten müssen, bilden sich Zeitarbeiter, zumindest diejenigen in der Informatikbranche, bereits munter weiter, lernen das Neueste vom Neuesten und sind ihren internen Kollegen mit schöner Regelmässigkeit die eine Nasenlänge voraus. Und möchte, muss ein Unternehmen sich in der Informatik neue Gebiete erschliessen, führt fast kein Weg mehr an den Zeitarbeitern vorbei, weil die internen Mitarbeiter noch nicht so weit fortgeschritten sind.

So geschehen bei der UBS (Schweizerischen Bankgesellschaft) in Zürich und mit Richard Baker, der von Interskill dort untergebracht wurde. Baker:

Die UBS stellt jeweils externe Zeitarbeiter für den Zeitraum eines Jahres ein, gibt ihnen also einen Einjahresvertrag. Dieser kann, muss aber nicht nach einem Jahr von der UBS um ein weiteres Jahr verlängert werden, je nach meiner Leistung und je nachdem, ob es überhaupt noch Arbeit und Projekte für jemanden mit meiner Qualifikation gibt. Meine Agentur, die Interskill Services SA in Neuchâtel, hat mir diese Stelle vermittelt.

Ich arbeite bei der UBS als externer Mitarbeiter am BankWideWeb, am Aufbau des

Internet-Auftritts und der Internet-Datenkommunikation dieser Bank, wenn Sie so wollen. Ich bearbeite zur Zeit in der Hauptsache bank-interne Kundenanfragen, spezifiziere sie und entwickle passende Problemlösungen, die ich dem Kunden erst vorlege und dann mit ihm umsetze. In letzter Zeit habe ich vermehrt auch ein bisschen bei der Programmentwicklung mitgemacht.

Ich führe den internen Kunden, das heisst den Kunden aus anderen Abteilungen der UBS, vor, was überhaupt technisch machbar ist und was nicht. Ich führe Ihnen vor, wie ihre Dokumente auf dem Computermonitor aussehen sollten, wie sie Zutritt dazu erlangen können und was die Users am Ende dann sehen werden. Das beinhaltet also viel Kommunikation und Absprache einerseits und viel Fachwissen andererseits darüber, wie Dokumente, Dateien und Datenbanken strukturiert werden müssen. Es beinhaltet ebenfalls einen grossen Anteil an reiner Beratungstätigkeit: Ich muss aus meinen Kunden herausbekommen, was sie am Ende dann sehen wollen und welche Inhalte wie strukturiert werden sollen.

Meine Arbeit ist zur Zeit sehr interessant. Wie ein Aufbruch in unbekanntes Gelände. Es ist insgesamt für mich ein neues Feld mit neuen Technologien. Was mir gut gefällt, sind die Kollegen in der Bank. Wir arbeiten als Team gut zusammen. Für mich ist es sehr wichtig, Kollegen rund um mich herum zu wissen, die ich erstens kenne und zweitens mag und mit denen ich gut auskomme.

Zur Zeit habe ich eigentlich kein Problem. Aber es gab bei der UBS manchmal auch Zeiten, weil ich ja ein externer Mitarbeiter, ein Zeitarbeiter bin, dass ich dann Dinge tun musste, die, nun, ein wenig langweilig waren. Man muss als Externer allerdings darauf gefasst sein, denn sonst kriegt man die Stelle nicht. Man kann davon ausgehen, dass man einige Jobs aufgedrückt bekommt, die man nicht gerne macht. Im Ganzen gibt es aber zur Zeit nichts, das mir grossen Kummer macht.

Abwechslungsreiche Arbeit, gutes Umfeld: Nichts zu klagen.

Mit Denise, meiner Agentin bei Interskill habe ich regelmässigen Kontakt. Wir telefonieren alle 14 Tage mindestens einmal miteinander, wie es geht, ob es ein Problem gibt. Ich greife auch gern auf die Dienste der Agentur zurück, um mir bei einigen meiner häuslichen und privaten Problemen zu helfen: Es ist zum Beispiel die Agentur, die mit der Hausverwaltung des Gebäudes verkehrt, in der ich meine Wohnung gemietet habe. Die Agentur kümmert sich um die Steuererklärung, um die Altersvorsorge und Pensionskasse, Versicherungen, Bankverbindungen, alle diese Zahlungen. Und sie hilft mir auch aus, wenn ich am Arbeitsplatz Probleme habe: Es ist für mich persönlich oft einfacher, allfällige Probleme bei der UBS über Interskill anzugehen, anstelle direkt vorzugehen, denn die Agentur kann sich besser für mich stark machen und mehr bewirken als ich allein.

Der Unterschied zwischen internen und externen Mitarbeitern? Nehmen wir zuerst den festangestellten Mitarbeiter: Als ich noch einer war, da hatte ich den Vorteil, dass immer eine Karrierenstruktur vorhanden war, in der mir einigermassen interessante Arbeit anvertraut wurde: Ich konnte also immer wissen, wo ich stand, wie es weiterging und welcher Weg zu beschreiten war. Für einen Zeitarbeiter ist das viel schwieriger, da ich jetzt noch nicht mit

Sicherheit weiss, was ich in einem Jahr tun werde. Damit ist immer ein Risiko verbunden; aber andererseits hat man dafür auch mehr Freizeit, und man ist unabhängig, natürlich nicht komplett unabhängig, aber innerhalb eines gewissen Rahmens. Für mich ist das wichtig. Ich bin seit vier Jahren bei der UBS. Es wurde mir einmal angedeutet, dass ich mich hier doch für eine Festanstellung bewerben solle. Ich habe mir das zwar überlegt, aber es hat mir nicht so zugesagt, weil ich grossen Wert auf meine Unabhängigkeit lege. Und wenn ich irgendwann einmal bei der UBS nicht mehr den Eindruck habe, dass meine Arbeit mich interessiert, mich fachlich und beruflich weiterbringt, dann würde ich mich ernsthaft nach einem Vertrag an anderer Stelle umsehen.

Als die UBS, wie die meisten übrigen europäischen Grossbanken nebenbei, plötzlich herausfand, dass es neuerdings etwas wie ein Internet mit immer mehr angemeldeten Teilnehmern gab, musste sie natürlich Präsenz markieren, eine WebSite einrichten und einen internetgerechten Auftritt sicherstellen. Ausserdem war dies eine sehr gute Möglichkeit, einen Teil der eigenen, internen Datenkommunikation, für welche die UBS bisher ein eigenes, direktes Datennetz verwendet hatte, auf das billigere Internet umzuleiten: Die Ortstarif-Kosten des Internets sind einiges kostengünstiger als die extra gesicherten Sonderleitungen. Sofern die Datensicherheit gewährleistet werden konnte, war das BankWideWeb eine rundum nützliche Sache.
Die eigenen Computerspezialisten, von denen es bei der UBS viele gibt, besassen für diese Aufgabe scheinbar nicht die notwendigen Qualifikationen und Erfahrungen. Man wandte sich an Interskill, seit Jahren UBS-Zulieferant von EDV-Talent, und setzte für die Umsetzung des Projekts auf Zeitarbeiter.
Ende 1992 zog Richard Baker mit Frau und Kind von England nach Zürich. Sein neuer Arbeitsplatz befindet sich nun in einem Verwaltungsgebäude der UBS, welches in einem Industriequartier im Norden von Zürich liegt. Im zweiten Stock des Gebäudes teilt er sich ein Grossraumbüro mit einer Gruppe von Kollegen. Zwölf Mitarbeiter bilden diese Gruppe, acht davon sind externe, nur gerade vier interne. 2:1 für die Zeitarbeit.
Für Richard Baker war es ein gewaltiger Wechsel, von Albions grünen Wiesen in die dichtbesiedelte Schweiz und in ein Land, dessen Sprache und Gewohnheiten er nicht kannte.

Ja, England fehlt mir immer ein wenig. Meine Frau und ich haben uns das damals, vor vier Jahren, sehr sorgfältig überlegt, als wir hierherzogen. Aber in Grossbritannien war damals für mich gerade beruflich so gut wie nichts Interessantes los und ich hatte so gut wie nie Zeit für die Familie. Die Schweiz schien uns eine gute Ausgangslage zu bieten, denn meine Frau und ich reisen gerne in Europa herum, wir wollen unbedingt auch andere Kulturkreise und andere Gesellschaftsformen als die Britische kennenlernen, und hier sind wir ja mittendrin. Obwohl ich England und vor allem das Britische TV-Programm vermisse, werde ich dennoch durchaus damit fertig, hier zu sein, denn es ist ein hübscher Ort. Seit ich hier bin, habe ich

entdeckt, dass die Atmosphäre hier in Festlandeuropa im Gegensatz zu Grossbritannien nachgerade befreiend ist. Erst hier habe ich viel Selbstvertrauen und einige neue Dinge vermittelt bekommen, sei es im Umgang mit anderen Leuten oder eine andere Art, gewisse Dinge anders als bisher zu tun. In England drüben ist manches viel zu sehr verkrampft und eingeengt.
Jede Arbeit muss für mich immer interessant und wichtig sein. Ich mag es nicht, mich mit Dingen auseinanderzusetzen, die für andere nicht nützlich sind und mir für die Zukunft nichts bringen. Wichtig sind auch die Leute, mit denen ich zusammenarbeite: Ich muss das Gefühl haben, in einem Team zu arbeiten, in dem das Team mir hilft und ich dem Team ebenso helfe. Alle für einen, einer für alle. Und ich erwarte vernünftige Arbeitsbedingungen und genügend Zeit, die ich mit der Familie verbringen kann, das liegt mir sehr am Herzen. Früher verbrachte ich noch sehr viel Zeit ausserhalb, weg von zuhause, lange Stunden am Arbeitsplatz, aber das war für meine Ehe sehr schlecht und erst jetzt, wo ich unabhängig bin, fühle ich mich auch zuhause wieder wohl.

Um das bisschen Heimweh zu lindern, das ihn ab und an befällt, ist Richard Baker dem Comedy Club in Zürich beigetreten. Shakespeares »**Much Ado about Nothing**« steht auf dem Spielplan und Richard nimmt regelmässig gern an den Proben im Pfarrhaus der französischen Kirche teil, auch wenn seine kleine Nebenrolle in diesem Stück nicht so anspruchsvoll als sein vorhergegangener Part im »**Kaufmann von Venedig**« ist. Mit Shakespeare und Geselligkeit bietet die Laientruppe des Comedy Clubs den in Zürich und Umgebung wohnhaften Briten ein kleines Stück Heimat abseits der Heimat.
Richard Baker ist nicht nur wegen seiner Liebe für die Bühne oder seines Heimwehs nach England dem Club beigetreten, sondern auch ein wenig als Kompensation zu seiner alltäglichen Arbeit, in welcher visuell die Computerbildschirme und inhaltlich streng logische und linguistische Gedanken dominieren. Und es liegt ihm viel daran, »**versatile**« zu sein, vielseitig, und die Dinge des Lebens nebst den Belangen der Arbeit ebenso zu pflegen. Er spricht auch ein wenig aus eigener Erfahrung, wenn er ein »**one-track mind**« beklagt, einen Einbahnverstand: Lange Arbeitsstunden bis in die tiefe Nacht und ein daraus resultierender, sehr schief hängender Familiensegen hat er eingestanden, so dass es ihm nun für alle Beteiligten am sinnvollsten erscheint, wenn er hin und wieder das tut, das die Engländer »**to stop and smell the roses**« nennen.
Und so, umgeben von jenen unverkennlichen, hallenden und haargenau artikulierenden Shakespear'schen Theaterstimmen, den wunderbar schwülstigen Wortkombinationen des Grossen Barden und etwa vier Dutzend gleichgesinnten Landsleuten, befindet sich die Welt der Computer, der Pflichten und des Geldes bei den Proben des Comedy Clubs meilenweit von Richard Baker entfernt. Er musste erst lernen, sie nicht zu vermissen.

Der Comedy Club ist eine Laienschauspieltruppe für Auslands-Engländer in Zürich. Die Schauspielerei hat mich immer interessiert, ich habe damals in London schon ein wenig geschauspielert, als ich noch jünger war. Ich mag es, unter die Leute zu gehen. Ich mag

Gruppendynamik, ich gebe es zu, ich verspüre ein akademisches Interesse an der Art und Weise, wie Gruppen funktionieren, wie ihre Mitglieder sich untereinander verhalten. Ich mag die harmlose Angeberei, die mit der Schauspielerei verbunden ist. Die Bühne hat mich immer fasziniert. Und durch den Comedy Club habe ich eine ganze Menge Leute kennengelernt, denen ich sonst niemals begegnet wäre. Ich will nicht von einem Lebensbereich allein abhängig sein, von der Arbeit allein zum Beispiel, sondern mag es, mich vielseitig zu betätigen.

Mit der Zeitarbeit hat Richard Bakers Informatiklaufbahn eine neue Gruppendynamik angenommen. Dramatis Personae: Kunden wie zum Beispiel die UBS, die ein aktuelles Fachwissen für zeitlich befristete Einsätze benötigen, deswegen aber nicht noch mehr feste Mitarbeiter einstellen (und umgekehrt die schon eingestellten nicht entlassen) wollen. Agenturen wie die Interskill Services SA, die für jedes Problem den passenden Mann zur Verfügung haben und als Zwischenhändler der Fachkompetenz sowohl die Interessen ihrer Kunden als auch diejenigen ihrer Zeitarbeiter im Augen behalten. Und schliesslich die Zeitarbeiter, die unabhängig und flexibel sein wollen, die sich weiterbilden und interessante Arbeit machen wollen, die sich an Kunden vermitteln lassen und als Gegenleistung dafür ohne Unterbruch an sich selbst arbeiten.

Zeitarbeiter verdienen einen höheren Lohn als gleichwertige interne Kollegen, von dem allerdings die Agentur ihren Anteil abzweigt. Die Agentur verlangt vom Kunden in der Regel auch eine einmalige Vermittlungsgebühr für jeden Zeitarbeiter und schliesst den Vertrag direkt mit dem Kunden ab. Dieser schliesslich zahlt keine Lohnnebenkosten, da der Zeitarbeiter bei der Agentur unter Vertrag steht.

Abschliessend

einige Zahlen: In Deutschland waren laut dem Bundesverband für Zeitarbeit e.V in Bonn 1995 jeden Tag insgesamt 139'000 Zeitarbeiter im Einsatz: Ein halbes Prozent der Gesamtarbeiterschaft. Der Zeitarbeitsmarkt weise wachsende Umsätze auf, wird an derselben Stelle rapportiert, und es seien positive Marktbedingungen für die Zukunft auszumachen.

Eine ältere Erhebung des ILO besagt, dass 1992 die Deutschen Zeitarbeitsagenturen einen totalen Umsatz von über 5 Milliarden DM erwirtschaftet haben. Im Vergleich dazu der USA-Umsatz im selben Jahr: 30 Milliarden DM. Von 1990 bis heute hat sich gemäss inoffiziellen Schätzungen die Anzahl Zeitarbeiter und Agenturen verdoppelt. Für die Zukunft ist mit weiterem Wachstum zu rechnen.

Inzwischen gibt es so gut wie keine Berufsgruppe, auf die sich noch nicht eine Agentur spezialisiert hat: Von ungelernten Mitarbeitern über die Medizin und das Spitalpersonal im Gesundheitswesen, von der Administration bis hin zu Ingenieuren und Technikern, Bauarbeiter, Monteure, Kranführer und Fernfahrer ebenso wie z.B. Akademiker, Journalisten, Kunsthandwerker. Und selbst Führungskräfte im Zeitarbeitsverhältnis sind keine Seltenheit mehr.

Ist dies eine gute oder schlechte Entwicklung? Wie so oft kommt es ganz darauf an, was man daraus macht. Im besten Fall ist die Zeitarbeit ein gangbarer Weg, um zwischen den divergierenden Interessen von Arbeitgebern und Arbeitnehmern zu vermitteln und um Bewegung in die verängstigte Stagnation der Arbeitsmärkte zu bringen. Zeitarbeit könnte sich als erfolgreiche Bypass-Operation anbieten, dank der eine Thrombose und eine Herzinfarkt in der Arbeitswelt vermieden werden können: Austeiger, Umsteiger und Wiedereinsteiger finden bei Zeitarbeitsagenturen eine Art zuhause, das es bis vor kurzem noch nicht gab.

Wenn die Gesamtarbeit in unserer Gesellschaft immer mehr in Einzelprojekte zerfällt und deren Zuteilung durch immer mehr Vermittlungsagenturen mitgestaltet wird, ist eine insgesamt gerechtere und breitere Verteilung der Arbeit möglich, als wenn dies nur den Unternehmen überlassen bleibt, die zu gerne versucht sind, den Druck auf den einzelnen Mitarbeiter noch mehr zu steigern anstatt die Arbeit auf selbständige, unabhängige Zulieferanten aufzuteilen.

Die Zitronenpresse würde dank eines grösseren Zeitarbeitsmarktes den Arbeitgebern aus der Hand genommen und den Agenturen überantwortet. Und diese sind bestimmt nicht dafür da, die Arbeit gerecht zu verteilen: Um erfolgreich zu operieren, muss jede Agentur versuchen, die allerbesten Zeitarbeiter einzustellen. Ein Zustand lässt sich daher ziemlich unschwer ausmachen, in dem die Crème de la Crème der Arbeitnehmer sich als Zeitarbeiter von Arbeitgebern und Agenturen umschwärmen lässt, während der biedere Durchschnitt keine Aussicht auf solche Behandlung hat und weiterhin im Sumpf des Tagesgeschäfts herumackert, während der externe Kollege im Büro nebenan mit seiner Agentur telefoniert und sich beschwert, dass er keinen eigenen Parkplatz zugeteilt bekommen hat. Noch ist dieses Szenario Fiktion; möge es so bleiben.

Unterwegs zur Zweiklassengesellschaft am Arbeitsplatz? Richard Bakers Hinweis, als externer Mitarbeiter müsse man auf undankbare Arbeiten gefasst sein, dürfte sich bald ins Gegenteil umkehren, besonders bei den spezialisierten Zeitarbeitern.

Eine parallele Entwicklung sei hier noch erwähnt, die sich zumindest in Konkurrenz zum Prinzip der Zeitarbeit befindet. Sie grassiert besonders in den Vereinigten Staaten und es darf daher vorausgesetzt werden, dass sie wie das Meiste aus Übersee in Bälde auch in Europa an Popularität gewinnt: Auf englisch heissen sie »**Consultants**«, Berater. Doch am allerbesten bezeichnet man diesen neuen Typus von Zeitarbeitern als das, was sie wirklich sind: Zwangsfreischaffende. Ein Unternehmen drängt die Arbeitnehmer in den Zustand von Freischaffenden, um sie je nach Bedarf einsetzen zu können oder auch nicht, um die Personalkosten zu senken und um die Lohnnebenkosten einzusparen. Die Arbeitnehmer haben meistens keine Wahl und müssen diesem Unterfangen zustimmen, wenn sie ihren Job (einen Teil davon zumindest) und ihren Lohn (ebenfalls einen Teil davon) behalten wollen.

Man möchte diesen marginalisierten Zwangsberatern raten, sich schnell umschulen zu lassen und sich eine Zeitarbeitsagentur suchen. Jeder Schauspielschüler sucht heute als

erstes nach einem guten Agenten, um an Engagements zu kommen. Die Erbringung der Arbeit sowie ihre Verwaltung und Vermarktung müssen ja nicht unbedingt immer in Personalunion besetzt werden.
Als Richard Baker, dies nebenbei, auf einer Sitzbank im Bürklipark am Zürichsee, uns sein Interview gab, etwa Vormittags um Viertel vor zehn bei blauem Himmel an einem frühen Septembertag im Jahr 1996, sprach er ein grosses Wort sehr gelassen und mit endgültiger Bestimmtheit aus. Zu seinem ersten Beruf und weshalb er ihn nicht länger ausüben wollte, meinte er schlicht: **»I couldn't see any future to it!«** Die knappe und ultimative Selbstverständlichkeit dieser Feststellung stellte Richard Baker in das Zentrum der Arbeitswelt und verlagerte die Beweislast für die Zukunftstauglichkeit von ihm weg und zu seinen Arbeitgebern: **»Zeigt mir Zukunft, sonst zeige ich Euch meine Absätze«.**
Ist es möglich, dass es so einfach ist? Sollte ein jeder sich die Future-Frage bezüglich seiner eigenen Arbeit stellen - und je nach Antwort, falls Bedarf, handeln? Muss man denn eine Zukunft sehen können? Sich auf sie vorbereiten können? Aber vielleicht ist es doch besser, und bestimmt viel sicherer, wenn man nichts unternimmt und auf den längst fälligen Wirtschaftsaufschwung wartet. Oder auf den Lottosechser. Oder auf die Gute Fee, bei der man drei Wünsche frei hat.

Der Arbeitnehmer ist tot - es lebe die Lebensunternehmerin!

Dr. Christian Lutz
Direktor
Gottlieb Duttweiler Institut, Rüschlikon

Wir leben mitten im Umbruch vom hyperindustriellen zum postindustriellen, genauer gesagt kulturellen Zeitalter (näheres dazu im abschliessenden Beitrag dieser Publikation). Dieser Umbruch wirft bereits seine Schatten voraus in die heutigen Arbeitsmärkte, besonders in Europa. Die steigenden Zahlen von Arbeitslosen und Ausgesteuerten, die täglichen Meldungen über Massenentlassungen, der Klimasturz in den Sozialpartnerbeziehungen, die Stagnation oder gar Rückbildung der Massenkaufkraft und die wachsende Angst, durch die sich vergrössernden Maschen und Risse des sozialen Netzes zu fallen - das alles sind nicht einfach Konjunkturphänomene, sondern Symptome eines tiefgreifenden wirtschaftlichen und gesellschaftlichen Umbruchs.

Bei näherem Zusehen erkennen wir darin gegenläufige Tendenzen: Die Globalisierung, die einen gewaltigen zusätzlichen Schub erhalten hat durch den Zusammenbruch des Sowjetimperiums und die neue World Trade Organization (WTO), hat dem weltweiten Wettbewerb um Investitionskapital und zwischen Wirtschaftsstandorten eine neue Schärfe verliehen, die sich ganz direkt auf die Arbeitsmärkte und Sozialsysteme auswirkt. Gleichzeitig wurden sowohl Staaten als auch Unternehmungen durch die Schere zwischen stagnierender Nachfrage und steigenden Anforderungen gezwungen, die im Boom der Achtziger Jahre verbummelten Hausaufgaben nachzuholen, und zwar im konjunkturell ungünstigsten Moment. Hinzu kam der Druck eines riesigen Kapitaltransfers nach Ostdeutschland ohne Lockerung der strengen Maastricht-Kritierien. Die Konsequenzen, die viele Weltunternehmen daraus zogen - sofortige Kostensenkungen durch Erschliessung aller ersichtlichen Rationalisierungsreserven, Standortverlagerungen, Zusammenschlüsse, erhöhten Leistungsdruck und entsprechende Massenentlassungen –, verschlechterten ihrerseits die soziale Lage. Die Gewerkschaften nehmen zunehmend die Gelegenheit wahr, sich als Verteidiger der Schwachen oder wenigstens des Monopols der Arbeit Besitzenden zu profilieren und betreiben eine Politik der Status-quo-Verteidigung, die ihrerseits die sozialen Probleme vergrössert.

Das sind die Rückzugsgefechte des hyperindustriellen Wirtschaftsmodells, dessen Niedergang sie im Endeffekt noch beschleunigen. Mit der industriellen Massenproduktion wird auch die fremdbestimmte, kollektivvertraglich geregelte Massenarbeit, d.h. die Leitfigur des Arbeitnehmers, verschwinden. Die neuen Arbeitsplätze, das lässt sich heute schon mit aller Klarheit beobachten, entstehen in den flexiblen, innovativen kleinen und mittleren Unternehmen. In den meisten Ländern des atlantischen Raums ist seit einigen Jahren eine eigentliche Gründungswelle zu beobachten, die in einzelnen Ländern und Regionen bereits die Entlassungen der Grossen überkompensiert.

Das sind die Vorboten der nachindustriellen Zukunft, die einen grundlegend anderen Erwerbsstil und Arbeitsmarkt mit sich bringen wird. Die Rahmenbedingungen des künftigen Erwerbslebens lassen sich wie folgt charakterisieren:

> ***Die von aussen und zentral gesteuerten Organisationsmaschinen des Industriezeitalters werden abgelöst durch lockere, prozesshafte, sich selbst entwickelnde, d.h. »bionische« Netzwerke von Beziehungen zwischen kleinen, unternehmerisch autonomen Teams, in denen sich die unternehmerischen Aufgaben zunehmend an den einzelnen Arbeitsplatz verlagern.***
>
> ***In aller Regel sind diese Teams nach dem Muster des »neuen Handwerks« tätig, d.h. sie entwickeln ihre Produkte - Waren, Dienstleistungen oder Pakete - im direkten Dialog mit ihren Kunden, und zwar gleichgültig, ob sie Zulieferer sind oder für den Endkonsumenten produzieren. Dieses Muster wird deshalb zum Megatrend, weil sowohl die technischen Möglichkeiten als auch die Tendenz zur individuell-massgeschneiderten Lebensgestaltung in diese Richtung wirken.***
>
> ***Die massgeschneiderte Dienstleistung an die internen oder externen Kunden bezieht sich aber in der Regel nur auf jene Unterschiede, bei denen eine Resonanz zwischen den Kernkompetenzen des Anbieters und den Bedürfnissen oder Wünschen des Kunden besteht. Der Rest wird an die Technik oder ans Netzwerk delegiert. So entstehen komplexe Netzwerke mit Lieferanten von Vorprodukten, Ausrüstungsgütern, zentralen Dienstleistungen und komplementären Angeboten, die sich alle auf ihre besonderen Stärken konzentrieren und im übrigen von der Stückkostendegression im Netzwerk profitieren: Nach dem para-***

doxen Ausdruck von Pine handelt es sich um das Muster der »massgeschneiderten Massenfabrikation«.

Diese Wertschöpfungsnetzwerke sind sich selbstorganisierende Informationsverarbeitungssysteme, die der zentralen strategischen Anforderung der Zukunft genügen, nämlich der organisatorischen »Intelligenz«, d.h. der raschen und vollständigen Umsetzung des vorhandenen und neu erschlossenen Wissens in zusätzlichen Kundennutzen. Dafür sorgen sie nicht nur durch optimale Nutzung der Informations- und Kommunikationstechnik, sondern auch durch eine bewusste Pflege des Vertrauens, der Qualität der menschlichen Beziehungen und der informellen Netze, alles Voraussetzungen organisatorischer Intelligenz.

Die neuen Netzwerke haben zunehmend virtuellen Charakter: Sie bestehen weniger aus Gebäuden und Maschinen als vielmehr aus den Vorstellungen in den Köpfen und den daraus erwachsenden Regeln und Verbindungen, und die Standorte der einzelnen Organisationszellen und Arbeitsplätze sind hoch flexibel und Gegenstand individueller Verhandlungen und Entscheidungen. Wohnort- bzw. kundennahe Arbeitsteams, eventuell kombiniert mit dem Heimarbeitsplatz und dem Kundenbesuch werden zur Regel. Selbst die physische Warenproduktion findet zunehmend dezentral statt, in flexiblen Automaten im Laden oder Zuhause.

Der Status der Erwerbstätigkeit ist immer seltener jener eines Angestellten und immer häufiger jener eines Auftragnehmers, Mitunternehmers oder Klein- und Kleinstunternehmers. Dementsprechend gibt es in aller Regel weder staatlich und kollektivvertraglich untermauerte Arbeitsplatzsicherheit noch Berufe, die man wie Fertigprodukte erlernt und anschliessend ein Leben lang ausübt. Dafür gibt es eine fast unbegrenzte individuelle Gestaltungsfreiheit und lebenslange Flexibilität im Arbeitsleben. Die Arbeitsbedingungen - Pflichten, Zeiten, Orte, organisatorischer Rahmen etc. - werden in aller Regel Gegenstand eigenständiger Entscheidungen oder individueller Aushandlung mit Auftraggebern sowie Berufs- und Lebenspartnern. Nach Präsenzzeit honoriert werden nur Tätigkeiten, für die diese wirklich entscheidend ist; in der Regel aber zählen Leistungs- und Erfolgskriterien oder einfach die Verfügbarkeit gewisser Fähigkeiten und Beziehungspotentiale.

> *In der Raumordnung wird die heute vorherrschende grossräumige Arbeitsteilung im weltweiten Rahmen, innerhalb der Kontinente und in den grossen Agglomerationen unterwandert durch das Modell der dezentralen Verdichtung: Die verschiedenen Lebensfunktionen rücken wieder vermehrt zusammen in den traditionellen ländlichen und kleinstädtischen Siedlungskernen und in sich verselbständigenden Stadtquartieren. Dort entstehen wieder eigentliche, von den Einwohnern aktiv mitgestaltete Lebenszentren mit vielfältigen Netzwerken und Tätigkeitsprofilen - die »neue Polis« des kulturellen Zeitalters. Sie entsteht nicht durch Abschottung von den globalen und kontinentalen Märkten, sondern weil die Menschen so leben wollen und den Pendlerstress satt haben, weil die Verkehrs- und Energiepreise sich früher oder später der gesellschaftlichen Kostenwahrheit annähern werden, und weil die organisatorischen und technischen Möglichkeiten das neue Muster unterstützen - bis hin zum multimedialen Anschluss an die »Global City«, derzufolge die glücklichen Dörfer der Zukunft nicht mehr Provinz sein werden.*
>
> *Immer mehr Länder werden ihr Rechts- und Sozialsystem auf die neuen Muster einrichten. Einerseits wird der Arbeitsmarkt radikal dereguliert - soweit das überhaupt noch eine Rolle spielt, wenn er weitgehend durch einen Auftragsmarkt abgelöst wird. Anderseits wird sich das Sozialsystem schrittweise in eine Richtung entwickeln, welche die totale Flexibilität der individuellen Arbeitsgestaltung sowie die Anreize zur Selbstverantwortung intakt lässt und der Vollkasko-Mentalität die Grundlage entzieht, gleichzeitig aber ohne zusätzliche Kosten verhindert, dass Minderqualifizierte oder Pechvögel ins Bodenlose stürzen. Am besten und zu den geringsten Kosten leistet dies m.E. eine Kombination einer minimalen Einkommensgarantie in Gestalt einer negativen Einkommenssteuer mit einem allgemeinen Sozialdienstobligatorium, das im Lauf des aktiven Lebens massgeschneidert zu absolvieren ist, unter Anrechnung der Kinderbetreuung und Altenpflege.*

Diese neuen Rahmenbedingungen werden sich natürlich nicht von heute auf morgen einstellen, sondern in einem Prozess, der sich über mehrere Jahrzehnte hinzieht. Aber seine Anfänge können wir bereits beobachten. In zunehmendem Masse wird er den Abschied vom «Arbeitnehmer» als Leitfigur des Industriezeitalters unterstützen. Die neue Leitfigur, die den neuen Rahmenbedingungen entspricht, nenne ich »**Lebensunternehmerin**«. Immer mehr Menschen werden gezwungen sein, die Fähigkeiten entwickeln, die Möglichkeit erkennen, den Wunsch hegen - je nachdem -, eine unternehmerische Grundhaltung gegenüber ihrem eigenen Leben zu entwickeln. Sie werden sich einen Lebenspfad suchen, der aus ihren biographischen Gegebenheiten heraus fliesst und ihren besonderen Stärken und Vorlieben entspricht. Angesichts der erwähnten Rahmenbedingungen wird der Lebenspfad in aller Regel nicht gradlinig verlaufen, sondern sich durch verschiedenste Konstellationen hindurchschlängeln und ein flexibles, sich immer wieder neu konstituierendes »**Tätigkeiten-Portfolio**« (Peter Gross) hervorbringen, eine Kombination verschiedener Erwerbs- und Nichterwerbstätigkeiten, die immer wieder neu optimiert wird.

Dies geschieht auf der Basis typischer Unternehmerfragen wie: Was sind meine besonderen Stärken und Präferenzen? Was heisst für mich Erfolg? Wo sehe ich die grossen Chancen? Welche Risiken gilt es zu beachten? Wo stehe ich heute und wo will ich hin? Welchen Weg beschreite ich dabei? Welche Investitionen sind dafür erforderlich? Je nach Lebensabschnitt, Partnern und äusseren Umständen lauten die Antworten auf diese Fragen immer wieder anders. Sie können z.B. bedeuten, dass der persönlichen Weiterentwicklung, dem Partner, den Kindern oder einer sozialen Tätigkeit einmal das Hauptgewicht gewidmet wird, während zu einem anderen Zeitpunkt die gesamte Energie in den beruflichen Erfolg einfliesst. Diese Flexibilität der Lebensgstaltung würde natürlich gewaltig erleichtert durch das erwähnte System der negativen Einkommenssteuer und eines Sozialdienstobligatoriums.

Weshalb ist die Leitfigur des nachindustriellen Zeitalters weiblich? Weil Frauen in jeder Hinsicht besser darauf vorbereitet sind und eine entsprechend prägende Rolle spielen werden. Das Industriezeitalter prämierte Männer, die auf genau definierten, von Fachwissen, Disziplin und Machtstreben geprägten Berufslaufbahnen in der Hierarchie nach oben rückten und auf diesem Wege alle nicht zielführenden Qualitäten wegrationalisierten, bis ganz oben nach dem Wort eines Schweizer Wirtschaftsführers nur noch die »**stromlinienförmigen Windhunde**« ankamen. Demgegenüber haben sich berufstätige Frauen, der Not gehorchend, seit langem zu Lebensunternehmerinnen entwickelt, die mehrere soziale Funktionen miteinander zu verbinden hatten. Des weiteren beobachten wir, dass Frauen generell mehr Gewicht legen auf die soziale und kommunikative Funktion als Männer, mehr sachbezogen als macht- und hierarchiebezogen agieren, weniger Scheu vor emotionalem Engagement zeigen und neben der rational-kognitiven die intuitive und spontane Komponente mehr ins Spiel bringen.

Unabhängig davon, wie weit diese geschlechtsspezifischen Unterschiede biologisch oder kulturell bedingt sind, bedeuten sie jedenfalls, dass Frauen wesentlich besser gerüstet sind für die Lebensunternehmerfunktion und für den Erfolg in den bionischen Netzwerkorganisationen des kulturellen Zeitalters als Männer, und deshalb die nachindustrielle Gesellschaft zunehmend prägen werden. Hinzu kommt, dass die neue

Flexibilität der Tätigkeiten-Portfolios, vor allem in Kombination mit negativer Einkommenssteuer und Sozialdienstobligatorium, für Frauen im Vergleich zur heutigen Situation eine erhebliche Erleichterung bedeutet, während die Männer im Vergleich zum heutigen, von eindimensionalen Berufslaufbahnen dominierten Leben, vor einer wesentlich komplizierteren Aufgabe stehen werden. Aber dieser Unterschied zeigt sich schon heute: Männer reagieren wesentlich unflexibler auf Beschäftigungslosigkeit, und der Anteil von Frauen unter den Unternehmensgründern steigt ständig an.
Bedeutet die Ablösung des Arbeitnehmers durch die Lebensunternehmerin den Kulminationspunkt einer Entwicklung in Richtung einer sich atomisierenden Gesellschaft, die schliesslich nur noch aus vereinsamten Egozentrikern, Narzissten und Bildschirmzombis besteht? Diese Befürchtung basiert auf der Projektion der Individualisierung in heutige organisatorische Strukturen und auf der Annahme, dass eine Gesellschaft nur aufgrund von oben vorgegebener Werte zusammenhalte und Solidarität entwickeln könne. Dem sei hier entgegengehalten, dass

> ***gerade Lebensunternehmerinnen aus ihrer offenen Haltung gegenüber allen Lebenserfahrungen frühzeitig lernen, dass Lebenserfolg nicht auf Nullsummenspielen, sondern auf Synergiespielen beruht, dass die Pflege des Beziehungskapitals die wohl wichtigste Investition im Leben ist, und dass sie auf einem Gleichgewicht zwischen Geben und Nehmen beruht, bzw. auf der Bereitschaft, die Erwartungen der Mitmenschen wahr- und ernstzunehmen, und auf sie zu antworten - eine Haltung, die man gemeinhin »Verantwortung« nennt;***
>
> ***dementsprechend eine Gesellschaft von Lebensunternehmerinnen spontan, von unten her, die entsprechenden gemeinsamen Werte wie Offenheit, Toleranz, Empathie, Verantwortungsbewusstsein entwickeln wird;***
>
> ***dem Tätigkeiten-Portfolio ein differenziertes »Beziehungs-Portfolio« innerhalb und ausserhalb der Arbeitswelt entsprechen wird, unter Einschluss der nachbarschaftlichen, freundschaftlichen, familiären, kulturellen und politischen Netze, die in der künftigen Welt der kleinräumigen Vielfalt enorm aufblühen dürften.***

Dies alles spricht dafür, dass der Druck auf den Sozialstaat durch informelle Solidaritäten eher gemildert werden dürfte. Ausserdem ist zu erwarten, dass im deregulierten Arbeitsmarkt die unfreiwillige Erwerbstätigkeit auf ein Minimum reduziert wird; auch für Minderqualifizierte werden sich Nischen finden. Allerdings wird die durchschnittliche Erwerbsarbeitszeit eher abnehmen, und die Unterschiede, die heute durch den Einfluss der Gesetzgebung und den der Kollektivverträge nivelliert sind, werden wachsen. Zwar wird die Arbeitsproduktivität unter den geschilderten Rahmenbedingungen beschleunigt ansteigen. Gleichwohl steht keineswegs fest, dass auch die am niedrigsten entlohnten Tätigkeiten die Versorgung einer Familie ermöglichen. Auch dieser Zusammenhang spricht für die Einführung der negativen Einkommenssteuer.

Ein ebenso wichtiger Beitrag zu einer sozialen Lebensunternehmer-Gesellschaft ist aber eine fundamentale Bildungsreform, die eine ähnliche Quadratur des Kreises zu leisten hat, wie der Umbau des Wohlfahrtsstaats: Wir benötigen ein Bildungssystem, das flexibel und offen für den Wettbewerb ist, sodass es sich einstellt auf das Erfordernis einer lebenslangen massgeschneiderten Entwicklung in enger Verknüpfung mit dem jeweiligen Tätigkeiten-Portfolio. Gleichzeitig aber muss durch einen Bildungsbonus, ein minimales Bildungsobligatorium und durch attraktive Einstiegs- und Coaching-Angebote die grösstmögliche Chancengleichheit für jene angestrebt werden, die andernfalls Gefahr liefen, den Anschluss ans kulturelle Zeitalter zu verlieren.

Die Erfolgreichen

Das Lernen ist im Industriezeitalter ein industrieller Prozess: Massenunterricht und Fliessbandcurriculum, herzlich wenig Pädagogik. Die Klasse hier, der Lehrer oder die Lehrerin dort, die Ausbildung irgendwo dazwischen. »Non scolae sed vitae discismus«, donnert es früher oder später unweigerlich von vorn: »Wir lernen nicht der Schule zuliebe, sondern für das Leben!« Schule und Ausbildung als Kinotrailer zum späteren Berufsleben?

Jedes Schulsystem dient in erster Linie den Bedürfnissen der Gesellschaft, in der es sich befindet. Es huldigt nicht der abstrakten Sapientia, sondern dem Personalbedarf der Arbeitswelt und den allgemeinen Vorstellungen darüber, welche Faktoren es dem Menschen ermöglichen, im Leben Erfolg zu haben. Es hinkt stets zehn, fünfzehn Jahre hinter der Wirklichkeit her, weil es sich nur mühsam umstellen lässt. Das heutige, staatliche Schul- und Hochschulsystem Europas ist immer noch damit beschäftigt, Spezialisten, Wissenschaftler und Akademiker für die fetten Spät-70er und 80er-Jahre bereitzustellen, selbst wenn es derer viel zuviele für viel zuwenige Stellen sind. Für Generalisten, nach denen heute immer mehr Arbeitgeber und Politiker schreien, gibt es noch keinen Bildungsweg.

Dafür gibt es die Privatindustrie. Unternehmen und Arbeitgeber können nicht warten, bis das staatliche Schulsystem ihnen die Schüler mit den richtigen Qualifikationen und Schlüsselkompetenzen liefert: Sie wollen lieber heute als morgen erfolgreich sein und die Erfolgsmitarbeiter von morgen schon heute in ihren Reihen wissen. In den letzten Jahren hat sich das Anforderungsprofil an Mitarbeiter umfassend gewandelt: Nicht länger der disziplinierte, wuselige, anspruchslose Befehlsausführer stellt den Prototyp des Zukunftsarbeiters dar, denn fieberhaft gesucht wird jetzt der Typus des teamfähigen, kommunikativen, initiativen Mitdenkers. Ein Unterschied wie zwischen Berti Vogts und Franz Beckenbauer (als Fussballspieler), ausser dass vom Arbeiter der Zukunft erwartet wird, er möge beides in einem sein, zäh und einsatzstark wie König Berti, genial und souverän wie Kaiser Franz.

Und Spass soll es ihm auch machen. Der Arbeitnehmer wird ja als ganzer Mensch so voll genommen wie noch nie zuvor in der Arbeitsgeschichte.

Global Business

Im August 1987 erschütterte die überraschende Nachricht die Wirtschaftswelt, dass Asea, gegründet 1883, das Flagschiff der schwedischen Industrie, mit dem Flagschiff der Schweizer Maschinenindustrie, der 1891 gegründeten Brown Boveri Companie BBC, fusionieren und unter dem neuen Namen ABB auftreten würde. Beide Partner-Unternehmen waren sich ähnlich, was Produkte, Märkte und Kernkompetenzen betraf und hatten aus den stagnierenden Umsatzzahlen der letzten Zeit die logische Konsequenz gezogen: »**Jeder für sich sind wir zu klein für das grosse, internationale Geschäft; nur zusammen sind wir stark und erfolgreich**«.
Die Elefantenhochzeit wurde in jener Zeit, 1988, gefeiert, als »**Synergie**« eines der beliebtesten Schlagworte war und als der Spruch von der »**Summe, die mehr ist als nur die Summe ihrer Einzelteile**« noch für bare Münze genommen wurde. Dennoch traute man der jungen ABB damals nicht viel zu: Ein heikler, kultureller Cocktail von kommunikationsfreudigen Schweden und qualitätsbesessenen, stillen Schweizern sei das, hiess es. Noch heute bezeichnen die Schweizer die ABB als einen schweizerisch-schwedischen Konzern, während die Schweden ihn als schwedisch-schweizerisches Unternehmen betrachten. Percy Barnevik, der oberste Mann bei ABB, relativiert:

ABB ist ein Konzern ohne geographisches Zentrum und ohne Nationalität. Wir sind eine Föderation von nationalen Unternehmen mit einem globalen Koordinierungszentrum. Sind wir ein schweizerisches Unternehmen? Unser Hauptquartier befindet sich in Zürich, aber gerade mal 100 Mitarbeiter arbeiten dort und es werden nicht mehr werden. Sind wir ein schwedisches Unternehmen? Ich bin der Generaldirektor von ABB, ich wurde in Schweden geboren und bin dort aufgewachsen und in die Schule gegangen. Aber das ABB Hauptquartier befindet sich nicht in Schweden und nur zwei von acht Aufsichtsräten sind Schweden. Vielleicht sind wir ein amerikanisches Unternehmen: Unsere Bilanzen veröffentlichen wir in US Dollars, und Englisch ist die offizielle ABB-Sprache, und die internationalen Meetings werden auf Englisch geführt. Schweizerisch, schwedisch, amerikanisch... ABB ist nichts von dem - und alles von dem. Wir sind nicht heimatlos. Wir sind ein Konzern mit vielen Heimaten.

Was sich seit der Gründung von ABB in den letzten zehn Jahren alles bei Asea und BBC geändert hat, könnte mehrere Bücher füllen. Zwei statische, eher behäbige nationale Unternehmen lösten sich auf, und an ihre Stelle trat im Lauf der Zeit ein moderner, dynamischer Konzern, bestehend aus 1000 kleinen Einzelunternehmen. Die zuvor eher langsamen Produktionszyklen und Durchlaufzeiten wurden massiv beschleunigt und das Preis-Leistungsverhältnis insgesamt verbessert.
1996 erhielt die ABB von der Financial Times und Price Waterhouse den ersten Platz unter Europas meistangesehenen Unternehmen zugesprochen. Das war einerseits schön

und andererseits vorauszusehen, denn bereits 1994 und 1995 hatte ABB diesen Platz innegehabt. Der Umsatz von 1995 betrug über 33 Milliarden Dollar, der Gewinn über 2 Milliarden Dollar und die Zahl der Mitarbeiter über 209000 Mitarbeiter. Percy Barnevik:
ABB ist ein gewaltiger Konzern. Der überwiegende Anteil unserer Angestellten arbeitet allerdings in kleinen, selbständigen, selbstverantwortlichen und autonomen Geschäftseinheiten. Unsere Aktivitäten verlagern sich auf über 1'000 verschiedene Einzelunternehmen mit durchschnittlich 200 Mitarbeitern. Diese Unternehmen sind nochmals unterteilt in insgesamt 4500 Profitcenter mit durchschnittlich 45 Mitarbeitern.
Wir schwören auf Dezentralisierung. (...) Kleine Einzelunternehmen stellen auch ein geeignetes Mittel dar, um auf wirksamere Weise gute Manager rekrutieren und motivieren zu können: Die Mitarbeiter können in kleineren Unternehmen, die einfacher zu verstehen sind und mit denen man sich viel leichter identifizieren kann, viel schneller sinnvolle Aufstiegsmöglichkeiten erkennen.
ABB ist eine Organisation mit drei inneren Widersprüchen: Wir wollen global, aber auch lokal stark sein; wir wollen riesig, aber auch winzig zugleich sein; und wir wollen ein radikal dezentralisiertes Unternehmen sein, aber auch ein wirksames, zentrales Rapport- und Kontrollsystem besitzen. Wenn es uns gelingt, diese Widersprüche zu lösen, beschaffen wir uns einen echten, organisatorischen Vorsprung.

Die dezentrale Matrix von ABB und die Fast-Atomisierung des Unternehmens war der Schlüssel zum Erfolg. Die einzelnen, meist nationalen Kleinunternehmen, bilden die lokalen Wurzeln: Je nach Auftrag oder Projekt arbeiten einzelne ABB-Unternehmen eng miteinander zusammen und stehen gleichzeitig wegen eines anderen Projekts in erbittertem Konkurrenzkampf. Das Hauptquartier mischt sich in solche Händel nicht ein, lässt in der Regel den lokalen Darwinismus zu und bewertet die Zahlen. Erfolglose ABB-Unternehmen bestehen nicht lange: Sie werden entweder in andere eingegliedert oder liquidiert.
Der Wettbewerb hört an der Eingangspforte der ABB nicht auf: Dort beginnt er erst recht. Fast 10 Prozent des Jahresumsatzes von ABB werden in Forschung und Entwicklung investiert. Hier zahlt sich die Grösse des Konzerns aus, denn hinter jedem, auch dem kleinsten Unternehmen, steht ein riesiger »**Knowledge**«-Pool und ein globaler Gigant, der seine weltumspannenden Muskeln auch für den kleinsten Tochterbetrieb spielen lässt.
Dass in diesem Kontext Einzel- und Mitarbeiterschicksale von untergeordnetem Wert sind, versteht sich: Vom Elektromonteur in der Werkstatt bis zum Topmanager in der Chefetage, alle sind den globalen Elementargewalten ausgesetzt. Percy Barnevik:
Deutschland ist ein gutes Beispiel. Brown Boveri war dort seit fast 90 Jahren tätig gewesen. Die deutsche Tochter war so gewaltig - mit mehr als 35000 Mitarbeitern - dass grosse Rivalität mit dem Schweizer Mutterhaus herrschte. BBC Deutschland war damals eine technologiezentrierte, profitarme Organisation, die weit unter Wert operierte. Die Bildung von

ABB bot nun die Gelegenheit, die Probleme in Angriff zu nehmen, die seit Jahrzehnten dort herangewachsen waren. (...) Wir mussten die Arbeiterschaft um 10 Prozent oder etwa 4000 Mitarbeiter verringern. Wir mussten das Hauptquartier der BBC Deutschland zerschlagen, das wegen den Streitigkeiten mit der Schweiz einen riesigen Wasserkopf bekommen hatte. Wir mussten Doppelspurigkeiten in der Produktion beseitigen und wir benötigten viele, neue, ehrgeizige Manager, die heiss auf die Marktführerschaft waren und an den Herausforderungen wachsen wollten.
Die Reaktion fiel stark aus. Eberhard von Koerber, der neue Geschäftsführer von ABB Deutschland, bekam es mit Streiks, Demos und Barrikaden zu tun - ein totaler Arbeitskampf. (...) Nach einiger Zeit, als die Gewerkschaften endlich unsere Strategie verstanden, liessen die Proteste nach. Der stumme Widerstand durch die bisherigen Manager war viel gefährlicher. Es zeigte sich, dass ein Grossteil des gewerkschaftlichen Widerstand eigentlich durch das alte Kader angeheizt worden war.
Weltweit sind wir personell so dünn wie nur möglich besetzt. Es ist kein Zufall, dass das ABB Hauptquartier in Zürich nur aus 100 Mitarbeitern besteht. Je näher man an das Top-Management kommt, desto strenger sind wir bei den Mitarbeiterzahlen. Ich bin fest davon überzeugt, dass man bei jedem durchschnittlichen und traditionell zentralisierten Unternehmen 90 Prozent des Hauptquartiers gleich einmal abschaffen kann, ohne dass es irgendwelche schlechten Folgen hätte; man braucht nur 30 Prozent der Mitarbeiter in freistehende Dienstleistungszentren auszusiedeln, welche die effektive Arbeit leisten, wie die Buchführung und die Rechtsabteilung - und diese dem Hauptquartier in Rechnung stellen; weitere 30 Prozent der Belegschaft, die Personalabteilung zum Beispiel, können direkt in die Linien-Organisationen dezentralisiert werden. Und nochmals 30 Prozent verschwinden infolge Stellenabbaus.
Das ist nicht Theorie, es ist Praxis. Als wir die Firma Ströberg übernahmen, da umfasste das Hauptquartier 880 Mitarbeiter. Heute sind es 25. Im Hauptquartier von Deutschland arbeiteten bei der Übernahme 1988 noch 1600 Mitarbeiter. Heute sind es 100.

(Auszüge übersetzt und nachgedruckt mit Zustimmung der Harvard Business Review. Das Originalinterview wurde unter dem englischen Titel »The Logic of Global Business: An Interview with ABB's Percy Barnevik« von William Taylor in der Ausgabe vom März-April 1991 publiziert.

Auch in diesem Licht sind die nachfolgenden Überlegungen zu einer von über 1000 Tochtergesellschaften der ABB zu verstehen: Der Verein ABB Lernzentren.

Erfolgskompetenz

ABB Lernzentren wurde am 1. Januar 1996 gegründet, beschäftigt 74 Mitarbeiter und zielt auf einen Umsatz von 22 Mio SFR im Jahr. 23 Firmen, darunter vorwiegend Schweizer ABB-Gesellschaften, bilden die Trägerschaft. Innerhalb der internationalen

ABB-Konzernarchitektur besitzt er keine operative Linienfunktion, sondern bietet eine interne Dienstleistung an, für die ihn die anderen ABB-Gesellschaften bezahlen. ABB Lernzentren übernimmt die Lehrlings-Ausbildung.
ABB Lernzentren ist der Vertragspartner sämtlicher Lehrlinge und Lehrtöchter und somit verantwortlich für die Rekrutierung, die Grundausbildung in den Lehrwerkstätten, die Betreuung und Versetzung in die verschiedenen Gesellschaften und für das Prüfungswesen.
Vor zehn Jahren gab es über 20 verschiedene Lehrberufe in der Maschinenindustrie, wie Schlosser, Schweisser, Maschinenzeichner u.v.a. Bei den ABB Lernzentren sind es noch fünf Berufe, die angelernt werden: Elektroniker, Maschinenmechaniker, Elektromechaniker, Maschinenmonteur und Elektronikmonteur.
ABB Lernzentren hat das Konzept der Berufslehre drastisch revidiert. Vergangen sind die Zeiten, als pädagogisch eher unbedarfte Lehrmeister im Kasernenton mit ihren Lehrlingen umgingen. Vergangen auch die Zeiten der sofortigen und nicht rückgänig zu machenden Überspezialisierung. Das Motto des Vereins, von Heinrich Pestalozzi, dem Vater der Schweizer Pädagogik inspiriert, postuliert

Die Lehre als Basis für eine dauernde Weiterbildung.
Eine ganzheitliche Ausbildung für Kopf, Hand und Herz.

Das Curriculum der ABB Lernzentren beinhaltet nicht nur die Fachkompetenz an sich, sondern soll die Sozialkompetenz und die Methodenkompetenz bei den Lehrlingen und Lehrtöchtern fördern. Neben manuellen Fertigkeiten werden also auch kommunikative und analytische Fähigkeiten geschult und geprüft. In den ABB Lernzentren ist der ganze Mensch das Ziel, damit aus ihm auch in Zukunft ein guter Mitarbeiter werden soll. Schon heute müssen den Jugendlichen die Fähigkeiten vermittelt werden, die ihnen in der Zukunft Erfolg bringen werden. Mittels Fach-, Sozial- und Methodenkompetenz soll ihnen hauptsächlich eine Erfolgskompetenz angeschult werden.
ABB Lernzentren erreicht dies, in dem die jährlich 700 Lehrlinge und Lehrtöchter zu kleinen, möglichst interdisziplinären Teams von 6 bis 8 Jugendlichen zusammengefügt werden. Im Team wird gelernt, gearbeitet, kommuniziert. Bei ABB bezeichnet man dies als die Inselmethode, weil jedes Team lernen muss, sich als Insel im ABB-Ozean über Wasser zu halten. Die Erlangung der Inseltauglichkeit ist eines der allerwichtigsten Lernziele überhaupt - und sie spiegelt im Kleinen die effektiven Verhältnisse in der globalen ABB-Architektur wieder: Ungezählte selbständige Kleinunternehmen und Geschäftseinheiten, die nicht untergehen wollen. Was der Schweizer Nachwuchs ab dem zweiten Lehrjahr praktiziert, ist ein genaues Ebenbild der ABB-Welt im Grossen: Der Umgang mit Hochdruck von innen und von aussen.
Aus den nachfolgenden Testimonials von zwei Lehrlingen, von einem Ausbilder und vom Geschäftsführer der ABB Lernzentren wird ersichtlich, wie der Ausbildungsalltag der Zukunft nicht nur bei der ABB aussehen könnte. Und man beachte auch, dass

Aussagen, welche die individuelle Ebene betreffen, durchaus auch Allgemeingültigkeit besitzen.

Reif für die Insel

Yves Breitschmid
Elektromechaniker-Lehrling im vierten Lehrjahr, Teamleiter.

Ich mache eine Lehre als Elektromechaniker. Ich lerne dabei vor allem das Bedienen elektrischer Maschinen, wie man sie durch Fehlersuche wieder instand setzt, aber darüber hinaus lerne ich auch den Umgang mit Mitarbeitern und die verschiedenen Lernmethoden. Unsere wichtigste Lernmethode nennen wir die Insel-Methode, wo wir in Lehrlingsgruppen zusammenarbeiten und keinen Chef haben, weil jeder von uns ein bisschen der Chef sein sollte. Jeder hat auf der Insel soviel oder sowenig zu sagen wie der andere.
Mir fällt die Arbeit im Team leichter, weil ich nicht auf mich selbst gestellt bin und immer irgendwie Unterstützung von den anderen habe. Trotzdem muss jeder grosse Verantwortung übernehmen, denn wenn einer nicht mehr mitmacht, funktioniert das Team nicht mehr. Ohne Verantwortlichkeit klappt es nicht.
Wenn bei uns im Team jemand nicht mitarbeiten will, ist bereits eine Schwierigkeit da: Man muss mit dem Betreffenden reden und das Problem irgendwie lösen. Als ich früher noch in Lenzburg in die Lehre ging, war die Konkurrenz gross, denn jedes Team wollte nicht hinter die anderen zurückfallen und, ja, ein Kampf ist immer da. Das ist ein bisschen wie im richtigen Leben und wenn man die Unterstützung von anderen Team-Mitgliedern hat, fühlt man sich stärker.
Mein heimlicher Traumberuf wäre in der Filmbranche, Spezialist für Spezialeffekte und Pyrotechnik. Nach dieser Lehre möchte ich erst einmal die höhere, technische Lehranstalt bewältigen und nachdem ich das erreicht habe, kann ich mir schon auch vorstellen, etwas anderes als diesen Beruf hier auszuüben.
Ich finde, dass ich von ABB hier recht gut auf das Berufsleben vorbereitet werde, vor allem auch deshalb, weil man lernt, wie man mit den Kollegen umzugehen hat und wie man gemeinsam mit ihnen Probleme erkennen und lösen kann. Das bringt einen doch sehr viel weiter, fast mehr noch als der Beruf an sich, den man lernt.
Der einzige Kritikpunkt, den ich habe, ist dass ich hier in meinem eigentlich Fach, in der Elektromechanik, nicht so tief und umfassend wie anderswo ausgebildet werde. Ich bemerke manchmal, dass andere Elektromechanik-Lehrlinge aus den Kleinbetrieben schon über viel mehr Fachwissen als ich verfügen. Im Gegenzug haben die aber keine zusätzlichen, weiterreichenden Erfahrungen wie ich. Und das Rüstzeug, das wir hier mitbekommen,

Kommunikation mit Kollegen und Problemlösung im Team, ist über die Arbeit hinaus für mich nützlich.
Momentan habe ich zu meinem Ausbilder ein Verhältnis wie zu einem Kollegen, und ich komme gut mit ihm aus. Wir sind per du, ich kann immer mit ihm reden, es ist ein recht lockeres Verhältnis und das ist recht angenehm. Am Anfang ging es hier noch zu wie in der Schule, der Ausbilder stand vorne und hatte das Sagen, während wir nichts zu melden hatten und nur irgendwie irgendetwas lernen sollten. Dadurch, dass man im ersten Lehrjahr noch einen herkömmlichen Ausbildungsdrill hat, wird der Übergang von der klassischen Schule zur Teamlehre nahtlos gestaltet.
In dieser Abteilung hier, im Robco-Team, erhält man viele Gelegenheiten, kreativ zu sein. Der Ausbilder schreibt uns nicht vor, was wir tun müssen. Wir können also frei entscheiden, ob wir eine Arbeit so oder anders anpacken wollen. Weil wir von A bis Z alles selber tun müssen und dabei jeden Schritt machen, den ein Unternehmen auch machen muss, sind wir als Team praktisch wie ein Mini-Unternehmen, und ich fühle mich manchmal mehr wie ein Unternehmer als wie ein Arbeitnehmer.

Bruno Ebner
Ausbilder ABB Lernzentren

Die Rolle des Ausbilders im jetzigen Lehrmodell ist die eines Lernbegleiters. Ab dem zweiten Lehrjahr vereinbaren wir mit allen Lehrlingen bestimmte Lernziele, die bis Ende des Jahres erfüllt werden müssen, und auf diesem Weg begleite ich sie dann. Der Lernzielkatalog hilft uns dabei, das Programm besser auf die Lehrlinge abzustimmen. Wenn der eine Lehrling zum Beispiel in einem Fachgebiet etwas länger als die anderen braucht und mehr Hilfe dabei benötigt, dann geben wir ihm diese Zeit und er muss sie dafür in einem anderen Fachgebiet, das ihm besser liegt, wieder zurückgewinnen. Auf diese Weise können wir die Lehre individuell gestalten.
Wir achten heutzutage auf eine sehr breit angelegte Ausbildung. Man sollte sich nicht zu früh spezialisieren, sondern möglichst vielseitig und flexibel bleiben. Eine meiner Hauptaufgaben besteht darin, meine Lehrlinge in diesem Sinn zu motivieren. Man muss daher schon früh versuchen, ihnen aufzuzeigen, wofür sie etwas machen. Man sollte versuchen, ihnen eine Brücke in die Produktivität zu schlagen, indem man so schnell wie möglich produktive Arbeiten mit ihnen angeht, so dass sie merken, dass es sinnvoll für sie ist, sich eine breitgefächerte Auswahl an Fertigkeiten anzueignen, weil sie es früher oder später einmal werden brauchen können.
Heutzutage herrscht in der Maschinen- und Elektroindustrie längst nicht mehr diese Berufsvielfalt wie noch vor zehn, zwanzig Jahren. Alles konzentriert sich je länger je mehr

auf einige, wenige Berufe, deren Ausbildung allerdings umfassender ist und deren Ausbildung entsprechend umfassender gestaltet werden muss. Die Idee dahinter ist, dass man sich erst später, während des Berufslebens, endgültig spezialiseren soll - zum eigenen Vorteil.

Neben der eigentlichen Fachkompetenz arbeiten wir heute stark an Verbesserungen in der Sozialkompetenz und in der Methodenkompetenz. Sozialkompetenz heisst, dass man im heutigen Arbeitsumfeld kreativ, flexibel, selbständig und teamfähig sein sollte. Methodenkompetenz bedeutet die Aneignung einer Methodenvielfalt; man muss den jungen Leuten aufzeigen, dass es verschiedene Wege gibt, um zum Ziel zu kommen - wir bemühen uns daher, ihnen eine breite Auswahl an Methoden mitzugeben, damit sie lernen, je nach Herausforderung die bestmögliche Methode einzusetzen.

Meine persönlichen Erfahrungen mit diesem Lehrmodell sind sehr gut. Es kommt bei den Lehrlingen gut an und sie schätzen es, dass nicht nur auf das Fachliche geachtet wird. Die Teamarbeit gefällt ihnen. Es zeigt sich aber doch auch, dass es gar nicht so einfach ist, in einem Team zu arbeiten, dass Probleme auftauchen können, aber man merkt, wie es sie motiviert und herausfordert, auch mit solchen heiklen Situationen erfolgreich umgehen zu können.

Lehrlingsgruppe und Ausbilder bilden ein Team. Wir alle arbeiten zusammen und der Ausbilder ist nicht etwas, das auf der Seite steht und nur befiehlt, sondern es ist echte Teamarbeit. Auch ich musste zum Teil umdenken, als wir das neue Lehrmodell einführten, und lernen, damit umzugehen. Ich bin noch relativ jung, ich bin nicht so weit von der Generation meiner Lehrlinge entfernt, aber auch ich muss sehr flexibel sein, seit wir mit individuellen Lernzielen zu arbeiten begonnen haben, und wenn ich auf jeden Lehrling persönlich eingehen will. Das bedeutet vor allem, dass man sich von vorgegebenen Lösungen verabschieden muss; es gibt immer mehrere Lösungen für ein Problem, verschiedene Wege zum Ziel, und da muss bei den meisten Ausbildern ein Umdenken stattfinden.

Die heutigen Lehrlinge sind junge Leute mit vielen, vielen Interessen. Das heisst für mich, dass es eine meiner Hauptaufgaben ist, sie für die Lehre und ihre Arbeit hier zu motivieren und ihnen nachzuweisen, wofür all dies gut ist, dass sie alles, was sie hier lernen, später einmal gebrauchen werden. Das Freizeitangebot ist heutzutage doch so gross, dass die Lehre nicht in den Hintergrund rücken und die Freizeit das Wichtigste in ihrem Leben werden darf.

Ich denke, wir versuchen ihnen einiges fürs Leben mitzugeben. Vor allem durch den grossen Wert, den wir der Sozial- und Methodenkompetenz beimessen, und indem wir uns nicht nur auf das Fachliche beschränken. Das sind doch zwei Gebiete, die auch im Privatleben von Nutzen sind. Wir geben unser Bestes, damit die Lehrlinge in Zukunft, wenn sie ins Berufsleben einsteigen, eine echte Chance besitzen, sich dort bestätigen zu können. Selbständigkeit, Teamfähigkeit - so bleiben die jungen Leute flexibel. Die Spezialisierung soll später, mit den ersten praktischen Erfahrungen im Berufsleben erfolgen, wo der junge Mensch entscheiden kann, welchen Job er ausüben will.

Edi Spirgi
Geschäftsführer ABB Lernzentren.

Die ganze Ausbildung wird immer vielfältiger und muss auch vielfältiger angepackt werden. Es müssen ganz bewusst Situationen geschaffen werden, die an die Flexibilität appellieren. Das schnelle Umstellungsvermögen, gewisse Dinge eben nicht genau nach Stundenplan abzuwickeln, gehört heute zum Arbeitsalltag überall auf der Welt und in jeder Branche. Es erscheint mir auch wichtig, dass die Jugendlichen selber, wenn sie sich einem Kunden gegenüber verpflichtet und Termine fest zugesagt haben, diese konsequent einhalten und ihre Arbeitszeit flexibel terminieren.
Wir hatten früher bei ABB über 20 verschiedene, technische Lernberufe. Das stammt aus der Zeit der traditionellen Meisterlehre und der Arbeitsteilung. Damals hat man für jede Arbeitstechnik einen eigenen Beruf geschaffen und Spezialisten angelernt. Mit dem ganzen Wandel, mit der Automatisierung und Flexibilisierung der Arbeit, hat es sich gezeigt, dass nicht mehr Spezialisten gesucht werden, sondern Mitarbeiter, die auf einer breiteren Basis operieren und zusammenarbeiten können. Das war unser Ansatz: Nicht mehr zurückblicken und nicht mehr nachmachen, was vom Lehrmeister vorgemacht wird, sondern im Gegenteil in die Zukunft schauen: Diejenigen, die jetzt im August 96 ihre Lehre begonnen haben, werden im Jahr 2000 fertig sein - und wenn wir davon ausgehen, dass die Hälfte von ihnen in eine Fachhochschule für eine zusätzliche technische Weiterbildung gehen wird, dann werden diese anno 2003, 4, 5 auf dem Arbeitsmarkt eintreffen. Und schon heute geht es darum, dass wir sie auf diese Zukunft vorbereiten müssen. Daher dieser neue Ansatz.
Wir wissen natürlich nicht, wie der Arbeitsmarkt 2003 aussehen wird, und deshalb haben wir dieses Problem analysiert und haben geschaut, welche Anforderungen schon heute - verglichen mit einigen Jahren zuvor - vermehrt an unsere Mitarbeiter gestellt werden. Und da haben wir festgestellt, dass nicht nur die fachliche Qualifikation das Hauptelement ist, sondern dass auch die soziale und methodische Kompetenz gefragt wird. Da setzen wir heute an, mit der Gleichschaltung all dieser Kompetenzen.
Unter Sozialkompetenz können sie ja bald einmal 20 Schlagworte aufzählen. Wir haben das deshalb auf unsere Sprache heruntergebrochen und gesagt: Wichtig ist einmal die ***Teamfähigkeit****, dann die* ***Flexibilität****, aber auch die* ***Selbständigkeit****, also das selbständige Ausführen von Aufgaben im Rahmen eines Teams, und die* ***Kreativität****. Im Methodischen geht es vor allem um den Lernprozess, wie er beim Ausführen einer Arbeit stattfindet. Wir analysieren die Ausführung und den Prozess der Arbeit, machen ein umfassendes Feedback und schauen, was daran gut war, was noch verbesserungsfähig ist und was man daraus gelernt hat.*
Es ist schon so, dass unsere Lehrlingsarbeit auch anderen Unternehmen nützt. Wir haben, alle

Unternehmen zusammen, ein Mengenproblem, das wir langfristig lösen, indem wir feststellen, dass die Betriebe der Schweiz pro Jahr 2 Prozent Nachwuchs aufnehmen, der Jahr für Jahr dazustösst. Wenn wir jetzt in den Unternehmen mehr Techniker und Ingenieure brauchen, dann müssen wir diese langfristig über die Lehre heranziehen. So ist es natürlich, dass viele Lehrlinge nach der Lehre weggehen, zum Beispiel um im Ausland Erfahrungen zu sammeln, oder sie wechseln manchmal zu unseren Kunden über und werden dann zu unseren Partnern, so dass wir nicht nur für unsere interne Nachfrage Lehrlinge ausbilden und meinen können, die seien dann ein Leben lang bei uns an der Arbeit.
ABB-Lehrlinge sind auf dem ganzen Arbeitsmarkt gesucht. Wir habe es uns auf die Fahne geschrieben, dass wir sie arbeitsmarktfähig machen wollen und wir dürfen nun feststellen, zumal hier in der Schweiz der Arbeitsmarkt in den letzten drei Jahren besonders hart gewesen ist, dass wir bisher alle unsere Lehrlinge untergebracht haben, dass wir also entweder einen Arbeitsplatz für sie gefunden oder sie sich für die Weiterbildung an einer technischen Hochschule entschieden haben.
Wir haben auch das Anforderungsprofil verändert, das wir an Bewerbern einsetzen, die bei uns in die Lehre kommen wollen. Wir wollen in erster Linie leistungsbereite und lernwillige Jugendliche berücksichtigen und das ist nicht nur von der Schulstufe und von Zeugnisnoten abhängig. Wenn Jugendliche ein wenig neugierig sind, sich entwickeln wollen, sich im Team einbringen wollen, dann können sie natürlich zu ganz guten Mitarbeitern herangezogen werden. Die werden im Team auch getragen, denn sie alle müssen ja lernen, dass in einem Team der eine auf dem einen Gebiet mehr einbringt und der andere auf einem anderen Gebiet. Und dass ist ja genau die Stärke in dieser Ausbildung, die wir hier bei ABB eingeführt haben, die ihnen dann sicher im späteren Berufsleben entsprechend hilft.
Eine gute Deutschnote oder eine gute Note in Mathematik ist nicht das Wesentliche. Letztlich ist ein Produkt, der Umgang mit Kunden, das Allerwichtigste. Dass man in der Lage ist, eine kundengerechtes Produkt abzuliefern. Das Einbringen in diesen ganzen Prozess, das ist das Zentrale, und weniger, ob die Deutschnote im Einzelfall stimmt. Dafür ist ja ein anderer in der Gruppe in Deutsch stärker, und der schreibt dann eben die Verkaufsbroschüren und die Offerten.
Wichtig ist, dass der jeweils Schwächere vom Stärkeren lernt.

Stefan Martin
Elektromechaniker-Lehrling im zweiten Lehrjahr.

Ich schloss die Sekundarschule mit eigentlich recht guten Noten ab und hatte die Möglichkeit, noch in die Bezirksschule zu wechseln, aber ich habe mich dann für eine Lehre entschieden, weil diese mir der beste Weg ins Berufsleben zu sein schien; nach vier Jahren habe ich hier etwas wirklich Griffiges in der Hand, ich habe eine Basis, und wenn ich meine Berufsmaturitätsschule auch schaffe, dann habe ich ein breiteres Spektrum als wenn ich zum Beispiel nur die Kantonsschule gemacht hätte. Und in der Lehre gewinne ich auch noch praktische Erfahrung.

Was später kommt? Irgendwann möchte ich sicher eine Familie gründen und, wenn es irgendwie möglich ist, warum nicht einmal selbständig werden, sofern es bis dann die Wirtschaftslage wieder erlaubt. Vor allem will ich eigentlich sicherstellen, dass es mir gut geht und dass mein Umfeld stimmt. Das ist mein Zukunftsplan.

Es kann auch mal sein, dass ich mich persönlich nicht mehr wohlfühle, und dann ist es von mir aus gesehen durchaus möglich, dass ich nach meinem Lehrabschluss, wenn ich einmal eine Basis haben werde, das ist für mich sehr wichtig, dass ich dann zum Beispiel in den Sozialbereich wechsle oder einfach etwas ganz anderes mache.

Die Inselmethode, bei der Lehrlingsteams als Kleinunternehmen auftreten, bietet mir eine Vorschau darauf, wie die Arbeitswelt funktioniert, wie sie als Ganzes aufgebaut ist und was mich im späteren Berufsleben erwarten wird. Auf diese Weise erkennt man gut die Vielseitigkeit, die notwendig ist, und die Teamfähigkeit wird dadurch auch intensiv gefördert, weil man mit verschiedenen Kollegen aus verschiedenen Gebieten zusammenkommt, mit dem Ziel, dass sich das Wissen vereinigen soll.

Im ersten Lehrjahr war unser Ausbilder noch ein echter Lehrmeister, und jetzt, im zweiten Lehrjahr, ist er eher unser Begleiter. Wir sind jetzt soweit fortgeschritten, dass wir unsere Lernziele selbständig erreichen müssen. Uns wird nicht mehr vorgeschrieben, was wir zu tun haben. Unser Ziel ist ganz einfach, dass wir alle diese Lernziele erreichen müssen. Daran müssen wir zum grössten Teil selber arbeiten. Wenn wir Unterstützung brauchen, erhalten wir sie natürlich. So etwas fordert mich heraus und ich fühle mich - ohne mich jetzt wichtig machen zu wollen - auch etwas besser, weil ich erkenne, wie wichtig die Eigenverantwortung nur schon im Vergleich zum ersten Lehrjahr ist. Man erreicht die nächsthöhere Stufe, und ich fühle mich gut dabei.

Es kommt schon auch mal vor, dass ich mich überfordert fühle. In diesen Situationen ist dann der Ausbilder für mich da. Nicht, dass ich immer gleich zu ihm renne, aber wenn es wieder einmal vorkommt, dass man sich zuviel zugemutet hat - wir sind ja auch dafür verantwortlich und sollten deshalb dafür geradestehen - dann ist da ja zuerst einmal die Gruppe, das Team, wo das Problem diskutiert werden kann. Und wir versuchen, das Problem als Team zu lösen, bevor wir den Ausbilder hinzuziehen.

Ich hoffe, eine gute Ausgangslage für das Berufsleben zu haben. Es scheint mir je länger desto wichtiger, dass man einen Arbeitsplatz, eine gute Stelle findet und dass diese auch sicher ist. Die Teamfähigkeit, die ich hier bei ABB lerne, kann man auf alle Gebiete des Lebens übertragen. Teamfähigkeit und Flexibilität, das sind die zwei Dinge die immer und überall gebraucht werden, beruflich und privat. Das werde ich aus dieser Lehre mitnehmen.

Abschliessend

...einige Gedanken zum Wesen des Erfolgs und zu den Massnahmen, mit denen dem Erfolg nachgeholfen werden kann.

Die Bewertung von Erfolg und Misserfolg ist etwas Persönliches. Wir alle besitzen unsere privaten Massstäbe, an denen wir den Erfolg messen. Im weitesten Sinn ist der Erfolg gleichbedeutend mit dem Erreichen oder Übertreffen eines gesteckten Zieles.

In der Arbeitswelt ist der Erfolg messbar wie nirgendwo sonst, meist in numerischen Kategorien sofort und leichtverständlich zu ermitteln: Umsatz und Gewinn bestimmen über Erfolg oder Misserfolg eines Unternehmens. Bei ABB sind es die tiefschwarzen Bilanzen, die dem Konzern das Prädikat »erfolgreich« ermöglichen, und nicht die seit 1988 weltweit vielen zehntausend Arbeitslosen, welche das Unternehmen ganz einfach erzeugen musste, um überhaupt Erfolg haben zu können. Der Erfolg einer Organisation ist nicht immer mit dem Erfolg all ihrer einzelnen Mitglieder verbunden.

Auf der Stufe der Arbeitnehmer misst sich der Erfolg in Form von Lohnerhöhungen und Beförderungen, wobei wir nun langsam auf einen allgemeinen Zustand zusteuern, in dem allein schon das Erwerben oder das Behalten eines Arbeitsplatzes als Erfolge zu werten sind.

Eine verbesserte Sozialkompetenz ist durchaus ein wesentliches Erfolgskriterium. Es leuchtet durchaus ein, dass sozial kompetente Menschen bessere Arbeit leisten - oder zumindest dazu beitragen können - als asoziale Zeitgenossen. Teamfähige, kreative, flexible, selbständige Arbeiter sind gute, brauchbare Arbeiter mit Zukunft.

Um diesen Sachverhalt zu erkennen, hätten wir allerdings nicht unbedingt auf die ABB Lernzentren warten müssen, um es uns bestätigen zu lassen; der gesunde Menschen-verstand hätte es uns schon früher einflüstern können. Dass die Sozialkompetenz bei der Berufslehre zum Curriculum gezählt wird, wirft ein leicht schiefes Licht auf die zwei natürlichen, traditionellen Institutionen, von denen wir eigentlich die Förderung einer sozialen Kompetenz erwartet hätten: Familie und Grundschule. Wie es um diese Institutionen in unserer Zeit steht, möge jeder aus seiner eigenen Warte beurteilen. Die dritte der möglichen, sozial sinnstiftenden Institutionen, die Kirche, sei hier ebenfalls erwähnt, aber nicht diskutiert.

Und nun sind es also, dies ist der grosse Bruch mit der Tradition, Unternehmen wie die ABB, die den Jugendlichen beibringen, bessere Arbeiter zu sein, indem sie zu besseren Menschen werden. Der Not gehorchend, wie es scheint, da aus traditionellen Quellen zuwenig Sozialkompetenz sprudelt. Es entscheide jeder für sich, ob die wichtigen Dinge des Lebens auf Papier gedruckt werden sollen, das im Briefkopf Namen wie ABB, VW, British Airways, McDonalds oder Microsoft trägt.

Der Verein ABB Lernzentren, dies sei ihm hiermit verbrieft, leistet gute und wichtige Arbeit. Seine Motive sind unanfechtbar und seine Unterrichtsform zukunftsgerichtet. So weit so gut.

Weniger gut ist eine Entwicklung, die sich schon seit vielen Jahren abzeichnet und die langsam beunruhigende Ausmasse annimmt:

> ***Für die Vergabe von Arbeit entscheidend ist***
> ***immer weniger das, was man kann und was man gelernt hat,***
> ***immer mehr der, der man ist oder der zu sein man vorgibt.***

Das ist selbstverständlich nichts Neues. Die Persönlichkeitsstruktur von Bewerbern wird von den Personalchefs schon seit langem argwöhnisch untersucht und mit graphologischen Gutachten überprüft. Wer einen Tick im rechten Wangenmuskel hat oder nur leicht stottert, ist benachteiligt. Wer nur schon den Eindruck erweckt, ein Eigenbrötler oder ein Schwätzer zu sein, hat Probleme. Und wer es wagt, alles andere als »voll motiviert an die interessante, neue Herausforderung« heranzugehen, selbst wenn es dabei nur um einen Job als Nachtwächter geht, verspielt all seine Aussichten. Und wer es wagt, zu alt zu sein, so ab 30, ist nun wirklich selber schuld.

Randerscheinungen: Der Weltmarkt für Kosmetikprodukte für Männer ist im letzten Jahrzehnt förmlich explodiert. Nur eine Frage der Eitelkeit? Fitnessstudios und vor allem Solarien beklagen keine Wirtschaftskrise. Gesundes, gestyltes Aussehen zahlt sich aus: Raucher, Übergewichtige, Unsportliche können unmöglich gute Arbeiter sein! Die Bekleidungscodes werden immer subtiler und die Garderobe immer teurer.

Wir können das Entstehen des normierten, gestylten, teamfähigen Arbeitnehmers der Zukunft vor unseren Augen beobachten. In enger Zusammenarbeit mit den wenigen Grossverlagen dieser Welt, mit den Massenmedien und mit den Werbeagenturen lacht uns dieser kreative, spontane, teamfähige Prototyp inzwischen von jeder Litfassäule an. Ist dies unser Freund?

Was neu an ihm ist, und was in den Lehrlingswerkstätten der ABB in Baden, Oerlikon und Birr geschieht, ist, dass dort ein ganz klein wenig an seinem Aufbau gearbeitet wird. Die Norm darüber, was Erfolg zu sein hat und wie er herbeigeführt wird, wird dort gefestigt.

Wenn die Sozialkompetenz durch ein Unternehmen vermittelt wird, dann entsteht unweigerlich ein Sozialstandard: Man ist entweder sozial kompetent oder man ist es nicht: »Innere Werte? Ja gern, jederzeit, aber nur die, die wir brauchen können. Diejenigen inneren Werte, die auf dem Sozialkompetenzen-Katalog aufgelistet sind, bitte schön!«

Arbeit ist damit nicht allein von Können und Leistungsfähigkeit abhängig, sondern von individuell unterschiedlichen Faktoren. Was uns bisher als Wettbewerb dargestellt wurde, nimmt mehr und mehr Ähnlichkeiten mit einem Schönheitswettbewerb an. Die Zukunft gehört nicht nur den Starken, sie gehört auch den Schönen, den Eitlen und den Kommunikativen.

Alle anderen können zuhause bleiben.

Do you speak Business?

Internet-Aufsatz der deutschen Englisch-Schülerin Sandra Emmel über Malta: Das Original ist in englischer Sprache verfasst und in der »English Gazette« der Elanguest English Language School unter »Views of Malta« nachzulesen.

»Die Republik von Malta, im Zentrum des Mittelmeers, besteht aus drei Inseln: Aus Malta, der Hauptinsel, aus Gozo und aus Comino, der kleinsten Insel.
Während der geschichtlichen Entwicklung wurde Malta von vielen unterschied-lichen Kulturen beeinflusst. Man sieht arabische, englische und italienische Einflüsse. Diese kulturelle Mischung fällt einem überall auf. Es gibt arabische Flachhäuser, jedes mit seinem eigenen Stil für den Balkon; ich habe noch nie eine solche Vielzahl davon gesehen. Es ist fantastisch; die Architektur erinnert einen an vergangene Zeiten und gibt viel von Maltas Geschichte preis.
Neben alledem kann man italienische Küche, frische Fische und die Sonne Nordafrikas geniessen. Aber keine Angst, ständig weht ein wenig Wind, so dass es nicht zu heiss ist.
Etwas weiteres, das auffällt, ist die Sprache. Offiziell wird Englisch gesprochen, aber die Malteser haben sich ihre eigene Sprache bewahrt, Malti. Dies ist eine arabische Sprache, wird aber in römischen Buchstaben geschrieben.
Britisches Understatement ist allgegenwärtig. Die Leute sind sehr freundlich, höflich und scheinen sehr entspannt. Wenn jemand Hilfe braucht, helfen sie ihm sofort.
Die einzige Sache, die ich in Malta vermisse, sind Bäume. Es gibt hier zwar viele wunderbare Pflanzen in den kleinen Gärten, aber man findet kaum Bäume.
Sie sollten sich Malta nicht entgehen lassen«.

Merhba

...bedeutet »**Willkommen**« in Malti. Das Archipel im südlichen Mittelmeer weist eine Gesamtoberfläche von 346 Quadratkilometern auf, was beeindruckend ist, besonders wenn man bedenkt, dass der Bodensee im Vergleich dazu 538 Quadratkilometer gross ist. Malta ist sehr klein, ein winziger Klecks im Atlas, dafür aber kulturhistorisch ein Gigant im Vergleich zur Bodenseeregion.
Malta, die Hauptinsel des Archipels und Namensgeberin der Republic of Malta, liegt 90 Kilometer südlich von Sizilien, etwa 250 Kilometer östlich von Tunis, der Hauptstadt

von Tunesien und ebensoweit von Tripolis im Süden entfernt, der Hauptstadt Libyens. Der Name der Insel, heisst es, entstammt der altphönizischen Sprache und bedeutet ursprünglich »**Refugium**«, Zufluchtsort.
Heute bevölkern 375000 Malteserinnen und Malteser das »**Refugium**«. Malta versteht sich ein wenig als Bindeglied zwischen Nordafrika und Europa, in erster Linie aber als selbständiger Inselstaat mit eigener Identität. Verständlich, da die Autonomie gerade 50 Jahre jung ist. Malteser sind Insulaner, somit ein weltoffener, gastfreundlicher, aber auch stolzer und territorial empfindsamer Menschenschlag.
Alle grösseren Zivilisationen und Kulturen der Antike, des Mittelalters und der Neuzeit haben Spuren hinterlassen. Die Chronik der Insel liest sich wie ein Who's who des Mittelmeerraums und Malta darf sich als Freilichtmuseum der regionalen Geschichte betrachten. Dass es dies tut, beweist der Slogan »**Cradle of the Mediterranean**«, den Malta verwendet: Die Wiege des Mittelmeers.
Merhba! Tourismus ist Maltas beste Einnahmequelle geworden.

Bonju Business

Bonju ist Malti für »**Guten Tag**« - ein Souvenir der kurzen, napoleonischen Zeit, da es vom Französischen 'Bonjour' abstammt. Dafür entschuldigt man sich mit »**Skuzi**« auf maltesisch-italienisch.
Malta besitzt eine grosse, historisch reichhaltige Vergangenheit. Ob es auch eine grosse und reichhaltige Zukunft haben wird, muss sich erst noch herausstellen. Bezüglich Bodenschätzen kann die Republik von Malta sich gerade noch auf Salz und Natursteine berufen. Die landwirtschaftliche Produktion ist gering und die industrielle Produktion zu vernachlässigen. Der Energiebedarf wird durch Erdölimporte gedeckt.
Malta ist eine kleine Insel, mehr denn je. Jegliche strategische oder geopolitische Bedeutung hat die kleine Insel mit den transport- und waffentechnischen Fortschritten des letzten Jahrhunderts eingebüsst. Tourismus bildet eine der grössten und vor allem eine sichere Einnahmequelle. Aber sonst?
An der Schwelle zum Informationszeitalter, dies spricht für Malta, nimmt der ehemals hohe Stellenwert des Standorts überall auf der Welt immer mehr ab. Geographie ist für geschäftlichen Erfolg oder Misserfolg immer weniger entscheidend. Zeitgenossen, die heute noch Standortdebatten führen, verschwenden ihre Zeit.
Was nämlich immer mehr Bedeutung gewinnt, ist eine Ressource, die es in Malta ebenso wie überall auch gibt - diejenige Ressource, von der US-Präsident Bill Clinton in der diesjährigen Rede zur Lage der Nation angekündigt hat, dass er sie mit 51 Milliarden US$ massiv fördern will: Die humane Ressource. Das Humankapital.
Der Mensch als Ressource, als »**Knowledge**«-Arbeiter. Diese Ressource ist weltweit sehr dicht gesät. In Zukunft gilt es nicht mehr wie bisher, nach ihr zu suchen und sie vor den anderen zu finden, sondern sie schneller als andere zu erschliessen und sie besser als andere einzusetzen.

Die Republic of Malta besitzt nicht nur ebensogute Aussichten wie alle anderen Staaten, genug solcher Kopfarbeiter aus sich selbst hervorzubringen, sie kann auch jährlich mindestens sieben sonnige und fünf nur minimal verregnete Monate in einer reizvollen und entspannt mediterranen Umgebung garantieren. So etwas gibt es nun einmal nicht auf der Lüneburger Heide, in Söflingen bei Ulm oder an der Leutschenbachstrasse in Zürich-Nord. Natürlich gibt es an all diesen Orten bereits gut erschlossenes oder noch dormantes Humankapital in Form von emsigen Kopfarbeitern, aber Malta ist als Ort schöner. Und es liegt dankt Telekommunikationstechnologien nicht mehr weit weg, sondern nur ein Telefonmodul entfernt. Wenn man schon Telenomade oder Telearbeiter ist, dann wäre man es doch lieber in einem arabischen Flachdachhaus auf Malta als im waldhessischen Bebra oder in Olten, Kanton Solothurn, hinter dem Bahnhof.
Arbeitsqualität ist Lebensqualität - und umgekehrt.

Die Human-Ressource

Insel oder Festland ist bald passé. Heute gilt vor allem on-line oder off-line. Das Netz wächst und wächst. Das nächste Kapitel über die Telecottages auf den Shetlands und in Wales wird diese Entwicklung noch vertieft diskutieren: Die Provinz stirbt langsam aus; für Bauerntrampel und Insulaner gibt es keinen Platz mehr. Die Zukunft gehört vernetzten, top-ausgebildeten Generalisten.
Es nützt aber nichts, mehr kluge und gebildete Köpfe am Fliessband zu produzieren, wenn man ihnen jenseits des Universitätscampus nur eine postindustrielle Ruinenwelt zu bieten hat. Im Industriezeitalter benötigte die Welt »nur« eine Massenarbeiterschaft mit nicht allzu hoher Durchschnittsausbildung als Fundament und mit einem nach oben immer anspruchsvolleren, selektiveren Spezialisierungssystem, das die Spreu vom Weizen trennen sollte. Arbeitgeber und Regierungen, prägende Kräfte der Gesellschaft, benötigten nicht wirklich Legionen von Genies und Scharen von Nobelpreisträgern, sondern vor allem viele Indianer und wenige Häuptlinge, ein grosse Menge Mitläufer und eine exklusive Schar von Spezialisten.
Wohl wahr, noch nie war die allgemeine Volksbildung so hoch und gleichzeitig so weit verbreitet wie im Industriezeitalter, und noch nie zuvor schien das Licht des Wissens in so viele Seelen hinein wie in diesem Jahrhundert. Aber dennoch flackerte es nur spärlich: Schulen wie Lernfabriken, Lernmethoden wie die Fliessbandproduktion: Im Erziehungswesen herrschte und herrscht noch grimmigstes Industriezeitalter mit all seinen typischen Merkmalen: Masse statt Klasse, Automatismen, Standardisierung und die Beschränkung auf Lehrstoffe und Fertigkeiten, die der industriellen Welt nützen. Dies führte zu eine Überbewertung der Natur- und analytischen Wissenschaften auf Kosten der Kreativ- und Geisteswissenschaften. Wir haben gelernt, die Weltmaschine zu bedienen - es wurde uns jedoch nicht beigebracht, bessere Maschinen zu entwerfen.

Verglichen am gewaltigen Wohlstandszuwachs in unserer Gesellschaft in den letzten fünfzig Jahren hinkt unser Ausbildungswesen sehr weit zurück.
Das Informationszeitalter erfordert ganz andere Qualitäten als das Industriezeitalter - und im Durchschnitt einen höheren, umfassenderen Bildungsstand. Wir haben gehört, Sozialkompetenz ist eine neue Fertigkeit, die gefragt sein wird. Dinge wie Kreativität, Selbständigkeit, Kommunikationsfähigkeit kommen dazu. Weil die Strukturen der Welt sich von der vertikalen zur horizontalen Ebene verlagern, steigt heute der Bedarf nach waagerechten Kommunikationsfertigkeiten: Dialogfähigkeit, Allgemeinbildung und Teamarbeit.

> ***Der kürzeste Weg aus der heutigen Arbeitsmisere in eine bessere Zukunft führt über eine Totalüberholung der alten, obsoleten Schul- und Hochschulsysteme.***

In diesem globalen Kontext müssen sich heute auch die maltesische Repuplik und die maltesischen Arbeitgeber und Dienstleister zurechtfinden. Sie müssen die Ressourcen definieren, die sie für ihre Zukunft benötigen, sowie Wege und Methoden ersinnen, um die Zukunft zu meistern.
In Malta ereignete sich etwas Erstaunliches. Man stiess - neben der Humanressource - auf eine bisher noch nicht als solche wahrgenommene, aber fundamentale Ressource der globalen Arbeit, die eine Conditio sine qua non der globalen Dialogfähigkeit darstellt. Einmal erkannt, erschloss man sie zu einem Wirtschaftszweig.

Rosenknospen

Die entdeckte Ressource war die englische Sprache. Auf Malta ist es die Amtssprache, als direkte Folge von über 150 Jahren britischer Kolonialherrschaft. Diese Sprache, ein Abfallprodukt oder eine Nebenwirkung von Maltas Geschichte, ist heutzutage die Sprache dieser Welt, ob man dies nun mag oder nicht.
Keine andere Sprache ist einfacher zu lernen; die Verben müssen nur in der dritten Person Singular konjugiert werden, unregelmässige Verben gibt es wenige, Präteritum und Partizip Perfekt lassen sich schnell basteln, Deklination findet praktisch keine statt, die Mehrzahlform ist ein -s am Ende. Faszinierend die Kürze von englischen Sätzen: so wenig Buchstaben verschwendet keine andere Zunge dieser Welt. Einzig vielleicht die Aussprache ist nicht selbstverständlich, besonders das TH bereitet einige Mühe, aber »zätt Zii-heitsch iz no probläm« für die meisten. Ausser für englische Ohren.
Es gibt heute zahllose Möglichkeiten, im Gegensatz zu allen anderen Sprachen, Englisch fliessend und nebenher zu erlernen. Unser Alltagsleben ist inzwischen ein einziger, unterschwelliger Sprachkurs: Ich schreibe diese Zeile am *Computer* und benütze dafür als *Software* einen *Word Processor.* Das *File* trägt den Namen *malt.book.* Ich trage *Jeans* und höre die *CD (Compact Disk, nicht Kompaktschallplatte) The last Unicorn.*

Kino, TV, Musik, Fachausdrücke: Englisch ist überall. Tapfer halten noch die Franzosen dagegen, nennen ihren Computer *l'ordinateur*, ihre Software *le logiciel* und erlassen sogar Gesetze gegen die angelsächsische Unterwanderung ihrer gallischen Zunge. Wenn aber heute ein gebürtiger Franzose mich in meiner Heimatstadt nach der Seepromenade fragt, beginnt er stets mit *Excuse me, do you speak English?*

Wer heute im Geschäftsleben Erfolg haben will, der muss auch die englische Sprache beherrschen. In grossen, internationalen Unternehmen (oder in kleineren, nationalen Unternehmen, die mit dem Ausland Geschäfte machen wollen) ist die englische Sprache schlichtweg Pflicht. Auf Reisen im Ausland, beruflich oder privat, von Kapstadt nach Helsinki, von Buenos Aires nach Tokyo, ist sie für die Verständigung unerlässlich. Irgendjemand spricht immer Englisch. Wer in dieser Welt nicht bald Englisch spricht, ist sehr stark behindert und wird von den globalen Kräften, die am Gebälk unserer Arbeits-wert rütteln, schlichtweg links liegengelassen.

Wer in der Zukunft sich aus eigener Kraft eine zufriedenstellende Existenz erarbeiten will, der wird es *on his own effort* vollbringen, nicht mehr anders. Dieser Umstand ist nicht positiv oder negativ, er ist ganz einfach ein *fact of life*. Nur wer die englische Sprache beherrscht, kennt den Unterschied zwischen *Winners* und *Losers* .

Es ist kaum wahrscheinlich, dass im Global Village babylonische Zustände herrschen werden: Seine Amtssprache wird Englisch sein. Der Französische Präsident Jacques Chirac überraschte die Welt bei seinem Antrittsbesuch in den USA damit, dass er in der Larry King Show auf CNN die Fragen seines Gastgebers auf Englisch beantwortete. Seine Sprachgewandtheit war beinahe peinlich; jeder jüngere Mitteleuropäer aus einem urbanen Umfeld darf darüber die Nase rümpfen, *to sniff at his performance*, aber das Signal war deutlich: Es war der Kniefall des obersten Behüters der Francophonie vor der nicht länger zu leugnenden Wirklichkeit.

Die Republik von Malta ist ein englischsprachiges Land. Und Abermillionen von nicht-englischsprachigen Menschen müssen oder wollen aus beruflichen oder persönlichen Gründen die englische Sprache lernen oder ihre Englischkenntnisse verbessern.

Und wer Englisch lernt, der kommt früher oder später einfach nicht darum herum, die neuerworbenen Sprachkenntnisse im praktischen Feldversuch einzusetzen, sich in ein englischsprachiges Gebiet der Welt zu begeben und dort seine ersten, linguistischen Gehversuche zu unternehmen. Früher ist dabei um vieles besser als später, denn wenn das Englische einmal beruflich eingesetzt werden muss, dann sollte die Periode der Experimente abgeschlossen und ein minimales Konversationsniveau gewährleistet sein - sonst klingt man wirklich wie Jacques Chirac auf CNN. Ein Sprachaufenthalt ist auf jeden Fall empfehlenswert. Aber wo?

Die meisten Sprachaufenthalte werden aus naheliegenden Gründen in Grossbritannien, der Heimat der englischen Sprache, gebucht. All jenen, denen das Wetter auf der Insel nicht so gefällt, die in ungezwungenerer Umgebung Englisch praktizieren wollen, ohne dass *native speakers* gleich vernichtend feststellen »*your English is **quite** good*«; und die ganz einfach nicht nur stundenlang Englisch büffeln und dennoch Englisch lernen wollen, sei der weltweit zweitgrösste Anbieter von englischen Sprachkursen und von Fremdsprachaufenthalten empfohlen: Die Republik Malta. Die grossen, internationalen Sprachinstitute wie Berlitz sind vollzählig auf Malta anwesend - wie viele kleinere, maltesische Sprachschulen auch.

Grundkurse, Fortgeschrittenenkurse, Konversationskurse, Spezialkurse in Business English, Korrespondenz. Die ganze Bandbreite der Aus- und Weiterbildung findet sich im maltesischen Englischangebot. In Schulhäusern, Hotels, eigenen Gebäuden - alle in Sichtweite des Meers und des Strandes - wird gebüffelt, gefeilt, verbessert. Vor allem für junge Leute und Studenten besteht das Zusatzangebot, anstelle in einem Hotel bei einer maltesischen Gastfamilie untergebracht zu werden: Es ist billiger und didaktisch dennoch wertvoller. A propos billig: Das Leben kostet auf Malta natürlich weniger als in England. Und die Kurse in der Regel auch. Malta profiliert sich als Billiganbieter im Vergleich zur angelsächsischen Heimat. Das erste englische Wort, das sich zu lernen lohnt, wäre demnach: *cheap*. Der Euphemismus dazu lautet: *cost-efficient.*

Englisch auf Malta ist natürlich mit dem Tourismus eng verbunden. Ausbildung plus Urlaub bedeutet dies für diejenigen, die ihr Englisch verbessern wollen - und Urlaub plus Ausbildung für diejenigen, denen der Urlaub allein nicht ausreicht. Nur für eine Ausbildung pur bemüht sich niemand nach Malta. 30 - 35000 Sprachtouristen begrüsst die Insel jedes Jahr mit einem herzlichen Merhba. Wenn schon Schulstress, dann bitteschön in Urlaubsstimmung.

An Kursgebühren werden so vorsichtig geschätzte 12 - 15 Mio. DM erwirtschaftet. Und an touristischen Nebeneinkünften leicht das Doppelte. Diese minimal 40 Mio DM Einnahmen im Jahr sind auf einer Inselgruppe mit 375'000 Einwohnern ein durchaus substantieller Umsatz.

Noch einen Grund gibt es für viele Schüler, den *Maltese Way of English* einzuschlagen: Ein wertvolles Stück Papier, Abschlussdiplom genannt. Der Fall von Paulo Amancio de Freitas ist kein Einzelfall: Der junge Priester stammt aus Brasilien, und er möchte in Rom an der Universita Ponteficio Sallasian die zwei Fächer Pädagogik und Psychologie studieren - dazu braucht er aber Englisch.

Letzterer Satz stimmt natürlich nicht, denn was er wirklich braucht ist ein Englisch-Diplom, nicht zu verwechseln mit Englischkenntnissen. Paolo kennt den Unterschied ganz genau und erhält am Ende des Grundkurses sein Diplom, vor der Kamera unserer TV-Serie, ohne die englische Frage unseres Regisseurs *Why did you come to Malta?* zu verstehen. Das im Endschnitt nicht berücksichtigte Interview über seinen Englisch-Sprachaufenthalt gibt er in italienischer Sprache. Er ist ohnehin in grosser Eile, denn er muss in einer Stunde das Flugzeug nach Rom nehmen.

Es war ja nur ein Grundkurs. Sein maltesischer Englischlehrer scheint die eklatanten Defizite seines Schülers nicht zu bedauern: Er glaubt zu wissen, dass die Mehrzahl der Schüler nicht hierher gekommen ist, um später das Werk Shakespeares im Original lesen zu können. Er könnte damit recht haben. Ein kleiner, gutgemeinter Wink an alle Personalabteilungen: Es gibt Diplome und Diplome.

Natürlich gibt es auch seriöse Sprachinstitute auf Malta, an denen ernsthafte Lektionen erteilt werden, und wo für die Diplome sogar gearbeitet werden muss. Und es gibt auch viele Schüler, die sich wirklich ernsthaft mit angelsächsischer Sprache und Kultur auseinandersetzen wollen. Kamila Cizova aus Prag, Juristin, möchte Hemingway und Charles Dickens in der Originalsprache lesen. Ihr Beruf bringt es mit sich, dass sie in Tschechien viel mit auswärtigen Besuchern in Kontakt kommt, dass die englische Sprache sich als Verständigungsplattform mit ihnen aufdrängt und dass sie sich daher ein gewisses Mass an Englischkenntnissen aneignen muss. Malta ist für all dies eine nützliche Destination, das sehenswerte Urlaubserlebnis mit inbegriffen. John Preca, ein Englischlehrer, zu seiner didaktischen Arbeit:

Ich versuche, den Studenten den Klang der englischen Sprache zu vermitteln, die Wörter, die Aussprache und Betonung. Das ist eigentlich die Idee des Sprachlabors. Ich versuche, ihnen ein natürliches Englisch beizubringen.

Das hätte er besser nicht gesagt. Er befindet sich zwar in bester Gesellschaft mit den meisten Sprachinstituten, aber er weist ohne es zu merken auf den wunden Punkt der zeitgenössischen Sprachweiterbildung: Er bringe den Schülern den Klang der englischen Sprache bei, sagt er, Wörter, Aussprache und Betonung.... Das ist leider etwas ganz anderes, als ihnen die englische Sprache beizubringen.

Sprachunterricht verkommt zur Einträufelung von Placebo-Sprachkenntnissen nach Papageienmethode. Nicht mehr das linguistische Einmaleins von Vokabular, Grammatik und Syntax wird vermittelt, sondern Klang und Aussprache. Nicht mehr die Gesetze und Regeln einer Sprache, sondern ihr verbales Erscheinungsbild wird gelehrt. Das ist so, als ob man Architekten beibringt, ihre Häuser zu bauen, ohne Kenntnisse über Statik, Bodenbeschaffenheit und Baumaterialien zu besitzen: Ruinös, im wörtlichen Sinn.

Moderner Sprachunterricht basiert auf der Konversationsmethode, auf dem didaktisch organisierten Nachplappern von oftmals gebrauchten Worthülsen, Redewendungen und Satzkombinationen.

Das hat mit Sprache leider gar nichts zu tun, nur mit dem Klang einer Sprache. Es häufen sich die Beispiele von englischsprachigen Zeitgenossen, die *Rosebud* als den Kinderschlitten von Charles Foster Kane kennen, ohne dabei zu wissen, dass das Wort selbst »Rosenknospe« bedeutet. Dafür sprechen sie aber das Wort perfekt aus.

Eine, irgendeine Sprache richtig zu lernen, braucht Jahre und viel Übung. Es ist etwas vom Schwierigsten, das es überhaupt gibt. Giuseppe Trappatoni, der Allenatore des FC Bayern München der Saison 96/97, hat bei seinem Amtsantritt versprochen, schnell Deutsch zu lernen, hat sich in Interviews fünf Monate lang redlich bemüht und dennoch blamiert und verwendet heute wieder die italienische Muttersprache, wenn

Reporter kommen. Es fehlt an der Zeit und an der Geduld. Mehr als ein Diplom kann beim besten Willen nicht aus einem Dreiwochen-Pauschalkurs auf Malta oder an irgendeinem anderen Ort der Welt herausschauen.
Aber die Landschaft ist schön.

Abschliessend

Zwei Stimmen zum Thema. Die erste stammt von Bernard Quemada, Vizepräsident des Hohen Rates für die Französische Sprache. Sie erreicht uns via den Tages-Anzeiger vom 5. September 1996.

Eine einheitliche Weltsprache (wie Englisch) besitzt Vorzüge, aber auch Nachteile. Zwar wird Englisch derzeit bei fast allen wissenschaftlichen, technischen und wirtschaftlichen Mitteilungen und Transaktionen benutzt. Weil Englisch aber nicht die Muttersprache aller Beteiligten ist, ist das Verkehrs-Englisch, das zu solchen Kommunikationen dient, eine verarmte Sprache mit eingeschränktem Wortschatz. Intellektuellen Ansprüchen genügt sie kaum. Das macht sie als Träger geistig-kulturellen Lebens weitgehend ungeeignet.
Der Gebrauch einer Verkehrssprache bietet durchaus Annehmlichkeiten, gleicht aber nicht die Verarmung der sprachlichen Qualität von Mitteilungen und die Beschränkungen ihres intellektuellen Wertes aus. (...) Wer behauptet, eine Fremdsprache »perfekt« zu sprechen, macht sich in der Regel einer Art von Hochstapelei schuldig. Dass den meisten die schlimme Übertreibung gar nicht auffällt, ist ein Beleg für diese Verarmung.

Ein zweite Stimme erreicht uns aus Malta. The Times, vom 19. August 1996 berichtet unter folgender Schlagzeile: Schulinstitute, die Englisch als Fremdsprache lehren:
Neue Richtlinien gegen schlechtes Niveau.

Der zuständige Minister wird bald eine Aufsichtsbehörde ins Leben rufen, die ihn in allen Angelegenheiten beraten soll, die diese Englischinstitute betreffen. Die Behörde soll Massnahmen ausarbeiten, um den schlechten Erziehungsstandard zu bekämpfen.
Ein kurzer Auszug aus dem Beschwerdenkatalog:
Von einer Gastfamilie: »Die Schülerinnen, die bei uns wohnten, haben uns berichtet, dass sie es sich locker zutrauen würden, ihrem Englischlehrer selbst ein paar Englischlektionen zu erteilen«.
Von den Lehrern: »Das Niveau bei uns ist niedrig. Hier in Malta verwenden wir Englisch doch nur umgangssprachlich. Wir sind in Grammatik nicht so stark. Wenn ein Schüler nach einer grammatikalischen Regel fragt, weiss der Lehrer meist nicht, was er sagen soll und muss ausweichen, indem er ankündigt, diese Regel sei ohnehin schon im Lehrplan der nächsten Lektion enthalten. Einige Institute denken, nur weil sie viele Schüler haben, dass sie sich wirklich alles leisten könnten. Im Sommer, wenn die meisten Schüler da sind, nehmen sie jeden als Englischlehrer, auch solche, die keine Lehrerausbildung oder nicht einmal einen guten Englischabschluss haben...«

Es ist wichtig und fast schon dringend, dass wir alle gutes Englisch lernen. Es ist die

Weltsprache und wir gehören zur Welt. Dadurch ist Englisch auch - ein klein wenig - unsere Sprache.
Für bessere Englischkenntnisse ist der lange Weg nach Malta nicht unbedingt ein Muss. Als sehenswertes Urlaubsziel ist die Wiege des Mittelmeers interessant genug. Für soliden Englischunterricht gibt es auch in unmittelbarer Griffweite durchaus seriöse Anbieter. Man wappne sich mit Geduld und benütze jede Gelegenheit, vom TV-Gerät mit Zweikanalton bis zu längeren Internet-Spaziergängen, um sich darin zu üben. Ein Tip für die Liebhaber: Die Gedankenfülle der englischen und amerikanischen Literatur des 19ten Jahrhunderts ist weit über die momentanen Anforderungen des globalen Jetzts hinaus bereichernd. Ein persönlicher Kommentar in unserer neuen Sprache:

There is simply no other way out of this language predicament. We, who are not native English speakers, must not cease to strive for yet a better understanding of English language. It is one of the most vital issues of our time that we succeed in mastering this alien code of expression. We, who look back on more than 2000 years of cultural, social and artistic heritage, must find ways to translate it accurately into the language of the world, to convey its meaning to others and thus to safeguard our own identity in this new, multicultural, global environment. To master English is more than to learn how to use the F-word, though, which is quickly turning into an universal adjective to be used without discrimination. Learning is nothing without understanding. We cannot just cast an occasional glimpse at the English universe and think that this is enough. We must explore it thoroughly, we must become a part of it and we must, ultimately, make it our own.
Remember that there are only two ways, as in any walk of life, to deal with adversary forces: If you can't beat them, join them. And if you can't join them, beat them.
And be it at their own language.

Der Aus- und Weiterbildungswettlauf ist schon im vollen Gang, ob bei Sprachen oder allen nur erdenklichen Spielarten von nützlichen und weniger nützlichen Fertigkeiten: Die unzähligen Anbieter kostbaren Wissens treten sich inzwischen vor Ihrer Haustüre bereits gegenseitig auf die Füsse, so viele sind es. Ihr Ehrgeiz ist es nicht immer nur, Ihnen gute und wertvolle Dienste zu leisten, dieses natürlich auch, aber vor allem, geschäftstüchtig und unternehmerisch zu handeln und Ihnen, in bester Tradition aller erfolgreichen Unternehmen, so wenig Leistung wie nötig für soviel Geld wie möglich zu verkaufen.
Der Schule des Lebens vertrauen nur noch die wenigsten, vermutlich weil diese keine Diplome ausstellt. Die Qualität der hilfsbereiten Mentoren, an die Sie sich wenden, ist bestimmt nicht bei allen gleichbleibend hoch. Es ist daher jedem einzelnen angeraten, sorgfältig nachzuprüfen, ob er das nächste Mal für sein Geld wirklich eine Ausbildung erhält - oder nur den Klang einer Ausbildung.
Caveat Emptor - man hüte sich vor dem Verkäufer.

http://Provinz.Nirgendwo

Es gibt im Zeitalter der globalen Networkmania ein bestimmtes englisches Wort, das im Vokabular keines Cyberbuffs fehlen darf. Diese Vokabel hat im ersten Satz eines Statements aufzutauchen, am besten als krönender Abschluss, und muss mit wissendem, ehrfürchtigem Augenrollen und leidenschaftlich zischendem X ausgesprochen werden: ***»excitement!«***

Das Wort heisst »Aufregung«, stammt vom lateinischen Verb ex-citare ab, welches wörtlich »aufstacheln« bedeutet und wird heute zur emotionalen Inanspruchnahme aller positiven Erkenntnisse hinzubemüht. ***»Exciting!«*** *geniesst in der Arbeitswelt denselben Stellenwert wie* ***»cool!«*** *bei Teenagern. Bill Gates, Microsoft; Lou Gerstner, IBM; Steven Jobs, Apple; sie und ungezählte viele mehr haben das E-Wort schon zu Protokoll gegeben.*

Aber nicht vergessen: Die Leute, die sich als »excited« outen, wollen Ihnen immer etwas verkaufen. Meistens etwas Überteuertes, Elektronisches, Hochkompliziertes, ein Stück Hardware oder ein Paket Software, das sich trotz ***»excitements«*** *noch viele Lichtjahre von* ***»Plug and Play«*** *entfernt befindet.*

Wenn Laura Baisley bei Isles Telecroft am PC arbeitet, wirkt die Szene sehr häuslich. Während die Finger emsig über die Tastatur hüpfen, findet gleichzeitig ein Schwatz mit der Arbeitskollegin statt. Ein fetter Kater macht auf den Computer-Handbüchern ein Nickerchen: Die Mäuse auf dem Schreibtisch passen ihm nicht. Von ***»excitement«*** *keine Spur. Wie aufregend!*

Der PC ist hier Werkzeug und nicht mehr, ein Arbeitsinstrument mit einer Funktion, genauso wie ein Kartoffelmesser, eine Giesskanne oder ein Bügeleisen. Hier, in der Mutter aller Provinzen, auf den Shetland-Inseln, scheint das rurale Wertesystem noch intakt zu sein. Auch hier, wo sich Fuchs und Hase noch Gutenacht wünschen, tun sie es bereits mittels E-Mail. Sollen sie das, solange die Kirche im Dorf bleibt.

Shetland

Mit einer Gesamtoberfläche von 1468 Quadratkilometern für über 100 kleinere bis sehr kleine Inseln, von denen 15 bewohnt sind, ist Shetland viermal grösser als die Republik Malta. Mit 22'522 Insulanern ist die Population dafür 15 mal kleiner. Nennt sich Malta in der Touristikwerbung »**Die Wiege des Mittelmeers**«, so haben sich die Shetlander für ihre jährlichen 40000 Touristen darüber noch nicht gross ihren Kopf zerbrochen. Der Slogan müsste »**Shetland - Hinterausgang der Nordsee**« lauten. Das Archipel hockt auf dem 60. Breitengrad, auf der Höhe von Bergen in Norwegen. Das ist ziemlich weit »**oben**« für Mitteleuropäer - und so fühlt es sich dort auch an.
An 272 Tagen im Jahr regnet es auf Shetland, dank heftigen Winden an manchen Tagen sogar waagerecht. Wer Shetland besucht, sollte den dicken Pulli und die wasserfeste Winterjacke auf keinen Fall zuhause lassen. Das Land ist hügelig, baumlos, grasbedeckt und kahl, die Küste von finsteren Klippen umsäumt und die Schönheit Shetlands daher von ausgeprägt romantischer Art. Das Wortspiel mit dem Auswechseln des E's in Shetland durch ein I drängt sich stellenweise auf, ohne dass es Boshaftigkeit dazu benötigt, besonders an kalten und feuchten Tagen.
Was aber nur treiben Menschen hier oben?
Fischerei, zum Beispiel. Die Fanggründe rund um Shetland haben die Menschen angezogen. Noch heute ist der Fisch, Vorsicht Stilblüte, mit Abstand Shetlands grösster Brötchengeber. Fischfang, Fischverarbeitung und - seit etwa zwanzig Jahren - Lachs-Zuchtfarmen sind für einen jährlichen Umsatz von über 250 Millionen DM gut. Die Seelachs-Monokulturen scheinen die zukunftsträchtigste Industrie zu sein: Die jungen, frisch geschlüpften Seelachse werden erst in grossen Süsswassertanks grossgezogen und später in schwimmenden, von Netzen umzäunten Meeresgehegen ausgesetzt, von wo aus sie später abgeerntet werden.
Ein bisschen Landwirtschaft kommt dazu, hauptsächlich rund um die 270'000 oder so Schafe der Insel, sowie der Anbau von Runkeln, Kohl und Kartoffeln; dazu ein wenig Schiffsbau, ein wenig Gastgewerbe und Einzelhandel, Gastronomie und Dienstleistungen aller Art, das ist Shetlands Wirtschaft. Dies und natürlich der Durchgangsverkehr der Erdölindustrie von und nach den grossen Erdölfeldern in der Nordsee, 100 Kilometer entfernt, und die zwei grossen Pipelines Brent und Ninian, die von den Ölfeldern zum Sullom Voe Terminal auf der Insel Mainland führen, wo die grossen Tankschiffe mit dem schwarzen Gold beladen werden. Shetland verdient am Erdöl nicht besonders viel und die Ölfelder, heisst es, sind bald abgewirtschaftet.
In dieser kleinen Welt bestehend aus fünfzehn Inselwelten, stösst globales Gedanken- und Kulturgut nicht unbedingt auf fruchtbaren Boden. Seit Generationen sind es sich die Shetlanders gewohnt, einander beizustehen und aufeinander angewiesen zu sein. Als Inselgruppe, die vom Rest der Welt abgeschnitten ist, trotzt man auf den Shetlands gemeinsam dem Sturm und versucht man, mit den eigenen, verfügbaren, bescheidenen

Mitteln zurechtzukommen. Ein Frage der Perspektive, wie bei allen Insulanern: Man ist erst einmal sich selbst, man hilft sich selbst und man lebt mit sich selbst. Komme den Shetlanders niemand mit einem neuen, internetkompatiblen Betriebssystem und preise er es als »exciting« an, der nicht darauf gefasst ist, als Antwort zum Beispiel das Wort »**Rubbish!**« zu hören.

Solches hat mit Fortschrittsfeindlichkeit nichts zu tun. In der grauen Abgeschiedenheit der Nordsee werden die Dinge niemals um ihrer selbst willen getan, sondern an ihrem praktischen Wert für das Alltagsleben gemessen. Wenn deshalb seit zehn Jahren eine kleine Zahl von PC's, Laptops und Laserdruckern ihren Weg nach Shetland gefunden haben, dann nicht, weil sie etwas Aufregendes sind, sondern weil sie nützlich sind.

Sandy Macaulay, ein Lachszüchter, kann seine Fischbestände mit einem PC besser im Auge behalten und seine Produktion genauer organisieren. Über Modemkommunikation und E-Mail verkehrt er direkt mit seinen Kunden.

Gleiches gilt für Margaret Peterson, die auf der Insel Mainland einen Kleinbetrieb mit Original Shetland Wollstrickerei-Artikeln führt. Dank telematischen Hilfsmitteln kann sie heute Telemarketing betreiben, neue Kunden akquirieren und Waren direkt exportieren. Shetland-Pullis von ihr sind so bis nach Japan und Korea gelangt.

Und dann gibt es noch Isles Telecroft, eines von etwa 150 Telecottages (Telehütten) auf dem Hoheitsgebiet von Grossbritannien. Das winzige Lokal befindet sich gut versteckt auf der nördlichsten Shetland-Insel Unst, auf dem Gebiet des Hauptortes Baltasound, in einem grossen, abgelegenen Industriegebäude. Es offenbart sich dem Besucher als sehr schlichte 40 Quadratmeter Telematik, eingequetscht zwischen Warendepots, Saatgut, Kunstdünger, einer Tankstelle und einer Kfz-Werkstatt.

Sieht etwa so der Brückenkopf des Informationszeitalters auf Shetland aus? Drei Damen mittleren Alters und ein Kater beim Dorfklatsch in einem kleinen Büro?

Genau so! Ein durchgestylter Technologieshop mit Profiprogrammierern, Software-Analytikern und Elektronikern wäre viel zu teuer; würde natürlich an chronischer Unterbeschäftigung darben und würde bei den »**Locals**« nicht die geringste Akzeptanz finden. Die Ziele der Isles Telecroft sind einfach gesteckt - und ihre Vermittler sind »**Leute von hier**«, die ebensogut im kleinen Einkaufsladen hinter der Theke stehen könnten.

Der Name Isles Telecroft bedeutet: Telebauernhof der Inseln. Hier der Broschürentext:

> ***Isles Telecroft: Was kann IT für Sie tun?***
> ***(IT als Akronym für Isles Telecroft und für Information-Technology)***
>
> ***Das wichtigste Ziel des Telecrofts ist es, den Menschen unserer Gemeinschaft die »Neuen Technologien« vorzustellen, indem wir ihnen einfachen Zugang zu einer Vielzahl von Einrichtungen und Dienstleistungen ermöglichen. Der Telecroft ist ebenfalls dazu da, um Einzelpersonen, örtlichen Vereinen und Unternehmen weiter***

zuhelfen, indem wir ihnen neue Fertigkeiten beibringen oder bei der Weiterentwicklung bestehender Fertigkeiten beistehen.

Wir ermöglichen den fachkundigen Einstieg in die Möglichkeiten der Informationstechnologie.

Wir bieten Informatik-Unterstützung für Kleinunternehmen an.

Wir unterstützen Körperschaften aller Art, ihre Kommunikation wirksamer zu gestalten, indem wir ihnen Einrichtungen und Hilfeleistungen zugänglich machen.

Das Training wird von uns auf die individuellen Bedürfnisse massgeschneidert. Von der allgemeinen Einführung in das PC-System bis zu Spezialkursen über Textverarbeitung, Tabellenkalkulation, Desktop Publishing, Datenbanken und Finanzbuchhaltung.

Als Dienstleistungen bietet der Telecroft:

- ***Kommunikationsdienste mit Telefax und Fotokopierer,***
- ***Textverarbeitung und Laserdrucker im Kundenauftrag,***
- ***Plakat- und Postkartendesign,***
- ***Finanzbuchhaltung im Kundenauftrag,***
- ***die Vermietung von Gerätschaften und Lokalitäten,***
- ***Informationsvermittlung.***

Anreize
Es gibt zwei Motivationen, um den Umgang mit PC's zu lernen:

- ***Die Aussicht auf Geldverdienst (oder auf Einsparungen an Zeit und Arbeit).***
- ***Die persönliche Entwicklung.***

Auf dem Programm steht somit die telematische Emanzipation der Inselbewohner. Die Provinz und ihre rurale Bevölkerung, von der Industriezeit übergangen, sollen nicht noch mehr ins Hintertreffen geraten, sondern im Gegenteil, falls sie es wollen, via moderne Informatik den Wiederanschluss an den Mainstream der Arbeitswelt schaffen und durch die Hintertüre von Telecottages ins Global Village vordringen.

Die primäre, wichtigste Fertigkeit, die es dafür zu lernen gibt, nennt sich auf Englisch »computer-literacy«, Computer-Belesenheit, das heisst die Fähigkeit, mit Computern überhaupt arbeiten zu können. Grundlagen sind Lesen und Schreiben, ein Mindestmass an Maschinenschreib-Fertigkeiten sowie ein minimales Fachwissen über den Aufbau und die Funktionsweise eines Computers und seiner Peripherie. Diese Fertigkeit, dies versteht sich von selbst, ist von fundamentaler Bedeutung für jeden Weltenbürger an der Schwelle zum dritten Jahrtausend.

Ergibt sich Computer-Belesenheit im urbanen Umfeld sehr oft wie von selbst, wächst sie aus der natürlichen Nachbarschaft mit den inzwischen unzähligen, elektronischen Geräten heran, die wir tagtäglich benützen, so muss sie in ländlichen Gebieten nicht selten von Grund auf entwickelt werden. So auch im entfernten Shetland durch Isles Telecroft.
Die Telehütte hat sich langsam einen Platz geschaffen: Kleinere Printaufträge, auch von der öffentlichen Hand, wie etwa für ein lokales Telefonverzeichnis und die lokalen, gelben Seiten, wurden hereingeholt. PC-Training und Kundenaufträge sorgen für eine eher magere, aber reelle, geschäftliche Basis. Das Beispiel von Patricia Odie sei hier erwähnt, die als gelernte Hausfrau zu Isles Telecroft kam und dort zur Telearbeiterin umgeschult wurde. Heute steht gleich gegenüber eines grossen Aquariums ein PC bei ihr im Wohnzimmer, befindet sich ihr Telearbeitgeber anderthalb Shetland-Inseln und 70 Kilometer entfernt und besteht Patricias Telearbeit aus dem Zusammenstellen von Informationen, die sie aus diversen, europäischen Datenbanken bezieht. Sie ist einer von immer mehr Menschen, für die Isles Telecroft gerade richtig kam.
Laura Baisley, die Managerin des Telecrofts, versteht sich denn auch nicht unbedingt als Geschäftsfrau, die Profit um jeden Preis erwirtschaften muss. Im Gegenteil, meint sie, die finanzielle Dimension sei eher bescheiden. Was ihr viel eher am Herzen liegt, ist der soziale, kulturelle Auftrag ihres Kleinunternehmens: Isles Telecroft verrichtet als Anbieter von Computer-Belesenheit einen wichtigen Dienst und entwickelt sich dabei auch zum elektronischen Dorfplatz, zum informellen Forum von Meinungen und von Kleinigkeiten, die den Alltag von Baltasound betreffen. Die Ortschaften und Dörfer auf den Shetland-Inseln sind selten geographisch gewachsene Einheiten mit einer klaren Mitte. Meist an der Meeresküste gelegen, bildet der Hafen auch die Dorfmitte. Dieser ist naturgemäss männlich-dominiert und sehr »**fischfanglastig**«. Auf Isles Telecroft wartet daher ein grosses, brachliegendes Potential an Gemeinschaftsfunktionen, die irgendwie zu besetzen sind.
Die Möglichkeiten der Informatik erweisen sich als wegweisend: Es ist heute mit einem PC und mittels DTP möglich, Lokalzeitungen zu gestalten, selbst in Kleinauflagen billig herzustellen und einfach in Umlauf zu bringen. Anstelle eines Telecottages könnte man in der kleinen Isles Telecroft ebensogut die Lokalredaktion, die Nachrichtenzentrale und die Informationsbörse sehen.
Nur schon die Anwesenheit eines Fotokopierers oder eines Telefaxgeräts, seltene Geräte fürwahr, sorgt für einigen Transitverkehr, und der wiederum, naturgemäss, zu einem kurzen Schwatz, zu Diskussionen und zu mehr Gesprächsstoff als üblich. Umgekehrt, wenn es ja jetzt die Möglichkeit einer Telefaxverbindung gibt, warum nicht die Fotos vom letzten Urlaub den Freunden auf der Insel Burra zufaxen? *»Oh! Und dieser Laserdrucker? So sauber, wie Buchdruck! Warum drucken wir so nicht die Einladungen für das Fest zu unserem fünfzehnten Hochzeitstag? Was ist ein Clipart? Ach, Sie können sogar ein kleines Bild auf die Einladung machen? Einen Kranz, geht das? Was, sogar eine Foto können sie einscannen?...«*

Die physische Anwesenheit von elektronischen Kommunikationsmitteln, die viele neue, inhaltliche oder formale Möglichkeiten bieten, führt über kurz oder lang zu einer entsprechenden Zunahme der Kommunikation. Zumindest mengenmässig. Wenn es also mehr Übermittlungsmöglichkeiten gibt, gibt es auch mehr zu übermitteln. Die Technik in den vier Wänden des Isles Telecrofts stellte eine Vervielfachung der Kommunikationsmittel dar. Die Shetlanders besitzen keine andere Wahl, als diese früher oder später zu benützen und mehr zu kommunizieren.
Informatik und Neue Medien? Kaum.
Sozialarbeit, Gemeinschaftlichkeit? Unbedingt!
Der lange Weg nach Shetland führt uns direkt ins Local Village, das an diesem Ort mit dem Global Village einhergeht. Die Sammelstelle, der Güterbahnhof für Informationen, von wo aus Daten in das Cyberspace und Gerüchte ins Ohr der Nachbarin weitergeleitet werden, strahlt Gemeinschaftssinn in beide Richtungen ab. Die ziemlich eigensinnigen Shetlanders, die einst Abend für Abend auf ihren Gehöften oder in ihren Häusern an der Waterfront hockten, niemals ausgingen und ihre Mitinsulaner höchstens Sonntags in der Kirche trafen, leben sich langsam in den von Isles Telecroft ermöglichten, globalen Kommunikationsalltag ein, lernen behutsam den Stellenwert einer Information kennen und die plötzliche Notwendigkeit zu verstehen, Dinge wissen zu müssen.
Man kann eben nicht Zutritt zur grossen, weiten Welt haben, selbst auf den entfernten Shetland-Inseln nicht, und sei es in der bescheidenen Form eines E-Mail-Anschlusses irgendwo zwischen Zwiebelsamen und Motorenöl, ohne dass die grosse, weite Welt im Gegenzug Zutritt zur Abgeschiedenheit bekommt.
Elektronische Kommunikation, nicht etwa als Beziehungskiller wie in der Stadtwelt, sondern als Beziehungsmakler? Oh, the sheer excitement of it all!

Canolfan Telemateg

Die nächsthöhere Stufe zur Telehütte: Das Telezentrum oder auf Walisisch, Canolfan Telemateg. Es hat die gleichen Ziele und Aufgaben wie der Telecroft in Shetland, vielleicht eine Spur ambitionierter. Wir sind zu Besuch in Newcastle Emlyn, im Tal des Flusses Teifi, tief in den grünen Hügeln von Wales. Auch hier geht es um den Anschluss an die internationale Welt der Arbeit und um Computer-Belesenheit. Auch hier befinden wir uns in provinzieller Umgebung in einem abgelegenen Teil der Welt, auch hier ist das Land karg und sind die Menschen arm. Der erste Augenschein während der Anfahrt im PKW zeigt, bei allem Respekt, verregnetes, rurales Elend.
Wales, ein Land mit eigener Sprache und eigener Kultur, ist schon seit langer Zeit ein Teil des United Kingdom. Die Waliser stammen von den prähistorischen Urbriten und nicht, wie die meisten heutigen Engländer, von den Nachfahren angelsächsischer und normannischer Einwanderer ab. Obwohl jeder britische Thronfolger sich als Prince of Wales bezeichnen darf, wurde das Land, ebenso wie Irland, von den Briten über die

Jahrhunderte hinweg wie eine Kolonie behandelt. Nur drei Worte zum Schicksal Wales' in vergangenen Jahrhunderten: Ausbeutung, Armut und Aufstände.
Arbeit gibt es nicht allzuviel. Der Tourismus, auch hier, spielt eine bedeutende Rolle. Für Engländer aus London und Umgebung ist Wales in etwa so gleichbedeutend wie der Schwarzwald für die Einwohner von Stuttgart. Die vielen Braunkohle-Bergwerke, die es früher noch gab und in denen Legionen von Kumpels arbeiteten, wurden eines um das andere geschlossen. Landwirtschaft findet zwar statt, aber wie im Agrarsektor überall in Europa, geht es den Walisischen Bauern nicht so gut. Industrie gibt es leider fast keine, wobei es sein könnte, dass ein grosser, japanischer oder amerikanischer Automobilmulti wieder einmal ein Autowerk in Wales baut. Es wäre nicht das erste Mal und der Grund dafür sind fleissige und billige Facharbeiter, die 48 Wochenstunden für einen niederen Lohn mit minimalsten Zusatzabgaben leisten müssen. Aber selbst ein Dutzend Auslandsinvestoren auf der Suche nach Dumpinglöhnen wäre höchstens ein Tropfen auf den heissen Stein. Wales ist ein wirtschaftlich armes Land.
Aber das Land steckt voller »**human resources**«: Menschen, ihren Begabungen und ihren Fertigkeiten. Und die moderne Telekommunikation kennt keine Grenzen. Wenn man sich auf walisischer Seite nur zusammenraufen, nach aussen hin einheitlich auftreten, einen verbindlichen Qualitätsstandard garantieren und mit einer einzigen Stimme sprechen könnte...
Gesagt, getan: Der Antur Teifi Business Park in Newcastle Emlyn ist einer von bereits 24 walisischen Stützpunkten der Telecottage Association. Der Besucher trifft auf zwei langgestreckte, parkplatzumsäumte Bungalows am Ortsrand, die auf den ersten Blick ein wenig wie ein Provinzschulhaus wirken. Der Eindruck trügt nicht ganz, denn genau dies ist das Telezentrum eigentlich: Eine Informatikschule für Anfänger, Telearbeiter und für Kleinunternehmer, die etwas dazulernen wollen.
Die Ausbildungs- und Dienstleistungspallette gleicht derjenigen des Telecrofts auf den Shetland-Inseln: Ein massgeschneidertes, spezialisiertes Kursangebot zu jedem Thema. Any location, any time: Überall und jederzeit. In-house Spezialisten für Fragen und Herausforderungen bezüglich Management, Kundenbetreuung, Finanzen, Marketing, Personalführung und Qualitätssicherung. Für kleinere und mittelgrosse Unternehmen ist eigens »**Executive Assistance**« eingerichtet worden, ein Vermittlungsprogramm für Führungskräfte, so dass die Betriebe im Bedarfsfall schnell spezialisiertes Personal mit allen benötigten Management-Qualifikationen finden können. Unternehmerisches Denken und Handeln ist neben Computer-Belesenheit der zweite Schwerpunkt des Antur Teifi Business Park.
Dies führt soweit, dass das Telezentrum, als weitere Dienstleistung, den Unternehmen eine GRATIS-Diagnose ihres Betriebs anbietet. In Grossbuchstaben. Ein unabhängiger Berater analysiert die Unternehmen, ihre wirtschaftliche Situation, ihre Schwächen und Stärken, und entwickelt einen Katalog mit Verbesserungsvorschlägern. Es geht dabei vor allem um die Telekommunikations-Tauglichkeit der Unternehmen, um den

Erschliessungsgrad durch PC's und den Einsatz moderner Technologie zur Steigerung der Arbeitsproduktivität. Wer heute noch genauso wie in den 60er- und 70er-Jahren wirtschaftet, braucht dringend Nachhilfe.
Das Telezentrum bietet schliesslich all jenen, die so etwas nicht selber besitzen, einen vollklimatisierten Konferenzsaal zur Miete an, der neueste Anlagen für Video- und PC-Projektion besitzt, für Simultanübersetzungen eingerichtet ist und der mittels Videophon mit dem Rest der Welt in Verbindung steht.
Das soziale und nachbarschaftliche Element eines Telecrofts steht hier nicht so sehr im Vordergrund. (An gewissen Tagen ist hier schon das Wort »**exciting!**« gehört worden.) Der soziale Kitt entsteht andernorts, im Antur Teifi Business Park wird eindeutig mit am globalen Kitt herumgespachtelt. Jene Art von Netzwerk-Kitt, der Geister, Ideen, Daten und Informationen zu einem weltweiten Dialog vereinigt. Dieser Business Park könnte auch ein Technopark sein, denn er vermietet Büroflächen, so zum Beispiel an Simon Ardizoni, der von hier aus eine Regionalzeitung herausgibt. Seine Journalisten sind hier nicht anzutreffen: Sie schreiben ihre Artikel bei sich zuhause und senden sie via E-Mail ins Hauptquartier. Simon reicht daher ein kleiner Büroraum mit einem DTP-Computer. Die editierten, elektronischen Daten seiner Zeitung kann er direkt an die Druckerei weitersenden.
Mit der Informatik-Revolution sind die wirtschaftlichen Chancen für Wales gestiegen. Zumindest in der Theorie. Der Standort wird immer unwichtiger, das »**Knowledge**« ist von nun an die Ressource der Zukunft, und der Mensch als »**Knowledge**«-Lieferant kann den bisherigen Zwängen der Geographie entrinnen - sofern er sich dessen bewusst ist, sich konsequent verhält und »**computer-literate**« ist. Viele Menschen sind sich weder der neuen Sachlage bewusst, noch sind sie computer-belesen. Besonders der Generation der vierzigjährigen und älteren Arbeitnehmer, die in der traditionellen, industriellen Welt aufgewachsen sind, drohen Redundanz und Obsolenz.
Es gibt weltweit unzählige Unternehmen und Arbeitnehmer, die ihren Arbeitskompass auf den neuen, elektromagnetischen Nordpol ausrichten müssen. Diese bilden einen gewaltigen Markt für jene Anbieter, Unternehmen und Institutionen, die wie der Antur Teifi Business Park ein umfassendes Updating der Fertigkeiten und Erfolgsstrategien vermitteln. Das Informationszeitalter ist da, die wenigsten haben es schon bemerkt und irgendjemand muss den Leuten beibringen, was es bedeutet. Auf ganze Berufsgruppen, ganze Generationen von Arbeitnehmern, ganze Landstreifen und Regionen warten lange Nachhilfestunden.
Non Harris, ein kleines Einzelschicksal im globalen Strudel, hat diese bereits hinter sich. Vor zwanzig Jahren verliess sie den elterlichen Bauernhof nahe Fishguard an der Küste zur Irischen See, zwanzig Kilometer nordwestlich von Newcastle Emlyn, um in London die Schauspielschule zu besuchen und Karriere im Show Business zu machen. Sie trieb sich viele Jahre in London herum und hielt sich mit einem Mix von kleinen Engagements und allerlei odd jobs über Wasser. Nach dem Tod ihrer Eltern erbte sie den

Bauernhof in Fishguard und kehrte in ihre Heimat zurück. Arbeit gab es dort keine für sie, dafür aber einen alten Bauernhof in schlechtem Zustand, dessen Unterhalt sie Geld kosten würde, das sie nicht hatte. Am Antur Teifi Business Park wurde Non Harris zur Telearbeiterin umgeschult, und bei sich zuhause überarbeitet, korrigiert und redigiert sie nun Dissertationen und Textdokumente. Sie ist, gelinde gesagt, eine Tele-Stenotypistin. Ihre Telearbeitgeber kennt sie nicht. Ihre Telearbeit vermittelt ihr vollumfänglich das Telezentrum in Newcastle Emlyn. Dieses akquiriert über das gesamte, übergeordnete Telecottage-System in Grossbritannien und Irland Telearbeits-Aufträge und wickelt diese über einen Pool von akkreditierten Telearbeitern ab. Non Harris gehört dazu. Und viele andere mehr, denn es gibt inzwischen Telearbeiter-Vermittlungen auf regionaler und internationaler Ebene, die sich untereinander abstimmen. Antur Teifi ist Mitglied der Walisischen TeleMart-Organisation, welche walisische Telearbeiter poolt. Deren Partnerorganisationen sind ZEUS in Griechenland, Telergos in Frankreich, Cobalt in Schweden, Octagon in England und FFT in Canada. All diese Organisationen vereinbaren untereinander Qualitätskriterien gemäss der Qualitätsnorm ISO 9000 und garantieren für das Ausbildungsniveau ihrer Telearbeiter.
Non Harris bekommt von alledem nur wenig mit, ihr Ansprechpartner ist Antur Teifi Business Park. Für sie bedeutet es höchstens ein erratisches Arbeitsaufkommen: Die zu bearbeitenden Aufträge sind meistens dringend, so dass sie non-stop durcharbeitet, um sie zu erledigen. Es kann aber ebensogut sein, dass während mehr als einer Woche keine Arbeit anliegt. In dieser Downtime schaut sie nach dem elterlichen Hof, den sie geduldig und langsam wieder zu einem profitablen Bauerngut aufbauen möchte. Es ist nicht unbedingt so, weder in ihrem Fall noch für viele andere Arbeitnehmer, dass mit der Umschulung und der Umstellung auf eine Informatikwelt auch ein sozialer Aufstieg oder ein Salärzuwachs verbunden sein muss. Für die meisten Arbeitnehmer, soviel lässt sich leicht absehen, wird es keine Frage von Glück, Reichtum und Ehre sein, sondern ein Gebot des Überlebens. Mit »**Excitement**« hat dies herzlich wenig zu tun.

Telehütten allenthalben

Die britischen Telecottages sind ein interessantes, zeitgenössisches Phänomen, denn die meisten von ihnen entstanden nicht per Dekret, sondern als Antwort auf die lokalen Bedürfnisse. Ob Baltasound, Unst, Shetland-Inseln oder Newcastle Emlyn, Wales, es waren die Leute vor Ort, welche die Telecottages aufbauten, zum Teil aufgrund privater Initiativen, nicht selten auch in Zusammenarbeit mit den örtlichen Behörden und mit der lokalen Industrie. Das ursprünglichste Ziel aller Telecottages ist eigentlich die Hilfe zur Selbsthilfe, dargeboten durch Nachbarn, Bekannte, Leute aus der Umgebung, die als Cybermentoren die Initiation ins Informationszeitalter erleichtern. Als 1990 an vielen Orten in England und unabhängig voneinander diese ersten, lokalen Telehütten entstanden, formierte sich ein nationaler Dachverband, die

Telecottage Association, die heute in Grossbritannien und Irland etwa 150 Mitglieder besitzt. Damit steigerte sich der Einfluss aller Telecottages: Jedes einzelne soll zwar möglichst autonom sein und sich mit Kursgeldern und Dienstleistungen selber finanzieren, aber im nationalen Verbund ist ein stärkeres Auftreten möglich. Die Organisationsform der Telecottage Association erinnert ein wenig an diejenige des Asea Brown Boveri Konzerns: Eine Zellenstruktur, die, wenn nötig, sowohl Homogenität als auch Heterogenität gewährleistet und die es der Telecottage Association ermöglicht, gross und gleichzeitig klein zu sein.

Es gibt natürlich inzwischen schon Telehütten in anderen Länder überall auf der Welt, von Finnland über Brasilien und Australien bis nach Deutschland, doch nirgends wurde bisher eine solche Dichte wie in England erzielt, wo es nach letzten Schätzungen schon 1.3 Millionen Telearbeiter geben soll.

So gut und wertvoll diese Telecottage Association ist, so global ihre Vorbildfunktion sein könnte und so verdienstvoll ihre Arbeit in den letzten Jahren war, es mehren sich im Ursprungsland der Telecottages die Anzeichen, dass ihre Zeit langsam ausläuft. Aus einem Brief von Paddy Moindrot von TeleCottages Wales:

Das Llanfyllin Telecottage, dessen Direktor ich war, hat vor kurzem beschlossen, sich aufzulösen. Weshalb? Als es 1990 gegründet wurde, besass unser kleiner Ort keine einzige, elektronische Gerätschaft. Heute (nicht zuletzt dank der Informations- und Ausbildungskampagne unseres Telecottages), wurde ein DTP-Unternehmen hier am Ort gegründet, gibt es im Supermarkt einen Fotokopierer, gibt es Telefaxgeräte auf dem Postamt und erlaubt die Oberschule der hiesigen Bevölkerung den freien Zutritt zu ihren Ausbildungsräumlichkeiten, wo ihr mehr als 40 PC's, Farbdrucker und sogar Videokonferenz-Einrichtungen zur Verfügung stehen. Die Informatik-Bedürfnisse des Ortes werden heute ernst genommen und gut abgedeckt. Daher braucht es hier kein Telecottage mehr.

Es gibt noch viele, abgelegene und wirtschaftlich benachteiligte Orte, welche auf ihre eigene Computer-Alphabetisierungskampagne warten. Früher oder später werden alle am Netz hängen, wobei früher besser wäre als später, weil später zu spät sein könnte. Die Telecottages sind ein gangbarer, leiser und kostengünstiger Weg, den Zeitenwechsel helfend zu begleiten.

Dass der Staat solches anregt und fördert, widerspricht dem Charakter einer Telehütte. Ihr Fundament setzt sich aus der Mischung von Eigeninitiative, Nachbarschaftsdenken und praktischer Basisdemokratie zusammen. Es geht bei den Telecottages letztlich nicht unbedingt darum, die Metropolen zeitversetzt zu imitieren, den Wiederanschluss an den Mainstream zu schaffen, im täglichen »**Rat Race**« mitzuhetzen und womöglich sogar die Städter durch Leistung und Kreativität zu übertreffen.

Es geht vor allem darum, in einer sich ständig erneuernden Welt neue Wege zu finden, um sich selbst sein und bleiben zu dürfen.

Abschliessend

Die Provinz ist tot, lang lebe die Provinz. Die wahre Provinz der Zukunft wird immer auch elektromagnetisches Niemandsland sein: Off-Line. Die Provinz mit Netzanschluss wird sich einem Wertekonflikt ausgesetzt sehen, dessen Ausgang noch offen ist: Öffnet elektronische Telekommunikation urbaner (Zu)dringlichkeit Tür und Tor, wird das Hinterland von einer Dienstleistungswelle überflutet, ändert sich der Rhythmus des ruralen Daseins, der auf persönlichen Kontakten, mittel- bis langfristigem Denken und einem natürlichen Misstrauen gegenüber Innovationen beruht?
Oder aber, ein ebenso mögliches Szenario, gelingt es den ländlichen Gebieten und ihren Bewohnern, den Spagat zwischen den Welten zu vollführen und die neuen Medien dafür zu benützen, noch provinzieller zu werden, ihre Identität als Aussenstehende nicht nur zu bewahren, sondern auch zu verstärken?
Wie dies geht? An dieser Stelle verdient zum Beispiel der Spatzendreck von Dellheim eine kurze Erwähnung. Der Spatzendreck ist ein fruchtiger, weisser Dessertwein mit einer Blume, die jedem Elsässer Ehre machen würde. Dellheim liegt allerdings nicht im Elsass, sondern ist der Name eines deutschstämmigen Weinguts in den Bergen, einige Kilometer nördlich von Stellenbosch, Kap-Provinz, Republik von Südafrika. Wer einen Schluck Spatzendreck probieren möchte, kann ihn direkt in Dellheim bestellen: Das Weingut nimmt Bestellungen über E-Mail an und spediert die bestellte Ware zu Ihnen nach Hause. Die Zollgebühren und Transportspesen kommen zwar dazu, aber das, was den Wein teuer macht, die nicht immer knappen Profitmargen von Weinimporteur und Einzelhändler, zahlt der Konsument auf diese Weise nicht.
Und so lohnt es sich, kurz zu fragen, ob die heutige Informatik-Revolution, richtig und konsequent angewendet, nicht das Ende des Zwischenhandels bedeutet?
Die Logik spricht dafür: In einer zunehmend vernetzten Welt, in der jeder mit jedem Geschäfte machen kann, könnte es (idealerweise) zur Demokratisierung der Märkte und zu einer Zerschlagung von Kartellen und Handelsabsprachen kommen. Es besteht somit die Chance, dass in der Zukunft Erzeuger und Verbraucher ohne Mittelsleute miteinander verkehren, zum Nutzen beider Seiten. Die Provinz wäre damit nicht mehr nur der erdige Zulieferant von Gütern, sondern ein gleichgestellter Handelspartner mit eigener Identität. Keine Bange um die Zwischenhändler: Die können alle in die Computerbranche wechseln und uns »**Excitement!**« vermitteln.
Das Netz, die elektromagnetische Krake mit Millionen von Fangarmen, kriegt uns alle. Je enger die Netzmaschen allerings geknüpft werden, umso mehr steigt der emotionale Wert der Netzunabhängigkeit. Einmal abzuschalten, off-line zu gehen, wird für immer mehr gestresste Network-Kasperles zur reizvollen Perspektive. Den wortlosen und weltentsagenden Frieden eines japanischen Steingartens dürften bald auch wir, hier im Westen, so richtig zu schätzen lernen.
Wo das »**Excitement**« triumphiert, muss die Attraktivität des Gegenteils steigen. Die

Alternative, das Gegenstück ist Ruhe, Ausgeglichenheit, Entspannung. Es wäre, scheint uns, durchaus sinnvoll, Entspannung anstelle von Aufregung in den Vordergrund zu stellen. Wenn uns die Computer und ihre Telekommunikation nur Aufregung bringen, nur Stress, Komplexität und Furcht, dann machen wir Menschen uns (wieder einmal) das Leben künstlich schwer. Erst wenn die moderne Elektronik so eingesetzt wird, dass sie uns bleibende Ruhe und Entspannung vermittelt, dass sie uns Sicherheit anstelle von Problemen gewährleistet, Natürlichkeit anstelle von Künstlichkeit, erst dann kann man sie als wertvolle Bereicherung unseres Lebens bezeichnen.
Wäre es nicht wunderbar aufregend, wenn uns dies gelänge?

Zeitsouveränität

Die Familie, die kleinste soziale Einheit in unserer Gesellschaft, ist in Gefahr. Woher kommt der Feind? Sind es die Drogen und die Jugendkriminalität? Oder die sexuelle Revolution und die Emanzipationsbewegung? Der Verlust christlicher Grundwerte und der Materialismus? Nicht nur. Der wahre Feind der Familie sind die Arbeitgeber und ihr Souveränitätsanspruch auf die Lebenszeit ihrer Mitarbeiter.

Rechtlich ist alles klar. Die biblische Familie ist unser Standard: Monogame Ehe mit Aufgabentrennung, er verrichtet die Arbeit und besorgt den Unterhalt, sie führt den Haushalt und betreut die Kinder. Gesetzgeber und Arbeitgeber gehen alle von diesem Familienmodell aus, das in den Köpfen vieler Menschen als traditionelles Familienbild beheimatet ist und von Werbefilmen wiedergegeben wird: Mann und Frau, zwei lustige Kinder, Haus mit Garten, Mittelklassewagen: So muss es sein.

So ist es aber nicht. Der Familienmythos wird immer illusorischer, immer weniger Menschen können sich diesen Luxus noch leisten. Eine Studie der Schweizerischen Gesellschaft für die Familie Pro Familie belegt, dass schon bei 50 Prozent aller Ehepaare im arbeitsfähigen Alter beide Ehepartner werktätig sind. In vielen Fällen müssen sie es, weil die Löhne im letzten Jahrzehnt minim und dafür die Preise und Lebenskosten sehr stark angestiegen sind. Seit Mitte der 80er Jahre sind Kaufkraft und Lebensstandard von mehr als 75 Prozent aller Arbeitnehmer in Westeuropa gesunken, nicht gestiegen. Viele Frauen übernehmen deshalb eine Halbtagsstelle oder eine Teilzeitarbeit, um den Familienetat aufzubessern. Dazu gilt: Wehe den Frauen, die ein Kind bekommen! Die Rückkehr in die Arbeitswelt wird ihnen so schwer wie nur möglich gemacht. Wer eine Familie gründen und ein gesundes Familienleben pflegen will, gerät sogleich in den Bannstrahl der Arbeitgeber.

Ein solcher Zustand ist kurzsichtig und unwirtschaftlich: Nicht nur, dass er unsere Welt als nach wie vor stures, patriarchalisch-borniertes Universum entlarvt, er ist demographisch schädlich; er verdrängt notwendiges, nützliches, humanes Potential aus dem Arbeitsprozess; und er ist, was seinen organisatorischen, arbeitstechnischen Nutzen betrifft, unnütz. Es ginge nämlich auch anders - und ginge es anders, ginge es auch viel besser. Ein Beispiel...

Knowledge für das Leben

Die Drägerwerk AG in Lübeck ist ein familienfreundliches Unternehmen. Sie erhielt 1993 beim Bundeswettbewerb »**Der familienfreundliche Betrieb**« den Ersten Preis in der Kategorie Grossbetriebe. 1995 war Dräger am Wettbewerb »**Europäischer Preis für Soziale Innovation**« in der Kategorie der multinationalen Grossunternehmen der einzige Hauptpreisträger.

Die Drägerwerk AG, von männiglich kurz Dräger genannt, beschäftigt weltweit 8'000 Mitarbeiter, wovon 5'300 in Deutschland, wovon die Mehrzahl am und rund um den Hauptsitz in Lübeck. Die 34 Niederlassungen auf fünf Kontinenten sind hauptsächlich Verkaufsorganisationen, während die Produktion und Produktentwicklung zentral in Schleswig-Holstein angesiedelt ist. Gegründet 1889 als »**Dräger und Gerling**« in der alten Handels- und Seefahrerstadt Lübeck, befindet sich das Unternehmen seit 1902 und bis heute im Besitz der Familie Dräger, die alle Stimmrechtsaktien hält. Der Vorstandsvorsitzende ist Dr. Christian Dräger, sein Bruder ist der Finanzchef.

Das Motto des Unternehmens lautet »**Technik für das Leben**«. Dräger-Produkte hängen immer mit der »**Beherrschung eines Gases**« zusammen, ermöglichen den geregelten Umgang mit Luft oder mit gasförmigen Stoffen und dienen dem Schutz der Atmung. In der Medizintechnik stellt Dräger Inkubatoren, Anästhesiegeräte, Beatmungs- und Patientenüberwachungssysteme her. Die allererste Eiserne Lunge der Welt wurde von Dräger gebaut. In der Sicherheitstechnik sind es Atemschutzgeräte und Gas-Sensoren aller Art, von Taucherausrüstungen und Raumfahrtkomponenten bis zu elektronischen Messgeräten. Das bekannteste darunter ist das Alcotest-Gerät, jedem betrunkenen Fahrzeuglenker zusammen mit der polizeilichen Aufforderung »**Na, dann pusten Sie da mal rein...**« in unangenehmer Erinnerung.

Der Konzern baut die meisten Geräte selbst, er führt zumindest die Endmontage durch und überwacht die Qualität. 8 Prozent des Jahrsumsatzes von etwa 1,4 Milliarden DM werden in die Forschung und Entwicklung investiert. Mindestens 50 Prozent desselben Umsatzes werden mit Produkten erzielt, die nicht älter als 5 Jahre sind.

Drägers wahres Produkt ist natürlich »Knowledge«: medizinisches, phsysikalisches, elektronisches, technisches Fach- und Gesamtwissen. Ähnlich wie Otikon (siehe oben), lebt auch Dräger vom Gedankengut. Dazu Volker Stief, Leiter Personal und Soziales bei Dräger:

Wir haben hier bei Dräger schon immer Wert darauf gelegt, dass Mitarbeiter unser wichtigstes Kapital sind. Sie können sich das vorstellen, bei unseren hoch innovativen Produkten ist der Anteil, den unsere Mitarbeiter in diese Produkte einbringen, eigentlich das Wichtigste überhaupt. Und nur wenn die Mitarbeiter motiviert sind, viel Innovation einbringen und höchste Qualität abliefern, sind wir überhaupt wettbewerbsfähig.

Um ihre Mitarbeiter somit optimal für ihre innovative Arbeit zu motivieren, bietet die Drägerwerk AG ihnen ein umfangreiches, beispielhaftes Massnahmenpaket zur besseren

Harmonisierung von Berufs- und Privatleben an. Zum Beispiel:

- ***Eine Auswahl von über 50 verschiedenen, flexiblen Arbeitszeitmodellen für alle MitarbeiterInnen. Kernzeiten, Teilzeiten, Job-Sharing, Zeitkonten.***

- ***Ein betriebsnahes Kinderhaus mit 45 Plätzen. Und die Möglichkeit, dass Kinder von Dräger-Mitarbeitern zusammen mit ihren Eltern in der Betriebskantine speisen dürfen.***

- ***Die Betriebliche Vereinbarung »Wiedereinstellungszusage« der Drägerwerk AG ermöglicht allen Beschäftigten beim Erfüllen bestimmter Voraussetzungen die Rückkehr in den Betrieb bis zur Vollendung des 7. Lebensjahres des Kindes.***

- ***Angebot an MitarbeiterInnen im Erziehungsurlaub bzw. mit Wiedereinstellungszusage, an Seminaren sowie an Informationsveranstaltungen zu aktuellen Themen mit Firmenbezug teilzunehmen.***

- ***Die aktive Wiedereingliederung von Frauen, die nach einer zehnjährigen Unterbrechung ihrer Berufstätigkeit ins Berufsleben zurückkehren wollen, durch spezielle Angebote zur Weiterqualifizierung.***

- ***Die Unterstützung des Arbeitskreises »Arbeitswelt bei Dräger im Wandel« als Beratungsgremium für den Personalvorstand mit dem Ziel, Lösungsvorschläge zur besseren Vereinbarkeit von Beruf und Familie sowie konkrete Anregungen zum Thema Frauenförderung zu erarbeiten.***

- ***Die Schaffung von gut ausgeleuchteten Spätschichtparkplätzen für Mitarbeiterinnen aus der Produktion.***

Aus diesen und andere Massnahmen wird ersichtlich, dass die Familienfreundlichkeit bei Dräger vor allem auch Frauenfreundlichkeit ist. Als frauenfreundlicher Betrieb wurde Dräger 1993 an einem Bundeswettbewerb ausgezeichnet. 1995 betrug der Frauenanteil 27 Prozent. Allerdings, bei den Führungspositionen lag die Frauenquote bei nur insgesamt 6 Prozent (wovon 8 Prozent im unteren und 3 Prozent in mittleren Kader). Das Topmanagement war frauenfreie Zone. Das Unternehmen hat sich daher vorgenommen, diese (Dis-)Proportionen sanft zu korrigieren, den Anteil aller Fach- und Führungskräfte an der Gesamtzahl der Beschäftigten eher zu verringern, aber mit steigendem Anteil an Frauen in Führungspositionen. Ein solcher Vorsatz ist immer leicht zu fassen und schwer einzulösen. Die Zukunft wird zeigen, ob es gelingt.

Die Zeichen der Zeit

Am fortschrittlichsten und umfassendsten sind die verschiedenen Arbeitszeitmodelle, die Dräger in enger Zusammenarbeit mit Arbeitnehmerverbänden und Betriebsräten entwickelt hat und den Mitarbeitern anbietet, über 50 an der Zahl. Jede auch anderswo bekannte Form von Arbeitszeitmodell ist bei Dräger anzutreffen. Hier eine allgemeine Übersicht:

Jahresarbeitszeit
Flexible Arbeitszeit, je nach den augenblicklichen Erfordernissen des Geschäfstalltags. Die geleisteten Arbeitsstunden werden von der Brutto-Jahresarbeitszeit abgezogen. Ab der Nullmarke kann mit allfälliger Überzeit wie im Zeitsparmodell umgegangen werden. Variante: Eine monatliche anstelle einer jährlichen Gesamtsumme.

Zeitsparmodell (Zeitkonten)
Mögliche Mehrarbeit und allfällige Überstunden werden nicht ausbezahlt, sondern kompensiert, für einen längeren Urlaub oder später für eine gleitende Pensionierung angerechnet. Bei VW als »Zeitaktien« behandelt.

Bandbreitenmodell
Die Beschäftigten wählen ihre individuelle Arbeitszeit frei innerhalb einer bestimmten Bandbreite aus (Zum Beispiel zwischen 5 und 9 Stunden pro Tag). Sie verdienen entsprechend mehr oder weniger.

Aufgabenorientierte Arbeitszeit
Der Arbeitseinsatz wird durch die Erledigung der Aufgaben oder die Anforderungen der Kunden direkt gesteuert.

Flexible Vier-Tage-Woche
Ein Normalpensum von 80 Prozent oder vier Tagen. Je nach betrieblicher Auslastung aber zu 0 bis 6 Tage anpassbar.

Job-Sharing
Aufteilung bzw. Zerstückelung von Arbeitsplätzen. Zum Beispiel die Aufteilung von vier 100-Prozent-Stellen in fünf 80-Prozent-Pensen.

All dies und sehr vieles mehr ist möglich. Die herkömmliche Gleitzeitarbeit ihrerseits hat seit dem 1. August 1996 in einem der internen Betriebsbereiche der Drägerwerk AG eine dramatische Änderung erfahren: Die Kernzeit wurde völlig aufgehoben und die

Beschäftigten können von 7 Uhr morgens bis 21 Uhr abends von Montag bis Sonnabend frei wählen, wann und wie lange sie arbeiten wollen. Sofern sie sich natürlich mit ihren Vorgesetzten und Kollegen absprechen und jemand das Tagesgeschäft bestreitet. **Carola Mentrup** von der Dräger Forum GmbH:

Die Kernzeit hier im Unternehmen ist ja schon sehr kurz: Zwischen zehn und halb zwei, dreieinhalb Stunden. In diese Zeit fallen ja auch alle Mittagspausen. Insofern ist die Kernzeit eigentlich schon relativ aufgeweicht, und dann ist es nur noch der nächste Schritt, zu sagen, dass wir uns ganz davon lösen sollten. Massgeblich ist immer, dass die Betreuung und die Funktion eines Bereichs sichergestellt sind, und dass muss jeder vor Ort realisieren. Zwischen 8 und 17 Uhr müssen alle Kundenanfragen aufgenommen und soweit bearbeitet werden können, dass der Kunde den berechtigten Eindruck bekommt, dass er ernstgenommen wird.

Wie es gemacht wird, ist schnell erläutert. Aber warum es überhaupt getan wird, das bedarf einer Erklärung. Weshalb, in einer Arbeitswelt, die geprägt ist von endlosen Jahrzehnten mit knallharten Festzeiten und penibler Stechuhr-Kleinkrämerei, übt sich die Drägerwerk AG als Zeitmodell-Pionierbetrieb in Arbeitszeitliberalität? Ist das Unternehmen nicht nur familien- und frauen-, sondern auch menschenfreundlich geprägt? Die Antwort von **Volker Stief** schliesst dies nicht aus, aber sie beweist, dass Dräger die Zeichen der Zeit verstanden hat.

Den Wandel von der herkömmlichen Zeitführung zu den heutigen, flexiblen Arbeitszeitmodellen hat bewirkt, dass man erkannt hat, dass starre Zeiten sowohl für das Unternehmen als auch für den Mitarbeiter erhebliche Probleme mit sich bringen.
Aufgabe der Personalpolitik im Hause ist ja vor allem auch, aus dem Potential der Mitarbeiter für das Unternehmen möglichst viel zu machen. Wenn man sich selbst überlegt, wann man besonders gut und motiviert arbeitet und sehr viel schafft, dann ist das wenn man den Kopf und den Rücken freihat von Problemen zuhause oder im Privatbereich, und wenn Sie nicht nachdenken müssen »Wie schaffe ich das denn, wann kann ich zum Zahnarzt, wann kann ich meinen Sohn aus dem Kindergarten abholen, schafft das meine Frau?« dann bleibt ein Teil dieser Probleme draussen.
Da kann die Firma dabei helfen, aber es hilft auch der Firma. Es gibt Untersuchungen, die sagen dass circa 60 Prozent von krankheitsbedingten Fehlzeiten oder 60 Prozent von Arbeitsunfällen, von Fehlleistungen und nur schon schlechten Leistungen auf private

Probleme zurückzuführen sind. Die können Sie als Firma nicht alle lösen, aber Sie können den Mitarbeitern helfen, möglichst viele dieser Probleme vor dem Werktor zu lassen.
*Ein wichtiger Faktor dabei ist die persönliche Arbeitszeitsouveränität. Unser allerletztes Modell im EDV-Bereich geht schon ein Stück weit in Richtung Wahlarbeitszeit der Mitarbeiter. Wir haben dort so gut wie alle Restriktionen und festen Regelungen bewusst herausgenommen und die Arbeitszeitverantwortung dort hindelegiert, wo sie unserer Meinung nach hingehört, zu den Mitarbeitern. Die wissen am besten, was gemacht werden muss und wann es am besten gemacht werden kann, und sind dann am leistungsfähigsten und bringen für die Firma das meiste, wenn sie private Angelegenheiten mit den betrieblichen Erfordernissen unter einen Hut bringen können. Und wir glauben, wir haben in über 25 Jahren Gleitzeit auf jeden Fall diese Erfahrung gemacht, dass einer der wichtigen Punkte dafür ist, so wenig Regelungen wie möglich zu haben. Das haben wir schrittweise lernen müssen und es ist auch schrittweise gewachsen, im Lauf der Jahre, aber wir sind heute an dem Punkt, an dem wir sagen: »**Wir brauchen eigentlich gar nicht mehr viel Regeln, weil die Mitarbeiter sich zusammen mit den Vorgesetzten und ihren Kollegen sich selbst regeln**«. Ein Führen über Arbeitszeit hat sich aus unserer Sicht überholt, es gilt eher ein klares Führen über Zielvereinbarungen, die mit den Mitarbeitern getroffen werden. Die Stechuhr ist zwar noch nicht ganz tot, aber die Vision, die hier im Hause herrscht, ist dass wir zukünftig, irgendwann einmal, die Geschäftsleitung denkt vielleicht schon in zwei Jahren, ganz und gar auf jegliche Zeiterfassung verzichten können, in dem Sinne, dass wir sagen: »Es interessiert eigentlich gar nicht mehr, wann und wie lange gearbeitet wird; wichtig ist vielmehr dass alles, was an Aufgaben vorhanden ist, abgearbeitet wird. Und wichtig ist auch der Erfolg für die Firma«.*

Dies ist ein freier, unmittelbarer Ausblick in die Zukunft der Arbeit. Die Zeitführung wird durch Zielführung abgelöst. Die Arbeitszeiten werden individuell nicht mehr nach dem Zifferblatt, sondern nach Kundenbedürfnissen und Aufgaben und in Harmonie mit dem Privatleben bestimmt. Die Zeitsouveränität wird den Angestellten zugestanden, weil jede andere Lösung, vor allem eine von oben verfügte Lösung, nur ihre Motivation hemmen, ihre Flexibiliät mindern, ihre privaten Probleme mit der Arbeit verknüpfen und einen teuren Überwachungsapparat erfordern würde.
Damit entfällt viel Herumrechnen und Haarspalten rund um die Arbeitszeiterfassung. Der Wert der Arbeitzeit hat nichts mit Zeitmengen und dafür alles mit Arbeitsqualität zu tun. Das Unternehmen gewinnt dabei eine flexible, leistungswillige Belegschaft, die Beschäftigen erhalten dafür die Aussicht auf ein Privatleben. Die Zeitenwende bei den Arbeitszeiten steht bevor. Schlaue Unternehmen, sicher einmal alle diejenigen, die im »Knowledge«-Sektor operieren, handeln entsprechend - und die anderen, um Michaïl Gortbachevs Empfehlung an die DDR-Gerontokraten herbeizubemühen, »**bestraft die Zeit**«.

Anbindung

Gleich gegenüber des Dräger-Hauptsitzes an der Moislinger Allee in Lübeck, ein wenig zurückversetzt neben einem Grossparkplatz, befindet sich ein niedriger Bungalow mit vorgelagertem Spielplatz, der auf dem Firmengelände der Drägerwerk AG liegt und von Dräger gemeinsam mit dem Schulamt von Lübeck betrieben wird. Diese »Kunterbunte Kinderkiste« - der Name beschreibt den Zweck und das visuelle Erscheinungsbild des Ortes vorzüglich -ist erstens etwas Niedliches und zweitens ein deutlicher Hinweis auf den immer grösseren Wert der Mitarbeiterbindung. Carola Mentrup von Dräger Forum GmbH:

Es ist eine Kindertagesstätte, die eine Ganztagsbetreuung anbietet, für Kinder von Dräger-Leuten und andere Lübecker Kinder. Sie ist von 7 bis 17 Uhr geöffnet, das heisst in jener Zeit, in der viele Eltern berufstätig sind, und da möchten wir gerne die Betreuung sicherstellen. Warum? Wir haben festgestellt, das wir unsere Mitarbeiterinnen und Mitarbeiter besser ans Werk binden und halten können, wenn diese während ihrer Familienphase durchgehend im Betrieb tätig sein können. Dadurch binden wir sie besser ans Werk, sie kommen schneller wieder auf ihren alten Arbeitsplatz und sie haben auch eine höhere Motivation, hier am Arbeitsplatz zu bleiben, denn sie können beides, Beruf und Familie miteinander vereinbaren.
Es ist wichtig und sinnvoll, Mitarbeiter an das Werk zu binden. Es ist doch viel einfacher, Sie setzen Personen ein, die sich hier nach fünf oder mehr Jahren im Werk schon gut auskennen und die ihre Aufgaben am besten wahrnehmen können, weil ihnen die ganzen Rahmenbedingungen schon bekannt sind. Es ist fürs Werk wirtschaftlicher, anstelle von Neueinstellungen lieber die Mitarbeiter zu halten, die das Werk schon kennen.

Zu wissen, »wie der Laden läuft« ist wichtig. Von der Unternehmenskultur über das Betriebsklima bis zur Hackordnung unter Kollegen: Das alltägliche Drumherum der Arbeit wirkt sich auf die Arbeit aus, besonders wenn diese »Knowledge«-intensiv und kommunikationsbetont ist. Ein angebundender Mitarbeiter ist zweifelsohne besser als ein unerfahrener, anzulernender Mitarbeiter. Die Drägerwerk AG praktiziert aktive Mitarbeiterbindung und hat erkannt, dass es dabei nicht nur darum gehen kann, den Mitarbeitern mit kleineren Gefälligkeiten, flexiblen Arbeitszeiten oder Kunterbunten Kinderkisten allein zu kommen. Es gibt für ein Unternehmen nur einen Weg, um Menschen wirklich, emotional an sich zu binden. Nochmals Carola Mentrup:

Die Bindung der Beschäftigten ist dann am grössten, wenn man sie ernstnimmt. Das sagen alle, natürlich, aber die Leute richtig ernstzunehmen, so dass dieses auch wirklich glaubwürdig ist und dass das Ernstnehmen ernstgenommen werden kann, ist schwierig. Mitarbeiter ernstzunehmen bedeutet vor allem, dass diese Massnahmen anregen können und dass, wenn sie Vorschläge oder Anliegen haben, diese auf fruchtbaren Boden fallen. Dass die Mitarbeiter aktiv werden können - und dass man sie auch lässt. Nichts ist schlimmer als

wenn eine Idee geboren wird und dann sofort vom Abteilungsleiter oder von höherer Ebene das Veto kommt. Damit knicken Sie jedesmal die Wünsche und Ideen der Mitarbeiter. Hier ist es in vielen Bereichen anders: Sie können aktiv werden, sie können Ideen formulieren, müssen aber auch selber dafür sorgen, sie umzusetzen. Es wird also immer auch Ihnen selbst die Aufgabe gegeben, für ihre Anliegen eine Lösung zu finden. Ich finde dieses Prinzip sehr gut, denn dann sind die Betroffenen auf alle Fälle immer mit dabei.
So ist auch das Kinderhaus entstanden, zum Beispiel. Da haben Betroffene gesagt: »Wir müssen dafür sorgen, dass unsere Kinderbetreuung sichergestellt ist. Wir haben zwar noch keine Kinder, aber wenn wir welche hätten, bräuchten wir diese und jene Bedingungen...« Und so haben sie es sich aufgebaut, und das ist der Grund, weshalb es auch funktioniert. Es würde nicht funktionieren, wenn man von oben her sagte: »Wir bauen ein Kinderhaus!«

Noch ein Beispiel für das Ernstnehmen der Mitarbeiterschaft: Die Existenz der Dräger Forum GmbH, bei der Carola Mentrup hauptsächlich in der Frauenförderung tätig ist. Diese Tochtergesellschaft wurde vor einigen Jahren gegründet, vor allem als stützende Massnahme zur Wiedereinstellungszusage wonach Mitarbeiter, die das Unternehmen wegen eines Kindes verlassen haben, unter gewissen Bedingungen bis sieben Jahre danach wieder an ihren Arbeitsplatz zurückkehren dürfen. Die Dräger Forum GmbH organisiert halbjährliche Informationsveranstaltungen für diese Exil-Mitarbeiter und hilft ihnen mit Umschulungs- und Weiterbildungsangeboten, falls sie es wünschen. Carola Mentrup:

Die Dräger Forum GmbH ist eine Tochtergesellschaft der Drägerwerk AG und bietet Weiterbildung und Personalentwicklung für Dräger und dritte Firmen an. Meine Aufgabe ist es zusätzlich, im Bereich Integrationsmanagement die Frauenförderung zu betreuen, zu gestalten und auch Massnahmen einzuleiten, die die Familien- und Frauenförderung unterstützen. Man muss dies sicherlich in den verschiedenen Abteilungen und Bereichen betrachten: Es ist nicht überall gleich, überall gibt es unterschiedliche Situationen, aber im allgemeinen möchte ich doch sagen, dass wir das Klima haben, um Frauenförderung zu gestalten, dass wir aktiv werden, uns zu Wort melden und sagen können, dass wir gerne diese oder jene Massnahme einleiten möchten.

Inzwischen ist die Dräger Forum GmbH über das Werk hinaus eine deutschlandweit anerkannte Instanz in den Belangen der fortschrittlichen Arbeitgeber-Arbeitnehmer-Beziehungen und der Frauenförderung.
Aber die harte, unternehmerische Frage, die jetzt gestellt werden muss, sowohl zum Kinderhaus als auch zu flexiblen Zeitmodellen, zu sozial aktiven Tochtergesellschaften und vor allem zum Ernstnehmen der Mitarbeiter, drängt sich natürlich auf: Lohnt sich das alles denn? Kostet es nicht zuviel und bringt es dafür zu wenig? Carola Mentrup auf die Frage, ob es sich rechnet.

Sicherlich! Also ich denke, in einem Unternehmen muss sich alles rechnen und auch diese Massnahmen, die wir hier gestalten, rechnen sich. Das ist so. Sie können zwar nicht so richtig alles mit Zahlen belegen: Wie wollen Sie Motivation messen? Sie können einfach mal feststellen, dass die Mitarbeiter hier an ihrem Arbeitsplatz zufrieden sind und dass sie mit grossem Interesse bei der Arbeit dabei sind. Sie versuchen ,vieles eigenständig zur realisieren, umzusetzen und aktiv zu werden. Das ist ein Mass dafür, inwieweit die Rahmenbedingungen gut sind und alles im Umfeld geregelt ist.

Und Volker Stief, Leiter Personal und Privates, zur rechnerischen Begründung von individuellen Arbeitszeitmodellen:

Was solche Modelle an Vor- und Nachteilen konkret in Mark und Pfennig bringen, das können Sie nicht hart messen, das können Sie aber mit jedem Vorgesetzten und jedem Mitarbeiter, der ein solches Modell mitgemacht hat, zumindest überprüfen. Sie werden hier Hause sehr wenig kritische Stimmen hören, im Gegenteil.

Und dennoch gibt es eine kleine Gruppe von Mitarbeitern, die dem Wandel bei Dräger mit gemischten Gefühlen verfolgen muss: Das mittlere Kader. Führungsmitarbeiter der mittlere Ebene müssen zusehen, dass ein Grossteil ihrer Arbeit und somit auch ihrer Existenz aus ihrem bisherigen, angestammten Kompetenzbereich verschwindet: Arbeit und die Arbeitszeiten werden immer mehr von den einzelnen Mitarbeitern bestimmt. Zielvorgaben und Projektteams verdrängen das bisherige »**Eyeball**«-Managment. Der deklarierte Vorsatz, so wenig wie möglich zu regeln und soviel Selbstbestimmung wie möglich dem Einzelnen anzuvertrauen, zieht dem mittleren Kader langsam aber sicher den Teppich unter den Füssen weg.

Dräger ist da kein Einzelfall: Das mittlere Kader hat ausgedient. Heute, da die ehemals senkrechten Strukturen stetig zu horizontalen Netzwerken mutieren und da autoritäre zu partizipatorischen Organisationformen werden, verschwindet ihre »**raison d'être**«. Angestellte des mittleren Kaders müssen umlernen und die Gestalt von Teamleadern, Mentoren, Motivatoren annehmen. Nicht immer und überall einfach, besonders nicht in denjenigen Unternehmen, in denen bis anhin für den internen Dialog militärische anstelle von zivilen Umgangsformen gepflegt wurden.

Dass viele mittlere Manager daher ängstlich und abwehrend negativ auf jede Form des Wandels reagieren, ist menschlich verständlich. Sachlich nicht. Volker Stief setzt auf das klärende Gespräch zur Abhilfe:

Dass ein Vorgesetzter nicht mitmachen will, das kommt höchstens in Einzelfällen vor, wenn es um Teilzeit-Arbeitsmodelle geht. Dort ist es so, dass Sie gegen den Willen des Vorgesetzten so etwas nicht machen können. Wenn ein Vorgesetzter der Ansicht ist, es ginge nicht, dann versuchen wir, das heisst der Personalbereich, der Vorgesetzte des Vorgesetzten, der Mitarbeiter selbst und der Betriebsrat, im Gespräch mit ihm Kompromisse zu finden. Zum Beispiel versuchen wir, einen Weg zu finden, damit man das neue Modell einfach mal ausprobiert. Wir haben die Erfahrung gemacht, dass wenn sich kritische Vorgesetzte auf einen Probelauf einlassen, es oft so kommt, dass aus Gegnern Befürworter werden. Wir haben auch heute noch Meister, die hätten am liebsten, wenn sie morgens um 7 in die Werkstatt kommen, dass sie sehen können, welcher der Mitarbeiter da und welcher zuhause ist. Es gibt einige, die immer wieder vielleicht das Gefühl haben, eine feste Arbeitszeit wäre doch gar nicht so schlecht. Das sind aber Führungskräfte, die wir nicht wollen und denen wir versuchen, klarzumachen, dass dies eine Sichtweise von gestern ist.

Klare Worte. Carola Mentrup weiss wohl um das Problem und gibt sich konziliant:

Sicher, ich denke es lässt sich immer noch etwas verbessern. Zum Beispiel eine Verbesserung der Unterstützung der Familien- und Frauenförderung durch das mittlere Management: Wir haben mehrere, verschiedene Aktivitäten, die zwar sehr stark durch den Vorstand unterstützt werden, wenn wir dann aber in den unteren Managementebenen damit vorstellig werden, dann wird es mit der Umsetzung etwas schwieriger. Aber wir hoffen und wir arbeiten noch daran, dass wir die Sensibilisierung der Vorgesetzten auf allen Ebenen voranführen.

Die Angestellten ernstzunehmen, sie als selbständige Menschen mit einer privaten Dimension zu akzeptieren und ihnen die Mittel zu geben, Privatleben und Beruf so gut wie möglich zu harmonisieren. Die Drägerwerk GmbH praktiziert diese Vorstellung, nicht (nur) aus humanitären Gründen, sondern vor allem deswegen, weil so und nur so ein »**Knowledge**«-Unternehmen überhaupt bestehen kann.

Es pflegt die Mitarbeiteranbindung, weil »angebundene« Mitarbeiter sich viel leichter mit dem Unternehmen identifizieren und keine unproduktive Einarbeitungsphase mehr durchstehen müssen.

Es bietet flexible Arbeitszeitmodelle an, um die Mitarbeitermotivation noch zu steigern und um selbst flexibler auf Hochs und Tiefs im Geschäftsgang reagieren zu können.

Es betreibt aktive Frauenförderung, weil »Knowledge« etwas geschlechtsloses ist, weil Frauen in der Regel mehr Firmentreue besitzen und weil Frauen, allen anderen Behauptungen zum Trotz, für dieselbe Arbeit immer noch weniger Lohn erhalten als männliche Arbeitnehmer.

Man fragt sich, ob dies nun echte, innovative Pionierleistungen sind - oder nicht eher findige Defensivmassnahmen zur Beibehaltung der eigenen Wettbewerbsfähigkeit. Sei dem, wie will: Es brechen Zeiten an, wie es scheint, da kein Unternehmen es sich mehr wird leisten können, das menschliche Potential seiner Beschäftigten wie bisher weit unter Wert einzusetzen.

Es ist schön, dass sich diese Einstellung heute langsam ändert. Es ist nicht so schön, dass humanes Denken nur wenig damit zu tun hat.

Abschliessend

ein kurzer Gruss an das Ehepaar Bartels und ihren Sohn Timo, der mittlerweilen nicht mehr die Kunterbunte Kinderkiste, sondern die Grundschule besucht. Für die TV-Serie haben wir sie, die beide bei Dräger angestellt sind, während eines Tages begleitet; bei der Arbeit und ein Stück lang während der Freizeit. Uwe Bartels arbeitet als Software-Ingenieur in der Produktentwicklung für Medizintechnik, seine Frau Gisela halbtags als Englisch-Übersetzerin. Der kleine Timo besuchte die Kinderkiste, wurde von den Eltern dort abgesetzt und mittags wieder abgeholt. Die Erziehungsbedürfnisse ihres Sohnes prägen den Alltag der Bartels, die elterliche Zuwendung ist pausenlos gewährleistet und Timo wird nicht als Schlüsselkind aufwachsen müssen. Beide Eltern fühlen sich bei der Drägerwerk AG wohl und bestätigen, dass sie gerne und viel für ihren Arbeitgeber leisten, der sie auch tatsächlich ernstnimmt.

Gisela Bartels, die zuvor bei anderen Arbeitgebern gearbeitet hat, lobt ihr derzeitiges Arbeitsumfeld in Lübeck als sehr familienfreundlich. Als sie früher einmal in Bonn einen anderen Job hatte, sagt sie, wurde ihr vor ungefähr zehn Jahren nicht erlaubt, morgens sieben Minuten später als vorgesehen zur ihrer Arbeit zu erscheinen, weil ihr Regionalzug, der vom anderen Ende der Stadt kam, um diese Frist zu spät fuhr. Sie musste eine Stunde früher aufstehen und den früheren Zug nehmen.

Die Arbeit macht den Bartels offensichtlich Spass - und was am meisten Spass daran macht, ist nicht zuletzt der Umstand, dass es im Leben nicht nur die Arbeit gibt und dass Dräger das versteht. Sowohl Gisela als auch Uwe Bartels könnten beträchtliche Teile ihrer Arbeit als Telearbeiter von zuhause aus leisten, doch so etwas hat ihnen noch niemand angeboten. Die Bartels waren anfangs August 1996 in unserer Serie für das bisherige Vorzeige-Ehepaar eingesprungen, das Dräger sonst für die öffentliche Vorführung der internen Familienfreundlichkeit verwendet. Diese hatten abgewunken und gemeint, sie hätten genug vom Medienrummel.

A propos Medienrummel: Was soll man von folgender Schlagzeile »**Einfach eine Sache der Fairness**« in der Süddeutschen Zeitung vom 10./11. August 1996 halten - und vom längeren Artikel von Cornelia Bolesch, der danach folgt. Erwähnt wird darin der oberste Personalchef der Drägerwerk AG, Ingo Gensch. Hier einige Auszüge:

...da wurde die Idee geboren, einen Kreis von mehreren Frauen als ständige Beraterinnen des Vorstandes einzurichten. Viele Vorschläge, die diese Gruppe um die Frauenbeauftrage Carola Mentrup in der Folgezeit gemacht hat, sind inzwischen Standard bei Dräger. Das Erste, was die Frauen den Herren sagten, war: ***»Wir brauchen Hilfe, um mit unserer Arbeit und mit unseren Familien klarzukommen!«***

»Es geht mir nicht um Gleichberechtigung«*, betont Ingo Gensch,* ***»sondern um Fairness«****. Und die, meint der Manager, hätten vor allem die Frauen nötig.* ***»Die angelernte Näherin kann sieben Jahre wegen Kindererziehung aussetzen und problemlos wieder anfangen. Die Physikerin nicht«.***

...Ein anderer Chef, der Leiter der medizintechnischen Fertigung, Günter Löffler, sagt: ***»Unser höchstes Gut sind eben die Mitarbeiter«.*** *Doch bevor der Besucher feuchte Augen bekommt, angesichts soviel sozialer Romantik, folgt von Löffler die realistische Ergänzung:* ***»Eine zufriedene Frau, die halbtags soviel schafft wie ein Mann am ganzen Tag, das ist doch auch ein wirtschaftlicher Aspekt«.***
...Das Klima zwischen den Dräger-Chefs und den Vertretern der Arbeitnehmern ist abgekühlt. Die ***»Globalisierung der Wirtschaft«*** *hat auch Lübeck erreicht... und provoziert fühlen sich die Gewerkschaften auch durch den neuesten Vorschlag des Vorstands: Ohne zusätzliche Bezahlung sollen die Beschäftigten täglich eine halbe Stunde länger arbeiten, aus der 35-Stunden-Woche würde 37,5 Stunden.* ***»Management nach Gutsherrenart«*** *heisst es bitter über Ingo Gensch. Der sitzt in seinem Büro, hat den ersten, anonymen Drohbrief seines Lebens erhalten und versteht diese Vorwürfe nicht: Er hält die Massnahmen für notwendig, um Dräger im internationalen Wettbewerb bestehen zu lassen, und zwar ohne Entlassungen.* ***»Ich könnte es mir ja auch leichtmachen und einfach Sozialpläne machen. Das Besitzstandsdenken und die Unbeweglichkeit vieler Mitarbeiter sind einfach zu gross«.***
...Doch die Stimmung bei Dräger, wo es doch schon so ***»flexibel«*** *zugeht, ist in diesen unüberschaubaren Zeiten nicht viel besser als anderswo in den Betrieben der Republik.* ***»Wir sind nicht besser als der Durchschnitt der Gesellschaft«****, sagt die Frauenbeauftragte Carola Mentrup. Da verlieren auch die Preise für Familienfreundlichkeit und soziale Innovation an Glanz. Die Teilzeitphilosophie erscheint von der generellen Sorge um den Arbeitsplatz wie ein Luxus, obwohl sie doch eine Vision sein könnte. Der Personalchef sagt dazu:* ***»Wir machen von oben keine Riesenprogramme. Ich sage den Mitarbeitern, ihr müsst kommen, ihr müsst fordern«.*** *Doch viele sind es eben nicht, die von sich aus gekommen sind und die gefordert haben. Nur 230 von 5'300 Dräger-Beschäftigten in Deutschland nutzen ein Teilzeitmodell. Die Vorstellung, Zeit teilen zu wollen zwischen Beruf und Familie, ist nach wie vor eine sehr weibliche Sicht. Nur 22 Männer finden sich unter den 230 Zeitpionieren. Und auch sonst setzt sich von unten traditionelles Verhalten durch: So kehren bei Dräger 70 Prozent der Frauen nach dem Erziehungsurlaub nicht mehr in den Betrieb zurück. Eine grosse Ängstlichkeit ist da zu spüren, eine Scheu vor Veränderung und vor anspruchsvoller Lebensbewältigung. Und die wenigen, die alte Muster dennoch abgeschüttelt haben, machen ja auch vor, wie hart die Eroberung eines neues Lebens sein kann. Wie lange es dauert, bis aus der Anstrengung Zufriedenheit wird, bis man nicht mehr in Widersprüchen und Zweifeln lebt...*

Und so, ganz besonders in Zeiten der Wirtschaftskrise, scheint eine Rückbesinnung auf autoritäre Zustände stattzufinden, herrscht wieder Kasernenton in der Arbeitswelt und regiert die Furcht. Mit Flucht nach vorne hat solches überhaupt nichts zu tun, mit alten Automatismen alles. Unbeweglichkeit, sowohl von seiten der Arbeitgeber, denen nicht mehr einfällt, als das globale Schlankheitsprogramm zu kopieren und blindlings auf boulimische Dutzendstrategien zu setzen, wie auch sture Unbeweglichkeit auf der

Arbeitnehmerseite, wo der Wandel scheinbar nur akzeptabel ist, wenn man sich selbst nicht in Frage stellen, verbessern und umorientieren muss, ist offensichtlich kein wirksames Rezept gegen die Krise.
Ein viel besseres Rezept ist mehr Familiensinn. Das Wort »**Familia**« stammt von lat. »**famulus**« ab, der Bedienstete, Diener, und bezeichnete ursprünglich die Dienerschaft (inklusive den Sklaven) und erst später die Gemeinschaft aller Menschen in einem Haushalt. Der Wortstamm von »**famulus**« ist das lat. Verb »**fari**«; sprechen, bekannt durch die Wortableitungen »**fama**«, das Gerede, und »**famos**«: etwas, worüber man spricht, berühmt. Der famulus trug stets den Namen seines Meisters oder Besitzers, und wurde deshalb als famulus bezeichnet, weil er Teilhaber am Namen der Familie war und unter diesem Namen angesprochen wurde. Die sprachwissenschaftlich korrekte Familie ist eine Gemeinschaft von Menschen, die unter demselben Namen auftreten. Die Drägerwerk ist ein Familienbetrieb, weil alle Stimmrechtsaktien der Familie Dräger gehören - aber Dräger könnte auch ein Betrieb wie eine Familie sein, weil hinter diesem Namen die Summe aller Aktivitäten vieler Menschen verborgen ist.
So neu ist es nicht einmal, dass der Arbeitsbetrieb als Familienersatz dient: Fragen Sie den nächsten Workaholic. Wenn eine Familie eine Schicksalsgemeinschaft ist, deren Mitglieder unter ein- und demselben Namen auftreten, dann ist jedes Unternehmen eine moderne Familie. Und der Fortbestand dieser Familie wäre dann eine kollektive Aufgabe, zu der alle Mitglieder verpflichtet sind. Die Grundqualitäten einer Familie wie Solidarität, Zusammenhalt, und ein harmonisches Innenleben, sind just auch jene Qualitäten, die den Unternehmen heute in Zeiten der Not Halt und Richtung verleihen könnten. Das Heilmittel gegen den globalen Schüttelfrost könnte die lokale Herdwärme sein; das Wundermittel für einen Finalplatz im globalen Wettbewerb sollte familiärer Zusammenhalt heissen.
Um so mehr, als uns je mehr infolge immer weitreichender Automatisierung die Arbeit ausgehen wird, und das wird sie tun, desto härter der Verteilkampf um die wenige, verbleibende Arbeit werden wird. Dieser Kampf lässt sich nur in mehrheitsfähiger Weise gewinnen, wenn die Verteilung der Arbeit anders, nämlich als die Verteilung der verfügbaren Arbeitszeit durchgeführt wird. Das bedeutet über kurz oder lang kürzere und individuellere Arbeitszeiten für jedermann. Jedes andere Rezept führt, soviel ist heute schon vorauszusehen, in die gnadenlose Zweistufengesellschaft, in die soziale Unrast, zu Volksaufständen und Saubannerzügen.
Hellwacher Familiensinn, allen globalen Begleitumständen und jeder Rezession zum Trotz, ist ein Gebot des Egoismus. Für Arbeitgeber wie für Arbeitnehmer.

Die Gelbe Revolution
Sonnenschein am Arbeitsplatz

Es ist nicht genug, einen Traum zu träumen
wenn keine Leidenschaft ihn verfolgt

Es ist nicht genug, ein entferntes Ziel anzusteuern
wenn man den Weg dorthin nicht kennt

Es ist nicht genug, den Weg bis zum Ziel zu kennen
man muss sich auch in Bewegung setzen

Du kannst dir nicht einfach etwas wünschen,
du musst es immer und immer wieder tun.
(M. Vacy)

Liisa Joronen
Geschäftsführerin und Inhaberin,
SOL Palvelut Oy

SOL bedeutet Sonne und fröhliche, gute Gefühle. Der Name und die sonnengelbe Farbe symbolisieren die Revolution, die bei SOL begonnen hat und welche die tägliche Arbeit unserer Mitarbeiter verändern soll.
SOL ist ein finnisches Reinigungs- und Abfallbeseitigungsunternehmen mit ca 3'500 Mitarbeitern. Der Leitgedanke von SOL besteht darin, unseren Kunden die bestmögliche Dienstleistung anzubieten und ihre Reinigungsprobleme so zu lösen, dass sie sich vollständig auf ihre eigene Geschäftstätgikeit konzentrieren können. SOL's Ziel sind strahlende Kunden (»sunny customers«), was bedeutet, dass sie mehr als zufrieden sein müssen mit unserer Arbeit. Dies ist nur dann möglich, wenn bei SOL Mitarbeiter am Werk sind, die auch als Menschen glücklich mit sich selbst sind, die ihren eigenen Verstand während der Arbeit einsetzen dürfen und welche die Gelegenheit zugestanden erhalten, ihr wirklich Bestes zu leisten, ohne dass irgendwelche Regulierungen oder Vorgesetzte sie daran hindern.

Weshalb? - ein wichtiges Wort für Manager

Weshalb sollen Arbeitnehmer aufhören zu denken, wenn sie zur Arbeit kommen?
Weshalb sollen die Arbeiter das Wissen und die Fertigkeiten, die sie mitbringen, nicht einsetzen dürfen?
Weshalb braucht es so viele Vorgesetzte?
Weshalb müssen Büros immer wie Büros aussehen?
Weshalb muss in Büros jeder einen eigenen Raum oder einen eigenen Tisch haben?
Weshalb messen wir die Arbeitszeiten anstelle der Resultate einer Arbeit?
Weshalb gibt es überhaupt Arbeitszeiten?
Weshalb? Weshalb? Weshalb?
Ein Team von SOL-Mitarbeitern hat vor langer Zeit, bevor es SOL gab, damit begonnen, sich diese Fragen zu stellen. Die einzige Antwort auf all diese Fragen, die wir gefunden haben, besagte, dass wir alte Denkmodelle im Kopf haben, die uns vorgeben, wie wir die Arbeit anpacken sollen. Diese Denkmodelle oder festen Vorstellungen sind so stark, dass erst sehr wenige Menschen sie in Frage gestellt haben. Wir haben angefangen, sie in Frage zu stellen - es war das Startsignal für unsere Arbeitsrevolution.

Der Neuanfang

Der Neuanfang wurde möglich, als das alte Reinigungs- und Wäschereiunternehmen Lindström in zwei Hälften unterteilt wurde. Ich war zuvor bereits während Jahren die Geschäftsführerin des Familienunternehmens gewesen, aber meine Verwandten waren mit meinen Ideen nicht einverstanden, die ich bezüglich eines radikalen Wandels der Betriebsstruktur und der Unternehmenskultur vorbrachte. Deswegen kaufte ich zum Jahresende von 1991 die Geschäftszweige der Reinigungs- und der Abfallbeseitigung gegen meinen Aktienanteil von Lindström ab.
Erste Massnahme: Der Namenswechsel, von Lindström Cleaning zu SOL Services. Der neue Name SOL, die Sonne, war nebenbei das Resultat eines Ideenwettbewerbs unter allen Mitarbeitern. Unter diesem Namen begannen wir, SOL zu einem sonnigen, gelben und fröhlichen Unternehmen aufzubauen. Der Name, gelbe Farbe, gelbe Arbeitskleider, gelbe Fahrzeuge, gelbe Räume und gelbes Druckmaterial, all dies war ein wesentliches Element der Arbeitsrevolution bei SOL.
Das visuelle Element spielt bei jedem Wandel eine grosse Rolle: Es sagt einem konkret, dass der Wandel stattgefunden hat und immer noch stattfindet.

Die SOL Managementphilosophie

Wir bei SOL glauben, dass jede Organisation ihren Mitgliedern jede nur erdenkliche Gelegenheit geben sollte, ihr Bestes zu leisten. Um dies zu erwirken, versuchen wir bei

SOL eine Umgebung zu schaffen, in der jeder Mitarbeiter die besten Möglichkeiten vorfindet, um seinen Job gut zu machen. Unsere Managementphilosophie:

- ***Jeder Mitarbeiter ist frei bei der Wahl seiner Arbeitszeiten, seines Arbeitsortes und seiner Arbeitsmethode, solange die selbst gesteckten Ziele erreicht und die Kundenbedürfnisse zufriedengestellt werden. Alle benützen Handies, Voice Mail, Laptops und was auch immer an Ausrüstung notwendig ist, um wo und wann immer zu arbeiten, wenn sie es wünschen. Im neuen System hat sich die Verfügbarkeit des Einzelnen im Vergleich zum alten stark verbessert.***

- ***Es gibt bei SOL kein Organigramm, keine Hierarchie, keine Titel oder Funktionen und keine Statussymbole wie Sekretärinnen und Geschäftsfahrzeuge, eigene Büros oder sogar einen eigenen Schreibtisch. Jeder erhält sein primäres Tätigkeitsfeld zugewiesen, wobei es sich von selbst versteht, dass er oder sie für ihre abwesenden Kollegen einspringen müssen.***

- ***SOL macht seine Betriebsergebnisse transparent. Monatlich wird den Mitarbeitern der letzte Stand der Finanzen und aller wichtigen Zahlen bekanntgegeben.***

- ***SOL fördert eine interne Kultur des 'Reinen Tisches', um territoriale Ansprüche der Mitarbeiter zu verunmöglichen. Alle benützen nur denjenigen Arbeitsplatz, der gerade frei ist. Ist eine Arbeit getan, muss jeder seinen Platz aufräumen und sein Material wegtragen, damit andere ihn benützen können. Diese Vorgabe, so wie alle anderen Vorgaben auch, ist ebenfalls und besonders für das Top-Mangement bindend.***

- ***Bei SOL muss jeder Mitarbeiter seine persönlichen Zielvorgaben festlegen. Diese müssen anschliessend bei einer individuellen Zielbesprechung genehmigt werden.***

- ***SOL betreibt ein flexibles Lohnsystem mit einem etwas grösseren, festen und einem etwas kleineren, variablen Lohnanteil auf Bonus-Basis. Der variable Teil hängt von der Fähigkeit jedes Mitarbeiters ab, seine selbst gesteckten Zielvorgaben zu erfüllen, und kann bis zu 30 Prozent des Festgehalts ausmachen.***

- ***SOL begrüsst die freiwillige Teilnahme an den internen Weiterbildungskursen. Das SOL-Examen, von SOL-Mitarbeitern in Zusammenarbeit mit externen Fachleuten entwickelt, setzt sich***

aus folgenden acht Trainingsmodulen zusammen: Kundendienst, Kommunikation, »Sunny Service«, Marketing, Produktivität, Arbeitseffizienz, Buchhaltung und Rhetorik (»public speaking«). Jedes dieser Trainingsmodule dauert vier Monate.

Es ist ein Kernpunkt der SOL Managementphilosophie, dass glückliche und zufriedene Menschen bessere Arbeit leisten. Die Bindung zu ihrer Arbeit nimmt zu, wenn sie sich eigene Zielvorgaben stecken. Überlässt man sie völlig sich selbst, dann stecken sie sich höhere Ziele. Vertraut man ihnen hundertprozentig, leisten sie auch bessere Arbeit. Je wettbewerbsfähiger die Arbeit sein muss, desto mehr Flexibilität, Vertrauen, Freiheit und Einsatzwille ist erforderlich. Im Umkehrschluss gilt, je freier die Mitarbeiter sind, desto entscheidender ist es, ein leistungsfähiges System von Zielvorgaben, Rückmeldungen, Erfolgsmessungen und Belohnungen aufzubauen.
Die Philosophie von SOL beruht auf einem positiven Menschenbild. Bei SOL vertrauen wir darauf, dass Menschen arbeiten wollen; dass sie Erfolg haben und dass sie gute Arbeit leisten wollen. Wir glauben auch, dass alle Menschen verschieden sind und dass alle individuell behandelt werden müssen. Und wir glauben auch daran, dass jedermann kreativ sein kann und bereit ist, sich zu verändern, sofern er sich beim Prozess der Veränderung in Sicherheit fühlen kann. Die Kreativität vieler Menschen ist zu oft von der Routine eingeschränkt. Kreative Menschen finden immer mehrere Lösungen für jede Situation. Heute können nur solche kreativen Menschen die ständig wechselnden Bedürfnisse und Anforderungen unserer Kunden zufriedenstellen.

SOL City

SOL City, die Firmenzentrale von SOL, spiegelt den Kulturwandel des Unternehmens wider. Sie ist ein Symbol für neue Wege in eine bessere Arbeitswelt, wie man sie noch nie zuvor gesehen hat. Die Umgebung und die Art, wie in SOL City gearbeitet wird, stimuliert unsere Mitarbeiter zu noch mehr Wandel, zu konstantem Wandel, der Sonne entgegen. SOL City ist ein inspirationsreiches Chaos, eine Stadt, ein Heim, ein Himmel und Lichtspiele. Sie ist voller Innovationen mit hunderten von Details.
Während der Planungsphase von SOL City haben die Mitarbeiter Seminare abgehalten und 1'200 Konzepte und Traumvorstellungen eines idealen Arbeitsumfelds formuliert. Sehr viele dieser Vorstellungen wurden von Projektteams, bestehend aus Mitarbeitern und Managern, weiterentwickelt und umgesetzt. SOL City ist daher voller kleiner Ideen und grosser Visionen. Es enthält erstaunlich viele Widersprüche. Im Zentrum befindet sich ein europäischer Marktplatz, wo unsere Besucher sich auf eine römische Treppe setzen, herumgucken, herumhorchen und neue Ideen einatmen können.
Die bunten Tische und Stühle sind eher für Kindergärten als für Büroarbeitsplätze gedacht. Wem die Kindergartenplätze nicht gefallen, kann in die provinzielle Sektion

von SOL City und in eine verschiedenartige Umgebung überwechseln. Die einzigartige Landschaft von SOL City sagt viel mehr über unsere Managementphilosophie und über unsere wahren Werte aus als alle Drucksachen. SOL City bezeugt Kreativität, Freiheit, fröhliche Arbeitsbedingungen und sonnige, gute Gefühle. Besucher können dies mit all ihren Sinnen fühlen.
Die Arbeit in SOL City beruht - neben dem positiven Menschenbild - ebenfalls auf leistungsfähiger und wirksamer Büroelektronik. Die tragbaren Computer ermöglichen es jederzeit, auch anderswo zu arbeiten, sogar Telearbeit zu machen. Die eingehenden Telefonate werden auf Handies oder Privatnummern umgeleitet. Physische Anwesenheit ist nicht notwendig, nur die Resultate zählen. Kein Tag ist wie der andere und jeder Tag beschwört neuartige Situationen herauf. Dadurch wird aktives Arbeiten gefördert, die Kreativität angespornt und die notwendige Energie mobilisiert.
Wie gesagt, bei SOL gibt es keine Sekretärinnen. Alle Mitarbeiter machen ihre eigenen Fotokopien, schreiben ihre eigenen Briefe, senden ihre eigenen Telefaxe und schauen selbst nach dem Kaffee für ihre Gäste. Die Mitarbeiter des Hauptquartiers haben keine festen Arbeitszeiten und alle sollen ihren eigenen Rhythmus einhalten. Der Kunde, ob inner- oder ausserhalb von SOL, ist der einzige Vorgesetzte.

Forschung und TQM

SOL's Mangagementsystem greift auf umfassende Forschungsarbeit und theoretisches Fachwissen zurück. Seit 1984 hat SOL (damals noch Lindström) in Zusammenarbeit mit der Universität von Tampere Studien über die Mitarbeiterzufriedenheit betrieben. Zur Zeit laufen drei verschiedene Umfragen über das Wesen der Kundenzufriedenheit. Zahlreiche Feldstudien werden immer wieder vorgenommen, um festzustellen, was im Markt wirklich geschieht und in welche Richtung sich SOL verändern muss, um auch in Zukunft den hohen Zufriedenheitsgrad bei Kunden und Mitarbeitern sowie die guten Umsatzzahlen aufrechterhalten zu können.
SOL ist das führende, finnische Unternehmen im Bereich des Qualitätsmanagements. Es ist auch weltweit für systematisches TQM bekannt (TQM, Total Quality Management, ist ein heute beliebtes Managementsystem, das auf internen Qualitätsmessungen und regelmässigem Kundenfeedback aufbaut und die internen Abläufe sowie die Tätigkeiten der Mitarbeiter damit verknüpft. Anmerkungen des Herausgebers). Bereits zweimal, 1991 und 1993, hat SOL als Unternehmen die wichtigste Qualitätsauszeichnung von Finnland zugesprochen erhalten. TQM hat es SOL ermöglicht, seine Kultur von Zielen, Messemethoden und Belohnungen aufzubauen. Ohne das Qualitätsmanagement wäre SOL heute nicht, wo es ist.
Die Gelbe Revolution von SOL begann in den Büroräumen, mit den Büroangestellten und mit ihren Vorgesetzten. SOL stellte all dies in Frage und baute dann von Grund auf neue Arbeitsplätze und Arbeitsweisen auf. Je weiter wir fortschreiten, desto mehr gibt es

für uns zu tun. Es gibt keine Obergrenze dafür, wie motiviert und leistungswillig Menschen sein können, denen man in vollem Umfang vertraut und denen man grenzenlose Freiheit und das notwendige Werkzeug zur Verfügung stellt. Unser langfristiges Ziel ist es, jedermanns Arbeit bei SOL zu verändern, nicht nur diejenige der Mitarbeiter am Hauptquartier und diejenige der Kundenbetreuer, sondern ebenfalls die Arbeit unserer Reinigungsmannschaften, Aushilfsarbeiter und LKW-Fahrer. Die Revolution muss von oben kommen, sie ist langsam, aber nichts kann sie mehr aufhalten.

Sonnige und fröhliche Grüsse! Liisa Joronen.

Be happy!

Sei glücklich! Glück zu empfinden bedeutet laut Lexikon das ***»Eins-Sein mit seinen Hoffnungen, Wünschen und Erwartungen«****. In der Arbeitswelt ist Glück ein zufälliger und unkontrollierbarer Zustand, welcher der Verantwortung des Einzelnen obliegt und der nichts mit dem Unternehmensalltag zu tun hat. Glück: Utopie und Privatsache in einem. Können wir jetzt über relevante Dinge sprechen?*
Na gut, sprechen wir eben über die Bedeutung des Spasses bei der Arbeit. Neun von zehn Interviewpartnern in unserer TV-Serie ***»Zukunft der Arbeit«****, antworteten vor laufender Kamera auf die Frage, was denn Arbeit für sie bedeute, mit der spontanen Bemerkung, sie solle vor allem einmal* ***»Spass machen«****. Und den meisten von ihnen glauben wir, dass sie dies glauben - besonders vor laufender Kamera - auch wenn in den meisten Fällen die Antwort ein bisschen zu schnell, zu glatt kam. Nur wenige bemühten sich, wirklich darüber nachzudenken, was Arbeit für sie bedeutet. Wie aus der Pistole geschossen: Spass machen. Päng!*
Den inoffiziellen ersten Preis für die beste aller Antworten verleihen wir hier, schon im voraus, Dr. Eberhard Henne, dem Leiter des Biosphärenreservats Schorfheide-Chorin für seinen Beitrag: Ausgerechnet er, ein Ossi noch dazu, bemerkte, dass Arbeit ***»immer mit einem Engagement für eine Sache verbunden sein sollte«****. Das goldene A geht in die Uckermark und von Engagement und Ähnlichem soll einstweilen nicht mehr die Rede sein.*
Dafür wieder vom Glück. Es gibt, weit oben in Helsinki, Finnland, ein Unternehmen wie kein zweites: Ein gelber Klecks in grauer Landschaft, ein greller Paradiesvogel in einer Schar von düsteren Krähen. Die Firma SOL, die Sonne, ein Reinigungs- und Abfallbeseitigungsunternehmen, glaubt an das Glück. Glaubt daran, dass Privatleben und Arbeitsalltag nicht getrennt werden sollen und dass die folgenden Begriffe ***»Arbeit - Lernen - Leben«*** *ein- und dasselbe sein sollten. Nur glückliche Menschen, so geht eines der vielgenannten Credi von SOL, leisten vorzügliche Arbeit - Unglückliche erreichen höchstens Mittelmass. Fragt man einen SOL-Mitarbeiter, ob er glücklich ist, hört man immer dieselbe Antwort:* ***»Yes, I'm very happy!«***
Wie aus der Pistole geschossen. Päng: I'm happy!

I'm Liisa

Helsinki, selbst die stolzen Finnen gestehen es freimütig ein, ist nicht unbedingt eine atemberaubende Stadt; sie ist sehr schön, aber nicht sensationell. Sie wurde rund um tief ins Landesinnere ragende Meeresbuchten und entlang einer zerklüfteten Felsküste errichtet und liegt auf Halbinseln, schmalen Landzungen und Inseln verstreut, die über zahlreiche Brücken verbunden sind. Das Stadtbild wird von eher quadratischen und neoklassizistischen Bauten aus düsterem Stein dominiert. Als die Sowjetunion noch kommunistisch war, wurden oft diejenigen Szenen in westlichen Agentenfilmen, die in Moskau spielen sollten, in Helsinki gedreht.
Für den leicht spartanischen und melodramatischen Look der Stadt zu grossen Teilen mitverantwortlich ist das Klima: Helsinki liegt knapp oberhalb des 60. Breitengrades, auf der Höhe von Bergen in Norwegen und der Shetland-Inseln, aber ohne wärmenden Anschluss an den Golfstrom. Im Juli herrscht, dank der subpolaren Nordlage, ganztags Tageslicht, den Winter hindurch ist monatelang Nacht. Die Sonne ist eine Seltenheit, die von den Finnen herbeigesehnt wird, zumal jeder Sommer höchstens einen knappen Monat anhält, bevor der grosse Regen und das endlose Zwielicht der Polarnacht folgen. Der kurze Sommer ist daher der beliebteste Ferienmonat im Lande und wenn die Sonne scheint, lässt man die Arbeit Arbeit sein und geht hinaus, ans Meeresufer oder in einen von vielen, grossen Parks oder man fährt mit dem Motorboot auf die eigene Wohninsel hinaus, von denen es rund 7'000 innerhalb von 2 Fahrstunden rund um Helsinki gibt, und geniesst die wenigen Tage, an denen man Shorts und T-Shirts tragen kann, im Freien. Wenn Liisa Joronen ihr Unternehmen SOL genannt hat, die Sonne, dann ist mit dem Namen für ein Finnisches Verständnis eine besonders starke, emotionale Aussage verbunden.
Ebenso wichtig ist die Verwendung gelber Farbe in der Kleidung und in den Logos. Aus der Farbenlehre ist bekannt, dass die gelbe Farbe als Symbol für Licht und Wärme als sympathisch und offenherzig gilt. Studien zeigen, dass zum Beispiel in Supermärkten die gelbe Farbe auf einer Lebensmittelverpackung viel grössere Aufmerksamkeit als jede andere Farbe erregt.
Bei SOL ist ein sattes, grelles Gelb die Erkennungsfarbe. Die Reinigungsmitarbeiter tragen alle gelbe T-Shirts; und viele Supervisors im Hauptquartier tragen ebenfalls gelbe Kleidung, gelbe Röcke, gelbe Blusen, gelbe Pullis. Liisa Joronen, die Gründerin und Besitzerin, geht sogar noch einen Schritt weiter und zeigt sich niemals ohne gelbes Accoutrement.

Niemand muss hier gelbe Kleider tragen. Gelb ist einfach ein Bestandteil der Unternehmenskultur und es versinnbildlicht Freude und Fröhlichkeit. Für mich persönlich sind gelbe Kleider schon eine Lebensgewohnheit; gelbe Badekleider, gelbe Handtücher, gelbe Pullis...das ist für mich etwas Wichtiges, fast schon ein Markenzeichen von mir, aber auch mehr als das: Wenn ich gelb trage, dann fühle ich mich besonders. Gelb steht für gute, fröhliche Gefühle, so wie SOL für die Sonne und den Sonnenschein, das Licht und die Wärme steht.

»Hello. I'm Liisa«, stellt sie sich mit dem Vornamen vor und befindet sich damit gleich im Mittelpunkt. Weniger als 160 cm dynamischen Sonnenscheins mit spitzbübischem Gesicht, gewandet in gelber Signalfarbe und trotz beeindruckendem Leistungsausweis entwaffnend unkompliziert und sehr direkt, scheint sich immer sofort alles um diese 53-jährige Frau in ihrer extravagant gelben Kluft zu drehen.
Wenn Liisa Joronen selbst bei bitterster Kälte auf dem Velo zur Arbeit radelt und dabei wie ein lustiger Kanarienvogel durch graue Strassenschluchten an farblosen Menschen vorbei und unter bleiernem Wolkenhimmel herumfährt, dann gibt sie sich allein schon visuell als Sonderfall zu erkennen. Ein klein wenig Exibitionismus ist ihren gelben Auftritten nicht abszusprechen. Liisa ist inzwischen eine lokale Grösse in Helsinki und geniesst in der höhreren Gesellschaft, der sie als Mitglied der Besitzerfamilie des etablierten Lindström-Konzern angehört, durchaus eine gewisse Narrenfreiheit. Sie selbst beschreibt die Finnische Geschäftswelt, deren schillerndste Gestalt sie ist, als einen freudlosen, phantasielosen, biederen Männerverein, der in der Routine erstarrt ist und überflüssigen Statussymbolen anhängt. Kein speziell Finnisches Problem, fügt sie hinzu, es sei überall etwa dasselbe. Ihr Mann, ein Bankmanager, nickt zu dieser Bemerkung und zuckt mit den Schultern: **»Stimmt, es ist so«.** Er, der beruflich in der Gegenwelt der grauen Patriarchen tätig ist, muss es aus erster Hand wissen.

Nun, vielleicht bin etwas lebhafter und fröhlicher als der Finnische Normal-Arbeitgeber, und vielleicht weichen mein Unternehmen und meine vielen Mitarbeiterinnen und Mitarbeiter deshalb so radikal von der Norm ab. Normale Arbeit in Finnland, so wie in anderen Ländern auch, besteht darin, dass wenn Arbeiter zur Arbeit kommen, sie ihr Gehirn abschalten müssen, dass sie sich Regeln und Vorschriften unterwerfen müssen, dass die Arbeitszeiten gemessen werden müssen, dass die Qualität ihrer Arbeit vor allem von ihrer Fähigkeit abhängt, Fehler zu vermeiden. Und ständig muss man arbeiten oder nach aussen hin so tun, als ob man arbeitet und dabei auch den Eindruck erwecken, Arbeit sei etwas Hartes und Freudloses. Das ist der Normalfall.

In einem so emotionslosen, autoritären Umfeld und in einem rauhen Arbeitsklima mit hoher Arbeitslosigkeit und starker Teuerung, musste SOL, als das Unternehmen 1991 entstand, etwa so gut hineinpassen wie ein Narrenkosüm an einer Beerdigung. Hört man Liisa Joronen über die Finnischen Unternehmer und Politiker herziehen, gewinnt man schnell den Eindruck, dass ihr buntes, lebensfrohes SOL ein wenig eine gezielte Gegenreaktion auf die spröde, emotionslose Geschäftseinöde ihrer Heimat war. Noch heute wurmt es sie, dass SOL alle Gebäudereiningungs- und Abfuhrarbeiten der Stadt

Helsinki zu einem Viertel der Kosten ausführen könnte, die effektiv für das städtische Reinigungswesen ausgegeben werden, dass aber die Stadt sich trotz dieser grossen Einsparungsmöglichkeit völlig taubstellt. Ihr Bekenntnis zu »**Happy People**« ist schon hinlänglich bekannt. Ist Liisa happy?

Ich bin sehr glücklich. Ich habe eine tolle Familie, drei erwachsene Kinder, meinen Mann, ich habe ein sehr spannendes Arbeitsumfeld mit den SOL-Mitarbeitern, ich habe mein Privatleben, meine Forschungstätigkeit... Was wünscht man sich mehr? Manchmal fühle ich mich beinahe schon schuldig, dass ich soviel vom Leben habe. Es gibt nicht zwei verschiedene Sorten von Glück, je nachdem, ob es nun von der Arbeit oder aus meinem Privatleben herkommt. Es ist immer dasselbe. Manchmal beziehe ich mehr Kraft und Energie von der Arbeit, manchmal von zuhause. Das ist ja auch meine Philosophie: Warum sollte man die Arbeitswelt und die Privatsphäre als getrennte Dinge betrachten?

Was auch immer über SOL noch zu sagen sein wird, man sollte sich dabei vor Augen halten, dass Liisa Joronen als Mehrheitsaktionärin die Besitzerin des Unternehmens sowie seine Gründerin ist und lange Zeit die Geschäftsführerin war. Sie ist niemandem darüber Rechenschaft schuldig, was sie mit SOL tut. Sie besitzt die absolute Freiheit, so zu schalten und zu walten und so innovativ zu sein wie sie will. Und sie nutzt sie.

Viele Unternehmen sind heute daran, sich heute zu verändern, ihre Arbeitskultur zu erneuern und ihre Mitarbeiter vorsichtig aus der Unmündigkeit zu entlassen. Das ist auch der Grund, weshalb viele Besucher zu SOL kommen, um sich hier etwas schlau zu machen, und weshalb ich auch oft zu Vorträgen eingeladen werde. Aber noch kein anderes Unternehmen ist bisher so konsequent so weit gegangen wie wir. Ich schätze, man braucht dafür überdurchschnittlichen Mut und sowohl die Besitzer als auch die Geschäftsführer dürfen nicht so normal sein, um so etwas anzugehen... (lacht auf)... natürlich bin ich normal, aber nicht auf normale Weise (lacht nochmals) ich weiss zwar nicht, was das heisst, aber jedermann sagt, ich sei nicht normal. Aber ich bin schon normal. Auf meine Art.

Widersprüchlich? Unbedingt! Widersprüchlichkeit gehört zu SOL ebenso wie zu Liisa Joronen dazu. Aus dieser - offiziell durchaus sanktionierten - Widersprüchlichkeit entstehen Inspiration, Innovation und Kreativität. Man kann mit den Widersprüchen so oder so umgehen: Man kann sie um jeden Preis bekämpfen und mit grossem Aufwand aus der Welt schaffen, oder aber, wie bei SOL, achselzuckend oder leicht belustigt zur Kenntnis nehmen und nichts dagegen unternehmen. Dass es ohnehin zu Lissa Joronens Image gehört, »nicht ganz normal« zu sein, ist durchaus normal. Liisa weiss genau, wie wichtig das Image ist.

Das Modell

Das Tätigkeitsfeld von SOL liegt in der Gebäude-, Städtereinigung und Abfallbeseitung. Der Reiningungsmarkt in Finnland ist hart, die Gewinnmargen sind sehr niedrig und die Löhne liegen zum Teil noch unter dem Arbeitslosengeld. SOL Siivouspalvelu Oy, die SOL Services AG, ist unbestrittener Marktführer. Zum immer grösseren Stamm von immer zufriedenen Kunden gehören Finnair, Nokia und Ericcson, Banken, Spitäler und öffentliche Verkehrsbetriebe. Das Unternehmen mit Hauptsitz in Helsinki und mit Geschäftsstellen in alle grösseren, Finnischen Städten, beschäftigt 3'500 Mitarbeiter. Etwa 150 davon werden bei SOL als »**Supervisors**«, Aufseher, bezeichnet, der grosse Rest besteht aus den »**Cleaners**«, den Reinigungsmitarbeitern. Als Cleaners beschäftigt SOL ungelernte Mitarbeiter, viele Frauen, die halbtags oder unregelmässsig arbeiten wollen, und Studenten, die während den Semesterferien ein wenig Geld verdienen möchten.
Von den Cleaners soll nun nicht mehr die Rede sein, umsomehr von den Supervisors, die in SOL City arbeiten - wenn sie wollen. Ihre Arbeit besteht darin, die Cleaners aufzubieten, zu Reinigungstrupps zu formieren und mit ihnen die Reinigungsaufträge zu erledigen. Die gesamte Auftragsabwicklung untersteht den Supervisors, vom ersten Kundenkontakt über die Budgetierung und die Terminierung eines Auftrags. Als völlig selbständige Projektleiter sind sie für die Ausführung, für die Qualität und für die Wirtschaftlichkeit verantwortlich. Ihr wahrer Auftrag besteht vor allem darin, ihre Kunden absolut zufriedenzustellen.
Um diesen Auftrag zu erfüllen, besitzen sie völlig freie Hand. Sie arbeiten

- ***Wann Sie wollen. Es gibt keine festen Arbeitszeiten.***
- ***Wo Sie wollen. Zuhause, im Hauptquartier, unterwegs.***
- ***Wie Sie wollen. Es gibt keine interne Hierarchie.***

Der Kunde und seine Bedürfnisse sind ihre einzigen Vorgesetzten. Ihnen müssen sie dienen, für diese müssen sie immer zur Stelle sein. Liisa Joronen ist in diesem Punkt absolut kategorisch; so kategorisch, dass SOL als Unternehmen so nonexistent wie nur möglich für die Supervisors gestaltet wurde, damit diese in ihrem »**customer focus**« nicht von internen Hindernissen beieinträchtigt werden sollen. Die Supervisor sollen so unbehindert und frei wie nur möglich sein. Einige unter ihnen üben nebenher noch operationelle Funktionen aus, wie Geschäftsführung, Einkauf und Buchhaltung, aber alle sind im Tagesgeschäft mitbeteiligt. Und manchmal, um sich die Perspektive ihrer Cleanrers besser einzuprägen, legen sie bei Reinigungsaufträgen gleich selbst Hand an. Wenn ein Supervisor in den Urlaub geht, müssen andere einspringen und seine Jobs übernehmen.

Ich und viele meiner Kollegeninnen und Kollegen von Lindström haben uns schon vor langer Zeit gedacht, Arbeit könne doch nicht so sein, wie sie ist, so freudlos und so unmündig. Als wir SOL gründeten, wollte ich es mir und allen anderen beweisen, dass es auch anders geht, dass die neuen Managementtehorien und Forschungen zutreffen, dass Menschen von sich aus Leistung bringen wollen und dass sie in ihrem Kern gut sind, und eben nicht faul, betrügerisch und lustlos, wie sie bisher behandelt wurden. Die aktuelle Forschung und die Umfrageanalysen der letzten Jahre bestätigen uns in dieser Ansicht und je mehr wir tun, umso mehr wollen wir noch ändern. Wir bei SOL denken, dass wir heute am Beginn eines reellen Wandels in der Arbeitskultur stehen. Ich glaube, dass je glücklicher die Menschen sind, umso bessere Arbeit sie auch leisten. Ausnahmslos jeder ist - auf eigene Weise - irgendwie schlau, ausnahmslos jeder ist vertrauenswürdig, ausnahmslos jeder will seine Arbeit gut machen - sofern wir, die Manager, das auch zulassen und unsere Angestellten nicht daran hindern. All diese Dinge sind nicht nur Managementprobleme, sondern beruhen auf Vorstellungen, die wir im Kopf haben. Wir wurden zum Beispiel mit dem Vorurteil aufgezogen, dass man Menschen bei der Arbeit nicht vertrauen soll. Diese und andere Vorstellungen sind tief in unserem Bewusstsein verankert, bei Arbeitgebern und Arbeitnehmern. Eine andere solche Vorstellung dreht sich um die Status-Symbole des Managers. Jedermann denkt, dass wichtige Vorgesetzte eine Sekretärin haben sollten, einen grossen und schönen Arbeitsraum, einen Geschäftswagen mit Fahrer, all diese Dinge. Ich selbst bin der Ansicht, dass die Arbeit selbst so interessant sein sollte, dass auf diese unnützen Dinge verzichtet werden kann. Bei SOL haben wir sie abgeschafft.

Das SOL Studio

Ein graues, mit grossen Backsteingebäuden übersätes Industriequartier im Nordosten des Stadtzentrums von Helsinki, das auch schon bessere Zeiten erlebt haben muss, ist die Heimat von SOL. Nichts lässt den Besucher erahnen, was er antreffen wird, wenn er die Strasse mit dem Namen Vanha talvitie hinunterfährt, um an ihrem Ende auf SOL zu stossen. Der Eingang zur Firma ist nicht besonders ausgestaltet: Über eine Betontreppe auf eine Verladerampe hinauf, an einer Gruppe rauchender SOL-Supervisors vorbei, die an ihren gelben Kleidungsstücken leicht zu erkennen sind (in den Räumlichkeiten herrscht gemäss Mehrheitsbeschluss Rauchverbot), in ein anonymes Industriegebäude hinein, durch ein unbeleuchtetes Treppenhaus hindurch und voll mitten in den heftigen Kulturschock hinein.
Selbst wer vorbereitet eintrifft, wer schon Bilder gesehen hat, selbst Liisa Joronens SOL-Portrait gelesen hat und eine theoretische Vorstellung darüber besitzt, was ein non-territoriales Lean Office ist, fühlt sich beim Anblick des Studios wie erschlagen. Gelb gekleidete Supervisors schreiten gemütlich hin und her, plaudern, hängen herum. Nirgends Stress, nirgends Hast. Niemand tut hier so, als sei er gerade ganz schrecklich beschäftigt, es sei denn, er ist es. Und hier wird gearbeitet?

Das Studio verdankt seinen Namen seinem Vorbesitzer. Bevor SOL hier einzog, war es ein Filmstudio. Nun ist es eine Büro- und Erlebnislandschaft wie ein Luna-Park. Bei den Dreharbeiten für die TV-Serie war es noch das alte Studio; inzwischen wurde eine grosse Trennmauer abgerissen, die Grundfläche verdoppelt und SOL City eingerichtet, eine Ministadt mit einer Allee, einer Mischung aus Bühne und Amphitheater und mit bunten Arbeitsplätzen. Ein Brunnen plätschert und sanfte Hintergrundmusik erklingt aus unsichtbaren Lautsprechern. Viele Grünpflanzen ziehen das Auge an, an den Wänden hängen Bilder, von der Decke lächeln Smileys. SOL City ist ein einziger, riesiger Raum von etwa 1'500 Quadratmetern, liebevoll parzelliert und ausgestattet, ein optisches Wirrwarr von Pavillons, Sitzgruppen, Ecken, Formen und Farben. Irgendwie hat man Mühe damit, dieses gestalterische Tohubawohu mit einem Unternehmen in Einklang zu bringen, das in einer knallharten Branche mit knallharten Erfolg brilliert. Wieder ein Widerspruch.
Als SOL 1991 entstand, forderte Lissa Joronen vom Unternehmen, in das ihr Stab von engsten Mitarbeiterinnen und Mitarbeitern aus Lindström folgte, innerhalb von drei Jahren deutlich höhere Marktanteile, 20 Prozent höhere Produktivität und auch einen entsprechend höheren Profit - trotz stagnierenden Marktes. Das radikal eingesetzte Prinzip des non-terittorialen Lean Offices mitsamt der damit verbundenen Befreiung aller Mitarbeiter von räumlichen, zeitlichen und hierarchischen Strukturen, hat diese Erwartungen weit übertroffen: Es ermöglichte einen Produktivitätszuwachs von einem Drittel, bei 90 Prozent weniger Papier und einem Büro, dessen Anschaffungskosten und Unterhaltskosten etwa einen Drittel eines konventionellen Büros betragen.

Unsere Overheads sind um einiges tiefer als bei Unternehmen vergleichbarer Grösse, vor allem weil unsere Mitarbeiter so effizient arbeiten können. Wir haben ja jetzt keine Arbeitszeiten mehr und jeder hier gestaltet seine Arbeit selbst; das heisst, dass es im Interesse jedes einzelnen liegt, nur nützliche und notwendige Dinge zu machen, und die Zeit nicht mehr mit unnützen Arbeiten zu verschwenden. Warum sollte jemand länger oder umständlicher als notwendig arbeiten, wo er doch selbst für die eigene Arbeit verantwortlich ist? Das hat uns sehr geholfen, die Arbeit zu rationalisieren, indem die Mitarbeiter sich selbst auf das Wesentliche konzentrieren müssen, ohne dass ein Boss ihnen sagt, was sie tun sollen. Sie wissen es selbst am besten. Eine solche Struktur ist natürlich auch billig, aber auf vernünftige, kostensparende Weise billig. Wer seine eigene Arbeit selbständig organisiert, macht nichts Überflüssiges. Herkömmliche Büroarbeit besteht zum Beispiel aus sehr viel unnötigem Papierkram, aus Memos, Berichten, Statistiken, und die Büroangestellten machen doch nur, was ihnen gesagt wird, was sie tun sollen. Ist das alles wirklich notwendig?

Auf Bürmobiliar wurde zum Beispiel verzichtet, weil es extrem teuer war und zu sehr nach Büro aussah: Die SOL-Mitarbeiter gingen Privat- und Wohnmobiliar einkaufen. Liisa selbst arbeitet entweder an einem Stehpult oder sitzt am grossen Küchentisch aus hellem Föhrenholz. Wie alle anderen hat sie keinen eigenen Arbeitsplatz. Wobei das nicht ganz stimmt, denn einen gibt's doch, der hier den eigenen Schreibtisch besitzt: Es ist der SOL, wie jedem anderen Unternehmen dieser Grösse, staatlich aufgezwungene Gewerkschaftsvertreter, der nach Ausbeutung und Arbeitgeberwillkür Ausschau halten soll und Mitarbeiterbeschwerden zu bearbeiten hat. Beschwert hat sich noch niemand, der Mann ist so gut wie arbeitslos - trotz seiner Arbeit. Wegen seiner Arbeit.

Kontrolle

Vertrauen ist gut, Kontrolle ist besser. Bei SOL ist das Vetrauen in hochmotivierte Mitarbeiter nicht nur grenzenlos, es ist eine Institution. Misstrauen ist tabu.

Manche Leute sagen, ich käme von einem anderen Stern, so sehr vertraue ich meinen Mitarbeitern und so fest bin ich davon überzeugt, dass sie mein Vertrauen verdienen. Je mehr man vertraut, desto besser arbeiten diejenigen, denen man vertraut.

Entspringt Liisas Vertrauen nun einer fundamentalen, humanen Übezeugung oder eher einem rationalen, unternehmerischen Kalkül? Vermutlich beides: Widerspruch! Liisa Joronen - und SOL - besitzen zwei Seiten: Nach aussen eine umgängliche, charmante, lustige Art - aber im Hintergrund stösst man manchmal, bei gewissen Gelegenheiten, auf blanken Stahl, auf brennenden Ehrgeiz und auf sehr nüchternes, wirtschaftliches Kosten-Nutzen-Denken. Einerseits wird zwar blind vertraut und auf der anderen ein exaktes Kundenfeedback und Qualitätsrapport-System - in »**real time**« - unterhalten. Das eine ist ohne das andere nicht möglich, ohne Kontrolle ist Freiheit verschwendet. Liisa Joronen ist mit SOL nicht angetreten, um die Arbeitswelt zu humanisieren. Und bestimmt nicht, um irgendwie nur Profit zu machen. Sie hat SOL aufgebaut und das Experiment gewagt, um auf allen Ebenen erfolgreich zu sein, auf der humanen und sozialen ebenso wie auf der geschäftlichen und numerischen, was für Sie eh ein- und dasselbe ist. Zur gelben, lustigen Kür, zum sonnigen Gesamtkunstwerk SOL, gesellt sich daher die disziplinierte, bodenständige Pflicht:

Es mag jetzt der Eindruck entstehen, wir seien ein total chaotisches Unternehmen. Das trifft für gewisse Dinge zu, aber wir sind dennoch extrem durchorganisiert. Wir haben sehr strenge Fixpunkte wie das Einholen und Auswerten des Feedbacks unserer Kunden und klare Zielvorgaben, die sehr diszipliniert eingehalten werden müssen. Alles, was mit unserem Qualitätssystem zusammenhängt, muss klappen. Unsere Geschäftsführer kennen da keine Gnade. Nur innerhalb dieser klaren Fixpunkte kann jeder tun, was er will. Die meisten Mitarbeiter bestimmen ihre eigenen Zielvorgaben. Sie kriegen einen Bonus von bis maximal 30 Prozent ihres Basislohns, der zum Teil monatlich, vierteljährlich und jährlich ausbezahlt wird, und der von verschiedenen Dingen abhängig ist: Sie müssen ihre eigenen Zielvorgaben

erhöhen und diese höheren Ziele erfüllen oder sie sogar übetreffen, um einen Bonus zu bekommen. Seit sechs Jahren messen wir die Zufriedenheit unserer Kunden. Wir tun dies mittels verschiedenen Smiley-Gesichten, die Noten darstellen. Von oben nach unten: lachend, lächelnd, neutral, weinend, wütend. Unser Kunde erteilt unseren Reinigungstrupps und der von ihnen geleisteten Arbeit monatlich oder täglich, je nachdem wie es der Kunde wünscht und wie bedeutend der Reinigungsauftrag ist, eine dieser Noten, meistens ein lachendes oder lächelndes Gesicht. Die Cleaners sammeln dieses Feedback ihres Kunden ein und wir werten es dann aus. Das ist ein bedeutender Teil unseres Qualitätssystems und auch unseres Bonus-Systems für die Supervisors.
Es gab auch schon Fälle, sehr wenige, als unser Vertrauen enttäuscht wurde. Und wenn ein Mitarbeiter unser Vertrauen nicht rechtfertigt oder die Erwartungen nicht erfüllt, dann müssen wir hart sein - und hart bleiben. Aber dann fällt es auch nicht schwer, hart zu sein, denn jeder merkt es von selbst, wenn etwas nicht stimmt: Alle Zahlen betreffend Kundenzufriedenheit und Zielerfüllung sind ständig einsehbar, transparent. Jeder kann jederzeit feststellen, ob er seine eigenen Ziele erreicht hat oder nicht. Es gab schon Fälle von Mitarbeitern, die uns wieder verlassen haben, aber das war für alle nicht so beklemmend, weil es eben jeder merken kann und die Resultate ein objektives Verdikt sprechen, ob jemand hier zu uns passt oder nicht. Es kommt nie überraschend, wenn hier jemand ausscheidet. Ohne Qualitätsmessung und Zielvorgaben würden ja viele gar nicht wissen, ob sie überhaupt gute Arbeit leisten oder nicht.

Vielsagend sind die Smiley-Gesichter, die verwendet werden, von einem strahlenden Wonnegesicht (sehr gut) bis hinunter zur missmütigen Knurrfratze (sehr schlecht). Man hätte auch Noten von 1 bis 5 oder von A bis E festlegen können, aber die runden und niedlichen Notengesichter lassen das Kontrollsystem weniger todernst wirken, als es in Wirklichkeit ist. Mehr als 85 Prozent aller von SOL-Cleanern eingeholten Noten sind Lacher oder Lächler, bedeuten somit sehr gute oder gute Arbeit. Neues Ziel: Die Quote muss auf über 90 Prozent hinauf! Ziele zu erreichen und sogar zu übertreffen heisst, die Vertrauens- und Leistungs-Schraube etwas mehr anzuziehen. Bei SOL tut dies der Supervisor freiwillig. Sich selbst zu übertreffen und mit stets neuen und noch besseren Leistungen zu überraschen, ist Ehrensache. Liisa vertraut darauf.

Supervision

Der Zielbaum ist ein gelbes Eisengestänge in SOL City, an dem Monat für Monat die aktuellen Zahlen festgeheftet werden: Nach Regionen und nach Mitarbeiter. Jeder kann sehen, was er geleistet hat, was die anderen Supervisors geleistet haben und wie er im Vergleich zu ihnen steht. Auch Pirjo Kaartinen, seit achtzehn Monaten Supervisorin bei SOL, erhält ihren Leistungsrapport. Ob sie so schaue, wie sie im Vergleich zu den anderen steht. »**Ich messe mich nicht an anderen; ich messe mich an mir selbst**«. Die etwa 30-

jährige, blonde Frau will immer »**besser werden**«. Bei SOL bedeutet dies, eine optimale Smiley-Quote zu erstreiten und für möglichst viele »**Sunny Customers**« möglichst viele, auch finanziell ertragreiche Aufträge auszuführen. Ist Pirjo happy? »**I'm very happy!**«. Die nicht offen gestellte Frage ist, ob sie hier überhaupt eine andere Antwort geben darf. Zusatzfrage: Mag sie ihre Arbeit? Sie lehnt sich leicht nach vorn und guckt den Fragesteller eindringlich an »**Ich mag sie nicht, ich liebe sie!**« Blitzende Augen, leidenschaftliche Stimme.

Die Mehrzahl der SOL-Supervisoren sind weiblich. Das hängt damit zusammen, dass Administration und Reinigung schon immer zu weiblichen Domänen in der Arbeitswelt gezählt haben. Dennoch ist das Mischverhältnis von etwa 3 Frauen auf einen Mann am Hauptquartier von SOL bemerkenswert und man wird an Christian Lutz' Prototypen der »**Lebensunternehmerin**« erinnert. Tätigkeitenportfolio, Sozialkompetenz und die Aufweichung der Grenzen zwischen Berufswelt und Privatsphäre: Hier in Helsinki ist der Prototyp Realität geworden.

Rekrutierungsprobleme hat SOL keine mehr, weder bei den Cleaners nocht bei den Supervisors. Das Unternehmen ist landesweit als hervorragende, innovative Adresse und als liberaler, menschenfreundlicher Arbeiteber bekannt. Da stört es demnach nur wenig, dass es zum Beispiel keine offizielle Supervisor-Ausbildung gibt. Nirgendwo kann man lernen, was man als SOL-Supervisor zu tun hat; es sei denn, man arbeite als SOL-Supervisor und lerne es »**on the job**«. Liisa Joronen dazu:

Wir mussten unsere Supervisors sehr gründlich ausbilden, sogar umschulen, damit sie ihre neue Aufgabe erüllen konnten. Es ist ja nicht selbstverständlich, dass man völlig frei entscheiden kann, wann, wo und wie man arbeiten will. Also führen wir hier ständig umfassende Weiterbildungskurse durch. Einer davon dreht sich zum Beispiel um Positives Denken und dass es von jedem Supervisor ganz allein abhängt, wie andere Menschen auf ihn reagieren und wie gut seine Cleaners und seine Kunden sich fühlen. Das ist eine sehr schwierige Frage, denn wir denken ja immer, dass der Fehler bei den anderen liegt, wenn diese uns nicht akzeptieren.

*Arbeiten bedeutet: Lernen. Jeden Tag lernt man dazu, wie Menschen sich verhalten und man arbeiten soll. SOL ist ein Lernunternehmen (»**Learning Organisation**«) und das bedeutet, dass diese Firma ihren Angestellten die Lernmöglichkeiten zur Verfügung stellen muss, wie man Dinge anders, besser, zufriedenstellender machen kann. Es ist ständiges Dazulernen, das ganze Leben, nicht nur die Arbeit, weil man das eine eh nicht vom anderen trennen sollte.*

Der Anblick ist phänomenal, wenn Liisa Joronen im halbdunklen Schulungsraum vor dem Hellraumprojektor steht und etwa zwanzig ihrer Supervisors schult. Wenn sie zum Beispiel ein Kaleisdoskop unter ihnen durchreicht, um damit zu zeigen, dass eine kleine Anzahl von unveränderlichen Bausteinen unter bestimmten Umständen zu einer endlosen Vielzahl von Kombinationen führen kann.

Wenn ihre Zuhörerschaft, eine gelbe Jacke neben der anderen, an ihren Lippen hängt, hört die Ausbildung auf, nur Schule zu sein. Hier findet ohne Zweifel ein Ritual statt, das Eingeweihten vorbehalten bleibt. Eine gelbe Sekte bewundert ihre Hohepriesterin? Vielleicht nicht, aber ein leises und selbstsicheres Wir-Gefühl ist bei SOL für alle Besucher sehr stark zu spüren. Die SOListen sind auf jeden Fall viel mehr als nur ein zusammengewürfelter Haufen von Arbeitnehmern; sie bilden eine echte Gemeinschaft. Daran ist nichts auszusetzen. Auch an der stillen Überzeugung, dass hier die Dinge des Geschäftsalltags richtig gemacht werden - und am dadurch implizierten Hinweis, dass sie anderswo grundfalsch gehandhabt werden - ist nichts auszusetzen. Das innovative und menschenzentrierte Unternehmen sowie seine schamlos glücklichen Supervisors drängen jeden Aussenstehenden in die Defensive - und angesichts konkreter Erfolge bald einmal in einen Erklärungsnotstand bezüglich der eigenen Unzulänglichkeiten. SOL - Arbeiten auf einem anderen Stern.
Selbst, dass alle Supervisors hin und wieder dieselben Sprüche verwenden, um sich und ihr Unternehmen zu erklären, stört nicht besonders. Die Quelle dieser Sprüche ist schnell ermittelt, Liisa, und ausserdem sind es gute Sprüche:

*Mein Lieblingsslogan ist: »**Töte die Routine, bevor sie dich tötet**«. Wenn der Alltag, privat und beruflich, nur noch aus Routinen besteht, wenn man dieselben Dinge und Abläufe immer und immer wieder abspult, wenn man sich an einen solchen Zustand gewöhnt und eines Tages etwas passiert, das nicht in diese Routine passt, dann wirft es einen zurück, ärgert man sich darüber und weiss man nicht, was man tun soll. Aber wenn man - am Arbeitsplatz oder bei sich zuhause - keine Routinen hat oder diese bewusst vermeidet, dann wird der Wandel zum Normalfall und ist man bereit, sich selbst in Frage zu stellen, sich zu verändern, neue Sachen zu versuchen und sich zu denken, dass eigentlich alles möglich ist. Und wenn man sich das einmal wirklich denkt, dass alles möglich ist, dann ist es auch so: Alles ist möglich.*
*Ich habe viele Slogans. Als ich klein war, wurde ich mit Slogans grossgezogen, und heute benütze ich Slogans für das Mitarbeiter-Training bei SOL. Ein anderer meiner Lieblingsslogans ist: »**Ein Lächeln kommt immer zurück**«. Oder: »**Je besser Du bist, desto besser sind wir alle**«, denn wer von sich selbst gut denkt, der ist auch mit den anderen gut und über den wird gut gedacht. Und dann gibt es noch diesen Slogan: »**Nur glückliche Menschen leisten vorzügliche Arbeit - Unglückliche erreichen höchstens nur Mittelmass**«*

Das Glück der Mitarbeiter wäre demnach eine der Hauptaufgaben jedes Unternehmens, da es zu einer dramatischen Produktivitätssteigerung führt. Wer heutzutage in den Vorstandsetagen der westlichen Industriestaaten solche Rede führt und erklärt, welche Massnahmen diesen Zustand ermöglichen könnten, dem wird die Türe gewiesen.
Reinigen, Putzen und Abfall beseitigen sind an sich einfache Tätigkeiten. Es wird diese auch immer brauchen und sie lassen sich nicht leicht automatisieren. Was wenig an

»**Knowledge**« in diesem Tätigkeitsfeld erforderlich ist, siedelt sich rund um chemische Formeln, um umweltfreundliche, phosphatfreie Putzmittel und um PH-Werte an. Doch auch das Management und Organisationsschema eines Unternehmens sind interessante »**Knowledge**«-Felder. Das »Knowledge« von SOL befasst sich mit der Schaffung von glücklichen Mitarbeitern mittels einer glücklichen Spaghetti-Organisation, die es SOL mit glücklichen Kunden und glücklichen Umsatzzahlen danken. Eine saubere Sache, für alle Beteiligten.

Wir empfangen bei SOL viele Besucher, wir wurden auch in der Europäischen und in der Amerikanischen Presse schon oft erwähnt, und so stellen wir immer wieder fest, dass viele skeptisch auf das SOL-Modell reagieren. Niemand kann behaupten, dass das, was wir hier machen, nicht funktioniert; denn die Zahlen sprechen eindeutig für uns. Aber die meisten Besucher aus anderen Unternehmen meinen natürlich, dass all dies zwar gut zu SOL passt, aber auf ihr eigenes Unternehmen nicht übertragbar sein kann. Viele Leute mögen uns, andere eher nicht. Unsere Mitbewerber lieben uns bestimmt nicht, denn wir erobern langsam den ganzen, einheimischen Reiningungsmarkt.
In Zukunft möchten wir unsere Unternehmenskultur so weit ausdehnen, dass nicht nur den Supervisors, sondern auch den vielen Reiningunsmitarbeiter fast schon blindlings vertraut werden kann. Das ist heute schon möglich, aber als Unternehmen sind wir noch nicht in letzter Konsequenz auf diesen Schritt vorbereitet.

Abschliessend

SOL ist vermutlich ein Einzelfall und dürfte es auch bleiben. Das Unternehmen ist zu stark von seiner Gründerin und Besitzerin geprägt, als dass sein Modell sich 1:1 auf andere Unternehmen übertragen liessen. Selbst wenn Liisa Joronen immer grossen Wert darauf legt, deutlich herauszustreichen, dass viele Lindström-Kolleginnen der ersten Stunde ihr zu SOL folgten und einen grossen Anteil am Erfolg besitzen, selbst wenn sie immer »Wir« sagt, wenn sie von SOL spricht, so ist sie dennoch die prägende Figur, ohne die alles andere nicht möglich gewesen wäre.
Glückliche Hühner, hiess es vor Jahren einmal, die nicht in engen Batterien gehalten werden, legen grössere und bessere Eier. Dass dies ebenfalls auf Menschen und ihre Leistung am Arbeitsplatz zutrifft, liegt eigentlich auf der Hand. Unglückliche Menschen können ihr volles, humanes Potential nicht ausspielen - und gerade dies wird immer wichtiger. Der Ganze Mensch, nichts weniger als das, wach im Geist, gesunden Körpers und gestärkt in seiner Seele, der Homo Integralis, stellt den idealen Arbeitnehmer der Zukunft dar. Seine Kenntnisse und Fertigkeiten sind nur das eine, sein Charakter und sein Psychogramm das andere. Seine Vorstufe, der Homo Felix, der glückliche Mensch, ist in Helsinki am Werk zu bewundern. Andere, vergleichbare Exemplare in diversen, experimentellen Stadien dürften bald ein bisschen überall auftauchen.

Der heutige Wandel in der Arbeitswelt ist ein integraler, gesellschaftlicher Wandel. Es sei nochmals darauf hingewiesen, dass was uns als technologischer und struktureller Wandel erscheint, vor allem ein menschlicher und kultureller Veränderungsprozess ist. Jedem Arbeitnehmer steht der folgende Kulturschock bevor:

> ***Es geht nicht mehr nur darum, was man kann***
> ***sondern wer und wie man ist***

Im besten Fall ist dies für uns alle eine gute Gelegenheit, als freie Menschen und als mündige, selbständige Individuen einen Platz im Arbeitsprozess einzunehmen. Aber im schlimmsten aller Fälle ist es leider der Vorbote für eine radikale, unternehmerische Gesinnungsschüffelei, für die schleichende Unterwanderung jeglicher Privatsphäre im Namen der besseren Arbeitsleistung und für den Einzug von charakterlicher Eugenie in der Arbeitswelt.

Von diesem Verdacht sprechen wir SOL gerne frei. Das Unternehmen hat für sich und für seine Situation die Arbeit neu erfunden. Der Prozess, von Liisa Joronen dezidiert vorangetrieben, fand unter maximalem Einbezug der betroffenen Belegschaft statt. Und die Beglückung der Supervisors durch die eigene Firma beschränkt sich darauf, dass SOL alles unternimmt, um die Mitarbeiter nicht mit starren Strukturen, unnötigen Vorschriften, sturen Vorgesetzten, dumpfen Büroeinöden, überflüssigen Arbeitszeiten und engstirnige Hierarchien unnütz unglücklich zu machen.

Wenn der Preis für diesen unerhörten Segen nur darin besteht, ab und an durch Liisas Kaleidoskop zu blinzeln und auf Anfrage immer »**very happy**« zu sein, dann würde ihn manch einer vermutlich gerne bezahlen, der Schreiber dieser Zeilen inbegriffen.

GESELLSCHAFT

Das Ende der Demokratie

Editorial

Eine packende Überschrift! Buchhandlungen haben unlängst herausgefunden, dass alle Titel, die mit ***»Das Ende von...«*** *beginnen, sich überdurchschnittlich gut verkaufen. Ob nun* ***»Das Ende von Haarausfall«, »Das Ende vom Anfang«*** *oder gar* ***»Das Ende der abendländischen Zivilisation«****, die Menschen setzen sich gerne mit imaginären oder wirklichen Enden auseinander. Das gilt natürlich auch für das erfolgreiche Buch von Jeremy Rifkin* ***»Das Ende der Arbeit«****, dessen Essenz in zwei Interview-Transkripten in dieses Werk integriert wurde. Endzeitstimmung?*
Und nun also das Ende der Demokratie? ***»Demokratie ist die absolut schlechteste aller Staatsformen«****, soll einmal Winston Churchill sich beklagt haben,* ***»zumindest bis man die Alternativen bedenkt«.*** *Einer von vielen Kommentaren zur Demokratie, die das Zitatenlexikon anzubieten weiss.*
Hier eines, frisch und unverbraucht, das noch nie publiziert wurde. Es stammt von Benjamin Aaron Shikwambane, seines Zeichens schwarzer Landarbeiter aus Südafrika aus dem Stamm der Shangaan. Als 1995 in seinem Land die ersten, freien und vor allem demokratischen Wahlen durchgeführt wurden, hielt er die Demokratie für eine neuzeitliche Erfindung, die eigens zur Befreiung Südafrikas eingeführt wurde. Er nahm mit sichtlichem Erstaunen von der inzwischen über 2'000jährigen Tradition dieser Staatsform Kenntnis, schüttelte nachdenklich seinen Kopf und teilte mir dann leicht hilflos mit: ***»Diese Mokratie ist schon etwas Komisches!«***
Mokratie? Was war geschehen? Ganz einfach: Er hatte die erste Silbe des englischen Wortes ***»democracy«*** *mit dem Artikel* ***»the«*** *verwechselt. Statt* ***»Demokratie«*** *hatte er* ***»Die Mokratie«*** *verstanden. Ich habe darauf verzichtet, ihn zu korrigieren und seine neue Wortschöpfung im Gegenteil adoptiert: In seiner Mokratie ist schliesslich der Demos, das Volk, nur zur Hälfte anwesend. Es scheint mir akkurater.*

Wie Burgen, auf Sand errichtet, ist unser Welt- und Gesellschaftsbild auf Mythen und Legenden aufgebaut, die bei näherem Hinsehen alles andere als überzeugend wirken und bedenklich wackeln. Einer dieser Mythen lautet zum Beispiel: »**Wir leben heute in einer freien, demokratischen Gesellschaft. Die Freiheit ist eine Errungenschaft, auf die wir stolz sein dürfen!**«

Der Mythos der modernen Demokratie begann im sechsten und fünften vorchristlichen Jahrhundert in Athen unter Kleisthenes. Noch immer besitzt die hehre Demokratie den Beigeschmack eines friedlichen, konstruktiven Kaffeeklatsches von weisen Bürgern auf einem sonnenüberfluteten Olivenhain, mit dem wachsamen Geist einer weisen Pallas Athene im Hintergrund, die über einer exklusiven Runde von Intellektuellen schwebt, denen das Wohl ihrer Polis ein Herzensanliegen ist.
Die grossen, Athenischen Philosophen der Antike hielten von der Demokratie so gut wie gar nichts. Dass dieser Name nur plumpe Propaganda darstellte, war Denkern wie Sokrates, Plato, Aristoteles und Epikur sowieso klar. Sie beschäftigen sich mit dem Verstehen der Natur und der menschlichen Seele und hatten nur wenig Geduld mit den trivialen Erscheinungsformen der säkularen Macht. Nur gerade Aristoteles gab sich die Mühe, in seinem »Staat« darauf einzugehen. Für ihn wie für die Kollegen seiner Zunft war die Demokratie eine entartete und reichlich konstruierte Staatsform. Hier daher ein Demokratie-Zitat, dass die Meinungen der Weisen aller Zeitalter zur Demokratie auf den Punkt bringt: »**Man sollte Stimmen nicht zählen, man sollte sie wägen**«.
Die Athenische Demokratie war nicht einmal besonders demokratisch: Ein Stimmrecht besassen nur die freien Bürger der Stadt Athen. In einem historischen Zeitalter, in der Sklaverei und Leibeigenschaft zur Tagesordnung gehörten, gab es gar nicht so viele, freie Bürger der Stadt Athen. Man vergesse auch nicht, dass Athen als Metropole des antiken Hellas viele Regionen und Städte erobert hatte, die natürlich kein Stimmrecht besassen. Und das Frauenstimmrecht? Fehlanzeige. Die Athenische Demokratie war in Wahrheit eine Oligarchie, eine Herrschaft der wenigen, in der kaum 5 Prozent aller dem Staatsverband angehörenden Menschen ein Stimmrecht besassen.
Nach dem Untergang Athens gegen Sparta im Peloponnesischen Krieg (431-404 v. Chr.) schaltete die Demokratie eine längere Sendepause ein und tauchte erst Ende des 18ten Jahrhunderts während der Französischen Revolution wieder auf. Was das Wort in diesem Konflikt anrichtete, waren die »Terreur«, jene finstere Phase, als dank der Guillotine wirkliche und eingebildete Aristokraten in Volksfestatmosphäre industriell abgeurteilt wurden, und die »**Communes**«, demokratische Gemeinderäte, bestehend aus einer echten, dafür aber nicht immer kompetenten Volksvertretung, die nur wenige, eigene Ziele verfolgte, aber aus Prinzip anti-royalistisch war. Die Kommunen standen dem Kommunismus Ende des 19. Jahrhunderts Pate. Kommunismus als Nebenwirkung der Demokratie?
Noch bis in dieses Jahrhundert hinein duldeten Monarchen und Adlige die Demokratie, und nicht umgekehrt. Die Weimarer Republik in Deutschland war vermutlich viel zu demokratisch, weil vielstimmig, verworren und handlungsunfähig, so dass der Ruf nach einer starken Hand erklang und letztendlich die NSDAP unter Adolf Hitler an die Macht kam. Zwei Staaten, die unterschiedlicher nicht sein könnten, die USA und die Schweiz, verfolgten einen eigenen Weg zur Demokratie und wählten die föderalistische Abkürzung: Regional geprägte, kulturell zersprenkelte Staatsstrukturen führten zu einer

demokratisch-republikanischen Staatsform, der einzigen, dank der innere Spannungen vermieden und der Fortbestand der Nation gewährleistet werden konnte. In beiden Staaten gab es kein monarchisches Vorgängermodell zur neuen Staatsform, so dass sie etwas früher auf den Geschmack kamen.

Diese Mokratie ist schon etwas Komisches! Denken wir heute nicht, es hätte sie schon immer gegeben und sie sei das natürlichste der Welt? Dabei ist sie im besten Fall nur ein Jahrhundert und meistens nur ein halbes Jahrhundert alt. Und es ist immer noch keine Demokratie im wörtlichen Sinn: Die parlamentarische Demokratie, in der die politischen Parteien sogenannte Volksvertreter stellen, die das politische Mandat der Stimmbürger umsetzen, hat sich inzwischen als Papiertiger erwiesen. Heute regieren die Lobbys und leiden die Politiker an akutem Realitätsverlust.

Als die Welt immer komplexer zu werden begann, mit Dampfmaschinen, Eisenbahnen und grossen Fabriken, mit den allerersten Massenprodukten, mit der Elektrizität, der Telegraphie und der Photographie, begann diese Demokratie zu greifen. Weshalb? Weil etwa das Zeitalter der Aufklärung zur Emanzipation des Menschen beigetragen hatte? Weil sich gar die tiefe und aufrichtige Überzeugung durchgesetzt hat, die etwa in der amerikanisches Verfassung, frei zitiert, so umschrieben ist: »We believe that all men are born equal, with unalienable rights«? Oder weiter hinten, als der demokratische Staat dem Bürger die faire Chance auf »the pursuit of happiness« zubilligt? Hat eine Welle von Philanthropie das Menschengeschlecht überspült und haben Milde, Güte und geistige Reife etwa gesiegt?

Was wirklich geschehen war, war dies: Eine neue, politische Klasse war entstanden, eine gewichtige Klasse: Das Bürgertum, der Mittelstand. Die Arbeitswelt, von einer technologischen Revolution umgewälzt, hatte eine neue Art Menschen hervorgebracht. Sollte man den Mittelstand entweder an der Macht beteiligen, ihn zum Mitinhaber und Erhalter der Macht ernennen - oder ihn kurzhalten, antagonisieren und zum Feind erklären? Man entschied sich weise für Ersteres.

Et voilà, im Namen des Volkes: Demokratie.

Seien wir nicht zu streng: Die Demokratie hat die Lebensqualität der meisten Menschen verbessert und eine Gesellschaftform hervorgebracht, die bestimmt weitaus besser und gerechter als alle bisherigen Gesellschaften ist. Diese Leistung ist zu würdigen. Aber zwei Dinge müssen im Zusammenhang mit der Demokratie ganz deutlich gesagt werden: Sie ist keine maximale, sondern eine minimale Lösung - und sie beruht nicht auf den vielbeschworenen, universellen Idealen der Freiheit des Einzelnen und der Gleichheit unter den Menschen, sondern auf pragmatischen Machbarkeitserwägungen. Sie ist ein Produkt des Wegs des geringsten Widerstandes, kein ultimativer Zustand, sondern ein Kompromiss.

Der aktuelle technologische Entwicklungsstand und seine sozialen und wirtschaftlichen Auswirkungen auf die menschliche Arbeit waren die eigentlichen Triebfedern hinter dem Erscheinen der Demokratie im 19ten Jahrhundert. Die Monarchie im Mittelalter ja war

auch nicht eine Folge von Gottes Gnade, der damalige Rechtfertigungsmythos, sondern die adäquate Staatsform für eine low-tech Gesellschaft, in der wenig Know-how vorherrschte, die Mehrzahl der Menschen in der Landwirtschaft arbeiteten, in der die wenigen, meist einzigen Strassen einfach zu kontrollieren waren und daher der ererbte oder dazugeheiratete Reichtum einem Adelsgeschlecht die totale, militärische Kontrolle ermöglichten. In der Demokratie hing der Verlauf aller Dinge von der industriellen Maschinerie ab, welche die Menschheit mit Nahrung, Kleidung und Unterkunft versorgte und die von Legionen von Arbeitern am Leben erhalten werden musste, denen man daher als kleine Kompensation ein bescheidenes Mitsprachrecht und eine bessere Bildung zubilligte.
Es spricht nicht dagegen, dass derselbe Mechanismus weiterhin wirkt. Heute ist nicht der Besitz und die Verteidigung von Burgen und Brücken entscheidend, sondern der Besitz und der Zugang zu Kommunikationskanälen. Diese befinden sich jedoch nicht im Staatseigentum, wie es die Infrastrukturen des Industriezeitalters einst waren, bevor man auch hier mit der Privatisierung begann, sondern im Besitz weniger, globaler Unternehmen. Im Mittelalter drehte sich alles um die Kontrolle von Land, morgen wird die Kontrolle über Daten über die zu wählende Staatsform entscheiden. Vielleicht wird diese immer noch Demokratie heissen, denn man möchte ja keine schlafenden Hunde wecken, besonders nicht in Zeiten, da ein jeder im Internet nachlesen kann, wie man aus Haushaltschemikalien eine Bombe bastelt. Aber wird es noch Demokratie sein?
Wer früher keinen Brückenzoll zahlen wollte oder konnte, schlug sich in die Büsche und überquerte irgendwo abseits aller Wege die grüne Grenze. Wer morgen nicht gerne für seinen On-Line-Dienst zahlt, bleibt Off-Line. Der Würgegriff der Machthabenden und Monopolisten, welcher Herkunft auch immer diese sind, wird eher stärker - und die Werkzeuge zur globalen Kontrolle, Beobachtung und Analyse der Bewegungen und der Taten jedes Einzelnen werden immer leistungsfähiger: an jeder Ecke hängen heute schon Videoüberwachungskameras zu Ihrem Schutz. Der neue Rechtfertigungsmythos lautet: Freier Welthandel und globaler Wettbewerb zum Wohl von Konsumenten und Aktionären im Namen von Freiheit und Frieden. Wer heute diese hohle Litanei noch herunterleiert, ist entweder kurzsichtig oder verlogen und handelt auf jeden Fall sehr undemokratisch, denn die Exponenten des ungehemmten Welthandels sind weder auf das Gemeinwohl eingeschworen, noch betrachten sie Rücksichtnahme und Verantwortung als ihre Aufgabe oder sind sie von den Bürgern akkreditierte Mandatsinhaber.
Unabhängig von der Staatsform: Wird die Freiheit in unserer Gesellschaft wenigstens zunehmen, wird wenigstens der Mensch zu einem zahmeren und rücksichtsvolleren Wesen fortschreiten? Zumindest der Mythos der Freiheit und des besseren Menschen werden aufblühen. Das Bild einer mündigen, weltoffenen und zukunftsbejahenden Gesellschaft von reifen, verantwortungsbewussten Menschen strahlt uns mit weissem Pepsodent-Lächeln von überall her an. Gehirnwäsche, Werte-Eintopf und Lifestyle-Terror made by einer Werbeindustrie, von der die Massenmedien finanziell abhängig sind. Selig der Hampelmann, der die Fäden nicht erkennt, an denen er zappelt. Wer das

Spiel mitspielt und lernt, sich darin wohlzufühlen, wird unbehelligt bleiben. So war's schon immer: Die Macht des Positiven Denkens sei mit uns.
Was einzig für den Fortbestand der Demokratie und deren qualitative Verbesserung spricht, ist die wachsende Komplexität der Welt. Solange es noch einen Hacker gibt, der den Grosscomputer einer Staatlichen Behörde lahmlegen könnte; oder solange ein Fernfahrerstreik in Spanien die Deutsche Automobilindustrie zu Kurzarbeit zwingen kann; solange der Flügelschlag eines Schmetterlings in Japan ein Erdbeben in den USA auslösen kann; solange ein einzelner Nachtwächter noch Akten im Schredderraum einer Schweizer Grossbank finden und nach aussen mitnehmen kann; oder solange ein Gramm Plutonium in falschen Händen zur riesigen Katastrophe führen könnte; solange haben wir alle ein sehr grosses Interesse daran, sehr nett und zuvorkommend miteinander zu sein und ernsthaft auf die Argumente Andersdenkender einzugehen.
Nicht, weil unsere Toleranzschwelle angestiegen ist, sondern unsere Erpressbarkeit. Menschliche Ängste erhalten die Demokratie am Leben - und werden für humanistische Ideale gehalten.
Dies sind nur einige der Kräfte, die an unserer demokratischen Gesellschaft zerren und ihre Gestalt bestimmen. Das Grosse ist ohnehin so abstrakt und allgemein, dass sich niemand darum kümmern kann oder will. Aber das Kleine, der Mensch als Einzelperson in seiner, gemäss Kant, selbstverschuldeten Unmündigkeit, und sein Umgang mit ihr, ist vielleicht ausagekräftiger. Vielleicht erhalten wir ein klareres Bild vom riesigen, übergeordneten, gesellschaftlichen Dachgebälk, wenn wir nur den Mäusen im Keller des Weltenhauses zuschauen, den Individuen, Einzelschicksalen, Privatpersonen und ihren Taten und Werken.
Der Befund dieser Inspektion ist interessant: Jeder Mensch braucht nicht nur Arbeit, sondern will das Endprodukt seiner Arbeit erleben, am Arbeitsplatz oder, geht es dort nicht mehr, in der Freizeit und via ein Hobby. Und gibt es auf dem Arbeitsmarkt keine Arbeit mehr für ihn, sucht er sie eben woanders und er findet sie meistens gleich vor der eigenen Haustüre. Arbeit für die Wirtschaft hat sich bei vielen erledigt und der letzte Arbeitgeber, der noch verbleibt, ist nicht einmal eine schlechte Alternative: Die Gesellschaft.
Das Ende der Demokratie? Sei's drum: Es wird ganz bestimmt nicht das Ende der guten Menschen und einer gerechten Gesellschaft in einer besseren Welt sein.

Neue Formen der Arbeit an der Gesellschaft und des Dienstes an Menschen, in all ihren zahlreichen Facetten, haben wir zum Beispiel in Beara, Irland entdeckt, wo eine sehr innovative Hexe ihr segenreiches Umwesen treibt; oder etwa auch im Kruidenbuurt in Eindhoven, zu Besuch in der Neuen Nachbarschaft; ebenfalls im Stadtteil Westhausen in Frankfurt am Main, wo modernste Telekommunikationstechnologie für die Bewältigung einer uralten, sozialen Aufgabe hinzugezogen wurde; dann in Lymington, Südengland, wo uns der Wert eines alles beseelenden Endprodukts mit 180 km/h entgegenfährt; im Biosphärenreservat Schofheide-Chorin, Brandenburg, somit im wilden Osten, wo ein neuer gesellschaftlich wertvoller Beruf entstand; und schliesslich noch unter dem Zirkuszelt des Cirque du Soleil, bei den Vorboten eines kulturellen Zeitalters - dies allesamt sozialhygienisch unbedenkliche und nachahmenswerte Beispiele. Essays von Jeremy Rifikin, Will Hutton und Christian Lutz mögen dem Wissenshungrigen, der die Zukunft der Arbeit erforschen will, zusätzliche Denkanstösse vermitteln.

Die Hexenjagd

Es scheint, Geld werde immer knapper. Die Geldmenge, danke vielmals, nimmt nicht ab, im Gegenteil, aber ihre Verteilung unter den Menschen sowie die Verteilmethoden, die zum Einsatz kommen, sind nicht unbestritten. Die Mehrzahl der Menschen hat immer weniger Geld in der Tasche, weil immer weniger Geld im Umlauf ist.
Ursprünglich als einfaches Tauschmittel gedacht, das Güter, Leistungen und Arbeit austauschbar machte, verliert Geld den Bezug zur materiellen Wirklichkeit. Heute dreht sich alles nur um die blanke Information ***»Geld«****: Die Gesamtlohnsumme in den Industriestaaten nimmt seit 20 Jahren ab, während das Buchgeld rasant zunimmt: 1995 wurde in den USA zum ersten und ganz bestimmt nicht zum letzten Mal mehr Geld mit Kapital- und Immobilienanlagen, Wertpapier- und Währungsspekulationen* ***»gemacht«*** *als mittels Lohnarbeit verdient. Es gibt wirklich mehr als genug Geld, aber es ist Cybergeld, Retortengeld, das von den Croupiers an globalen Roulette-Tischen verwaltet und aus unserem Alltagsleben ausgeklammert wird. Jede* ***»anständige«*** *Bank ist heute an privaten Anlagekunden nicht interessiert, die weniger als 20'000 DM anlegen wollen. Und die Portfolioverwaltung kostet heftig viel. Rien ne va plus.*
Gleichzeitig sind wir alle zu überzeugten Sparern geworden, der Not gehorchend, aus Verunsicherung oder weil Gesetze es uns befehlen. Unser Geld wird gehortet, aus dem Kreislauf gezogen, es existiert nur als Speichermedium und wird dem Rest der Welt vorenthalten, der es ebenso gut gebrauchen kann. Sparkonti, Lebensversicherungen, Pensionen, Altersvorsorgen: Der Staat, die Finanz- und die Versicherungsindustrie sind versessen darauf, uns allen den Konsumverzicht und das Sparen, Sparen, Sparen einzureden. Also üben wir uns in Konsumverzicht und Entsagung, während andere, wenige, auf unserem Buckel zünftige Margen und unverschämte Spekulationsgewinne einheimsen, die uns, den Besitzern unserer Ersparnisse, minimal zurückerstattet werden. All dies natürlich nur zu unserem besten Wohl und Nutzen.
Dies führt es auf einer gesellschaftlichen Ebenezu einer enormen und gefährlichen Belastung. Wir hocken zwar auf immensen Mengen von tiefgefrorenem, ungenutztem Geld - und verdursten dennoch jämmerlich an Geldknappheit.
Ein mögliches Gegenmittel zeigt das folgende Beispiel aus Irland: Eine Lokalanästhesie des Geldes, genannt Tauschhandel.

Hexenwerk

Die Hexe von Beara hauste einst in der irischen Grafschaft Cork, an jenem Punkt an der irischen Küstenlinie, der Beara heisst, und von dem man nicht so recht sagen kann, ob er noch im Südosten oder schon im Südwesten der Smaragdinsel liegt. Sie war eine gute Hexe und als »**Hag**«, als alte Vettel und Hexe wurde sie nur liebevoll und niemals angsterfüllt bezeichnet, denn die Hag of Beara war eine mythische, altkeltische Göttin der Fruchtbarkeit und der Fülle, vergleichbar etwa mit Demeter oder Kore, den beiden Symbolen der Fertilität der antiken Griechen. Fruchtbarkeit und Fülle werden heute in Beara, einem kleinen Dorf an der Küste, allerdings bitter vermisst. Es ist ein armes und rurales Dorf; keine Industrie vor Ort, nur wenig Anlass für bezahlte Lohnarbeit, etwas Landwirtschaft und etwas Fischfang abseits aller Wege, mehr nicht: in Beara werden winzige Brötchen gebacken.

Ganz Irland, besonders ausserhalb Dublins, ist ein armes, hauptsächlich rurales Land; ein mythenreiches, landschaftlich bezauberndes und unbedingt sehenswertes, armes Land. Der Tourismus blüht wie nie zuvor, doch eher an der Westküste. Wer das sechste Loch auf dem Old Course in Lahinch geniessen will, ein blindes Par 3 von145 Metern über eine riesige Düne hinweg auf ein trichterförmiges Grün dahinter, befindet sich eine halbe Galaxie von Beara entfernt. Irland besitzt eine lange Tradition der Armut und der Landflucht. Der Tourismus wird dem auch nicht abhelfen, im Gegenteil, es gibt nichts wie Busladungen von Japanischen Golfern, Take Away-Buden mit dubiosen Curryburgers an der Standpromenade von Ballybunion und Heerscharen von zufälligen TUI-risten, um auch den letzten Rest Romantik zu vertreiben, ohne dass für die breite Bevölkerung eine nachhaltige Wohlstandssteigerung dabei herausschaut. Keine Gefahr für Beara: Der kleine Ort ist randvoll mit Romantik, dafür sind die Einwohner einfach bettelarm. Die Segnungen der Hag of Beara sind passé.

Im Jahre 1993 kehrte die Hexe nach Beara zurück, als HAG, als Lokalwährung von Beara. Ein Hag entspricht ungefähr einem Irischen Pfund und sein Name soll an die mythische Schutzgöttin der Fülle erinnern. Ausserdem klingt er auch ähnlich wie das Verb »**to haggle**«, das Schachern, Feilschen und Handeln bedeutet, und genau darum geht es bei den Hags.

Die Hags sind die Währung im neuen LETS-System von Beara. LETS ist ein Akronym für Local Economy Trading System, für ein lokalwirtschaftliches Handelssystem. Es ist ein Tauschsystem, für dessen Mitgliedschaft man sich bewerben muss, in welchem das so spärlich vorhandene Irische Pfund durch die Hags abgelöst wurde. Der Unterschied zwischen Staats- und dem Hexengeld ist fein, aber spürbar: Hexengeld zum Beispiel bringt keine Zinsen. Es vermehrt sich nicht durch Schwarze Magie, wie normales Geld es tut, und es ist daher sinnlos, es zu horten. Was weiter, man leidet nicht unter den Schulden und man verfügt über eine beinahe unbegrenzte Hag-Kreditlimite. Man kann sein Hexengeld ausgeben, ohne es zu haben, also im voraus, nimmt ein

Minus auf dem Hexenkonto in Kauf und arbeitet dieses nach freiem Gutdünken wieder ab. Das bedeutet konkret, dass ein Hag zwar einen Rechenwert, aber keinen Speicherwert besitzt. Hexengeld ist und bleibt ein Tauschmittel, kein Speichermedium. Selbst eine Million Hags stellt kein Vermögen dar: Ein Hagionär müsste seine Hagion gegen Güter oder Leistungen eintauschen, um ihren Wert zu besitzen. Jedes Hag bleibt mit Arbeit, Leistung oder Gütern eng verbunden und nutzt allein denen, die es in das Hexensystem zurückinvestieren. Ein einmal erzeugtes Hag löst sich nicht auf, sondern macht eine Runde, von einem LETS-Mitglied zum nächsten, ist immer in Bewegung und wird immer wieder gebraucht. Das Hexenkapital wächst mit jedem Hag an, bleibt erhalten, bleibt mobil und bleibt kompakt, als Gesamtarbeitsleistung.

Das Hexenwerk ist sehr einfach aufgebaut und soll bewusst einfach gehalten werden. Das LETS-Prinzip wurde von einem Kanadier entwickelt, von dem ausser dem Namen, Michael Linton, nichts bekannt ist, und beruht ursprünglich auf dem traditionellen, Irischen Meitheal-System, einem altüberlieferten Tauschsystem unter Bauern, mit dem diese alle untereinander in Anspruch genommene Güter und Aushilfsleistungen während der Erntezeit ausglichen.

Am Anfang steht die Ausrufung eines LETS-Bezirks durch eine rurale Gemeinschaft, in der das Geld zu knapp ist. In Beara waren es 1993 zwei junge Leute, Anne O'Carroll und Jimmy Dowds, die dies taten. In Beara, von Jimmy Dowds ohne Gram und gutmütig als gottverlassenes Nest bezeichnet, das nicht einmal ein Busverbindung zum Rest des Universums besitzt, gab es ganz einfach nicht genug Arbeit und nicht genug Geld - und zuviele arme Menschen, die ihre Leistungen und ihr Potential deshalb nicht vollständig zur Geltung bringen konnten. Schon seit langem wurde hier Naturalienhandel betrieben und mit Tauschgeschäften das Geld umgangen, aber Tauschgeschäfte schienen Jimmy Dowds und Anne O'Carroll wohl zu limitiert zu sein, denn man kann damit nur Dinge, meistens nur Lebensmittel tauschen, nicht Leistungen und Arbeit, und ausserdem gibt es viele Leute, die gerne etwas eintauschen möchten, aber dem Geschäftspartner nichts als Tauschwert anzubieten haben. Also schrieben die zwei jungen Tausch-Pioniere Beara LETS aus und begannen ihr Hexenwerk mit gerade 10 Mitgliedern. Heute sind es über 170.

Jeder Anwohner kann Mitglied werden. Er meldet sich an und lässt sich und diejenigen Güter und Leistungen, die er einbringen will, in das LETS-Register eintragen. So wie Mo Kingerlee, die einen grossen Garten nach ökologischen Anbaumethoden besitzt und ihren Ernteüberschuss an Obst und Gemüse verkauft. Oder wie Spike O'Connors, ein Fischer, der für einen Teil seines Muschelfangs lieber Hags annimmt als ihn bei den Preisdrückern in Cork Harbour zu Spottpreisen verkaufen zu müssen. Die Namen der Mitglieder, ihre Adressen und die von ihnen angebotenen Güter und Leistungen werden in einem Register nachgeführt, das an alle LETS-Mitglieder verteilt wird. Jeder kann daraus ersehen, welche Produkte und Angebote auf dem Hexenmarkt ausgeschrieben sind.

Nun beginnt der Handel unter den Mitgliedern. Kate Kellaghan, eine Masseuse, lässt sich zum Beispiel zur Hälfte in Hags auszahlen und tauscht gegen diese Lebensmittel ein. Es kommt für sie auf dasselbe heraus wie wenn sie Staatsgeld verlangt - und Vater Staat, der in Irland schnell die Hälfte für sich selbst beansprucht, es ist wie verhext, kriegt keinen Penny Einkommenssteuer. Bei jeder Transaktion wird ein vorgedruckter Scheck mit dem Betrag in Hags ausgefüllt und signiert. Alle Schecks werden in das LETS-Büro geschickt, wo sie erfasst und den einzelnen Hag-Konti der Mitglieder gutgeschrieben oder belastet werden. Jedes Mitglied wird regelmässig über seinen Kontostand informiert. Wer nicht auf die Post warten will, spaziert schnell den halben Katzensprung bis zu Jim Dowds Atelier (gleichzeitig die LETS-Zentrale) gleich neben dem Old Bakery Café und fragt dort nach. Beara ist klein, jeder kennt hier jeden auswendig und dies ist für den Erfolg des LETS-Systems sehr wichtig.
Bis Mitte 1996 wurden 26'000 Hags umgesetzt. Nicht viel? Für das arme Beara ist dieser Umsatz mehr als nur respektabel. Nochmals, jedes Hag kann, muss mehrmals ausgegeben werden: Wer eines verdient, muss es gegen weitere Güter und Leistungen umtauschen, um etwas davon zu haben. Den Mitgliedern der ersten Stunde musste noch erklärt werden, dass es überhaupt nichts nützt, Hags zu horten: Das Hexengeld lebt nur durch Tausch, sonst ist es tot. Die 26'000 Hexlinge sind nicht auf Nimmerwiedersehen ausgegeben, sie bleiben in Beara und bewegen sich weiter.
Was in Beara seit 1993 geschah, mutet teilweise eigenartig an: Da es eine neue und nur lokal gültige Währung gab, entstanden neue, ganz spezifisch auf den lokalen Markt zielende HAG-Dienstleistungen. Wer das LETS-Register durchliest, fühlt sich mehr als einmal in ein Kuriositätenkabinett versetzt:
Es gibt dort eher konventionelle Angebote für allerlei Lebensmittel, immer frisch vom Erzeuger, Kleiderkauf, Kinderbeaufsichtigung, medizinische Leistungen, Transport- und Mitfahrgelegenheiten. Exotisches gibt's auch: Leitermiete, Waschmaschinen-Mitbenützung und ein heisses Sprudelbad im Whirlpool. Noch mehr? Für Hags kriegt man auch Mietraum in einem Kühlschrank, lebende Freilandschweine, Rechtsberatung, Reinigungsdienste aller Art, die Miete für einen Windsurfbrett, die kreativen Dienste eines Wandmalers oder Innenarchitektur-Studenten und sogar Weiterbildungskurse in den Fremdsprachen Italienisch, Holländisch und Japanisch. Man kann ausserdem noch Unterricht im Reiten, im Gitarrenspiel, Jonglieren, Flötenspielen, Textverarbeiten, Holzschnitzen, Segeln und Einradfahren eintauschen: Dinge, für die man niemals mit Geld bezahlen könnte - und niemals für richtiges Geld anbieten würde.
Der Superexot im Register ist der »**Reminder Service**«: Wer vergesslich ist und gern wichtige Termine, Geburtstage und Jubiläen verschwitzt, kann diese voranmelden und erhält dann eine rechtzeitige Vorwarnung.
Wie kam es zu solchen teils skurilen Angeboten? Viele Bewohner von Beara besitzen keinen Garten oder Fischkutter und möchten dennoch LETS-Mitglieder werden, ohne dass sie selbst etwas Bedeutendes anzubieten haben. Daher bietet jedes Mitglied das an,

von dem es denkt, dass es in Beara einmalig ist und eine Nachfrage besitzt. Alte, zum Teil längst vergangene Künste und Fertigkeiten werden deswegen aus der Mottenkiste hervorgeholt und erneuert, um Hexengeld zu erzeugen. Wer gerne Geschichten erzählt oder viele Witze kennt; wer Pflanzen, Beeren und Kräuter kennt und daraus Gewürze oder Heilmittel herstellt; wer zum Beispiel gut Schreiben, Rechnen, Zeichnen oder Malen kann; wer ganz einfach freie Zeit hat und diese nützt, um auf jemanden oder auf etwas aufzupassen, der kann daraus wenigstens ein bescheidenes Kapital schlagen, falls er in Beara wohnt.

LETS get going!

...oder in einem von inzwischen etwa 40 weiteren LETS-Orten in ganz Irland, in denen ähnliche Systeme aufgebaut wurden. Ausgerechnet das kleine, vergessene Beara wurde zum nationalen Pionier für eine nationale, Irische Tauschhandelsbewegung. Bald nach Beginn der Aktion folgten die ersten Nachahmer, die das System übernahmen: Beara ist im Irischen Alltag kein Einzelfall: Was für Beara gut war, konnte dem benachbarten, etwas grösseren und nichtsdestotrotz ebenso armen Ort Casteltownbere nicht schaden: Eine Vereinbarung wurde getroffen und schon wurden die Hags im Nachbarort für bare Münze genommen.
Weitere Nachbarorte wie Skibereen, Scull und Bantry übernahmen die Idee und bauten gemeinsam Bantry LETS auf. Heute sind die beiden Tauschwährungen von Beara LETS, die »**Hags**«, und Bantry LETS, sogenannte »**Bats**«, konvertible Einheiten.
Die Presse begann, die Geschichte von Beara zu erzählen. Andere Orte, vor allem aktive Menschen in anderen Orten, übernahmen nach und nach das LETS-System oder passten ihre eigenen Systeme dem LETS-Standard an. Selbst vom Irischen Finanzministerium war als andere als Kritik zu hören: LETS ist heute das einzige, von den Staatsbehörden offiziell sanktionierte Tauschsystem Irlands. Das liegt vermutlich daran, dass es ganz klar nicht darauf abzielt, dem Staat Steuergelder zu entziehen - sollte dies manchmal dennoch der Fall sein, zumindest keine grossen Beträge - sondern gezielt dem Zweck dient, in jenen entlegenen Winkeln Kaufkraft zu erzeugen, wo der Staat und sein Geld ohnehin nur minimal präsent sind. LETS-Tauschhandel sorgt eben nicht für Zwist und Unruhe, sondern ist ganz im Gegenteil eine beruhigende, verbindende Angelegenheit, die den sozialen Kitt verstärkt - und hat somit ein staatliches Gütesiegel verdient.
Umsomehr, als dass es in der Natur dieses Systems liegt, dass Menschen miteinander ins Gespräch kommen, die ansonsten überhaupt nichts miteinander zu tun hätten. Nun aber, wenn ein LETS-Mitglied von Beara frisches Gemüse tauschen will, geht es nicht mehr ohne einen kurzen Klatsch mit Mo Kingerlee; wer eine Leiter braucht, um sein Schieferdach zu untersuchen, muss mit Paddy Galbraith darüber verhandeln; wer für

einen Tag in die Provinzhauptstadt Cork fahren möchte, muss erst herumfragen, in wessen Fahrzeug er eine Mitfahrgelegenheit eintauschen und wer in dieser Zeit seinen Hund beaufsichtigen kann: Das alltägliche, kleine Gespräch, der Tratsch, die soziale Kommunikation und Interaktion, sind beliebte Nebenwirkungen des LETS-Systems: Wo man sich früher noch überhaupt nichts zu sagen hatte, blühen nun mikroskopische Geschäftsbeziehungen - das arme Dorf Beara hat sich zu einem lebendigen Marktplatz entwickelt. Kein Wunder, dass andere rurale Boroughs folgten. Der einzige, mögliche Verlierer ist der Zwischenhandel, der von dieser Form des Direkthandels übergangen wird, sofern er sich nicht daran beteiligt und sein Angebot so anpasst, dass er sich auf die Einführung von auswärtigen Gütern und Produkten spezialisiert, die vor Ort nicht vorhanden sind.

Jeder LETS-Ort hat seine eigene Lokalwährung mit einem eigenen Namen wie »**Sods**«, »**Reeks**« oder »**Skills**«. Einige LETS-Systeme orientieren ihre Währungseinheit nicht nach dem Irischen Pfund, sondern nach bestimmten Zeitwerten, zum Beispiel nach der Arbeitsleistung innerhalb einer Stunde oder einer Minute. Es spielt eigentlich keine Rolle. Allen ist das LETS-Prinzip gemeinsam: Lokal, begrenzt, fantasievoll, einfach.

Der Slogan? LETS get going! Auf geht's!

Der monetäre Aufstand der Zwerge ist lustig und tüchtig zugleich. Im Lauf der Zeit haben sich zwei allgemeine Problemkreise rund um die Ersatzwährungen der Hags, Sods, Reeks, Talents und wie sie alle heissen, herauskristallisiert.

Der eine betrifft das Tagesgeschäft. Preise werden von Mal zu Mal ausgehandelt, was ein gehörige Portion Feilschen und Schachern voraussetzt. So entscheidet natürlich das Verhandlungsgeschick des Einzelnen über den Erfolg einer Transaktion. Wer sich leicht über den Tisch ziehen lässt, leistet mehr als derjenige, der ein guter Selbstdarsteller ist und hohe Preise durchsetzen kann. Dieses Problem ist nicht so dramatisch, verhält es sich doch im richtigen Leben mit richtigem Geld ebenso.

Das zweite Problem sind säumige Schuldner. Mitglieder, deren Hag-Konto Minuswerte aufweist und die keine Anstalten unternehmen, diesen Zustand zu ändern, blockieren den Fluss des Hexengeldes. Die Zuverlässigkeit und Kreditwürdigkeit eines Mitglieds, sein finanzieller Leumund und seine Zahlungsmoral, sind in einem LETS-System noch wichtiger als in einem anonymeren, nationalen Finanzwesen. Mitglieder sind daher angehalten, normale Vorsichtsmassnahmen wie im Fall einer Geldtransaktion walten zu lassen. Es hilft ausserordentlich, gerade bei lokalen Tauschsystemen, dass jedes Mitglied allen anderen namentlich bekannt ist. Wer nicht namentlich einen schlechten Ruf in seiner unmittelbaren Nachbarschaft erlangen will, hält sich daher besser an die Regeln. Dies zeigt auch, dass LETS-Systeme nur dann erfolgreich und wirksam sein können, wenn sie klein genug sind, um die soziale Kontrolle unter ihren Mitgliedern als Regulativ einsetzen zu können.

Für diejenigen, die jetzt ein Tauschsystem nach LETS-Vorbild in ihrer Nachbarschaft aufbauen möchten, hier einige Tips von dessen Begründern:

Sie bestimmen die Regeln!
Was im einen LETS-System funktioniert, muss nicht unbedingt in einem anderen klappen. Die Mitglieder müssen selbst - mittels ihrer Kerngruppe - entscheiden, wie ihr System aussehen soll. Sie dürfen keine Angst haben, gewisse Dinge zu ändern oder andere Dinge neu zu versuchen. Scheuen Sie sich nicht, kreativ zu sein.

LETS-Tauscheinheiten sind kein Geld!
Man tappt leicht in die Falle und verwechselt LETS-Tauscheinheiten mit einem direkten Geldersatz. Es ist jedoch von vitaler Bedeutung, sich immer wieder vor Augen zu halten, dass die normalen Regeln der Finanzbuchhaltung ausser Kraft sind: Tauscheinheiten wind nicht verzinsbar und ihr einziger Wert liegt im Gegenwert, den man dafür eintauschen kann.

Schulden sind in Ordnung!
Damit ein LETS-System erfolgreich funktioniert, sollten die Mitglieder am Anfang dazu ermutigt werden, Schulden zu machen. Da jedermann bei Null anfängt ist es ja notwendig, dass ein LETS-Mitglied Tauscheinheiten ausgeben muss, damit ein anderes sie verdienen kann. Sie können nur verdienen, wenn Sie mit Ausgaben beginnen.

Ja keine Bürokratie!
Zu viel Organisation kann ein LETS-System ersticken. Ein unvollendetes und mangelhaftes System, das aus sich selbst heraus lebt, ist viel besser als ein utopischer, unrealistischer Papiertiger. Anpassungen und Korrekturen können immer noch laufend vorgenommen werden.

Geben und Nehmen
Man kriegt aus einem LETS-System soviel heraus, wie man hineinsteckt. Ein zufriedenes Mitglied weiss, wie man das volle Potential des Systems ausnützt. Damit LETS auch für Sie aufgeht, benötigen Sie Zeit, Geduld und vor allem Vorstellungsvermögen. Wenn sie den Bogen einmal raus haben, werden Sie begeistert sein!

Hags und Euro

Der 25. Mai 1996 war ein historisches Datum für Beara LETS: »**Brüssel kommt!**« war überall zu hören. Das grosse Brüssel, die Beton- und Stahlzitadelle der mächtigen Eurokratie, beliebte, das kleine Hexennest in Beara zur Kenntnis zu nehmen. Brüssel, das bis anhin nicht Kilometer oder Meilen, sondern Parsecs von Beara und seinem spärlichen Alltag entfernt gelegen hatte. Ein Parsec misst 3,26 Lichtjahre.
Brüssel kam nicht selbst, aber die Eurokratie entsandte einen der ihren bis ins kleine Beara, um sich vor Ort über die Lage der Dinge und den Stand des Hexenwerks schlau zu machen. Die EU, immer auf der Suche nach neuen Ideen und anregenden Exempeln in allen Belangen der Wirtschaft und Finanzen, schickte mit dem Belgier Eric Watteau einen Vertreter ihres Finanzministeriums nach Irland, um die genauen Hintergründe der LETS-Bewegung zu ermitteln und einen internen Studienbericht zu verfassen.
Der Abgesandte besuchte die Zentrale im Atelier von Jim Dowds neben dem Old Bakery Café, liess sich informieren und gab dem Southern Star, einer Tageszeitung aus Cork, folgendes, wohlwollendes Statement zu Protokoll:

LETS ist ein hervorragendes System, um die Wiedererschliessung, Rückbevölkerung und soziale Integration von ruralen Gemeinschaften zu fördern. In Gebieten mit hoher Arbeitslosigkeit hilft es den Mitgliedern, neue Fertigkeiten und grösseres Selbstvertrauen zu entwickeln, um damit auf den Arbeitsmarkt zurückzufinden. Es beeindruckt mich sehr, dass die Irische Regierung den positiven Einfluss von LETS anerkannt hat und ihm heute staatliche Unterstützung in Form von Finanzbeamten zukommen lässt, die fachliche Mithilfe beim Betrieb von Beara LETS leisten.

Letzteres war nicht nur selbstlose Hilfe und offizieller Lohn für das Geleistete, das die Irische Regierung den wackeren Tauschern von Beara zukommen liess, sondern auch ein selbstverordneter Nachhilfeunterricht: Der Staat wollte damit direkt an der Quelle von LETS einschlägige Erfahrungen sammeln - im Hinblick auf weitere Projekte an anderen Orten. Und noch etwas gab es, das den hauptberuflichen Europäer aus Brüssel bei seinem Besuch beeindruckte: Er erfuhr in Beara von einem schwedischen Ehepaar, das aus beruflichen Gründen nach Irland gezogen war und sich allein wegen des LETS-Systems in Beara niedergelassen hatte. Eric Watteau kannte vergleichbare Fälle aus Belgien, in denen Wallonen nach Nordfrankreich emigriert waren, weil sie sich den dortigen, etwas weiter fortgeschrittenen Tauschsystemen anschliessen wollten. Der Tauschzirkel als Standortkriterium? Sag' mir wie du tauschst - und ich sage dir, ob ich mitmache.
Womit das Phänomen des Tauschhandels, das Bartering, nun endgültig Anerkennung als gesamteuropäisches Phänomen gefunden hat. Denn genau das ist es: Europaweit geniesst der Gedanke des Tauschnetzwerkes immer mehr Popularität: Tauschringe, Zeitbörsen, Quartiers-, Dorf- und Seniorengenossenschaften - Tauschnetzwerke schiessen

wie die Pilze im Frühherbst allenthalben aus dem Boden. »**Null Bock auf Geldwirtschaft**« ist das Credo der Allattophilen, der Tauschfreudigen. Auch Kleinvieh macht Mist: Den Steuerbehörden - und somit den Staaten - in Europa gehen inzwischen (geschätzte) zweistellige Milliardenbeträge an Einkommens- und Mehrwertsteuern verloren.
Es dürfte noch mehr werden: Waren es bisher Einzelne und Privatpersonen, die an den Tauschnetzwerken teilgenommen haben, stossen nun immer mehr Freiberufler und sogar Kleinunternehmen dazu, handeln ihre Zeit gegen Leistungen und ihre Güter gegen Arbeitsdienste. Immer mehr Menschen entdecken, dass ihr Alltag sich interessanter und angenehmer gestalten lässt, wenn sie die Geldfrage aus gewissen Lebensbereichen ausklammern. Natürlich würde niemand zum Beispiel Geld für einen Unterricht in Einradfahren ausgeben wollen - innerhalb eines Tauschzirkels ist das eher möglich und - wer weiss - es könnte Spass machen. Ist die Macht der Sesterze gebrochen, gerät der Rubel mancherorts erst richtig ins Rollen: Jedes Jahr werden in Westeuropa etwa hundert neue Tauschnetzwerke gegründet. Es gibt keinen Grund, warum dieser Trend sich nicht zumindest linear fortsetzen sollte.
Die Basis für alle Tauschnetzwerke sind kleine, übersichtliche, lokale oder soziale Einheiten, die irgendein System nach einem vereinbarten Schlüssel entwickeln. Was ihnen entscheidend hilft, ist der Umstand, dass der herkömmliche Arbeitsmarkt stark zusammengeschrumpft ist und in Zukunft noch mehr schrumpfen wird: Immer mehr freie Zeit und überschüssige Energien entstehen, die nicht länger für die traditionelle Lohnarbeit eingesetzt werden können und die sich nun im Privatleben aufstauen. Neue Tauschsysteme (ebenso wie Nachbarschaftsorganisationen, siehe das Kapitel über die bunten Blumentöpfe), helfen dabei mit, diese Energien zu kanalisieren sowie sie sozial kompatibel und zweckgerichtet einzusetzen. Das Demokratie-Minus in den staatlichen und unternehmerischen Grossorganisationen wird durch gesteigerte Basisdemokratie unter Individuen wettgemacht.
Eine Zukunft könnte entstehen, in der zwei Wertesysteme parallel koexistieren: Die herkömmliche Geldwirtschaft mit ihrer traditionellen Lohnarbeit - und darunter, als Unterbau, eine neue Art von lokaler, sich selbstregulierender Tauschwirtschaft. Kein Wunder, dass Brüssel die Renaissance des Tauschhandels im Auge behält.
Ein oft gehörtes Vorurteil, das in der Regel noch mit Tauschnetzwerken verbunden ist, verliert zum Glück immer mehr Bedeutung: Wer denkt, dass ein solches, alternatives System nur von alternativen Leuten unterhalten wird, wobei das Adjektiv »**alternativ**« Dinge wie »**subversiv, staatsfeindlich, politisiert, links**« umschreibt, muss schnell umdenken. Angefangen bei Beara LETS sind die meisten Tauschzirkel völlig apolitisch und verfolgen kein anderes Programm als dasjenige der Selbsthilfe. Es geht in keinem Fall um den Umsturz der bisherigen Geldwirtschaftsordnung und den Siegeszug eines Tauschsystems, sondern um ganz konkrete, lokale Verbesserung. Tauschnetzwerke sind nicht »**entweder - oder**«, sondern sollen ein »**sowohl - als auch**« ermöglichen. Ärzte, Rechtsanwälte, Wissenschaftler, Unternehmer, Angestellte, Beamte und Künstler - kurzum

allesamt Personen, die gesellschaftlich nicht »**unten**« stehen und keineswegs revolutionäres Gedankengut vertreten, schliessen sich immer mehr den Tauschzirkeln an.
Weil diese einen notwendigen, sinnvollen sozialen Dienst anbieten, für den eine breite Nachfrage besteht: Den sozialen Wiederanschluss des entfremdeten Einzelnen an seine unmittelbare Umgebung.
Ein weiteres, durchaus verständliches Vorurteil, dasjenige einer unprofessionellen Verwaltung, ist ebenfalls nicht mehr wahr: Endgültig vorbei die Zeiten der miefigen Hinterzimmer, der ungefähren Schätzwerte und der handbeschriebenen Notizzettel im Pappkarton: Heute werden moderne PC's eingesetzt und dieselbe Office-Software wie in der Wirtschaft verwendet - und es geht auf zwei Stellen hinter dem Komma genau zu und her. Im Fall von Beara wird den Administratoren des Tauschzirkels ihre Arbeit teilweise in Hags entgolten. Allen Beteiligten kann nur an einer echt professionellen Echtzeit-Administration gelegen sein - dank immer billigeren Computern und immer besseren Programmen für die Buchhaltung und die Herausgabe von Schriftsachen steht dem nichts mehr im Weg. Ein Tauschzirkel, der länger als zwei Jahre besteht, schafft solches heute nicht mehr ohne solide, administrative Basis.
Ist dies eine gesellschaftlich positive oder negative Entwicklung? Spielt es eine Rolle? Es ist eine tatsächliche Entwicklung. Aus der Not und sozialen Isolation geboren, als es nicht anders ging, als das Geld für ungültig zu erklären, um Werte zu schaffen, ist sie vor allem ein Zeichen der Zeit: Da die globalen Finanz- und Arbeitsstandards immer elitärer und für den Einzelnen unerreichbarer werden, entsteht zwischen den globalen Netzmaschen immer mehr Freiraum für die persönliche Initiative. Noch vor zwanzig Jahren schienen die allgemeine Abhängigkeit vom System der Geldwirtschaft und die ideologischen Grabenkämpfe des Kalten Kriegs so gottgegeben zu sein, dass Projekte wie dasjenige von Beara die Staatsmacht auf die Barrikaden getrieben hätte. Heute hat sich die Situation entkrampft und wird die pragmatische Kosten-Nutzen-Rechnung dem Glaubenskrieg vorgezogen. Dem Staat droht viel grössere Gefahr von den multinationalen Konzernen, ihren essentiell undemokratischen Praktiken und den globalen Kartellen wie beispielsweise der Erdölindustrie, den Grossbanken oder Grossverlegern, als von kleinen Bürgergruppierungen, die sich demokratisch untereinander absprechen, nach welchem Schlüssel sie Äpfel und Birnen austauschen, und dadurch dem Staat mehr Kosten und Aufwand ersparen, als sie erzeugen.

Abschliessend

...sei in Erinnerung gerufen, dass in der christlichen Welt des Mittelalters ein klares Zins- und Geldhandelsverbot herrschte. Was heute als der Motor des kapitalistischen Systems gilt, die Anlage und Verzinsung von Geld, galt noch vor dreihundert Jahren als unchristliches Teufelswerk. Heute ist es eher seine Infragestellung. Weil gute Christen anno dazumals Geld nicht als Handelsware benützen durften, wurden hauptsächlich die

Angehörigen des jüdischen Glaubens in dieses gottlose Gewerbe gedrängt, das ihnen als einziges in der Christenheit offenstand. Sie wurden so zu Bankiers, Pfandleihern oder Kaufleuten - zum langfristigen Schaden ihres Volkes, weil ebendies den Stereotyp des geldgierigen Juden wie Shylock im »**Kaufmann von Venedig**« entstehen liess und den modernen Antisemitismus mitsamt dem Genozid der Neuzeit mitbegründete.

Warum galt damals der Handel mit Geld als unchristlich? Was Gläubige am meisten daran störte, war der Umstand, dass auf diese Weise materieller Reichtum aus dem Nichts entstand, ohne dass eine (körperliche) Arbeit ihn erzeugte. Für ein Weltbild, das mit »**Ora et Labora**« umschrieben werden kann, war dies ein widernatürlicher und gottloser Zustand. Zins war Wucher, Geld musste erarbeitet werden, ansonsten es als Götze und Irrweg für den Tugendhaften zu gefährlich wurde. Hinter diesem Bann des Geldhandels lagen viel christlich-fundamentale Freudlosigkeit aus Prinzip (»**Wenn etwas gut scheint, dann kann es nur schlecht sein!**«), aber auch eine rechte Portion Sinn und die Einsicht verborgen, dass Geld und Arbeitsleistung zusammengehören.

Amen.

Heute liegen die beiden Begriffe »**Arbeit**« und »**Geld**« weit auseinander und trennt sich die Weltgesamtwirtschaft in eine Substanzwirtschaft und eine Zinswirtschaft. Geld und Arbeit, die siamesischen Zwillinge der Vergangenheit, gehen getrennte Wege und weichen einander aus. In unseren Tagen ist die mentale Arbeit gerade drauf und dran, körperliche Arbeit als Standard abzusetzen. Die Mathematik obsiegt über die Müdigkeit und wer möglichst viel Profit aus möglichst wenig Geldanlagen erwirtschaftet, der hat gewiss eine grossartige, geistige Arbeit geleistet, die aber der Welt überhaupt nichts nützt.

Zwei Probleme bestehen, ob nun Dollars an der Frankfurter Börse oder Hags am Hafen von Beara gehandelt werden. Das erste Problem betrifft die Substanz des Geldes: Jeder Geldbetrag muss ein materielles Äquivalent an Leistung und Arbeit widerspiegeln und im Boden der Realität verwurzelt sein. Ist dies nicht mehr der Fall, wie heute, wo mit Aktienkurs-Spekulationen gewaltige Mengen an substanzlosem Geld erzeugt werden, haben Geld und Wirklichkeit nichts mehr miteinander zu tun, was für das Geld selbst vielleicht nicht weiter schlimm ist, für die Wirklichkeit aber umso schlimmer.

Das zweite Problem betrifft den Kreislauf des Geldes: Seine Fliessgeschwindigkeit und sein Aktionsradius müssen hoch und weitreichend sein. Das Geld ist der Blutkörper im Organismus der Welt. Sklerotische Geldadern und mangelnde Durchblutung sind nicht sehr gesund - fragen Sie irgendeinen Kardiologen, was dann passieren könnte. Gewiss, auch an den Börsen fliesst enorm viel Geld, aber es ist substanzloses Buchgeld und es fliesst von einem Computer zum nächsten an der Welt vorbei. Gerade dies ist aber der einzige Grund, warum das Geld ursprünglich eingeführt wurde: Um in einem offenen System zu zirkulieren und um die Arbeit von hier nach dort zu befördern: Ohne Arbeit kein Geld und ohne Geld keine Arbeit - das Grundgesetzes des Geldes, immer noch.

Wer heute sein Geld hortet, anlegt, aus dem Verkehr zieht, verübt streng genommen

Diebstahl an der Gesellschaft, weil er ihr vorenthält, was ihr zusteht und ihr gehört: Geld. Es ist ein legaler Diebstahl, gewiss, doch am Tatbestand ändert es nichts: Wenn Geld nicht zirkuliert, ist es kein Geld mehr.

Um diesen Gedankengang mir Oscar Wilde zu beschliessen: **»Gewisse Leute kennen den Preis von allem und den Wert von nichts«.**

März 1997: In Albanien herrscht Bürgerkrieg: Die Mehrzahl der Bevölkerung ist auf einen Schlag verarmt, weil sie ihr Geld in dubiose Finanzgesellschaften gesteckt hat, die sie mit unrealistischen Pyramidensystemen gelockt haben - mit dem, so vermutet man, stillschweigenden Einverständnis der Regierung Berisha. Sträfliche Dummheit hier, sträfliche Skrupellosigkeit dort: Albanien ist eines der möglichen Szenarien für den nicht unrealistischen Fall, dass breite Bevölkerungskreise von der virtuellen Slot Machine der Kapitalmärkte ausgeschlossen werden oder durch sie sogar substantielle, materielle Verluste erfahren müssen.

Wird der Graben zwischen dem immer unkontrollierbareren, sich verselbständigenden Kapitalmarkt sowie den kleinen Alltagsorgen und den materiellen Bedürfnissen der breiten Bevölkerung noch tiefer, droht ebenfalls Westeuropa früher oder später ein gewaltsamer Konflikt. Dieser Gedankengang ist nicht neu und er ist per se so schlüssig und einleuchtend, dass er kaum Widerspruch erntet. Das heisst aber noch lange nicht, dass heute auch nur mindeste Bemühungen zur Prophylaxe erkennbar sind.

Es gibt gewisse Tauschzirkel ein wenig überall in Europa, die, wohl im Wissen um die Mängel herkömmlicher Systeme, sich mit einer sehr einfachen, äusserst wirksamen Methode vor der eigensinnigen und fruchtlosen Sparwut ihrer fehlgeleiteten Mitglieder schützen: Sie erheben Negativzinsen auf die erarbeiteten Tauscheinheiten. Wer diese nicht schnell genug weiterveräussert, dem werden Anteile abgezogen. Auf diese Weise soll verhindert werden, dass die Grundlage jeglicher Transaktion, das Geben, Nehmen und Weitergeben, ausgehöhlt wird.

Würden die Regierungen der Industriestaaten beschliessen, ihrerseits Negativzinsen auf gewissen Kapitalwerte zu erheben, oder diese zumindest fair zu besteuern, sähe die Sache sogleich ganz anders aus: Der US Ökonom und Nobelpreisträger James Tobin hat bereits in den 70er Jahren klipp und klar erklärt, dass der deregulierte Kapitalfluss mit all seinen abrupten Richtungsänderungen und chaotischen Kursausschlägen der materiellen Wirtschaft schade. Um daher etwas Sand in das Getriebe der übermässig effizienten Geldmärkte zu streuen, empfahl er, auf alle Devisentransaktionen einen Steuersatz von einem Prozent zu erheben. Diese Empfehlung wurde zu Zeiten gemacht, als es noch keine Computer und Telekommunikationsnetze auf den Geldmärkten gab, die heute vollautomatisch in Sekundenbruchteilen mehrstellige Millionengewinne durch die Ausnützung von Kursschwankungen erzielen können. Ohne dass ein hungriges Maul mehr auf dieser Welt dadurch mit Nahrung versorgt wird - oder auch nur mit einer fairen Chance, sich diese selbst zu erarbeiten.

Die wahren Feinde der Gesellschaft und der Arbeitswelt sind inzwischen die Minionen

der elektronischen Brokerarmee, die nicht nur nichts Materielles oder Substantielles zum Gang der Welt beitragen, sondern ihn mutwillig behindern und den Menschen mit seinen Wünschen und Bedürfnissen für zu teuer für den Arbeitsmarkt erklärt haben. DER SPIEGEL erklärt in der Titelstory 12/97, »**Horror und Erfolg**«, den unmittelbaren Zusammenhang zwischen Börsengewinnen und Arbeitsplatzabbau. Sein Fazit lautet kurz und bündig »**Das Land wurde kälter**«. Damit ist alles gesagt.
»**Quo usque tandem, Catilina?**« Ein neuzeitlicher Cicero, der mit einer Brandrede im Senat den Staatsnotstand verkündet, wäre nicht schlecht. Oder wollen wir eher auf die Rückkehr der Hag of Beara und ihren befreienden Zauberspruch warten und solange dem parasitären Treiben tatenlos zusehen?

Bunte Blumentöpfe

Angenommen, Sie arbeiten in einem Unternehmen und werden arbeitslos. Schon lange im voraus bleibt Ihnen nicht verborgen, dass die Dinge nicht zum besten stehen; die innerbetriebliche Gerüchteküche verbreitet ein Schauermärchen um das andere; die Kollegen sind nicht mehr so nett wie auch schon; ein unbedachtes Wort und schon entzündet sich ein Streit. Die Signale und Anzeichen verdichten sich. Ein neuer Chef kommt: Wird die Firma abgewickelt? Eines schönen Morgens taucht ein Vertreter des Managements auf und erklärt mit tausend umständlichen Euphemismen, wofür drei Worte genug sind: ***»Es ist aus!«***

Es folgt ein Wechselbad der Gefühle, blinde Wut und dumpfe Hoffnungslosigkeit, und das Schlimmste ist, dass Sie überhaupt keine Schuld an ihrer Arbeitslosigkeit trifft. Dann beginnt eine Reihe von kleinen Demütigungen. Freunde, die noch Arbeit haben, wenden sich von Ihnen ab; Sie müssen den gewohnten Lebensstandard einschränken; Sie lernen, das öde Schlangenstehen und die Fliessbandabwicklung im Arbeitsamt zu hassen; Sie werden als minderwertiger Mensch behandelt.

Sieben Monate später, noch immer kein Job in Sicht, dämmern Sie bei sich zuhause in der Wohnung vor sich her, trinken Bier und schauen Talkshows am Fernseher. Ihre Frau, die Ihnen während den ersten Monaten unverdrossen beigestanden hat, klagt nun über Migräne und ist immer übelgelaunt. Sie geben sich selbst die Schuld daran, was auch nicht weiterhilft. Sie hassen das Glück der anderen, Sie hassen die Welt, Sie hassen sich. Alles, was Sie als Trost zu hören kriegen, sind Sprüche wie ***»Mensch, nu reiss' dich mal am Riemen!«*** *oder* ***»Lass' dich doch nicht so gehen!«*** *Die Folter nimmt kein Ende.*

Eines Tages, wenn Sie unverschämtes Glück haben, führt zum Beispiel ein Rohrbruch zu einer Kellerüberflutung im Nachbarhaus. Sie sind gerade in der Nähe und helfen mit, die Schäden zu beseitigen. Warum nicht, Sie haben eh nichts Besseres zu tun. Der Nachbar, sobald es ausgestanden ist, sagt Ihnen ***»Danke!«*** *und Sie fühlen sich gut, als er das sagt. Sie plaudern miteinander. Ein anderer Helfer erzählt zum Beispiel, er müsse seinen Dachstock entrümpeln. Ein zweiter berichtet, er habe Angst um seine Tochter, deren Schulweg über zwei stark befahrene Strassen führt. Und ein dritter beschwert sich über die dreckigen Blumentöpfe beim Schulhaus und fragt sich, ob man die denn nicht bunt anmalen könnte.*

Hat es jetzt bei Ihnen ***»Klick!«*** *gemacht? Wir würden es Ihnen wünschen.*

Hallo Nachbar!

Die Nachbarschaft, die unterbewerteste und meistübersehene soziale Einheit unserer Zeit, erlebt ein schüchternes Comeback. Meyers Grosses Taschenlexikon, 1987, über die Nachbarschaft: »Die räumliche Wohn- und Siedlungsnähe, in der die sozialen Beziehungen der dort lebenden Menschen durch besonders ausgeprägte persönliche und dauerhafte Beziehungen bestimmt sind. Nachbarschaft ist in Agrargesellschaften mit dörflich-ländlichen Kleinsiedlungsgebieten als Gefüge sozialer Kontrolle, zugleich auch als existenzsichernde Not- und Hilfsgemeinschaft von Bedeutung; im Zuge der Verstädterung und Anonymisierung der sozialen Beziehungen ist Nachbarschaft auf (meist schichtenbegrenzte) mehr spontan sich ergebende Kontakte zwischen Menschen mit persönlichen Sympathien reduziert worden. Moderne Stadt- und Regionalplanung versucht, über städtebauliche, architektonische und politisch-institutionelle Massnahmen Nachbarschaft als Medium für Entscheidungsprozesse in öffentlichen Angelegenheiten zu reaktivieren«.
Der Motor für das Wiederaufleben der Nachbarschaftsidee sind eindeutig die soziale Not und die hohe Arbeitslosigkeit in Europa. Wenn schon Staat und Arbeitgeber sich den Menschen gegenüber nicht immer gutnachbarschaftlich verhalten, dann sollen die es wenigstens untereinander. Gut erschlossene Nachbarschaften sind soziale Einheiten, die sich im grossen Ausmass selbst regulieren, deren Betrieb auf Ehrenamtlichkeit und auf Eigenverantwortung basiert und die ein grosses, latentes Potential an Arbeit und Aufmerksamkeit unmittelbar an sozialen Problemstellen einsetzen können- und daher auch kostengünstige, wenn nicht sogar spottbillige Einrichtungen.
Bei allem, das es nun über die S.B.K und ein Stadtviertel im Südosten Eindhovens, den Kruidenbuurt zu berichten geben wird, sollten nicht nur die unbestrittenen Verdienste von Menschen, die sich gegenseitig helfen, besungen werden, sondern man sollte sich vor Augen halten, was zuvor war: Die Forfaiterklärung einer von sozialen Problemen, Kriminalität und Verwahrlosung überforderten Stadtverwaltung.
Der Masterplan, überall in Europa in immer wiederen anderen Erscheinungsformen, sieht die Wiederauferstehung der agraren Nachbarschaftsform vor: Bessere soziale Kontrolle, mehr Gemeinschaftssinn und vertiefteres Nachbarschaftsdenken, einerseits zur Ermächtigung und Unterstützung der Bürger, andererseits aber zur finanziellen und administrativen Entlastung der Behörden. Alle können nur davon profitieren.

Extra Attention Area

Ein Gebiet, das ganz besondere Aufmerksamkeit geniesst. Dazu wurde der Kruidenbuurt 1985 ausgerufen. Die ganz besondere Aufmerksamkeit erforderlich gemacht hatten die besorgniserregenden Umstände und Zustände im Eindhovener Arbeiterquartier mit den roten Backsteinhäusern. »**Wenn sich selbst die Polizei nicht**

mehr nach Kruidenbuurt hineintraut«, musste man sich im Stadthaus damals wohl gesagt haben, »**dann verdient dieses Stadtviertel unsere ganz besondere Aufmerksamkeit**«.
Ein durchaus vernünftiger und nachvollziehbarer Gedankengang. Es gibt heute in allen grösseren Städten Europas ähnliche Wohnviertel, Stadtgebiete und Überbauungen, in die sich die Polizeibeamten nicht länger hineintrauen, wo Jugendbanden die Einwohner terrorisieren, wo Hoffnungslosigkeit und blanke Verzweiflung hausen, doch selten hört man den Stopruf, der damals in Eindhoven zu hören war: »**Halt! Hier verslumt ein Teil unserer Stadt; hier gehen Strassenzüge und Menschen kaputt!**« Es ist nicht allein humanitäres Empfinden, das den Stopruf auslösen sollte, auch neutrales Kostendenken führt zum Schluss, dass kaputte Strassenzüge und kaputte Menschen ein Luxus sind, den man sich nicht leisten kann: Sie verursachen soziale Mehrausgaben, erfordern mehr Polizeibeamte, mehr Manntage zu Bearbeitung und mehr finanzielle Leistungen als es nicht-kaputte Menschen tun.
Selbst wenn eine Stadtbehörde ein Problemviertel stur totschweigt, es abschreibt und sich vollständig daraus zurückzieht, so spart sie am falschen Ende: Diejenigen Bürger, die dort wohnen, ein Einkommen haben und wegen der schlechten Lebensbedingungen wegziehen; die Umsatzrückgänge in den Geschäften und den Unternehmen in diesen und unmittelbar benachbarten Vierteln; der damit verbundene Verlust an Arbeitsplätzen und der Sturz der Grundstückpreise ins Bodenlose; die grosse Zunahme an Sozialfällen, die betreut werden müssen; die Zunahme an Klein- und Drogenkriminalität, die auf sogenannt »gesunde« Stadtteile ausstrahlen und zu sozialen Folgekosten führen; all dies kostet viel Geld oder zerstört solide, finanzielle Werte: eine gesalzene Rechnung für Nichtstun oder Vogel Strauss-Politik. Alles andere als »**Extra Attention**« rechnet sich nicht.
Eindhoven in Holland ist eine kleinere Stadt mit etwa 200'000 Einwohnern. Sie besitzt immerhin einen eigenen Flughafen, was gewiss der starken, lokalen Anwesenheit der Elektroindustrie (Philips) und der Automobilindustrie (DAF, GM) zuzuschreiben ist. Eine Arbeiterstadt also, zu Zeiten der Grossindustrie angeschwollen und nun, in Zeiten globaler Standortkämpfe mit durchautomatisiert schlanken Produktionsmethoden und fortschreitender Informatik-Revolution eine Stadt mit ein wenig zuwenig Arbeit für ein bisschen zuviel Arbeiter. Der Kruidenbuurt entstand als sauberes Arbeiterviertel in den 30er Jahren dieses Jahrhunderts und beherbergte in damals modernen und grosszügigen Unterkünften dazugezogene Industriearbeiter. Nach dem Krieg und seit den 50ern, als die Arbeitslosigkeit stieg, wurde er immer mehr als wirtschaftliches und soziales Brachland bekannt. Jede Stadt der Welt braucht einen Kruidenbuurt, einen Bezirk, in dem es nicht allzu schöne Wohnungen für nicht allzu hohe Mietpreise für nicht allzu erfolgreiche Zeitgenossen gibt. Der Kruidenbuurt wurde zu Eindhovens schlechtester Adresse, das Arbeiterviertel veränderte sich zu einem Armenviertel. Erste Nachbarschaftsinitiativen und Wohlfahrtsvereine, die ab Mitte der 50er Jahre entstanden,

waren ein erstes Signal dafür, dass die Masse menschlichen Treibguts anstieg, welche die Industriegesellschaft in den Kruidenbuurt schwemmte. 1975 wird versucht, die Geschicke des Viertels zum Besseren zu wenden: Das Viertel wird zu hohen Kosten gesamtrenoviert - seither gleicht ein Gebäude wie ein Ei dem anderen und auch wenn es sich nun besser herausgeputzt als zuvor dem Betrachter präsentiert, das Auge wird vom Retorten-Look nur mässig erfreut.
Die Stadt Eindhoven übernahm 1975 einen grossen Teil des renovierten Viertels und richtete Sozialwohnungen ein. Die Sozialfälle Eindhovens wurden dort konzentriert und sollten in den neuerrichteten Sozialbauten aus ihrer Misere herausfinden. So der Plan, aber in Wahrheit entstand nach diesem Rezept mit lautersten Absichten ein Ghetto der Nutzlosen und Abgeschobenen. Die initiativen oder weniger benachteiligten Bewohner verliessen den Kruidenbuurt, immer mehr Arbeitslose und Randständige zogen dazu, das soziale Klima fiel unter den Gefrierpunkt, die Kriminalität der Slums hielt Einzug in Form von Prostitution und Drogen. Bandenwesen, Armutskriminalität, Vandalismus, Randale, Extremismus, Anarchie - es gibt heute noch Leute, die keinen Zusammenhang zwischen diesen Dingen und der wirtschaftlichen Lage der Menschen sehen wollen... Polizeibeamte trauten sich nun nicht mehr in diesen Kruidenbuurt, in dem höchstens 3'500 Menschen lebten, hinein. Die Staatsmacht schien kapituliert zu haben.
Oder doch nicht: 1985 war das Mass endgültig voll. Die Stadtbehörde von Eindhoven sah keinen anderen Ausweg mehr als den Gang nach Canossa und nannte dieses Vorgehen die Ausrufung einer »**Extra Attention Area**« in Kruidenbuurt.

Canossa

Canossa ist der Name einer Burg in Norditalien, etwas südlich von Parma. Weltweit bekannt ist sie durch den Bussgang des Deutschen Kaisers Heinrich IV im Jahre 1077, der diesen Ort aufsuchte, um den dort gerade Quartier aufschlagenden Papst zu sehen. Damals, während des Investiturstreits, bettelte der mit dem päpstlichen Bann belegte Herrscher drei Tage und Nächte lang, barfuss und im dünnen Büssergewand mitten im winterlichen Schneegestöber, um die gnädige Lossprechung von ebendiesem Bann durch Papst Gregor VII. Sein Flehen wurde erhört, der König durfte König bleiben, der Papst war danach sogar ein bisschen mehr Papst als zuvor.
Seither ist ein »Canossagang« eine Redewendung für jeden Bussgang und - historisch akkurater - für die Ingangbringung festgefahrener Situationen und für die Lösung unlösbarer Probleme mit dem Mittel des eigenen Schuldbekenntnisses und der Bitte um brüderlichen Beistand. Nach kurzem Exkurs sind wir direkt zurück im Eindhoven des Jahres 1985 und dem Gang nach Canossa der lokalen Behörden.
Der Grundtenor der »**Extra Attention Area**«-Deklaration lautete in etwa wie folgt: Die Gemeindeverwaltung wandte sich öffentlich an die Bewohner des Quartiers und sagte ihnen, vielleicht nicht in den nun folgenden Worten, wie die Dinge standen: »**Wir sind**

am Ende der Weisheit und blicken nicht mehr durch. Wir wollen aus dem Kruidenbuurt etwas Besseres machen, als es ist, und die Zustände verbessern. Ihr wollt das sicher doch auch. Aber ihr seid die unmittelbar Betroffenen, also sagt Ihr uns bitte, was Ihr denkt, was zu tun wäre. Wir setzen uns zusammen und wir, die Stadtverwaltung, werden Euch für die Umsetzung vernünftiger Vorschläge ein entsprechendes Budget bewilligen und jede logistische Unterstützung, die ihr braucht, gewähren«.

Diejenigen, die es wirklich betraf, sollten selbständig entscheiden: Mitspracherecht und Mitentscheidungsgewalt für Bürger. Mehr brauchte es nicht. Dass die Stadt über ihren eigenen Schatten gesprungen waren, sich als ratlos geoutet hatte und reuig nach Canossa gepilgert war, dieses war schon, was Kruidenbuurt betraf, die halbe Miete. Das normale und ehrliche Bekenntnis eigener Ratlosigkeit und die Bitte um Vorschläge zur Abhilfe scheint heute leider wenigen Verantwortlichen über die Lippen zu kommen. In Eindhoven wurden 1985 die Dinge beim Namen genannt - und es ging bergauf. Das Einfachste und das Ehrlichste ist meistens das Schwierigste, der Gang nach Canossa ein unpopuläres politisches Instrument. Warum denn, wo sich schon damals Heinrich IV mit persönlicher Erniedrigung die politische Handlungsfreiheit erkauft und sich als Verlier dargestellt hatte, um als Sieger Canossa zu verlassen? Canossa steht nicht für das politische Ende, es steht für den Willen zum Neubeginn. Der Bussgang ist keine Schande, sondern - richtig angewendet - eine offensive Massnahme.

Über einen Zeitraum von ungefähr fünf Jahren ab dem Jahr 1985 wurde rund um den Problemfall Kruidenbuurt herum experimentiert und koordiniert. Neue Projektideen wurden eingereicht, besprochen, umgesetzt, die alle auf eine Stärkung und Integration der nachbarschaftlichen Ressourcen zielten - angefangen bei bunten Blumentöpfen.

Die Verbesserung der sozialen Lebensbedingungen mittels gegenseitig abgestimmter, ehrenamtlicher Arbeit war das gemeinsame Ziel aller Aktionen. Freiwilligendienst spielte dabei natürlich eine tragende Rolle - nichts wäre erreicht worden, wenn nicht zahlreiche Mitwirkende ihre Zeit und Arbeit kostenlos in den Dienst der Gemeinschaft gestellt hätten. In Holland existiert, vermutlich wegen des Lebens hinter Dämmen und den regelmässigen Dammbrüchen, die ohne hilfsbereite Nachbarn nicht zu überstehen sind, eine ausgeprägte, voluntaristische Tradition: Man hilft sich, besonders in Zeiten der Not, gegenseitig aus der Bredouille. An dieses Fundament, das unterschwellige Gemeinschaftsgefühl, appellierten die vielen Initiativen. Mit anfänglich zähem und in der Folge erst langsam zunehmendem Erfolg.

Was den voluntaristischen Goodwill entscheidend mobilisierte, war der Umstand, dass die Bewohner selbst mitbestimmen durften, was notwendig war. Ist keine Mitsprache gewährleistet, kann die Freiwilligkeit nicht gedeihen. Nun aber waren es die Bewohner des Kruidenbuurts selbst, die bestimmten, dass die traditionellen Vorgärten vor den Häusern wieder bearbeitet werden sollten; dass Blumentöpfe und Strassenpoller neu gestrichen werden müssten, damit bunte Farben das dumpfe Rotbraun der Backsteine

und das Grau von Beton und Asphalt aufheitern; dass auf dem riesigen Hauptplatz eine Sportanimation angeboten werden soll; dass eine Bewohnervereinigung gegründet und dass für sie ein Lokal mit Bar eingerichtet werden soll.
Sie, die Leute vor Ort, haben sich diese und viele andere Dinge erarbeitet - kleine Dinge, wohl wahr, aber eigene Dinge - weil sie es von sich aus wollten, weil sie nur daher bereit waren, sie zu verwirklichen und weil niemand »von oben« vorschrieb, was zu tun sei. Das Beste, was die Eindhovener Stadtverwaltung tun konnte, war, den Kruidenbuurtern so wenig wie möglich dreinzureden. Das tat sie. Nur unter solchen Umständen war Freiwilligkeit überhaupt möglich und liessen sich genug Freiwillige mobilisieren. Es gibt Dinge, die kann man sich nicht nehmen oder kaufen, weil sie eben nur gegeben oder verschenkt werden können: Zum Beispiel Arbeit aus Überzeugung.
Im historischen Canossa ging es im weitesten Sinn um die Verteilung der Macht, um die Machtabgrenzungen der ecclesiastischen und der säkularen Herrschschaft. Kirche und Staat stritten damals um das Vorrecht in der Landherrschaft. Im eher neuzeitlichen Eindhoven geht es um die Rollenverteilung zwischen Behörden und Bürgern: wo hört der Staat auf, wo beginnt der Aktionsradius des Bürgers? Was soll die Behörde alles tun, was nicht, was nicht mehr, was anders? Wo darf die Behörde zu Recht vom Bürger erwarten, dass er selber aktiv wird? Beim Dialog zwischen diesen zwei Parteien entsteht im Idealfall eine dritte, beide Seiten verbindende, basisdemokratische und föderalistische Kraft: Die Nachbarschaft.
Die Neue Nachbarschaft, genauer gesagt, die weniger auf überlieferten Traditionen und Verhaltensnormen und auf verschollenen sozialen Werten aufbaut als auf den aktuellen Notwendigkeiten und Bedürfnissen der post-industriellen Zeit mit unserer urbanen Zivilisation

S.B.K. - Stichting Buurtbeheer Kruidenbuurt

Die Neue Nachbarschaft - institutionalisierte, sub-urbane Körperschaft, basierend auf Quartiersvereinen, Bewohnervereinigungen, Bürgerinitiativen, erhebt langsam ihre Stimme im urbanen Dialog. Für eine Stadtverwaltung, die sich mit Einzelpersonen und ihren Anliegen aus Gründen der Allgemeinverträglichkeit sachgemäss schwertut, ist ein Nachbarschaftskommittee ein idealer und verbindlicher Gesprächspartner; für den Bürger, dessen Stimme gehört werden, der Dinge bewirken will, ist es das nächste und unmittelbarste Forum. Wer Blumentöpfe buntstreichen möchte und mit der Stadt deswegen keinen Ärger haben will, ist dort bestens aufgehoben. Dass sich daher ein Nachbarschaftsgremium formiert, liegt vor allem im Interesse der Munizipalität, die einen Ansprechparter benötigt, den sie zuerst ermächtigen und anschliessend in die Pflicht nehmen kann: »Wo sind die bunten Blumentöpfe?« Auch in Eindhoven war es die Gemeinde, die auf ein institutionelles Gefäss und ziemlich energisch auf Fortschritt drängte.

Die einzelnen Kruidenbuurter hatten lange der Stadtverwaltung nicht so recht getraut und sich bedeckt gehalten. Isolierte, punktuelle Projektideen tröpfelten im Rahmen der »**Extra Attention**« zwar ein, aber integrale, gesamthafte, verbindende Ideen blieben die Ausnahme. Für die Stadtverwaltung, die auf universellere Vorschläge gehofft hatte, waren diese zu wenig und zu umständlich: Zu viele bunte Blumentöpfe und zuwenig Gesamtstrategie. Daher wurde auf Initiative der Stadt Eindhoven der nächste, diesmal bahnbrechende Schritt in Angriff genommen.
Am 16 Oktober 1992, nach Jahren der Selbstfindung und der zeitweilen mühsamen Zusammenarbeit von Freiwilligen und Kommunalbeamten entstand nun die S.B.K., die Stichting Buurtbeheer Kruidenbuurt, die Stiftung der Nachbarschaft Kruidenbuurt. Sie wurde von Bewohnern des Kruidenbuurts - und mit ausdrücklicher Ermutigung der Gemeinde - ins Leben gerufen. Die Rechtsform einer Stiftung wurde gewählt, um ein juristisches und arbeitsrechtliches Format anzunehmen, welches sowohl privates Voluntariat als auch kommunale Mitfinanzierung unterem einem Dach vereinigte. Die Stadt Eindhoven subventionierte die S.B.K. mit einem jährlichen Beitrag von 175'000 Gulden, ungefähr 115'000 DM, und stellte ihr vor Ort die notwendigen Lokalitäten für ein Gemeinschaftszentrum zur Verfügung. »**Extra Attention**« wurde aufgehoben und die S.B.K. übernahm die Zügel.
Nachahmer, bitte abschreiben: Es folgt das Mission Statement der S.B.K.

> ***Die S.B.K. ist ein private Organisation, die in Absprache und Zusammenarbeit mit der Stadtverwaltung für die Belange des Kruidenbuurts eintritt und die hauptsächlich an der integralen Nachbarschaftskontrolle und der sozialen Erneuerung arbeitet.***
> ***Unter Nachbarschaftskontrolle verstehen wir ein Quartiermanagement, das nicht-bindende Massnahmenpakete entwickelt, die gesamtheitliche Aktionen bezüglich des materiellen und sozialen Erscheinungsbild des Kruidenbuurts betreffen.***
> ***Dies setzt unter anderem voraus, dass die Bewohner der Nachbarschaft selber aktiv werden und bereit sind, sich in Absprache mit den städtischen Behörden zu entfalten, um die Probleme des Quartiers zu lösen und an der Verbesserung der Lebens- und Wohnbedingungen mitzuarbeiten.***
>
> ***Die Zielsetzungen der S.B.K: Die Entwicklung, Förderung und Umsetzung von Initiativen zur Verbesserung der Lebensqualität des Kruidenbuurts mittels freiwilliger Arbeitsleistung, sei diese manueller, körperlicher, materieller, geistiger oder fürsorglicher Natur.***
> ***Zum Beispiel: Der Umgang mit der Arbeitslosigkeit. Im Kruidenbuurt ist die Arbeitslosenquote doppelt so hoch als im Rest***

> ***der Stadt. Die S.B.K. befasst sich mit diesem Problem mit dem »Netzwerk Arbeit und Training«, welches für die Weiterbildung und Umschulung von Arbeitslosen aufgebaut wurde, und mit der »Steuergruppe Arbeit«, in der arbeitslose Berufsleute mit Freiwilligen in den diversen Quartierprojekten zusammenarbeiten. Zur Zeit betreuen wir ungefähr 80 Langzeitarbeitslose in der Steuergruppe.***
> ***Eine weitere Zielsetzung der S.B.K. ist die Steigerung des Selbstwertgefühls jedes Bewohners des Kruidenbuurts und die Stimulierung von Eigenintiative und von Eigenverantwortung bei Einzelpersonen oder Personengruppen. Die Arbeitsgruppe 50+ resultierte zum Beispiel auf einer Bewohnerinitiative und soll die betagten Menschen vor der sozialen Isolation bewahren.***
>
> ***Mit folgenden Mitteln möchten wir unsere Zielsetzungen verwirklichen:***
>
> ***• Durch die Betreibung eines Info Shop, in dem die zentralen Dienstleistungen der S.B.K. konzentriert sind.***
>
> ***• Indem die Stiftung nach aussen als Arbeitgeber ihres Personals auftritt.***
>
> ***• Durch die Unterstützung aller Arbeitsgruppen der Stiftung, indem alle für sie notwendigen Kontakte gepflegt werden und die Stiftung als Besitzer und Verwalter des Arbeitsmaterials und der Lokalitäten auftritt.***
>
> ***• Durch den Einsatz aller legalen Mittel zur Verwirklichung unserer Ziele***
>
> ***• Durch den regelmässigen Kontakt und Informationsaustausch mit anderen im Kruidenbuurt ansässigen Arbeitsgruppen und Kommittees.***

Volles Programm im Kruidenbuurt. Eine Arbeitsleistung von grob gerechnet ungefähr 20 Personenjahren pro Jahr, verteilt auf eine Kerngruppe von 70 Freiwilligen und dazustossenden Gelegenheitshelfern - für den Preis von 115'00 DM plus Lokalitäten plus einen kommunalen Sachbearbeiter. Kein städtisches Verwaltungsamt kann ein auch nur von Ferne gleichwertiges Preis-Leistungsverhältnis erzielen. Was mehr, die Stadt Eindhoven spart dank der S.B.K. mehr Geld, als sie dafür ausgibt: Renovationen und Instandhaltungen leisten Freiwillige und alle Massnahmen zur Verbesserung der Lebensqualität, die auf Behördenebene ungezählt viel Zeit, Geld und Personal erfordern, sind nun im Stiftungsbeitrag inbegriffen. Analogie: Der Sheriff von Eindhoven hat nun

viele Deputies, Hilfssheriffs, ernannt, die ihm einen Teil seiner Arbeit abnehmen, mehr oder weniger kostenlos.
Für die Freiwilligen springt ein nicht unwichtiger Gegenwert heraus: Sie erhalten die Gelegenheit, mit sich und ihrer Zeit etwas wirklich Sinnvolles anzufangen. Das mag ein wenig idealistisch klingen, ist aber ein praktisches, greifbares Privileg für alle jene, denen es lange unzugänglich blieb und die nun in seinen Genuss kommen. Streichen Sie doch einmal einen Holzpfosten, der als Durchfahrtssperre für Autos dient, mit blauer Farbe an (Nachdem Ihre Quartiersvereinigung lange über die zu verwendende Farbe debattiert und sich knapp gegen Rot oder Grün für Blau entschieden hat)- und jeden Tag, wenn Sie daran vorbeigehen, werden Sie den sichtbaren Beweis vor Augen haben, etwas Bleibendes geleistet zu haben.

Ein neues Weltbild

Es ist zufällig aber typisch, dass »Nachbarschaft« ein weibliches Wort ist. Es gibt den Nachbarn nur sehr selten - meistens ist es eine Nachbarin. Im Kruidenbuurt sind die überwiegende Mehrzahl der Freiwilligen Frauen. Weshalb dies so ist, lese man im Essai von Christian Lutz über die Lebensunternehmerin nach: Ohne nun geschlechtliche Stereotype verstärken zu wollen, sind Frauen überall dort vielseitiger, pragmatischer und kurzentschlossener, wo es eine Arbeitsleistung zu erbringen gilt, die ganz einfach erbracht werden muss, ohne dass ein komplexes Führungs- und Zuständigkeitssystem diese reguliert. Ganz allgemein gesagt scheint es immer unausweichlicher, dass unser männlich-dominierter Arbeitsmarkt eine kräftigende Dosis Östrogen eingespritzt bekommt, um seinen Kollaps zu verhindern. Weibliche Denk- und Arbeitsweisen als Heilsweg aus der Misere? Das Ende des Machokults in den Unternehmen und in unserer Gesellschaft? Es gibt - rational analysiert - Schlimmeres: Seine Fortsetzung.
Ryky van Herk, 44, hat vor langer Zeit als Betreuerin in einer Kindertagesstätte gearbeitet. Kleine Hausfrauenjobs als Nebenverdienst prägen ihren Lebenslauf: Kleine Aushilfsarbeiten im Verkauf und im Sekretariat. Ihr Mann war berufstätig, so dass sie Ende der 70er und Anfangs der 80er-Jahre keinen Anlass sah, sich weiterzubilden und für ein Arbeitsleben vorzubereiten. Seit zwanzig Jahren wirkt Riky van Herk schon in diversen nachbarschaftlichen Organisationen mit. Die ursprünglich stabile, soziale Situation der van Herks veränderte sich durch einen Schicksalsschlag: Rykys Mann, der Geldverdiener einer Familie mit zwei Kindern, wurde schwerkrank und ist heute Invalide und ein Pflegefall - die van Herks müssen seither von der Wohlfahrt leben. Ein gesellschaftliches Szenario, das nur mit dem wenig konstruktiven Kommentar »**Dumm gelaufen!**« akkurat wiedergegeben kann.
Ryky van Herk, Mit-Initiatorin, Mit-Begründerin und praktisch Geschäftsführerin der S.B.K. verbringt mindestens 30 Wochenstunden im Info Shop, einem Eckhaus am Rand des Hauptplatzes des Kruidenbuurts. Der Info Shop ist sehr schlicht eingerichtet, immer

sauber gehalten und jeden Vormittag offen. Wer im Kruidenbuurt wohnt; wer Fragen, Probleme, Anregungen hat; wer arbeitslos oder bloss gelangweilt ist, für den ist der Info Shop da. Man (oder Frau) betritt die kleine Rezeption hinter den grossen Schaufenstern und steht kurz darauf vor der Adminstratorin der S.B.K., Ryky van Herk, die einem weiterhilft. Auf die Frage, weshalb sie sich diese Arbeit aufbürdet, hat Ryky eine knappe, pragmatische Antwort bereit: Damit ihre Kinder in einer sicheren Nachbarschaft aufwachsen können. Ryky ist beinahe die einzige Person, die über alle Aktivitäten, Arbeitsgruppen und Clusters der Bewohnervereinigung Bescheid weiss und genau weiss, wer mit wem, wann, wo und wie was tut. Andere, wie Zus Janssen, Mechtild Schiffers und Josef Verboven, um nur einige von vielen zu nennen, verteilen Unterlagen, gehen von Türe zu Türe, bauen und beackern die Vorgärten, helfen bei Umzügen oder Kellerentrümpelungen, machen bei der Arbeitsgruppe Sport und Spiel mit, erledigen also praktische Aktivitäten, während Ryky van Herk sich eher im administrativen Hintergrund entfaltet, die Posteingänge bearbeitet, die Korrespondenz führt, Sitzungen und Gespräche arrangiert und protokolliert, das Archiv aktualisiert und ganz generell alles, das mit Papierkram zu tun haben könnte, erledigt.
Neben ihr ist ebenfalls ein ehrenamtlicher Hausmeister im Info Shop untergebracht, der den Unterhalt der Räumlichkeiten sicherstellt, der gegen Unkostenentschädigung auch den Anwohnern bei kleineren, häuslichen Unterhaltsarbeiten beisteht und bei dem Fälle von Vandalismus, Ruhestörungen oder Belästigungen zur Bestandesaufnahme und Weiterbehandlung gemeldet werden können.
Eine zusätzliche Wirtschafterin ist für die Sauberkeit und für die Verpflegung von Besuchern zuständig. Das vierte Mitglied des Info Shops ist ein Rechtsanwalt, der Donnerstag Abends und am Freitag Vormittag für Sprechstunden zur Verfügung steht. Alle Bewohner des Kuridenbuurts können bei ihm eine kostenlose Rechtsberatung in Anspruch nehmen und sich beim Ausfüllen von Dokumenten, amtlichen Formularen und Steuererklärungen helfen und beraten lassen.
Der Anwalt besitzt eine eigene Kanzlei, nimmt sich aber die Zeit, um den Menschen zu helfen, die allein aus finanziellen Gründen nicht seine Klienten sein können. Ebenso verhält es sich mit den Unterlagen, Flyern, Merkblättern, Annoncen der S.B.K. Auch Mechtild Schiffers arbeitet mit ihrem Freund Huib Jans in einer kleinen Firma für Desktop Publishing, führt somit eine materiell einigermassen gesicherte Existenz und könnte geradesogut ohne die S.B.K. existieren; dass es sich umgekehrt ein wenig anders verhält, haben sie erkannt: Sie spenden der Bewohnervereinigung ein wenig ihrer Zeit, zeichnen Illustrationen und sorgen für ein schwungvolles Erscheinungsbild in allen Drucksachen. Ob dies nun im Namen des Zeitalters des Wassermanns geschieht, wie Huib Jans meint, des rückkehrenden, Goldenen Zeitalters des Glücks, in welchem die Menschen sich die kostbare Gabe aneignen werden, nach links und rechts zu schauen und selbstlose Hilfe am Nächsten zu leisten, oder doch eher im Namen namenloser Selbstverständlichkeit, spielt eigentlich keine Rolle. Was aber eine Rolle spielt, ist die

Erkenntnis, dass es eine ganze Menge Arbeit gibt, die getan werden muss und um die niemand sich kümmert, ausser einigen wenigen.
Die Geschichte des Kruidenbuurts ist ein Erfolgsgeschichte der einigen wenigen. Es ist nicht so, dass ein Quartier von 3'500 Seelen unisono das Prinzip der Nachbarschaft adoptiert und bunte Blumentöpfe zur existentiellen Notwendigkeit erklärt hat. Es fand keine Revolution der Selbsthilfe statt, keine Bekehrung der Massen und kein innerer Reifeprozess der Vielen. Was stattfand, war, dass die einigen wenigen mit Neigung und Eignung ein institutionelles Dach über ihrem Kopf erhielten, unterhalb dessen sie aktiv werden und ihre Anstrengungen gegenseitig abstimmen konnten.
Einige wenige können ziemlich viel bewirken, wenn man sie lässt. Der Vandalismus ist um 90 Prozent zurückgegangen. Verbrechen, Prostitution, Drogen, Selbstmorde sind rückläufig. Wegen ein paar bunten Blumentöpfen? Wegen Rollschuhhockey-Spielen auf dem Hauptplatz? Wegen des Wissens um die Existenz einer vitalen Nachbarschaft? Wegen des täglich durch die ehrenamtlichen Helfer vorexerzierten Beispiels, dass die Verbesserung des eigenen Umfeld nicht nur Staatsangelegenheit, sondern vor allem Privatsache ist?
Der Onus des Sich-ändern-müssens und des Nach-dem-Rechten-sehens ist nun von der kommunalen Behörde (von »**den anderen**«) auf die Neue Nachbarschaft (»**die von hier**«) übergangen. Damit ist ein neues Weltbild entstanden, eines von der Welt als Mosaik von Nachbarschaften und nicht länger als eines Dienstwegs von Obrigkeiten. Es ist hauptsächlich dieses neue Weltbild, das den Sumpf der Verzweiflung trockenlegt und den Mythos der eigenen Hilflosigkeit und Ausgeliefertheit konterkariert.
Einige wenige können ziemlich viel bewirken.
Die Polizeibeamten trauen sich wieder in den Kruidenbuurt hinein und werden heute nicht mehr als auswärtige Eindringlinge oder als unsensible Vertreter einer ziemlich gleichgültigen Staatsmacht angesehen. Heute begegnet man ihnen entkrampfter und mit mehr Selbstwertgefühl. Man ist wieder wer. Der kommunale Projektkoordinator Frank van de Tillard unterstreicht die Bedeutung der Ehrenamtlichkeit für den ganzen Prozess: Ehrenamtlichkeit bedeutet in erster Linie die Abwesenheit von Zwängen. Wer ein zwangloses Leben wünscht, muss Zwänge beseitigen. Der Mann von der Stadtbehörde ist ein regelmässiger Gast im Info Shop am Hauptplatz, nimmt an Sitzungen teil und vertritt die Interessen der Stadt Eindhoven. Letzteres tut auch Nico van der Spek, ein Stadtrat, der bezüglich der Neuen Nachbarschaft von einer neuen Solidarität und einer neuen Qualität der Zusammenarbeit zwischen Bürgern und Regierung spricht: Gewisse Aufgaben des Wohlfahrtsstaates, stellt er sich durchaus vor, können von den Bürgern selbst übernommen werden und so könne ein neuer Wohlfahrtsstaat entstehen.
Soweit ist es noch nicht ganz. 70 ehrenamtliche Freiwillige sollten nicht stellvertretend für alle Bürger genannt werden. Dass es nur sehr wenige sind, zumeist Frauen, die als kostenlose Hilfssheriffs im Kruidenbuurt herumwuseln, sollte auch nicht den Umstand in Vergessenheit geraten lassen, dass die Stadt Eindhoven der grosse Gewinner in den

Wirrnissen rund um das Problemviertel ist: So billig wegzukommen ist beinahe schon unverschämt. Da es aber nirgends Verlierer in diesem Renovationsprozess zu finden gibt und da die Entstehung der Neuen Nachbarschaft in unserem Ermessen eine gute, wünschenswerte und signifikante Entwicklung darstellt, die man sich auch andernorts vorstellen könnte, stellen wir wieder einmal fest, dass die gesamte niederländische Sozialpolitik schon immer ein wenig innovativer und ein wenig sozialer als diejenige ihrer europäischen Nachbarn war, und dies nur selten zum Schaden ihrer Bürger.

Abschliessend

Nein, der Wohlstand ist deswegen noch lange nicht im Kruidenbuurt ausgebrochen. Noch immer sind die Menschen hier arm und stehen sie am Rand der Gesellschaft. Von Friede, Freue und Eierkuchen kann nicht die Rede sein. Was sie dazugelernt haben ist höchstens die Kunst, mit wenig - um nicht zu sagen: zu wenig - etwas zufriedener zu sein und damit etwas selbständiger umzugehen. Noch immer befinden sich diejenigen Zeitgenossen im Kruidenbuurt, die es nicht nur nicht geschafft haben, sondern denen man weder zutraut noch besonders nachhilft, um es später einmal zu schaffen. Humane Ausschussware, schnell und kostengünstig zu entsorgen und mit bunten Blumentöpfen ein wenig zu beschäftigen.

Vielleicht ändert sich dies bald einmal, aber anders als man denkt: Die Stadt Eindhoven liebäugelt mit einer Totalsanierung des Viertels. Eine Totalsanierung, die mit grossen Baggern und Abbruchmaschinen beginnt, die sehr viel Geld kostet, keinen Stein auf dem anderen lässt und meistens mit neuen Siedlungsbauten und Wohnkasernen, mit einem Kongresszentrum, einem Technopark, einem Supermarkt mit MacDonalds und einem eigenen Autobahnanschluss endet. Dass damit humane und soziale Probleme höchstens verschoben, im schlimmsten Fall verstärkt und ganz bestimmt nicht gelöst werden, ist allen klar. Die Pläne bezüglich des Kruidenbuurts sind noch nicht spruchreif und auf Seiten der Stadtverwaltung befürchtet man heftigen Widerstand durch die Bewohner des Kruidenbuurts, für die es im totalsanierten Umfeld wohl kaum noch Platz gäbe. Das ist erstens durchaus anzunehmen und zweitens ziemlich verständlich - es passt nicht mehr so recht ins neue, nachbarschaftliche Weltbild. Die Zukunft ist noch offen - und sie bleibt spannend.

So auch die Zukunft der Arbeit. Besonders diejenige der bezahlten Arbeit. Schon heute verhält es sich so, dass in Deutschland pro Kopf und Woche durchschnittlich 22,4 Stunden bezahlte Arbeit und 27, 8 Stunden unbezahlt Arbeit geleistet werden. Letztere umfasst die hauswirtschaftliche Arbeit, Kinderbetreuung, allgemeine Sozialarbeit und ehrenamtliche Arbeit. 55 Prozent der Gesamtarbeit unserer Gesellschaft ist unbezahlt. Würde man sie nach üblichen Ansätzen in Rechnung stellen und bezahlen müssen, dann würde die heute ausbezahlte Gesamtlohnsumme um 75 Prozent zunehmen. Von diesem riesigen Arbeitsbrocken leisten Frauen mehr als 85 Prozent.

Diese unbezahlte Arbeit ist eine unterbewerte Kategorie der Arbeit, die ein grosses Wachstumspotential besitzt: Wen man mehr Freizeit hat, könnte man selber Gemüse rüsten, anstelle Konservendosen zu öffnen; einen Garten anlegen; etwas unternehmen; bei einer Waldsäuberung helfen; einen Strassenpoller blau anmalen; mit den Freunden einen Joggingverein gründen oder beim Nachbarschaftsbüro vorbeischauen und dort ein wenig Zeit und Arbeitsleistung der Nachbarschaft zur Verfügung stellen. Man kann natürlich auch schon morgens um 10 den Fernseher anschalten und Sendungen wie die achtundzwanzigste Wiederholung der »Waltons« oder eine auf künstliche Importanz getrimmte Talkshow gucken - in den meisten ärmeren Wohnvierteln der Industriewelt sticht heute als erstes die Vielzahl der Satellitenschüsseln ins Auge, die überall auf Dächern und Balkons festgeschraubt sind. Es gibt bereits heute mehr Schüsseln als Blumentöpfe - vielleicht sollte man diese bunt anmalen. Was man mit der eigenen Freizeit tut, ist Privatsache. Dass es allerdings immer mehr Freizeit geben wird, das steht allerdings fest: Immer mehr weniger Arbeiter leisten immer mehr Arbeit. Eine inoffizielle Schätzung besagt, dass zur Zeit in Europa jedes Jahr 220'000 Menschen den Arbeitsmarkt vorzeitig verlassen, wegen Kündigung, Frühpensionierungen oder Ausmusterungen. Jedes Jahr gibt es 220'00 unproduktive Personenjahre mehr, eine riesige Menge Zeit und Menschen, die nichts tun haben - nichts Bezahltes, zumindest. Das ist sowohl eine wirtschaftliche Katastrophe als auch, im allerbesten aller Fälle, eine gesellschaftliche Grosschance, wenn die so freigewordenen Energien nur sinnvoll im Alltag eingesetzt werden könnten.

Das lässt sich weder befehlen noch organisieren noch erzwingen - die Gabe der eigenen Zeit ist ein unveräusserliches Privileg des Individuums. Die Verschwendug der eigenen Zeit auch. Aber man soll sich einmal vorstellen, was passieren würde, wenn aus allen urbanen Ecken Legionen von arbeitswütigen, nachbarschaftlichen Hilfssheriffs hervorquellen: Innerhalb von nur Wochen würde es nur noch bunte Blumentöpfe und farbige Strassenpoller geben.

Der Dritte Sektor

Ausschnitte aus einem Interview vom August 1996 mit Jeremy Rifkin

Die Zweistufengesellschaft

Wir erleben derzeit die Entstehung einer Zweistufengesellschaft in jedem Staat der Welt: Die oberen 20 Prozent der Arbeiterschaft, die Knowledge-Arbeiter, denen geht es sehr gut, sie nehmen am neuen Global Village und an der neuen High-Tech-Cyberspace-Wirtschaft teil. Viele dieser Kopfarbeiter haben mehr mit ihrer virtuellen E-Mail-Adresse als mit ihrer geographischen Adresse gemein. Ihre beruflichen Fertigkeiten werden immer universeller und besitzen immer weniger lokale Bedeutung.

Die unteren 80 Prozent der Arbeiterschaft, die industrielle Arbeiterschaft, vom mittleren Kader hinunter bis zum Werkstattarbeiter, werden aber zunehmend an den Rand des Arbeitsprozesses gedrängt, um nicht zu sagen: davon ausgeschlossen. Diese Gruppe muss sinkende Löhne bei höherer Produktivität hinnehmen und wird von Festangestellten zu Zeitarbeitern, Teilzeitarbeitern, Kurzzeit- oder Aushilfsarbeitern oder externen Beratern zurückgestuft.

Dies führt zu einer gespaltenen Gesellschaft mit wenigen, die viel haben, und mit vielen, die nichts besitzen. Es wird zu sozialer Unruhe, politischer Instabilität, zu mehr Verbrechen, mehr Gewalt und mehr Repression führen. Und weil wir keine ernsthafte, ehrliche, öffentliche Diskussion über die Wesensart dieses Wandels in der Arbeitswelt führen - und über die Wechselbeziehungen zwischen den neuen Technologien und der menschlichen Arbeit - könnte leicht Folgendes passieren: Das wachsende Vakuum der Wut, der Frustrationen, des Zynismus, des Zorns und der Verzweiflung wird langsam von ideologischen Extremisten und Fundamentalisten besetzt, hauptsächlich aus dem ultra-rechten Lager. Und diese werden ihre Vorteile daraus ziehen, indem sie zum Beispiel billige Sündenböcke für ihre Zwecke einspannen und behaupten: ***»Das geschieht alles nur wegen den ausländischen Immigranten, die unsere Arbeit wegenehmen; schuld sind die bösen Grosskapitalisten, die lieber im billigen Ausland produzieren; das ist eine internationale Verschwörung; das ist ein Plan der Vereinten Nationen!«***

In Wirklichkeit ist es eine Technologie-Revolution, die uns von der industriellen Epoche ins Informationszeitalter befördert und den Übergang von der Massen-Lohnarbeit zur Eliten-Arbeit bewirkt. Solange dieser Umstand nicht zum Gegenstand einer aufrichtigen, wertfreien und nüchternen, öffentlichen Debatte wird, werden ideologische Extremisten

die zunehmende Verunsicherung überall auf der Welt für ihre Zwecke missbrauchen. Das wird eine potentielle, politische Destabilisierung und Chaos zur Folge haben.
Wir hier in den USA sagen gerne: ***»Ihr in Europa, Ihr seid zu weich, Ihr habt ein viel zu teures, soziales Auffangnetz, Ihr seid ja noch gar nicht Lean and Mean und so werdet Ihr niemals global wettbewerbsfähig sein!«***.
Was wir Amerikaner gerne übersehen ist das: Auch wir haben ein soziales Auffangnetz: Das Gefängnis.
Und dieses Auffangnetz kommt uns hier teurer zu stehen als den Europäern ihr soziales Auffangnetz, ihre Wohlfart und ihre Arbeitslosenunterstützung. Beinahe drei Prozent der männlichen Erwachsenen der USA sind entweder im Gefängnis, stehen unter Strafaussetzung oder vor Gericht. Jeder Strafgefangene kostet den amerikanischen Steuerzahler zwischen 30'000 bis 50'000 Dollars im Jahr. (Jährliche Gesamtkosten: geschätzte ca. 50 Mrd Dollars - Anm. des Herausgebers). Wer im Gefängnis einsitzt, kann weder Geld verdienen noch es ausgeben und in Umlauf bringen, noch zahlt er irgendwelche Steuern oder trägt in irgendeiner Form konstruktiv zum Gang der Dinge bei. Das ist eine lausige Investition!
Die Technologie-Revolution, die wir erleben, ist ein zweischneidiges Schwert. Die neuen Informationstechnologien könnten in eine düstere Zukunft führen. Aber das muss nicht unbedingt sein: Wir könnten ebensogut eine Renaissance und einen kulturellen Aufschwung im 21ten Jahrhundert erleben. Es bahnt sich ein tiefgreifender, technologischer Wandel an, der hunderte Millionen Menschen in dieser Welt von täglicher Mühsal befreien könnte. Wir haben einfach noch nicht die richtigen Fragen gestellt, um das Problem herumzudrehen, damit die Technologie uns dient, anstatt dass wir zu ihren Opfern werden.
Damit Technologie uns nützen kann, müssen wir bereit sein, die herkömmliche Denkweise bezüglich der Existenzberechtigung der Technologie auf den Kopf zu stellen: Bis zum Anfang dieses Jahrhunderts galt der Grundsatz überall auf der Welt, dass der Mensch arbeitet, um zu leben, und dass die Technologie dazu da ist, um ihm dabei zu helfen. Spätestens seit dem Zweiten Weltkrieg wurde jedoch plötzlich mit umgekehrten Vorzeichen gedacht: In allen Industriestaaten war man nun der Ansicht, dass der Mensch lebt, um zu arbeiten. Und sobald wir auf die Weise zu denken begannen, wurden wir zu Opfern anstelle von Meistern der Technologie.
Wir sollten also wirklich nochmals überdenken, welchen Stellenwert die Arbeit in unserer Gesellschaft einnehmen soll: Leben wir, um zu leben? Oder leben wir nur, um zu arbeiten? Hoffentlich ersteres: Wir arbeiten nur, um zu leben.
Wir müssen deshalb endlich begreifen lernen, dass es ein vitales Leben jenseits des Arbeitsmarkts gibt, dass es dort Arbeit und Beiträge zu leisten gibt, die der Gesellschaft dienen und die ausserhalb des kommerziellen Kontexts angesiedelt sind. Wir haben bisher einfach noch keine gemeinschaftliche Vision entwickelt, die über das Industriezeitalter hinausreicht. Wir haben Technologien, die Millionen von Menschen von der Mühsal

befreien und sie für andere, sinnvolle Beschäftigungen freistellen könnte. Solange wir dieses gewaltige Potential nicht erkennen, solange uns der Mut fehlt, eine neue Vision für das Informationszeitalter zu entwickeln, werden wir ständig von den neuen Technologien erdrückt und gequält werden und uns letztendlich in einer sehr, sehr chaotischen, sozialen und politischen Situation wiederfinden.
Dieses gesagt: Was nur sollen wir mit den Abermillionen Menschen überall auf der Welt anfangen, die weniger oder überhaupt nicht in der zunehmend automatisierten, globalen Wirtschaft benötigt werden? Wie kann man eine globale Debatte zur Fragestellung auslösen, auf welche Weise die riesigen Produktivitätsgewinne gerecht verteilt werden sollen, so dass diese eben nicht nur einer kleinen Elite, sondern unserer ganzen Zivilisation nützen? Das wird sehr wahrscheinlich die bedeutendste, politische und geopolitische Herausforderung in jedem einzelnen Staat der Welt darstellen - und doch steht sie heute nirgends auf der politischen Agenda.

Arbeitszeitverkürzung

Um besser zu verstehen, wie unsere Produktivitätssteigerungen gerechter verteilt werden können, sollten wir uns einmal ein Beispiel an der Vorgehensweise der Generation unserer Grosseltern zu Beginn dieses Jahrhunderts nehmen. Da sie immer noch arbeiteten, um zu leben, nicht umgekehrt, erwarteten sie sich von den damals neuen Technologien die Befreiung von der Arbeit. Als die Technologien der Massenproduktion auftauchten, haben sich unsere Grosseltern organisiert, haben sie politisiert, wurden sie gewerkschaftlich aktiv, setzten sie Arbeitgeber und Regierungen unter Druck und verlangten eine kürzere Arbeitszeit.
Wie ein amerikanischer Gewerkschaftsführer damals in einem Wortspiel sagte: ***»With labour-saving technologies you save labour«.***
Es kommt sehr viel freie Zeit auf uns alle zu, das ist keine Frage. Die einzige Frage, mit der wir uns befassen müssen, lautet: Wird die freie Zeit entweder Freizeit oder Arbeitslosigkeit sein? Sollen wir die Produktivitätssteigerungen auf breiter Basis verteilen, oder - tun wir das nicht - können wir überhaupt mit immer mehr Arbeitslosigkeit umgehen?
Die Generation unserer Grosseltern entschied sich natürlich für kürzere Arbeitszeiten. Zu Beginn dieses Jahrhunderts wurde überall auf der Welt damit begonnen, die Arbeitswoche von 60 auf heute 40 Stunden zu reduzieren. Die Arbeitszeit wurde also um ein Drittel reduziert und dennoch verbesserten sich die Löhne und die allgemeinen Arbeitsbedingungen der Arbeitnehmer - aus diesen Eckdaten können wir leicht den Erfolg der industriellen Revolution des 20ten Jahrhunderts ermessen.
Warum soll die technologische Revolution des Industriezeitalters nicht mindestens an derselben Elle gemessen werden? Warum bestehen wir heute nicht auf einem qualitativen Fortschritt in derselben Grössenordnung? Wir sollten die 30-Stunden-Woche in jedem

Land dieser Erde innerhalb der nächsten zehn Jahre verlangen! Ohne Lohnkürzung! Die neuen Technologien zur Rationalisierung sollten Millionen von Arbeitnehmern von der Mühsal befreien, damit sie mehr Zeit mit Freunden und Familie verbringen können und zum Beispiel das Familienleben in dieser Zivilisation wiederherstellen können.
Das wäre nur ein angemessener Bonus der Technologie-Revolution und wir alle sollten diesen Bonus innerhalb der nächsten zehn Jahre einstreichen können. Anstelle die Arbeiter zu reduzieren, reduziere man besser die Arbeitszeit. Statt Menschen in die Warteschlangen beim Arbeitsamt zu zwingen, sollte man eher die Arbeitswoche verkürzen, damit mehr Menschen sich in die Arbeit teilen können. Auf diese Weise würden die Technologien uns dienen und nicht mehr wir ihnen.
Die Schlüsselfrage lautet, natürlich, wie man die Arbeitgeber davon überzeugen kann, dass sie die Arbeitszeiten verkürzen und gleichzeitig die Löhne beibehalten oder sogar noch anheben sollen? Was sie zu einem solchen Vorschlag sagen würden, wäre dies: ***»Wenn ich so etwas mache, dann bin ich nicht mehr wettbewerbsfähig!« Was ich ihnen antworte, ist: »Ich brauche nur fünf Minuten, um Ihnen zu zeigen, wie das geht«.***
Zwei Beispiele: Hewlett Packard, Grenoble, Frankreich und BMW, Deutschland: Beide Grossunternehmen sind von der Fünf- zur Vier-Tage-Woche übergegangen und zahlen den Arbeitern immer noch den vollen Fünf-Tage-Lohn. So etwas scheint doch jede Vernunft herauszufordern. Wie haben sie das gemacht? Das Management hat sich an den Betriebsrat gewandt und ihm folgendes quid-pro-quo angeboten: ***»Wenn Ihr vom Betriebsrat damit einverstanden seid, dass die Belegschaft von nun an Schichtarbeit leistet und wir auf Technologien setzen, die ein grosses Potential zur Produktivitätssteigerung haben, so dass wenn wir rund um die Uhr, 24 Stunden am Tag, produzieren, wir unsere Produktivität verdoppeln oder sogar verdreifachen können, dann sind wir bereit, den Arbeitern ihr Einverständnis zum Schichtbetrieb mit einer 4-Tage-Woche bei 5-Tage-Lohn zu kompensieren.«***
Auf dieser Basis wurde man sich einig und es wurde ein neuer Vertrag zwischen Management und Belegschaft geschlossen. Der Arbeitgeber erzielt Profite, die neuen Techniken leisten die Arbeit und die Arbeitnehmer arbeiten weniger für gleich viel Geld. Warum liesse sich das nicht überall verwirklichen?
Ein anderer Denkansatz gewinnt langsam an Popularität in Europa. Er stammt ursprünglich aus dem französischen Presidentschaftswahlkampf von 1995 zwischen Jacques Chirac und Lionel Jospin: Was wäre, wenn die Regierung als Teilhaber in die Arbeitswelt eintreten würde? Alle Regierungen könnten eine konstruktive Rolle übernehmen, die Vertreter von Arbeitgebern und Arbeitnehmern um den runden Tisch versammeln und dann zum Beispiel den Arbeitgebern folgendes Angebot machen: ***»Ihr könntet freiwillig die Arbeitszeit um 15 Prozent reduzieren und gleichzeitig aufhören, Eure Angestellten zu entlassen. Ausserdem solltet Ihr ein Gewinnbeteiligungs-System aufbauen, falls Ihr noch keins habt...«***
Auf diese Weise sind alle Arbeitnehmer am Unternehmensprofit beteiligt und sie werden

zu Anteilsinhabern (Stakeholders), Technologien stehen dann in ihrem Dienst und nicht umgekehrt, und Produktivitätsteigerungen kommen allen zugute. Die Regierungen könnten dazu noch den Arbeitgebervertretern dies sagen: »***Einigt Euch auf eine Formel, die bewirkt, dass die Salärbezüge des Top-Managements nicht mehr meilenweit über dem Salärniveau der restlichen Belegschaft liegen. Das sind die drei Wege, um Produktivitätssteigerungen unter allen Teilnehmern am Arbeitsprozess aufzuteilen: Kürzere Arbeitszeiten, eine Gewinnbeteiligung und eine gerechte Aufteilung der Gesamtlohnsumme innerhalb des Betriebs. Falls Ihr uns all dies verbindlich zusagt***«, könnten dann die Regierungsvermittler den Handel auf den Punkt bringen, »***dann bezahlen wir, als Gegenleistung dafür, alle Eure Sozialabgaben und Lohnnebenkosten selbst. Ihr zahlt der Regierung dann keinen Pfennig mehr***«.

Das wäre ein so starker Anreiz, dass kein Arbeitgeber ihn ausschlagen könnte, selbst wenn er auf Freiwilligkeit beruht. Wer ihn ausschlägt, würde sofort seine Wettbewerbsfähigkeit im Vergleich zu Konkurrenten einbüssen, die auf diesen Handel eingehen. Auf diese Weise, als Gegenleistung für die gerechte Verteilung der Produktivitätsgewinne, profitieren alle, Unternehmen und Arbeitnehmer, weil ein breitangelegtes Einkommen sichergestellt wird, weil mehr Menschen sich Güter und Dienstleistungen erwerben können und weil, ganz nebenbei, der Staat zwar am einen Ende weniger Einnahmen in Form von Sozialabgaben und Lohnnebenkosten erzielt, diese aber am anderen Ende wieder locker hereinholt, weil mehr Menschen wieder Arbeit haben, sich dank kürzerer Arbeitszeit die Arbeit untereinander teilen, nicht an der Wohlfahrt hängen, Güter und Dienstleistungen kaufen, die Wirtschaft damit unterstützen und erst noch mehr Steuern zahlen.

So etwas liesse sich eigentlich überall gleich morgen früh einführen.

Die französische Regierung hat das unlängst getan und eine Bestimmung für Arbeitgeber verabschiedet, die die Arbeitszeit der Arbeiter freiwillig um 15 Prozent reduzieren. Als Gegenleistung verzichtet der Staat auf 50 Prozent der Sozialabgaben und Lohnnebenkosten im ersten und auf 40 Prozent in den folgenden fünf Jahren: Ein kreativer und neuartiger Denkansatz. Wir brauchen viel mehr solche Ideen in der Zukunft. Die Regierungen müssen endlich beginnen zu regieren und dabei mitzuhelfen, Ideen und Anreize zu entwickeln und zu unterstützen, die es den Arbeitgebern einerseits ermöglichen, weiterhin profitorientiert zu wirtschaften und die gleichzeitig aber auch sicherstellen, dass sich die grosse Mehrheit der Arbeiterschaft weiterhin ein gesichertes Einkommen erarbeiten kann, das es ihnen erlaubt, Güter und Dienstleistungen zu erwerben und die Wirtschaft zu unterstützen.

Es ist wichtig, dass es uns innerhalb der nächsten 30 Jahre gelingt, die Wochenarbeitszeit zu reduzieren und stattdessen nicht mehr die Arbeiterschaft. Wo wir immer intelligentere Maschinen bauen, die uns die Arbeit abnehmen, sollten wir doch intelligent genug sein, den naheliegenden Schluss aus diesem Umstand zu ziehen: »***wenn Maschinen uns die Arbeit abnehmen, dann lasst uns eben alle weniger arbeiten! Teilen wir uns in die***

Gewinne und in die verbleibende Arbeit. Wir können im nächsten Vierteljahrhundert ohne weiteres erst die 30-Stunden- und dann die 25-Stunden-Woche leisten, und zwar beim vollen Lohn!«

Nochmals: Kürzere Arbeitszeiten für alle. Das ist so viel interessanter als eine zahlenmässig kleine Arbeiterschaft, die sich mit den neuen Technologien bis zur Erschöpfung abrackert - während so viele andere unter- oder unbeschäftigt sein müssen. Das ergibt doch keinen Sinn!

Das gehört zuoberst auf die Agenda: Wenn wir dank der Industriellen Revolution die allgemeine Arbeitszeit um ein Drittel reduzieren konnten, dann muss es wohl möglich sein, dasselbe im Zug der Informatik-Revolution zu tun.

Wenn es schon jede Menge solider, wirtschaftlicher Gründe für eine Verkürzung der Arbeitszeit gibt, so gibt es zumindest einen ebenso nachhaltigen, sozialen Grund, der dafür spricht und hier erwähnt werden soll: Besonders arbeitende Eltern verstehen, dass heute Zeitknappheit ebenso bedrohlich wie zum Beispiel Geldknappheit ist. Überall auf der Welt wachsen Kinder unbeaufsichtigt auf, weil beide Elternteile arbeiten müssen, um genügend Einkommen zu erzielen. Machen Sie ein Umfrage unter diesen Eltern, ihr wichtigste Anliegen wird lauten: ***»Mehr Zeit mit der Familie zu verbringen!«*** Eltern haben Angst, dass ihre Kinder in der Entfremdung und ohne elterliche Begleitung aufwachsen. Das wäre ein dicker Bonus der heutigen Informatikrevolution, die Menschen von der Arbeit zu befreien und ihnen die Möglichkeit eines ordentlichen Familienlebens zurückzugeben. Die Formel müssten lauten ***»6 und 6 bis 2006«***. Sechs Stunden Arbeit, während die Kinder die Schule besuchen, um dann wieder zuhause zu sein, wenn die Kinder von der Schule zurückkommen.

Dieser Bonus könnte sicher viel mehr dazu beitragen, das Familienleben dieses Planeten wiederzubeleben, als es sämtliche Massnahmen aller Politiker dieser Welt jemals zu tun vermögen.

Zuerst müssen wir aber die verkürzte Arbeitszeit überhaupt wollen. Und uns dann dazu entschliessen, dieses Ziel resolut zu erreichen.

Der neue, alte dritte Sektor

Sogar mit wesentlich kürzeren Arbeitszeiten wird es immer noch Millionen von Menschen geben, die auf dem Arbeitsmarkt entweder weniger oder gar nicht mehr gebraucht werden. Was ist mit ihnen? In der Vergangenheit war jeweils der Staat selbst der Arbeitgeber der letzten Hoffnung, dies zumindest seit der Grossen Depression, mit allerlei Notprogrammen, Investitionspaketen und Beschäftigungsmassnahmen.

Das wird sich in der Zukunft vermutlich nicht wiederholen. Auch Staaten, überall auf der Welt, specken ab und haushalten mit immer knapperen Budgets. Im Fall einer globalen Depression wie der Grossen Depression der 20er und 30er Jahre, könnten die Regierungen vielleicht nochmals auf diese Weise intervenieren, aber Geringeres wird sie nicht mehr dazu veranlassen können. Das ist also das Problem: Der erste ökonomische Sektor, der Arbeitsmarkt, wird dank neuer Technologien immer automatischer und globaler, während der zweite Sektor, der Staat, ebenfalls schlanker und kleiner wird. Und dazwischen irren Millionen von Menschen herum, die in keinem dieser zwei Sektoren mehr einen Platz finden können.

Wir müssen daher folgendes, politisches Paradigma überwinden:

Meistens verstehen wir unter der Gesellschaft mehrheitlich das Hin-und-Her zwischen Wirtschaft und Staat. Ein duales Spektrum: Wer politisch mitte-rechts wählt, der wählt für eine bürgerliche Partei, die der Wirtschaft nahesteht und das Primat der Wirtschaft über den Staat vertritt. Wer dagegen mitte-links wählt, hat sich für eine sozialdemokratische Partei entschieden, die den Staat und das Primat der Politik über die Wirtschaft vertritt. Wirtschaft und Staat, keiner dieser zwei Bereiche der Gesellschaft, alleine oder zusammen, werden aber erfolgreichen mit dem technologischen Wandel und mit seinen tiefgreifenden Auswirkungen auf die Arbeit umgehen können.

Wir müssen daher diese politische Pattsituation irgendwie aufheben und lernen, dass es nicht zwei ökonomische Sektoren gibt, sondern drei. Wenn wir das einmal verstanden haben, können wir endlich die Arbeit und alternative Arbeitsformen neu überdenken und eine Vision für die nächste Generation entwickeln:

Der erste ökonomische Sektor, der Arbeitsmarkt oder die Wirtschaft, erzeugt den Kapitalmarkt und den Arbeitsmarkt.

Der zweite ökonomische Sektor, der Staat, erzeugt politisches Kapital und die Arbeit im öffentlichen Dienst.

Und dann gibt es den dritten ökonomischen Sektor. Nennen wir ihn den zivilen Sektor, den nicht-profitorientierten, sozialwirtschaftlichen Sektor. Dieser Sektor erzeugt soziales Kapital und sowohl bezahlte als auch ehrenamtliche Arbeitsplätze und Freiwilligendienst. Dieser Sektor befasst sich mit menschlichen Aufgaben, nachbarschaftlichen Aufgaben und sozialen Herausforderungen im Herzen jeder Gemeinschaft. Er behandelt die grundlegenden, urmenschlichen Ansprüche nach Fürsorge, Gemeinsamkeit und freiwilliger, unmittelbarer Hilfestellung. Und er bietet einen Rahmen für alle Spielarten der privaten Zusammenarbeit und Kommunikation in einem nichtkommerziellen Kontext an.

Es gibt heute in den USA 1,2 Millionen nicht-kommerzielle Organisationen: Zum Beispiel Berufsvereinigungen, Servicezentren, Rechtsbeistandsorganisationen, Kirchen- und säkulare Hilfswerke, die allesamt Dienste und Leistungen für die Gemeinschaft anbieten, die weder vom Staat noch von der Wirtschaft abgedeckt werden, und die dies nicht mit der Absicht tun, Geld damit zu verdienen.

Bei uns in den Vereinigten Staaten wäre dieser dritte Sektor, wäre er ein eigene, nationale Volkswirtschaft, die siebentgrösste der Welt. Zehn Prozent unserer nationalen Arbeiterschaft sind darin beschäftigt, mehrheitlich Frauen. Dazu kommt, dass heute 89
Arbeiterschaft sind darin beschäftigt, mehrheitlich Frauen. Dazu kommt, dass

heute Millionen Amerikaner, die Hälfte unserer erwachsenen Bevölkerung, wöchentlich vier oder mehr Stunden ihrer Zeit für die eine oder andere Non-profit Organisation opfern.

In jedem Land gibt es einen solchen dritten, non-profit Sektor. Zur Zeit ist dieser Sektor der zuwachskräftigste aller drei Sektoren *(Eine mögliche Konkurrenz könnte dem zivilen Sektor aus einem vierten, ökonomischen Sektor erwachsen, aus dem Schattensektor der Rechtslosigkeit: Verbrechen, Bandenwesen und Armutskriminalität).* Aber dennoch dümpelt der Dritte Sektor immer noch am Rand des gesellschaftlichen Wahrnehmungshorizonts herum, befindet er sich in einem neo-kolonialen Status, verlässt sich schüchtern auf den Goodwill von staatlichen Subventionen und privater Philanthropie, bettelt bescheiden um Brosamen.

Was ich vorschlagen möchte, ist daher etwas radikal Neuartiges: Wir müssen das Profil und die Akzeptanz dieses Sektors verbessern und mitten in das Zentrum der Wirtschaftspolitik jeden Staates stellen. Im Zentrum der Politik würde er an Macht gewinnen, mit politischer Kraft und einer politischen Stimme ausgestattet sein und so mithelfen, genügend Druck auf Staat und Wirtschaft auszuüben, damit die Produktivitätssteigerungen in der Arbeitswelt auch der sozialen Gemeinschaft zufliessen und zu alternativen Arbeitsformen an der Basis führen.

Eigentlich sollte dieser Dritte Sektor als Erster Sektor bezeichnet werden, denn er entstand noch vor dem Kapitalismus der Wirtschaft und vor der Demokratie des Staates. Als wir hier in den USA und Kanada Fuss fassten, immer weiter nach Westen wanderten und das Land besiedelten, wurden als erstes die Arbeit und der Dienst an der Gemeinschaft in Angriff genommen, bauten wir eine humane Infrastruktur für ein soziales Kapital auf; erst später stiessen die Wirtschaft mit ihren Produkten und Fabriken und der Staat mit seinen Gesetzen dazu. Nur auf diesem Fundament einer funktionierenden Gemeinschaft innerhalb einer zivilisierten Gesellschaft konnten überhaupt Handel, Wirtschaft und Staatswesen aufgebaut werden.

In diesem Jahrhundert packten wir das Ganze genau umgekehrt an. Irgendwie kamen wir auf den Irrglauben, dass zuallererst ein erfolgreicher Arbeitsmarkt existieren sollte und dass dieser dann eine florierende Gemeinschaft erzeugt. In Wahrheit verhält es sich genau anders herum: Am Anfang steht eine stabile und geregelte Gemeinschaft, die erst den Handel und einen Arbeitsmarkt ermöglicht. Daher muss der zivile, Dritte Sektor, unbedingt dorthin zurückgestellt werden, wo er hingehört, in das Zentrum der Politik und des Alltagslebens.

Und er muss eine politische Stimme erhalten!

Aber heute, wenn Sie Menschen von irgendwoher in Europa nähmen, die alle in diesem Dritten Sektor tätig sind, die ehrenamtlich oder bezahlt dort arbeiten, wenn Sie alle diese Personen an einen Tisch zusammensetzten, jemanden aus einem Gewerbeverband, jemand anderes zum Beispiel von einer Selbsthilfgruppe für alleinerziehende Mütter, nochmals jemanden von einer Sammelaktion für hungernde Kinder in der Dritten Welt und nochmals jemanden von einem Naturschutzverein, und wenn sie bei allen herumfragen: »***Gibt es denn irgendetwas, das euch alle verbindet und euren politischen Einfluss verstärken könnte?***« Sie würden nur blankes Kopfschütteln ernten. Und fragen Sie dieses Forum dann direkt: »***Würden Sie zustimmen, dass Sie alle dem Dritten Sektor angehören?***« Die solchermassen Befragten würden ratlos mit den Schultern zucken. Für sie wäre dieser Gedankengang Neuland.

Da existiert also diese riesige, potentielle Wählerschaft des Dritten Sektors, welche die Wurzeln und das soziale Gewissen eines jedes Staates verkörpert, aber sie besitzt kein Selbstverständnis, kein Selbstbildnis und keine Identität.

Und daher auch keinerlei politischen Einfluss.

Und dennoch gibt es etwas, das ausnahmslos alle Teilnehmer am Dritten Sektor miteinander verbindet: Das Geschenk der eigenen Zeit und Aufmerksamkeit an die gemeinschaftlichen Belange. Jeder, der bereit ist, seine Zeit zu opfern, glaubt an den Gemeinschaftsdienst; glaubt an den Wert von Sozialkapital und glaubt daran, dass durch seine Hingabe an das Gemeinwohl sowohl die eigenen wie auch die gemeinschaftlichen Interessen in Einklang gebracht werden können. Das ist grundverschieden vom Arbeits- und Kapitalmarkt, der ja auf dem Grundsatz beruht, dass jeder zuallererst das eigene, materielle Interesse befriedigt und dass die Summe dieser Eigenbrötlereien dann der Gemeinschaft irgendwie nützt. Es braucht aber beides, den Arbeitsmarkt als kreative, unternehmerische Treibkraft für die Erzeugung von wirtschaftlichem Kapital - und dazu einen starken Sozialmarkt, der für das Sozialkapital, den elementaren, sozialen Kitt besorgt ist, auf dem erst gegenseitiges Vertrauen und demzufolge Handel möglich werden.

Wir müssten bald eine politische Neuausrichtung überall auf der Welt vollziehen, sagen wir: innerhalb der nächsten zehn Jahre. Politische Parteien sollten sich langsam in Position bringen, damit sie nicht nur die Wirtschaft oder den Staat vertreten. Ebenso könnten sich auch neue Parteien formieren, die das Herz der staatlichen Gemeinschaft repräsentieren, den zivilen, ökonomischen Sektor, der die zentrale Lebenskraft und das Sozialkapital jedes Staates vertritt.

Wenn das geschieht, können wir damit anfangen, den Gesellschaftsvertrag neu auszuhandeln.

Zum Beispiel: Jemand ist arbeitslos und wird weder auf dem Arbeitsmarkt noch im Staatsdienst gebraucht. Warum sollten in diesem Fall nicht die Staatsverwaltung und non-profit Organisationen partnerschaftlich zusammenarbeiten, gemeinsam für die Umschulung aufkommen und den Arbeitslosen auf diese Weise mit neuen Fertigkeiten ausstatten, die ihm die Beschäftigung in irgendeiner gemeinnützigen Organisation ermöglichen? Niemand sollte als Alternative zur staatlichen Wohlfahrt zur Mitarbeit in einer dieser tausenden von gemeinnützigen Organisationen gezwungen werden und niemand sollte einfach so einen Job dort erhalten. Aber jedermann verdient die Chance zur Aneignung neuer Fertigkeiten, damit er im Sozialmarkt auftreten und sich dort um eine neue Stelle bemühen kann. Und wenn jemand dann Arbeit in einer gemeinnützigen Organisation erhält, müsste der Staat auch gewillt sein, dieser Organisation einen Salärgutschein auszustellen, damit der Arbeiter einen seiner Arbeit angemessenen Lohn von ihr ausbezahlt erhält, dafür dass er in der Gemeinschaft an der Erzeugung von Sozialkapital mithilft.

Wir müssen uns prinzipiell neu darauf einigen, was an der Arbeit wichtig ist. Noch immer denken wir, das Wichtige an der Arbeit sei die Erzeugung von Gütern und Dienstleistungen in der Arbeitswelt. Ich glaube nicht, dass, sagen wir, die Herstellung von Schuhbändern in einer Fabrik als Arbeit wichtiger sein soll als die Verbesserung der Lebensqualität in einer Nachbarschaft. Das eine muss das andere ausgewogen ergänzen. Daher schlage ich vor, dass wir uns nun ein Modell von unserer Gesellschaft wie von einem dreibeinigen Barhocker entwickeln, mit einem wirtschaftlichen, einem staatlichen und einem zivilen Standbein. In diesem Dritten Sektor liessen sich Millionen Arbeitsplätze schaffen. Wir können uns die dafür notwendigen Salärgutscheine finanziell durchaus leisten, dafür gibt bestimmt mehr als nur einen Weg, dass sie sich rechnen, aber das heisst, dass wir jetzt über Steuern reden müssen.

Ich weiss, dass Steuern bei vielen kein populäres Gesprächsthema darstellen. Was ich jeweils an Workshops mit Unternehmensführern und anderen dann dazu sage, ist Folgendes: ***»Ihr werdet zur Kasse gebeten und Steuern zahlen, so oder so. Es spielt gar keine Rolle, ob ihr mehr oder weniger Steuern zahlen wollt oder nicht, ihr werdet alle zahlen, und zwar entweder für mehr Gefängnisse und mehr Polizisten oder für mehr Gemeinschaftsprojekte. Eure Steuerbeiträge werden entweder dazu benützt, noch mehr Menschen in Gefängnisse zu sperren oder in die Isolation zu verdrängen - oder aber, um mehr Menschen mehr Jobs für die Vermehrung des Sozialkapitals zu ermöglichen«.***

Wir werden alle entweder Steuern zahlen, um eine repressive Bunkergesellschaft in einem Polizeistaat aufzubauen, denn wenn die Menschen keine Arbeit haben, wenden sie sich der Illegalität zu. Oder wir werden Steuern zahlen, um sinnvolle, kreative Arbeitsplätze in einem nicht-kommerziellen Sozialmarkt zu schaffen, die das soziale Kapital unserer Gesellschaft vergrössern.

Es gibt viele Wege, um das zu bewirken. Zum Beispiel mit einer Sonderabgabe auf alle technologischen Produkte und die durch sie ermöglichten Dienstleistungen. Ich selbst, ich bin ein Kopfarbeiter, ein Knowledge-Mensch: Mir geht es prächtig, ich gehöre zum Global Village. Ich habe doch überhaupt nichts dagegen, einen Zuschlag von 5, 6, 7 Prozent auf den Kaufpreis meines Computers, meines Handys, meines Modems und meines On-line Services draufzulegen, wenn ich wüsste, dass es eine zweckgerichtete Abgabe ist; wenn dieses Geld zum Beispiel dafür verwendet würde, um Salärgutscheine für Menschen zu finanzieren, die heute im Arbeitsmarkt nicht gebraucht werden und die damit im Sozialmarkt Beschäftigung finden und bei der Erzeugung von sozialem Kapital in einer gemeinnützigen Organisation mitwirken können.

Das wäre mir ein mehr als nur günstiger Preis für die Beibehaltung von Sicherheit und Stabilität in meiner Welt. Ein nachgerade spottbilliger Preis sogar, wenn sich bald einmal die Erkenntnis durchgesetzt hat, dass die Beibehaltung und Unterstützung des zivilen Sektors eine unabdingbare Notwendigkeit darstellt, ohne die weder der Arbeitsmarkt noch das Staatswesen funktionieren können.

Die Zukunft lernen

Ich bin davon überzeugt, dass die neue Rolle des Staates darin bestehen muss, vermehrt Partnerschaften mit dem Dritten Sektor einzugehen, den institutionellen Dialog mit dem nicht-kommerziellen Gesellschaftsbereich zu verstärken und gemeinsam mit ihm Forderungen an den Arbeitsmarkt zu erheben, Druck aufzusetzen und sicherzustellen, dass gesteigerte Produktivität am Arbeitsplatz der Gesellschaft und nicht nur Unternehmen und Aktionären zugute kommt.

Eine regenerierte Gewerkschaftsbewegung müsste ebenfalls den Brückenschlag in den Dritten Sektor vollziehen und sich mit den gemeinnützigen Kräften in dieser Gesellschaft verbünden. Ich wage sogar die Behauptung, dass dies die einzige Überlebenschance für die Gewerkschaften darstellt, neue strategische Allianzen mit dem wachsenden Sozialmarkt einzugehen.

Entscheidend für einen erfolgreichen Übergang vom Industrie- ins Informations-Zeitalter und von einer Zwei- zu einer Dreisektorengesellschaft wird natürlich die Umgestaltung unseres Schul- und Erziehungssystems sein. Wir müssen neue Schwerpunkte in der Ausbildung setzen.

Diese wurde seit dem Ersten Weltkrieg ziemlich eng auf wirtschaftliche Funktionen ausgerichtet. Die Aufgabe der Erziehung an den Schulen war es vor allem, die Kinder darauf vorzubereiten, produktive Teilnehmer des Arbeitsmarktes zu sein. Das geht in Ordnung, reicht aber nicht mehr für das 21te Jahrhundert. In den USA, in Europa und überall auf der Welt werden nun die Kinder an der Schule schon für das Cyberspace ausgebildet, sie sollen Erfahrung mit dem Umgang mit Computern bekommen und dabei die neuen Sprachen und Denkweisen des Informationszeitalters lernen. Das ist alles schön und recht, führt zu neuen Gelegenheiten, neuen Ideen und neuen Formen des Umgangs mit der Welt.

Aber wir alle erweisen unseren Kindern wirklich einen Bärendienst, wenn wir ihren schulischen Erfahrungsschatz so eng gestalten, dass er ihnen nur auf dem Arbeitsmarkt von Nutzen sein wird. Weniger als 20 Prozent aller Schulkinder von heute werden nämlich jemals im vollautomatisierten High-Tech Arbeitsmarkt des 21ten Jahrhunderts gebraucht werden. Schon heute gibt es doch zahlreiche junge Schulabgänger, die bestens qualifiziert sind, alle Fähigkeiten besitzen und die dennoch keine Arbeit finden. Wenn es für diese schon heute nicht mehr genug Arbeit gibt, wie wird es dann erst in zwanzig Jahren aussehen, wenn es noch einmal intelligentere, noch hochgezüchtetete und leistungsfähigere Maschinen geben wird, die noch mehr Arbeit in unserer Gesellschaft um vieles billiger und schneller bewältigen, als es jeder menschliche Arbeiter tun könnte?

Wir müssen daher unsere Vorstellung vom Sinn und Ziel der Erziehung erweitern. Da gibt es zum Beispiel diese bahnbrechende, kleine Bewegung, die heute in den USA und Kanada aufgetaucht ist und bald auch Europa erreichen dürfte. Sie kündigt einen grundlegenden Wandel in der Art und Weise an, wie wir unsere Kinder erziehen und könnte gut zum eigentlichen Gegenmittel zur traditionellen Arbeitsmarkt-Ausbildung an-wachsen. Ihr Name lautet »**Service Learning**«, also Dienstausbildung, und sie funktioniert so: Immer mehr Volksschulen, vom Kindergarten bis hoch zu Mittel- und Hochschulen, verlangen heute von ihren Schülern, dass sie als Bestandteil ihre Ausbildung gemeinnützige Dienste leisten und einen Teil ihrer Schulzeit bei non-profit Organisationen des Dritten Sektors verbringen, damit sie die reichhaltige, menschliche Tradition des Sozialmarktes kennenlernen und auf diese Weise verstehen, wie enorm wichtig der zivile Sektor als soziales Zentrum des amerikanischen Alltags für das Zukunftskapital unseres Landes ist.

Wir sind heute daran, die Mission unseres amerikanischen Erziehungswesens zu erweitern, damit unsere Kinder während ihrer Schulzeit nicht nur Gemeinschaftsdienst leisten sondern auch den Stellenwert und die über 200jährige Tradition des Dritten Sektors begreifen. In der Schule lernen sie alles Notwendige für den Arbeitsmarkt und alles Mögliche über das Staatswesen, aber bisher wurde ihnen nichts über den Dritten Sektor, denjenigen des Sorge-Tragens und des Zusammenlebens beigebracht, der die Basis der Wirtschaft und unseres Staates bildet.

Was würde geschehen, wenn die Kinder dieser Erde in einer Welt aufwachsen könnten, in der man die Tradition des Dritten Sektors pflegt? Wenn sie von Kindesbeinen an lernen könnten, gemeinnützige Arbeit im Sozialmarkt zu leisten? Dann würden sie den Unterschied und das Zusammenspiel zwischen wirtschaftlichem, staatlichem und sozialem Kapital verstehen und begreifen, dass ihr Wert als Mensch sich nicht nur aus der eng umrissenen Fähigkeit errechnen lässt, ihre Arbeitskraft auf dem Arbeitsmarkt zu verkaufen.

Wenn Unternehmen Stellen abbauen und Menschen durch Maschinen ersetzen, dann erleidet das Ego den ersten Schaden, besonders bei den Männern. Ihre Identität ist so stur darauf fixiert, sich und ihre Arbeitskraft auf dem Arbeitsmarkt zu verkaufen, dass wenn dann der Zapfenstreich erklingt und es heisst: ***»Danke, wir brauchen dich nicht mehr!«***, dass zuerst ein emotionaler Kollaps eintritt, noch lange vor dem finanziellen Kollaps. Wir müssen diesen Sachverhalt ändern, damit unsere Kinder lernen, dass die Erzeugung von sozialem Kapital ebenso wichtig und wertvoll wie diejenige von wirtschaftlichem oder staatlichem Kapital ist.

Dann, nur dann wird die nächste Generation, die erste des 21ten Jahrhunderts, gut auf die neuen Herausforderungen und Chancen und auf die Aushandlung eines neuen und besseren Gesellschaftsvertrags vorbereitet sein. Wir könnten die Entstehung eines neuzeitlichen Arbeiters des 21ten jahrhunderts erleben, der erst 25 Stunden im Cyberspace und im Arbeitsmarkt tätig ist und den Rest seiner Zeit freiwillig für eine gemeinnützige

Tätigkeit in einer Non-profit Organisation im Sozialmarkt stiftet, weil er den Wert und die Notwendigkeit beider verstanden hat.
Eine mögliche, sinnvolle Vision von Arbeit jenseits des Industriezeitalters und jenseits des Arbeitsmarktes liesse sich so umschreiben: Die neuen Technologien sollen uns befreien und nicht unterdrücken. Das bedeutet, dass die Vorteile und Gewinne, die dank einer gesteigerten Produktivität erwirtschaftet werden, angemessen unter allen Menschen verteilt werden müssen, zum Beispiel in Form von kürzeren Arbeitszeiten, eines dadurch wiederbelebten Familienlebens und der Wahrnehmung der grundlegenden Aufgabe der Erneuerung und der Vermehrung des Sozialkapitals in unserer Gesellschaft. Nur so kann der Mittelpunkt unseres Alltags, nämlich die lokale Gemeinschaft der Menschen und die unmittelbare Nachbarschaft, auch als solides Fundament für einen Arbeitsmarkt und ein Staatswesen dienen.
So lautet eine mögliche Vision für das 21te Jahrhundert und ich schlage vor, dass wir uns dies heute zum Ziel setzen sollten, falls wir unsere Jungen auf das Beste vorbereiten wollen, was uns die heutige technologische Revolution bringen könnte.

»Können Sie mich sehen?«

Materiell sind die alten Leute in unserer Gesellschaft durchschnittlich bessergestellt als jemals zuvor. Die Jüngeren bezahlen für ihren Unterhalt und es ist ein erklärtes Ziel - und eine soziale Glanzleistung - der abendländischen Zivilisation, dass der Lebensabend der älteren Generation unter zwar nicht immer üppigen, aber immerhin einigermassen würdigen, geregelten materiellen Bedingungen stattfinden kann.
Es geht hier nicht um neue Rentenmodelle, so dringend sie auch wären. Da die Renten dem Einkommen der jüngeren Mitbürger entspringen; da dieses Einkommen stetig sinkt, weil es weniger Lohnarbeit gibt; da auch Einkommenssteuer, Krankenkassen, Arbeitslosengelder und vieles mehr vom Lohneinkommen abhängig sind, muss Vater Staat sich nach anderen Sponsoren als den immer weniger werdenden Lohnempfängern umsehen, wenn er nicht bankrott gehen will. Der Übergang von einem Einkommens- zu einem Verbrauchs- und Ressourcen-Besteuerungssystem (auch Geld ist eine Ressource), ist für Europas Nationalstaaten die einzige Überlebenschance. Die einzige Alternative wäre ein amerikanischer Turbokapitalismus: Wir steuern wie staunende Nachahmer darauf zu, ohne zu bedenken, dass diese Alternative keine Alternative sein kann: Die Alte Welt besitzt ein zu umfassendes historisches, soziales und geistiges Erbgut, hoffentlich, um sich so kurzsichtig zu verhalten.
Es geht hier um das Zusammenleben mit der älteren Generation. Andere Werte, andere Sorgen, andere Prioritäten, anderer Rhythmus: Man hat sich wenig zu sagen. Alte gelten als nutzlos, als Belastung sogar, und werden gern an Orten aufbewahrt, wo sie zwar in materieller Würde aber in kalter Isolation verwelken dürfen. Überhaupt, der Homo Sapiens ist ja gar nicht konstruiert worden, um so lange zu leben, wie er heute lebt: Uns fehlt das soziale Vokabular im Umgang mit den Alten: Vor hundert Jahren lag die Lebenserwartung noch knapp über 55 Jahren - heute ist sie auf 75 Jahre hochgeklettert. 20 Lebensjahre mehr pro Menschenleben, die Alte und Jüngere gemeinsam mit Sinn füllen müssen.
Die Bühne ist bereit für das Auftauchen eines Kommunikationswerkzeugs, das den zwischenmenschlichen Kontakt, auch zwischen den Generationen vielleicht beleben und ganz bestimmt verändern wird: Die Videophonie. Ihre ersten Vorboten wurden in Frankfurt am Main gesichtet.

Das Globale Bild

Die Technologie ist schon längst vorhanden und einsatzbereit. Das letzte Hindernis auf dem Weg zur durchvernetzten Welt liegt beim Netz selbst: Normale Telefonleitungen sind ein enges Nadelöhr, durch das digitale Datenströme nur tröpfchenweise sickern: Die Datenübertragung via Satellit ist ebenfalls limitiert: Es gibt im Orbit nicht genug Funkfrequenzen, Schaltrelais und Satelliten für die geballte Kommunikationswut der globalen Zivilisation. Was es daher dringlich braucht, sie stellen zur Zeit den einzigen, technisch und finanziell vernünftigen Weg dar, sind Glasfaserkabel. Es braucht viel, viel mehr Glasfaserkabel, die winzige Lichtimpulse anstelle von elektrischen Signalen austauschen und eine höhere Frequenz besitzen. Der Tempounterschied zwischen der Datenkommunikation via Telefonnetz und fiberoptischer Breitbandkommunikation im ISDN-Standard ist wie der Unterschied zwischen einem VW Käfer und einem Formel 1-Rennwagen. Die Supraleiter der Zukunft werden gerade verlegt oder versenkt, wie etwa das FLAG-Kabel. Dessen akronymische Name erklärt sich selbst, steht er doch für »**Fiberoptic Link Around the Globe**«. Für satte 1.5 Milliarden Dollar wird gerade ein fiberoptischer Sammelstrang, der fünf Gigabits pro Sekunde übermitteln kann, auf einer Länge von 28'000 Kilometern von England nach Japan auf dem Meeresboden verlegt, von London aus in den Ärmelkanal, von dort durch den Atlantik, die Strasse von Gibraltar hindurch, das Mittelmeer entlang, durch den Suez-Kanal, die Arabische See, den Indischen Ozean, über die Landenge von Malaysia durch den Golf von Siam in das Südchinesische Meer bis nach Südkorea und Japan.

Ende dieses Jahres ist diese neue Hauptverkehrsader der Breitbandkommunikation einsatzbereit. Aus dieser Datenautobahn soll mittels Nutzungsrechten und Gebühren eine Goldader werden. Der Globus wird emsig mit Glasfaser-Autobahnen bepflastert. Die interkontinentalen, supranationalen Verbindungen dürften schneller einsatzbereit als die nationalen und regionalen Netze sein: Hamburg nach Sydney ist bald Tatsache, aber Feinmaschiges wie von Pirmasens nach Weinheim, dauert etwas länger. An der Daten-Pipeline SEA-ME-WE 3 sind heute 70 Staaten beteiligt (oder sollte man sagen: angeschlossen), sie wird 38'000 Kilometer lang werden und 10 Gigabits pro Sekunde, doppelt soviel wie FLAG, übermitteln, was einer Datenmenge entspricht, die 120'000 gleichzeitige Telephonanrufe in digitaler Übertragungsqualität ermöglicht (Oder etwa 15'000 Videophon-Verbindungen). Der Name SEA-ME-WE steht für »**South East Asia - Middle East - Western Europe**«. Seine Route ist damit beschrieben. Und dies ist erst der Anfang.

Die Betreiber des fiberoptischen Neuronalnetzes der globalen Gesellschaft werden globale Privatunternehmen und nicht länger nur staatliche Monopolbetriebe sein. Die meisten Staaten werden ihre seit Jahrhunderten ausgeübte Oberherrschaft über die Kommunikation und das Nachrichtenwesen freiwillig abtreten, an Unternehmen wie AT&T, MCI oder Britisch Telecom, oder an Mediengiganten wie Time Warner,

Walt Disney oder Sony, die den Zutritt zu den elektromagnetischen Weidegründen besitzen und ihren Inhalt dank schierer kommerzieller Masse diktieren werden und die heute drauf und dran sind, ihre Parzellen abzustecken und ein System von Mautgebühren für die Besucher aufzubauen. Die Preise werden fallen, was nur gut für den Konsumenten ist, und die Reichweite des Individuums wird zunehmen, was ebenfalls nicht schlecht sein kann, sofern es überhaupt Dinge zu kommunizieren gibt, die diese Reichweite verdienen. Dass gerade jetzt, im Frühjahr 1997, im Internet eine eifrige, globale Diskussion darüber geführt wird, ob sich ein ausserirdisches Raumschiff im Schweif des Kometen Hale-Bopp versteckt hält, ist ziemlich aussagekräftig und lehrt uns eindrücklich, dass die Reichweite einer Kommunikation nichts mit ihrer Substanz zu tun hat.

Die Videophonie wartet unmittelbar hinter der nächsten Ecke auf ihre fiberoptische Erlösung. Diese Nachfolgerin bzw. die Ergänzung der Telephonie ist ohne fiberoptisches Transportmedium technisch nicht möglich und stellt zumindest eine substantielle Errungenschafft des globalen Zeitalters dar. Eine Videokamera, ein TV- oder besser ein Computermonitor, schon können Bild- und Ton simultan übermittelt werden. Nur eine Frage der Verkabelung, wie gesagt, die Technologie ist schon da. Eigene Anlagen, wo zum Beispiel das eintreffende Bild mittels eines Einweg-Spiegels vor der Kameralinse reflektiert wird, ermöglichen eine Art Augenkontakt mit dem Gesprächspartner. Die Notwendigkeit für Geschäftsreisen entfällt dank Videophonie oder Videokonferenz: Man sitzt sich virtuell gegenüber, das Bild der Gesprächsteilnehmer, ihre Mimik und ihre Körpersprache, werden übertragen. Was heute schon teilweise auf Unternehmensebene exerziert wird und viel Geld kostet, könnte bald in jedem Wohnzimmer stattfinden und so billig wie die herkömmliche Telephonie sein.

Das führt natürlich zu Problemen: Ist das Wohnzimmer, zumindest derjenige Teil, der sich im Sichtbereich des Videophons befindet, sauber aufgeräumt und geschmacksvoll eingerichtet? Kann man sich mit den alten Möbeln noch sehen lassen? Muss man von jetzt an zuhause mit Jeans und Rollkragenpulli wohnen, weil ja jemand anrufen könnte und man in Sandalen, Trainingshosen und T-Shirt irgendwie vergammelt aussieht? Will man das denn überhaupt, dass irgendwer in die gute Stube hineingucken kann und so unerwünschten Einblick in die Privatsphäre kriegt?

Der wichtigste Knopf bei jeder Videophon-Vorrichtung wird derjenige der Bildfreigabe sein. Der Einzelne muss Meister des Bildes bleiben, das er nach aussen weitergibt - und sollte das Recht besitzen, keines liefern zu müssen. Nach der Voice Mail wird es die Video Mail und den Videoanrufbeantworter geben. Räumliche und zeitliche Schranken werden fallen, die Schauspielkünste bei vielen Menschen dagegen zunehmen.

Was viele Menschen im Alter besonders vermissen, sind Bilder. Sie selbst sind nicht mehr so beweglich, reisen nicht gern, kommen wenig herum und kriegen wenig zu sehen. Immer nur die eigenen vier Wände der Sozialwohnung anzustarren, ist visuell nicht attraktiv. Was jüngere Jahrgänge noch mit dem persönlichen Augenschein und

dank ihrer Mobilität vollbringen können, neue Ansichten und visuelle Eindrücke zu sammeln, sollen Bilder und Reproduktionen den älteren Mitmenschen übermitteln: Ein Enkelkind im Fasnachtskostüm, Urlaubsbilder, Postkarten. »**Wie sieht es dort aus?**« - »**Wie siehst du aus?**« Ist es nicht erstaunlich, wie beim Betrachten des Spielfilms am TV jüngere Jahrgänge die Geschichte verfolgen, während Senioren leise den Kopf über den Anzug oder die Frisur der Schauspieler schütteln und lieber Details wie Kleidung, Verhalten, Einrichtungsgegenstände beobachten?
Was den Unterschied zwischen Telephonie und Videophonie betrifft, kann man sich getrost dem bewährten Gemeinplatz anschliessen, dass ein Bild mehr als tausend Worte spricht. Da der Dialog zwischen Junioren und Senioren in vielen Fällen eher wortkarg geführt wird, ist natürlich jede Kommunikationsform, die auf Bildern basiert, die mehr als tausend Worte sprechen, eine eloquente Errungenschaft. Die ausgedehnte, bald einmal globale Reichweite moderner Telekommunikation könnte zur Befreiung von Menschen aus ihrer Isolation beitragen. Im besten der möglichen Fälle, zumindest.
Im ursprünglichsten Sinn des Wortes - und gerade für ältere Mitmenschen - ist es entscheidend, sich ein Bild von den Dingen machen zu können, um im Bild zu bleiben. Bilder lassen sich einfach speichern und gelten nach wie vor als das glaubwürdigste Transportmittel für Informationen. »**Ich muss das erst mit eigenen Augen sehen, um es zu glauben!**«, heisst es oft. Natürlich sind TV-Bilder die falschesten aller möglichen Herolde, ihnen ist überhaupt nicht zu trauen und kein einziges fotographisches oder elektronisches Abbild der Realität besitzt einen reellen Informationswert, solange es nicht gewissenhaft in seinem objektiven Kontext verankert ist, aber der Bann des Visuellen ist ungebrochen.
Und damit verengen wir unsere Perspektive und besuchen den Stadtteil Westhausen in Frankfurt am Main.

Können Sie mich sehen?

Marlies Nauke-Wachsmut ist Sozialarbeiterin. Sie ist für die Betreuung von alten Menschen zuständig und arbeitet im Frankfurter Sozial- und Rehabilitationszentrum West. Sie selbst ist seit einigen Jahren im kanonischen Alter und präsentiert sich dem Betrachter als ältere, rüstige, selbstbewusste, zupackende Person von geschätzten 55 Jahren. Ihre etwa 20 Schutzbefohlenen sind 70 oder älter. Alle benötigen Betreuung, da sie noch in ihren eigenen Wohnungen leben und teilweise gesundheitliche Probleme haben. Jemand muss ab und zu nach ihnen sehen, muss da sein, falls es ein Problem gibt, muss ihre Fragen beantworten und genau wissen, wer in welchem Ereignisfall verständigt werden muss. Jemand muss sich um sie kümmern, mit ihnen sprechen, ihnen zuhören. Marlies Nauke-Wachsmut ist dieser Jemand. Und da sie nicht alle ihre 20 Schützlinge jeden Tag selbst besuchen kann, setzt sie sich jeden Morgen hinter ihren Arbeitstisch, guckt auf den vor ihr aufgebauten Spiegel und schickt ihr eigenes Bild auf

die Reise. Mittels Videophonie leistet sie Sozialarbeit, kontaktiert sie ihre Schützlinge und spricht mit ihnen.
Haus-Tele-Dienst nennt sich dieser Langzeitversuch in Telebetreuung. Das Sozialamt Frankfurt West, vor allem in der Person von Marlies Nauke-Wachsmut, steht dabei im Telekontakt mit einer freiwilligen Schar von betreuungsbedürftigen Senioren. Was auf den ersten Blick etwas lokal und isoliert anmutet, ist in Wahrheit eine Initiative der Europäischen Union. Es zählt zu deren RACE-Programm, »**Resarch & Development in Advanced Communication Technologies in Europe**«, und wird auch als Projekt 1054 oder als APPSN bezeichnet: »**Application Pilot for People with Special Needs**«. Und man merkt, am Rande, was immer uns allen das Informationszeitalter bescheren wird, eine Sintflut von englischen Akronymen wird es bestimmt begleiten.
Am Projekt beteiligt sind das Sozialamt der Stadt Frankfurt, der Frankfurter Verband für Alten- und Behindertenhilfe e.V. sowie die in diesem Buch unter Telearbeit bereits genannte Empirica, Gesellschaft für Kommunikations- und Technologieforschung mbH aus Bonn. Ebenfalls mit von der Partie, als Entwickler und Hersteller der speziellen Hardware, sind die Standard-Elektrik-Lorenz AG SEL und die Robert Bosch GmbH. Ein durchaus illustres Konglomerat von Gesellschaften und Institutionen aus vielen und unterschiedlichen Bereichen hat den Haus-Tele-Dienst erst möglich gemacht.
Die Partikularia des Haus-Tele-Dienstes, der Übersicht von Empirica über »**Wichtige Projekte im Bereich Alte und Behinderte**« auschnittsweise entnommen:

> ***Im RACE-Programm wird in mehreren Mitgliedstaaten der Europäischen Union in einer Reihe von Modellprojekten erforscht, inwieweit neue, audiovisuelle Telekommunikationsdienste, insbesondere sogenannte Videofone, bei der Betreuung von Personen mit besonderen Bedürfnissen oder Behinderungen sinnvoll eingesetzt werden können.***
>
> ***Das erste deutsche Pilotprojekt des Haus-Tele-Dienstes liegt im Stadtteil Westhausen von Frankfurt am Main. Es ist die letzte unter Ernst May geplante und ausgeführte (Arbeiter)Siedlung. Sie besteht aus insgesamt 1'116 Mietwohnungen. Das Projekt hat es sich zum Ziel gesetzt, älteren und behinderten Menschen ein möglichst langes Verbleiben in der eigenen Wohnumgebung zu ermöglichen.***
>
> ***Alle Wohnungen von Westhausen sind seit 1989 an das Breitbandkabelnetz angeschlossen. Die technischen Voraussetzungen für die Durchführung des Projekts waren damit gegeben. Die Verbindung zwischen dem Übergabepunkt und der etwa 1.5 km entfernten Dienstleistungszentrale im Sozial- und***

Rehabilitierungszentrum West wird durch ein eigens für diesen Zweck verlegtes Breitbandkabel hergestellt.

Für das Pilotprojekt wurden in Westhausen 15 Haushalte älterer Menschen mit Geräten ausgestattet. Hierbei handelt es sich um einen Studiomonitor, ein »Top Set« - in welchem eine Videokamera und ein Mikrofon eingebaut sind - und einen Unterschrank, der die Elektronik enthält. Das Heimgerät wird durch eine speziell hierfür entwickelte Fernbedienung gesteuert, über die sowohl das Fernsehgerät als auch der Haus-Tele-Dienst bedient werden kann. In der Zentrale befindet sich ebenfalls eine Art Bildtelefon, welches durch seine Konstruktion den direkten Augenkontakt mit der betreuten Person erlaubt. Des weiteren ist eine sogenannte Dokumentenkamera vorhanden, welche die Übertragung von Schriftstücken, beispielsweise für die Erläuterung von Formularen oder Ähnlichem, erlaubt. In einem PC sind alle Informationen gespeichert, die für den Dienst benötigt werden: Zum Beispiel persönliche Daten über die »Kunden«, wie einzunehmende Medizin, Telefonnummern der Nachbarn, Verwandten und des Arztes, usw.

Die angebotenen Dienste:

Der Informationsdienst soll ältere Menschen in ihrem Alltag unterstützen. So kann Teilnehmern beispielsweise beim Ausfüllen von Formularen, beim Verständnis komplizierter Rechnungen oder bei anderen schwierigen Aufgaben geholfen werden. Auch die Freizeit, etwa bei der Planung eines altenspezifischen Urlaubs, kann so mitgestaltet werden.

Der Aktive Betreuungsdienst ist vor allem für solche Teilnehmer gedacht, die alleine leben und daher oftmals zu Depressionen und Vereinsamung neigen. Da diese Gruppe häufig von vielen Aussenkontakten abgeschnitten ist, kann der regelmässige Kontakt zu den Diensthabenden dazu dienen, wenigstens ein Minimum an Sozialkontakten aufrecht zu erhalten und darüber hinaus dabei helfen, neue Kontakte zu schliessen bzw. vorhandene zu reaktivieren.

Der Krankenfernbetreuungsdienst hilft vor allem den Familienangehörigen, welche die älteren Teilnehmer zuhause pflegen. In vielen Fällen kann sogar schon eine kurzfristige Abwesenheit der

Pflegenden zu grossen Schwierigkeiten führen. Daher, und weil die Pflegenden oft niemanden finden, der die Pflege in ihrer Abwesenheit übernimmt, kann ihnen Entlastung von ihrer schwierigen Vollzeit-Verantwortung geboten werden.

Der Sprechstundendienst wurde entwickelt, um den Teilnehmern die Gelegenheit zu bieten, mit Experten über wichtige Fragestellungen zu sprechen. Interessante Themen sind beispielsweise Rechts- und Ernährungsfragen. Der Therapiedienst beinhaltet eine grosse Anzahl von Therapiearten, wie etwa Kommunikations- und Gedächtnistraining oder krankengymnastische Übungen. Dabei können sowohl volle Trainingsprogramme als auch Auffrischungsübungen, die speziell auf die einzelnen Teilnehmer abgestimmt sein können, angeboten werden.

Der Notrufdienst ermöglicht es Teilnehmern, in Notfällen die Dienstzentrale anzurufen und Hilfe zu bekommen. Dieser Dienst ist eine Weiterentwicklung des traditionellen telefongestützten Notrufsystems und bietet als wichtige Verbesserung den Blickkontakt: So können die Diensthabenden direkt sehen, ob und welche Art von Hilfe der Anrufer benötigt.

Fazit: Der Haus-Tele-Dienst ist ein sinnvolle Ergänzung, um den wachsenden Pflegebedarf decken zu können und die Hilfsbedürftigen nicht aufgrund des bereits jetzt alarmierenden Mangels an qualifizierten Pflegekräften unversorgt zu lassen. Der Einsatz dieses Systems führt darüber hinaus zu einer partiellen Entlastung der Pflegenden, die häufig Angehörige der zu Pflegenden sind.

Das Projekt wird von Nutzern, Teilnehmern und Fachpersonal als Erfolg eingestuft. Es hat sich gezeigt, als Nebenwirkung zu den angebotenen Diensten, dass bei den älteren Teilnehmern ein Geborgenheitsgefühl erzeugt wird, das ganz wesentlich zu ihrem Wohlbefinden beiträgt. Das Wissen, dass immer jemand da ist, dass man zwar jederzeit allein sein kann, aber niemals allein sein muss, sorgt für inneren Frieden und damit auch für bessere Gesundheit.

Noch ein Vorteil des Haus-Tele-Dienstes: Die wegen bisher minimaler Sozialkontakte verkümmerten Kommunikationsfähigkeiten gewisser Teilnehmer wurden durch die Videophonie reaktiviert und dienen ihnen auch ausserhalb ihrer Wohnung. Die alten Menschen haben dadurch die Welt wiederentdeckt. Was mehr, einige, zuvor als eher »**schwierige**« Patienten eingestufte Senioren, haben sich erst dank der Videophonie dem

Pflegepersonal geöffnet. Das TV-Betreuungspersonal, das sich auf Knopfdruck ganz einfach wegzappen lässt, erschien ihnen unaufdringlicher und kontrollierbarer als die richtigen Pfleger.
Wer kontrolliert wen? Die Teilnehmer, ganz eindeutig, ihre Betreuer. Was es vor der Videophonie auch so? Oder wurden die älteren Menschen nicht allzugern wie lästige Kinder behandelt und abgefertigt? Gewiss, nicht immer war dies der Fall; nun aber hat der »**Kunde**« die Fernbedienung in der Hand. Will er nicht gesehen werden, verweigert er die Bildfreigabe. Hat er keine Lust, kann er dies offen sagen und die Verbindung beenden. Mit der Einführung des Haus-Tele-Diensts ist das Szepter des Handelns von einer zur anderen Seite gewechselt. Zum Wohle aller, der Kunden, die nun etwas mehr Meister ihres Schicksals sein dürften; und der Pfleger und Behörden, die eine bessere Qualität und höhere Frequenz des Pflegekontakts aufgebaut haben, die ihre Kunden nun individuell betreuen können und keinen überflüssigen Aufwand betreiben müssen.
Der Haus-Tele-Dienst ist noch ein Einzelfall, auch wenn inzwischen weitere Projekte in anderen Frankfurter Stadtvierteln und anderen hessischen Gemeinden angelaufen sind. Im besten Fall handelt es sich dabei nicht nur um eine praktische Feldstudie über die Vor- und Nachteile moderner Breitbandkommunikation, sondern gleich auch um den ersten Prototypen des virtuellen Altersheims der Zukunft.

Die Rote Friedl

Rot, weil Friedl Schusters Ehemann, ein Handwerker, der vor neun Jahren starb, ein Mitglied der KPD war. Elfriede Schuster, die Rote Friedl, hat in ihrem erfüllten Leben drei Söhne grossgezogen, ist mittlerweile 91 Jahre alt, und lebt ganz allein in einer Sozialwohnung in Westhausen. Soziale Kontakte jenseits ihrer Familie gab es lange Zeit keine mehr. In Westhausen, wo die meisten Mieter schon seit 30 Jahren oder länger leben und wo über kurz oder lang jeder jeden kennt, waren die Schusters, aufgrund ihrer politischen Couleur, nicht allzu beliebt. Als schliesslich ihr Mann starb, lebte Friedl Schuster zurückgezogen und allein in ihrer Wohnung. Die Gesundheit spielte auch nicht mehr mit: Seit fünf Jahren schafft sie ihren Haushalt nicht mehr, kann sie ihr Heim nicht mehr verlassen.
Einen Platz im Altersheim, wäre das die Lösung? Würde Friedl Schuster sich in ihrem Alter noch umgewöhnen und anpassen können? Noch heute merkt man es ihr an, dass sie eine starke Persönlichkeit ist, die weiss, was sie will - und die will, was sie will. Und die demzufolge nicht will, was sie nicht will. In ein Altersheim will sie nicht. Die totale Isolation und ein eher unwürdiges Dasein waren ihr einziges Los, bevor sie eine Teilnehmerin des Haus-Tele-Dienstes wurde.
Heute ziert Friedl Schusters Foto jede grössere Publikation zu diesem Thema und fast jeden der vielen Artikel, die in der Presse darüber erschienen sind. Sie ist inzwischen zur Musterteilnehmerin aufgerückt und sagt gerne allen Medienvertretern, die sie in ihrer

Wohnung besuchen, dass es ihr viel besser gehe als zuvor, dass sie sich dank der Videophonie glücklicher fühle. Die erste und nicht unwichtigste Errungenschaft der Kommunikationstechnologie: Mit Hilfe des Haus-Tele-Dienst fand sich eine Nachbarin, die bereit war, ihre Einkäufe zu erledigen. Friedl, jemand aus der Gruppe der eher als »schwierig« zu bezeichnenden Kunden, war zu stolz und zu verbittert gewesen, um mit diesem Ansinnen direkt an sie zu gelangen. Nur über das Gespräch mit Marlies Nauke-Wachsmut gewann sie die soziale Kompetenz und das Selbstwertgefühl zurück, um die Nachbarin zu rekrutieren.

Jeden Morgen, zur ausgemachten Stunde, ist Gesprächstermin. Friedl Schuster, ganz kokett, legt grossen Wert auf ihr Äusseres, bevor sie sich auf die Couch setzt und zur Fernbedienung greift. Ist der Kontakt einmal hergestellt und erscheint das Gesicht von Marlies Nauke-Wachsmut auf dem TV-Bildschirm vor ihr, gibt sie ihr Bild frei und beginnt die Videokamera, sie aufzunehmen. »**Können Sie mich jetzt sehen?**«, fragt sie jedesmal. »**Ja, ich kann Sie jetzt sehen**«, antwortet Marlies Nauke-Wachsmut, die zwei Kilometer entfernt sitzt. Genau darum geht es: Sich zu sehen.

Würde jemand anders zu sehen sein, man traut es Friedl Schuster zu, würde sie nicht einfach so ihr Bild freigeben und erst mal wissen wollen, mit wem sie es hier genau zu tun hat. Sie weiss ganz genau, dass sie die Kontrolle hat - und sie setzt dieses Privileg auch entschlossen ein. Ist sie mal nicht so gut gelaunt, geht ihr etwas anderes durch den Kopf, dann gibt sie sich kurzangebunden und etwas schroff. An solchen Tagen, weiss inzwischen Marlies Nauke-Wachsmut, ist mit der Roten Friedl nicht gut Kirschen essen und wird das Pensum abgekürzt oder verschoben: Kein Anlass zur Beunruhigung, allerdings. Auch Unmut und mangelnde Geduld sind Belege der Vitalität und an sich zufriedenstellende Lebenszeichen.

Eine typische Sitzung der beiden beginnt beispielsweise mit einem kurzen Schwatz. Meistens will Friedl Schuster etwas wissen, braucht sie eine Auskunft oder grübelt sie an einer Frage, die dann besprochen wird. 91 und noch immer wissendurstig. Dann wird umgeschaltet und auf dem Bildschirm erscheint eine Gymastiktrainerin oder eine Gerontologin, mit der Morgengymnastik gemacht oder Ernährungsfragen diskutiert werden.

Ihre Freizeit verbringt Friedl Schuster unter anderem mit Zeichnen. Mit Buntstiften malt sie hauptsächlich Blumenmuster auf Papier: Ihre Wohnung ist inzwischen gespickt mit ihren bunten Bildern. Gestalterische Kleinarbeit, die den Geist ausfüllt, die Hand beschäftigt und die Seele erfreut. Man kann 91 und doch nicht alt sein. Über sich, ihre Vergangenheit, ihre Gefühlswelt, spricht sie nicht gerne. Sie nimmt für sich ungeniert das Recht in Anspruch, so zu sein, wie sie ist, ohne sich dafür irgendwie rechtfertigen zu müssen.

Ohne den Haus-Tele-Dienst wäre sie nicht in den Genuss dieses Rechts gekommen. Es ist nicht auszudenken, wieviele unverkabelte Friedl Schusters es überall noch gibt, die nicht das Glück einer Videophon-Betreuung haben, die in Not und Isolation leben und nicht sich selbst sein dürfen. Es ist letztendlich eine Frage der Würde; eine Frage des Beharrens auf der eigenen Würde und des Zulassens dieser Würde durch andere. Gar schnell wird sie heute von gar vielen Zeitgenossen den alten Menschen abgesprochen. Die Rote Friedl von Westhausen steht heute wiederum im Zentrum einer subversiven Kampagne, diesmal gegen das Establishment der Getthoisierung der Alten und an der vordersten Front der Informatik-Revolution.

Ist die Videophonie einmal so weitverbreitet wie das Telephon oder die E-Mail, denken wir ein bisschen voraus, wird sich einiges ändern. Der Dialog zwischen Bürgern und staatlichen Behörden, ganz allgemein, könnte über Bildkommunikation erfolgen. Es gäbe keinen Grund mehr, in Wartezimmern vor Amtsstuben zu warten, bis man von den Beamten endlich aufgerufen wird. Wenn das virtuelle Altersheim bereits heute in Frankfurt-Westhausen funktioniert, wie weit es ist dann noch bis zu einer virtuellen Staatsverwaltung? Oder bis zur virtuellen Arztsprechstunde? Oder bis zur virtuellen Universität (Heute schon Tatsache): Ein langweilige Vorlesung kann man sich doch ebensogut zuhause anhören und muss nicht unbedingt einen überfüllten Hörsaal dafür besuchen.

Oder der Einkauf? Teleshopping ist schon heute eine Tatsache und immer mehr Kunden kommen auf den Geschmack, dank durchaus handfester, numerischer Argumente. Wer seinen Computer mitsamt der Software, seine Levi 501 Jeans, seine Musik CDs, seine Videos und ungezählte andere Dinge mehr via Internet bestellt, zahlt eindeutig weniger: Der Verkäufer all dieser Produkte braucht auf diese Weise kein Vertriebsnetz mehr, keine Niederlassungen und Zweigstellen, und auch kein Personal, so dass er billiger als jede non-cyber-Konkurrenz ist. Es lohnt sich, im Global Village auf Schnäppchenjagd zu gehen. Man kann getrost vermuten, dass in etwa 10 bis 20 Jahren die grossen Warenhausketten wie Hertie den grössten Teil ihres Umsatzes im Cyberspace oder über Videophonie erzielen werden (Beides wird bald ein- und dasselbe sein), wenn sie schnell genug umstellen und ihnen nicht jemand zuvorkommt. Für die heute noch etwa 400'000 Beschäftigten im Einzelhandel in Deutschland sind dies keine allzu rosigen Aussichten. Immerhin dürften sie bald schon von zuhause aus und über das Videophon mit dem Arbeitsamt verkehren können, so dass wenigstens das dröge Schlangenstehen entfällt.

Noch eine bis zwei Generationen wird es schon dauern, bis es soweit ist. Rom wurde ja auch nicht an einem Tag erbaut und die zwei Unternehmen SEL und Bosch, welche die Hardware für Frankfurt Westhausen entwickelt haben, fühlten sich dadurch nicht etwa veranlasst, ihre audiovisuellen Geräte bis zur Grossserienreife eines Zukunftsmarktes weiterzuentwickeln. Dennoch, eine vollvernetzte, visuelle Zukunft mit neuen Formen der Kommunikation und neuen Wegen des Dialogs erscheint aus heutiger Sicht nur eine Frage der Zeit zu sein.

Abschliessend

FLAG, SEA-ME-WE, viele andere Datenautobahnen: Wir stehen kurz vor dem Punkt, an dem zigmal mehr Daten pro Zeiteinheit übermittelt werden können als bisher. Eine wahre Daten-, Kommunikations- und Informationsexplosion wird stattfinden, die unsere Lebens- und Kommunikationsart dramatisch verändern wird. Diese Explosion der Datenmenge wäre um einiges leichter mit dem Wissen zu ertragen, dass sie nicht von globalen Unternehmen mit globalen Strategien betrieben wird, die im Endeffekt nichts anderes wollen, als ihre anämischen, stromlinienförmigen und substanzarmen Massenerzeugnisse an den Mann, an die Frau und an das Kind zu bringen - im Namen der Befreiung des Individuums.
Es wird mit den globalen Datenleitungen in etwa so zugehen wie Ende der 80er Jahre, als das Kabelfernsehen das Rundfunkfernsehen ablöste: Der Zuseher verfügte innerhalb kurzer Zeit über zigmal mehr TV-Kanäle, also zigmal mehr Programme mit zigmal mehr Auswahl - aber daher auch zigmal mehr nicht-so-gutes Fernsehen, zigmal mehr Wiederholungen, zigmal mehr Werbeunterbrüche und zigmal mehr Zeitverschwendung und Substanzarmut. Es gibt keinen vernünftigen Grund, weshalb es bei einer globalen Datenkommunikation anders zugehen sollte. Oftmals wird zwar argumentiert, dass mit der Vervielfachung der Datenkanäle eine Vervielfachung des Angebots und der Vielfalt einhergehe. Erfahrung und Menschenverstand lassen eher das Gegenteil befürchten: Es widerspricht jeder Logik, sich von einer Volumensteigerung eine Qualitätssteigerung zu erwarten. In der Regel verhält es sich immer umgekehrt.
Es folgt ein Passus, der vor allem Puristen und Ewiggestrigen einleuchten dürfte: Die mit Abstand grösste Gefahr, die unserer Gesellschaft heute droht, ist die Banalität.
Die Meinungsvielfalt, der Ideenreichtum und das Traumpotential unserer Welt werden tatsächlich dank Glasfasern ungehemmter zirkulieren - und dabei von einer gewaltigen Lawine der Banalität verschüttet, von optischen Reizen in den Schatten gestellt, von einem Sperrfeuer von griffigen Worthülsen und gestylten Kampagnen bombardiert werden. Dass der Datenexplosion eine befreiende, inspirierende Kulturexplosion und der endgültig Vollzug des Global Village nachfolgen, ist ein oft gehörter Mythos des globalen Zeitalters. Da wir aber heute im schon reichlich mediengesättigten Umfeld den durchschlagenden Quotenerfolg von Fast Food-Fernsehen, Fast Food-Kino, Fast Food-Literatur, Fast Food-Kunst und Fast Food-Unterhaltung erleben, scheint Fast Food-Telekommunikation die logischste aller möglichen Konsequenzen zu sein. Wer kritiklos dem Mainstream huldigt, wird von einer glückseligmachenden, bunten Wolke globaler, multimedialer Banalität eingehüllt werden, was zwar ganz lustig sein kann und die Zeit verstreichen lässt, der weiten Welt aber keinen Deut weiterhilft - der persönlichen Entwicklung auch nicht.
Man bedenke ebenfalls, dass wenn die Informationsmenge zunimmt, die zur Verfügung steht, gleichzeitig auch die Menge an Informationen steigt, die jeder über sich selbst

publik macht. Bald wird man wissen können, wer wo auf dem Net surft, wer wo auf dem Net was einkauft, welche Bank er hat, wo er wohnt, welchen Beruf er ausübt. Bald wird der Einzelne mit massgeschneiderten, individualisierten Lockangeboten beworben werden und eine Persona Publica sein. Es ist illusorisch zu glauben, der Datenschutz könne die elektromagnetische Privatsphäre schützen. Der Mensch als freie Person, der letzte, weisse Fleck auf der globalen Landkarte, wird in diesen Tagen kartographiert. Auch das muss nicht unbedingt schlecht sein - es liegt auf der Hand, dass dank besserer und weitreichenderer Medien die Welt allmählich zum Dorf wird und dass in einem Dorf jeder jeden auswendig kennt. Man ertrage diese Entwicklung mit Gleichmut und wegwerfendem Schulterzucken: Es muss so sein.

Auf der Stufe Mensch-zu-Mensch, mit dem Werkzeug der Videophonie, wird die uns allen bevorstehende Datenexplosion zu echten Verbesserungen führen. Wiederum ein Beweis für die Ambivalenz des Fortschritts: Es liegt in seiner Natur, dass er halt ein bisschen gut, ein wenig schlecht, immer gefährlich und oftmals hilfreich ist. Ihm ist mit gesundem Respekt und offenen Augen zu begegnen, im Bewusstsein, dass das Rad der Zeit nicht zurückgedreht werden kann, und mit dem Vorsatz, das Beste daraus zu machen.

Nicht immer ganz einfach, in einem unübersichtlichen Klima der Banalität. Was uns allen in dieser Zeit gut täte, wäre eine gemeinschaftliche, gesellschaftliche Vision, ein gemeinsam vereinbartes Ziel, auf das unser Weg zuführen soll. Aus der politischen Ecke dringt leider nur leeres, statisches Rauschen, kein Funksignal ist zu hören. Von den Exponenten der Wirtschaft sind nur englische Schlagworte zu hören: Shareholder Value und Global Economy, die reichlich banal und abgedroschen klingen. Was ist mit der Intelligenz, den Beobachtern und Analysten dieser Welt, den Schriftstellern, den Philosophen, Soziologen und Vordenkern? Peinliches Schweigen.

Vielleicht müssen wir nur das Kleine beobachten, um das Grosse besser zu verstehen. Nun denn, zwei kleine Erkenntnisse mögen uns im Globalen Zeitalter begleiten: Die erste: Friedl Schuster geht es viel besser als zuvor und sie hat ihre Menschenwürde zurückgewonnen. Zweitens: Sie weiss, dass es an ihrer Fernbedienung eine Aus-Taste gibt - und sie benützt sie auch.

Arbeit und Hobby

Wir schreiben das Jahr 1900 und wir befinden uns in Dayton, Ohio, USA. Hier im Ort gibt es zwei Brüder, zwei Verrückte mit einem ausgefallenen Hobby: Es sind die zwei Brüder Orville und Wilbur Wright. Ihre Freizeit verbringen sie mit dem geduldigen Herumhantieren an seltsamen, geflügelten Apparaturen, die aus eigener Kraft einmal fliegen sollen. Als ob die Menschen wie Vögel fliegen könnten! Der ganze Ort schüttelt wegen dieser beiden Luftikusse den Kopf. Niemand hier weiss, dass drei Jahre später, 1903, Orville Wright mit dem Flyer 1 den ersten motorisierten Flug der Geschichte ausführen wird. Flugzeit: 12 Sekunden.

Niemand ahnt in Dayton, Ohio, im Jahr 1900, dass das verrückte Hobby der Gebrüder Wright zur Begründung einer gewaltigen Luftfahrtindustrie führen wird, in der im Jahr 1997 weltweit über zwei Millionen Menschen beschäftigt sind.

Und was ist mit Carl Friedrich Benz aus Karlsruhe? Seit 1875 oder so bastelte er in seiner kleinen Werkstatt an einem Ding herum, einem Automobil, das, wie der Name sagt, sich von selbst bewegen sollte. Hobby oder Zeitverschwendung? Nun ja, seine Begeisterung in Ehren, aber wozu soll das gut sein? Selbst als er 1883 in Mannheim seine Benz & Cie Gasmotorenfabrik gründet, oder 1886 deutsche und ausländische Patente auf einen von ihm konstruierten Dreiradwagen erhält, lässt es sich doch nicht voraussehen, dass das Hobby von Herrn Benz der Beginn einer Automobilindustrie ist, die heute mitsamt all ihren Zulieferbetrieben und assoziierten Unternehmen weltweit mehr als 15 Millionen Arbeitsplätze gewährleistet.

Es geht hier um Hobbies - und darum, dass Hobbies die Vorstufe der Arbeit sind. Am Anfang jeder Errungenschaft und der meisten Industrien und Arbeitsplätze stand ein Hobby. Ein Hobby ist eine als Ausgleich zur Berufs- oder Tagesarbeit ausgewählte Beschäftigung, mit der jemand seine Freizeit ausfüllt und die er mit einem gewissen Eifer betreibt.

Es geht hier um Eifer, Begeisterung, Engagement, wie diese zu Hobbies führen - und diese zu bezahlter Arbeit. Das eigene Hobby muss nicht unbedingt die Keimzelle einer Zukunftsindustrie darstellen - aber jedes Hobby, man merke es sich, könnte Arbeit, Lohnverdienst und Existenzsicherung im Frühstadium sein.

Boah!

Als moderne Kids aus der Grossstadt waren sie hierhergekommen, aus Berlin, das eine Fahrstunde südwestlich liegt. Zusammen bildeten sie ein Schulklasse der Unterstufe, Mädchen und Jungs im Alter von neun bis zehn Jahren. Ihr Lehrer, Anton Möller, hatte sich für das diesjährige Klassenlager das Biosphärenreservat Schrofheide-Chorin ausgeguckt Dieses liegt in der Uckermark im Bundesland Brandenburg und umfasst über 190'000 Hektar Kulturlandschaft. Die Kids waren erst nicht so recht begeistert. Biosphärenreservat? Das klang nicht cool. Rostock oder Stettin, ein wenig Nordseeluft schnuppern, das wäre doch was gewesen. *»N'bisschen Natur«*, bringt es Anton Möller auf den Punkt, worum es hier geht: *»In Berlin gibt's nichts in der Art«*.
Am zweiten Tag nach der Anreise, die teilweise noch über die berüchtigten Alt-DDR-Pflastersteinstrassen geführt hat, versammelt sich die Schulklasse morgens um neun vor der umgebauten Scheune in Pehlitz, in der sie ihr Quartier aufgeschlagen hat. Eine Führung ist angesagt. *»Ein Herr von der Naturwacht führt uns mal hier in der Gegend herum«*, erklärt Anton Möller. Die Kids aus dem Asphaltdschungel nicken.
Der Herr von der Naturwacht heisst Burkhard Löpke und er ist soeben noch dabei, im kleinen, von ehrenamtlichen Helfern aufgebauten Museum **»Haus Pehlitzwerder«** den Besuch der Schulklasse anzukündigen. Dort nimmt man die Kunde gelassen auf: Man ist Besuch gewohnt und dies wird ja nur eine von hunderten Exkursionen werden, die inzwischen im Biosphärenreservat zur Tagesordnung gehören. Burkhard Löpke, um die 50, überprüft den Zustand seiner hellbraunen Naturwacht-Uniform, bevor er sich den Kids aus Berlin stellt. Er sieht ein wenig aus wie ein Ranger aus den USA oder wie ein Grosswildjäger im Spielfilm, und seine Kluft erlaubt ihm ein amtliches Auftreten ohne martialische Untertöne. Dermassen als Respektsperson ausgewiesen übernimmt er den Trupp Kinder und man setzt sich in Bewegung.
Es wird ein gemächlicher Spaziergang und Anton Möller hält sich dabei im Hintergrund auf. Die Jungs fächern aus, rennen voraus oder lassen sich zurückfallen, während die Mädels sich rund um Burkhard Löpke versammeln, der wie ein netter Onkel mit Glatze und Schnauz aussieht und dessen tiefe Stimme geduldig erklärt, was hier vorgeht. Bei dieser Gelegenheit erfahren sie, dass ein Baum nicht einfach nur ein Baum ist, sondern dass es Unterkategorien zur Spezies Baum gibt, die Buchen, Ulmen, Eschen, Kiefern, usw. heissen. Für Berliner Kids ein Aha-Erlebnis. Der Herr von der Naturwacht weist auf die Unterschiede hin und erklärt dann, das man gerade drauf und dran ist, einen Buchenmischwald zu betreten.
»**Boah!**« staunen einige Kids beeindruckt.
Und so setzt sich die Führung fort, mit Kranichschutzgehegen, Söllen, mit Moor- und Sumpflandschaften, mit der Einweisung in die »**nicht-unterworfene**« Natur und mit vielen »**Boah!**«s. Burkhard Löpke ist kein ausgebildeter Pädagoge, man merkt es ihm an. Einige Fragen, die Interesse bekunden, lässt er unbeantwortet. Er spricht lieber zur

ganzen Gruppe als zu den einzelnen Kindern. Ein Junge entdeckt eine Raupe, die unter einem Blatt hängt, und erzeugt mit seinem Fund eine mittlere Sensation. *»Nicht vom Pfad runter!«* mahnt der Herr von der Naturwacht freundlich. *»Bleibt alle schön auf dem markierten Weg«*.

Anton Möller, der Lehrer, beobachtet das Ganze aus einiger Entfernung, liefert ab und seinen Schützlingen Stichworte und nickt zufrieden. *»Das ist für die meisten absolut Neuland, hier«* meint er. *»Gibt's in Berlin nicht. Alles künstlich. Hier ist es echt, gleich vor der Nasenspitze. Klar, dass das den Kindern voll einfährt«*. In der freudigen Gewissheit, heute seinem pädagogischen Auftrag voll gerecht geworden zu sein, bildet er die Nachhut, um Säumige abzufangen, während der bunte Trupp langsam tiefer in den Buchenmischwald eindringt.

Nachmittags, zum Abschluss der Runde, führt Burkhard Löpke die Schulkinder auf den Kleinen Rummelsberg, den prominentesten Aussichtspunkt im Biosphärenreservat. Ein idealer Ort, um vom Kleinen ins Grosse zu schweifen. »Seht ihr die Landschaft, mit ihren vielen, weichen Hügeln und den zahlreichen Seen in den Mulden? Hier war vor langer, langer Zeit, in der Eiszeit, die Endmoräne eines Gletschers. Deshalb ist das Gelände so wellig und mit Wasser durchsetzt: Der Gletscher hat den ganzen Schutt, Erde und Geröll vor sich hergeschoben, wie ein Schneepflug den Schnee. Hier ist er erst zum Stillstand gekommen und hat sich dann langsam zurückgezogen und diese einmalige, coupierte Naturlandschaft liegengelassen!«

»Boah!«

»Der Ort dort unten heisst Brodowin«, fährt der Herr von der Naturwacht fort und weist auf ein Dorf, drei Kilometer entfernt. *»Ihr seid vorgestern dort durchgefahren«*.

»Dort waren die Störche, nicht?«

»So ist es. Wir haben viele Störche hier. Die Naturwacht und die Ortsbevölkerung bauen für sie Nistplätze auf den Dächern. Jeden Sommer kommen also die Störche nach Brodowin, legen ihre Eier und ziehen kleine Störche gross. Zur Zeit haben wir dort drei Jungstörche im Nest«.

»Boah!«

»Brodowin ist ein Öko-Dorf. Dort leben vor allem Bauern, die ihre Felder nur nach streng biologischen Anbaumethoden bearbeiten. Die Tierzucht ist ebenfalls nur ökologisch: Keine Chemikalien, kein Kraftfutter, nichts Künstliches. Die Naturwacht berät sie dabei und hilft ihnen mit Tips und so. Mischkulturen, versteht ihr, immer wieder etwas anderes auf demselben Feld anplanzen, damit die natürlichen Nährstoffe nicht verlorengehen. Wir arbeiten da eng mit dem Ökodorf Brodowin e.V. zusammen. «

» War das in der DDR auch schon so?«

Burkhard Löpke runzelt die Stirn: Hier entsteht eine Wessi-Ossi-Situation, wie man sie mittlerweile gewohnt ist. In den bald einmal acht Jahren seit der Wende, die in der ländlichen, wenn nicht sogar provinziellen Uckermark pragmatisch zur Kenntnis genommen aber wenig begeistert begrüsst wurde, musste der Ossi Löpke sich immer

wieder erklären und seine eigene Position im Wechselbad der Systeme in Worte fassen: Deutsch-Deutscher Alltag der 90er Jahre.
»Wisst ihr, wir leben hier auf dem Land. Die DDR und so, das war in Berlin unten. Es war nicht so, dass man hier grosse Unterschiede bemerkt hat. Merkt euch, Kinder, dass das Biosphärenreservat Schorfheide-Chorin noch zu DDR-Zeiten entstanden ist und ein Gemeinschaftswerk von vielen Uckermärkern ist«.

Die Öko-Seilschaft

Dr. Eberhard Henne, der Leiter des Biosphärenreservats, bestätigt uns, ohne es direkt auszusprechen, aber nichtsdestotrotz mit augenfälligem Stolz, dass die aussterbende Wende-DDR den Wessis nur Tage vor der Wiedervereinigung noch ein grünes Öko-Ei ins Einheitskörbchen gelegt hatte. Der allerletzte Beschluss der DDR-Wenderegierung vom 12. September 1990 galt der Bestätigung eines Nationalparkprogramms und der Gründung und geographischen Festlegung von Nationalparken auf dem Hoheitsgebiet der Noch-DDR. Drei Monate später, am 17. Dezember 1990, wurde aus dem dergestalt aus der Taufe gehobenen Biosphärenreservat Schorfheide-Chorin eines von 348 von der UNESCO anerkannten Biosphärenreservate der Welt. »**Finger weg, Wessis!**« Im Namen der Völkergemeinschaft war der juristische Fortbestand des Reservats gesichert.
Während es bei einem Nationalpark strikt nur um die Beibehaltung und den Schutz des natürlichen Zustands geht und darum, die Natur sich selbst zu überlassen, steht bei einem Biosphärenreservat die gesamte Kulturlandschaft im Vordergrund, und somit das harmonische Mit- und Nebeneinander von Natur, Landwirtschaft und Menschen. Leben und Arbeit der Menschen sollen in einem Biosphärenreservat möglich sein, ohne dass die natürlichen Lebensgrundlagen verbraucht oder zerstört werden. Nachhaltigkeit bei der Landnutzung (Sustainability), gemäss des Umweltgipfels von 1992 in Rio de Janeiro, und naturverträgliches Wirtschaften sind hier Pflicht.
Natürlich ist die Kunst des schonungsvollen, respektvollen Umgangs mit Natur etwas Neues und zumeist Unerprobtes. Oder etwas Altes, Vergessenes. Auf alle Fälle sind die verbrieften Pflichten des Reservats das eine - und ihre erfolgreiche Umsetzung das andere. Das Biosphärenreservat Schorfheide-Chorin muss den Dialog zwischen Mensch und Natur neu gestalten, eine neue Umgangssprache erfinden. Es versteht sich daher auch ein wenig als experimentelle Institution, als Umweltlabor, dessen Erkenntnisse durchaus über die Grenzen der Uckermark hinaus von Wert sein könnten.
Das Territorium des Biosphärenreservats hat die Form eines Dreiecks, dessen untere Basis nördlich der Industriestadt Eberswalde liegt und dessen obere Spitze bis nach Potzlow hinaufreicht. Die Nord-Süd-Achse der Autobahn A 11 von Stettin nach Berlin zertrennt es in zwei etwa gleichgrosse Hälften. Auf dem 1900 Quadratkilometern leben 35'000 Menschen in 75 Gemeinden und drei Kleinstädten. Etwa die Hälfte des Gebiets ist mit Wald bedeckt. Hunderte Seen, Teiche, Tümpel haben eine Gesamtwasserfläche

von über 9'000 Hektar; 210 Seen sind einen Hektar gross oder grösser, wie etwa der Werbellinsee; der Grimnitzsee, der im Sommer von Zeltplätzen beinahe umzingelt und als Ausflugsziel bekannt ist; und der Parsteiner See, ganz in der Nähe von Brodowin und Pehlitz, an dessen Ufer entlang die Schulklasse Anton Möllers von Burkhard Löpke herumgeführt wurde. Die bekannteste Sehenswürdigkeit, neben reichlich viel Natur, ist die Ruine des Johanniterklosters in Chorin, 12 Kilometer nördlich von Eberswalde, die um das Jahr 1300 entstand.

Wer sich zu einem Urlaub in dieser Ecke der Welt entschliesst, hat gut gewählt. Er kann sich auf eine entspannende Zeit, auf die unmittelbare Nähe zu Riesenmengen natürlichen Chlorophylls, auf ein rurales, gemütliches, von der Moderne kaum erst berührtes Ostdeutschland und auf eine summende Mückenplage in Ufernähe der Seen freuen. Wanderwege, Radwanderwege und noch mehr Pflastersteinstrassen stehen ihm in grosser Anzahl zur Verfügung, dazu einige von der Naturwacht oder ehrenamtlich tätigen Anwohnern eingerichtete und zur Besichtigung empfohlene Lokalitäten, von der alten Glambecker Mühle bis zum Aquarium mit den einheimischen Süsswasserfischen bei den Fischaufzuchtbecken der Blumberger Mühle nordwestlich von Angermünde, wo das neue Informationszentrum der Naturwacht aufgebaut wird. Wer nicht weiterweiss, wählt am besten dessen Telefonnummer 03331-21162, und erkundigt sich dort nach Führungen oder Exkursionen. Spezialwünsche wie »**Die Pflanzen in Moorgebieten**« oder »**Ökologische Landwirtschaft**« oder »**Wasservögel und Tourismus**« werden gerne berücksichtigt. Dieselbe Nummer wählen auch die Einheimischen, wenn sie Fragen oder Probleme im Bereich Umweltschutz haben: Es ist die Kummernummer für Natur und auf die allermeisten Fragen weiss man hier Antwort.

Die Verwaltung des Biosphärenreservats umfasst ungefähr 80 Mitarbeiterinnen und Mitarbeiter, wovon knapp zwanzig in der Verwaltung, in Referaten und Sachgebieten tätig sind und der Rest, wie etwa Burkhard Löpke, in der Naturwacht Dienst leistet. Dazu einige Auszüge aus einem Referat von Eberhard Henne.

Die Arbeit der Naturwacht umfasst die folgenden fünf Bereiche:

- ***Artenschutz***
- ***Biotoppflege***
- ***Kontrolle, Beachtung, Beratung***
- ***Besucherinformation***
- ***Umweltbildung***

Die Mitarbeiterinnen und Mitarbeiter der Naturwacht haben so etwas wie eine Seismographenfunktion. Sie stehen im Kontakt mit Einwohnern und Besuchern des Biosphärenreservats. Diese Kontakte werden genutzt, um Meinungen, Probleme und

> ***Vorstellungen differenziert zu erkennen, damit sie in die lang-, mittel- und kurzfristige Planung der Öffentlichkeitsarbeit des Biosphärenreservats einfliessen können.***
> ***Die Naturwacht repräsentiert gewissermassen das Biosphärenreservat permanent in der Öffentlichkeit. Allein schon die Anwesenheit uniformierter Naturwacht-Mitarbeiter/innen, signalisiert Besuchern: »Sie befinden sich in einem Schutzgebiet!«***

Woher kamen diese Naturwacht-Mitarbeiter/innen? Wie kamen sie dazu, einen Beruf auszuüben, den es vor zehn Jahren noch gar nicht gab? Beate Schönebaum zum Beispiel, stellvertetende Gebietsleiterin der Naturwacht, war »vorher« Lehrerin in Biologie und Chemie. Walter Bockisch, Truppführer, hat »vorher« 26 Jahre lang im VEB Kranbau in Eberswalde gearbeitet, wo er es als gelernter Dreher bis zum Operateur von CNC-Werkzeugsmaschinen gebracht hat.
Dann kam die Wende und mit ihr die Entlassung, die Arbeitslosigkeit und das Trauma des Systemswechsels. Die meisten Mitarbeiter/innen der Naturwacht verloren in den jahren 1990/91 ihre langjährige Arbeit und besassen so gut wie keine Chance, in den angestammten Beruf zurückzukehren. Sie alle aber hatten etwas, das ihnen zu ihrem neuen Beruf verhelfen sollte: Ein Hobby. Sie alle waren entweder in ehrenamtlichen Vereinen und im Naturschutz tätig oder engagierten sich, jeder auf seine Weise, für die Natur. Walter Bockisch verbrachte seine Zeit eben nicht nur in den Werkhallen des VEB Kranbaus, sondern machte bei Wasservogelzählungen am Grimnitzsee mit, hat so zum Spass nebenher ein wenig Ornithologie betrieben und war nebenbei Jäger. Und Burkhard Löpke, der nette Naturwacht-Onkel und »**Boah**«-Hervorlocker von Pehlitz, war ebenfalls privat waidmännisch tätig, ist auf einem Bauernhof aufgewachsen und arbeitete »vorher« in der Forstwirtschaft. Aus dem Hobby »**Natur**« entstand so der Beruf »**Naturwacht**«.
Das ganze Biosphärenreservat verdankt seine Existenz dem Hobby Naturschutz. Ganz am Anfang standen »aktive Leute«, die völlig freiwillig einen Grossteil ihrer Freizeit dem Schutz und der Erhaltung einer ihrer Meinung nach erhaltenswürdigen Natur- und Kulturlandschaft widmeten. Bereits zu DDR-Zeiten kümmerten sich in der ruralen und naturnahen Uckermark zahlreiche Freiwillige um den Naturschutz. Eine in den 80er-Jahren geplante Autorally wurde erfolgreich verhindert. Dem SED-Regime war dies nicht einmal unrecht, falls es dies überhaupt zur Kenntnis nahm, denn hier, zum Beispiel in einen Weiler in der Nähe der Försterei Redernswalde, versammelte sich die oberste Parteispitze, von Honegger über Mielke bis zu Krenz, zu Jagdausflügen mitten im dichtesten Wald, so dass den Nimroden der Arbeiterpartei eine natürlich intakte Umgebung durchaus am Herzen lag. Wo heute anderthalb Millionen Touristen, besonders Erholungssuchende und Tages- oder Wochenendgäste aus dem nahen Berlin, jedes Jahr die Rückkehr zur Natur vollziehen, ihren alten Wohnwagen auf einen der vie-

len Zeltplätze schleppen oder in eines der immer mehr, neueröffneten Hotels ziehen, haben sich vor einem Jahrzehnt noch die Gerontokraten und die Nomenklatura der DDR herumgetummelt.
Und schon damals war der Umweltschutz kein Fremdwort. Es ging dabei weniger um eine globale Naturverehrung oder um Dienst an Gaia, sondern um den Erhalt und die Kontrolle über die eigene Region, in der Wald, Seen und Hügel zur Identität gehören. Es lag auf der Hand, für alle, die auf diesem Flecken Erde lebten und von den gewaltigen Konglomeraten und Dreckschleudern des Arbeiterstaates verschont geblieben waren, dass die Natur nicht nur schützenwert, sondern auch ein idealer Zeitvertreib war, wo sie und ihre Eigenarten doch das offensichtlichste und oftmals einzig verfügbare Hobby weit und breit darstellten. Nur ein Schritt zur Haustüre hinaus - und schon stand man mittendrin. Die Eule, das heutige Wappentier der Naturwacht, wurde vor etwa zwanzig Jahren von einem engagierten DDR-Naturschützer namens Schmidt gezeichnet, der auf eigene Faust das Gelände mit Eulenschildern anreicherte, auf denen die Namen von Seen und Örtlichkeiten sowie allerlei Wissenswertes über die Natur geschrieben standen, damit Besucher sich besser zurechtfinden konnten. Der Naturschutz besass durchaus eine Lobby, auch wenn Naturschutz und Lokalpatriotismus in diesem Fall ziemlich eng beieinander gelegen haben dürften.
Dass das Biosphärenreservat Schorfheide-Chorin durch alle Wendeturbulenzen und in die westliche Zivilisation geführt worden ist, ist das Werk einer solidarischen Öko-Seilschaft aus DDR-Zeiten, einer Lobby aus Ehrenamtlichen, Begeisterten, lokalen Entscheidungsträgern und DDR-Umweltschutzgurus. Sie alle setzten sich in Zeiten des Wandels für die weitere Erhaltung **»ihrer Natur«** ein - der Doppelsinn, der in dieser Bezeichnung verborgen ist, ist durchaus nicht zufällig. Die heute noch schwärmerisch erwähnte, gute, alte, Solidarität der DDR-Bürger führte zum Erfolg. Das langsame Verblassen dieser Solidarität, die sehr westlichen Charakterzüge des Egoismus', des Ellbogeneinsetzens und der Profitgier, werden denn auch heute von männiglich offen bedauert. **»Früher«**, heisst es hin und wieder, **»waren die Leute hier noch anders. Man hielt zusammen, man schaute nach dem anderen. Heute gilt nur noch jeder für sich und alle gegen alle«**.
Dies entzieht sich unserem Wahrnehmungshorizont. Pragmatikerinnen wie Beate Blahy von der Zentrale übergehen die so arg bedauerte Verrohung der Sitten mit einem kurzen Schulterzucken: *»Tel Aviv, wie der Italiener sagt...«* Beate Blahy leistet fixe Arbeit in der Pressebetreuung, vom feinsten, westlichem Dienstleistungsniveau, und sehnt sich nach der nächsten Gelegenheit um irgendwo Sumpforchideen nachzählen gehen zu können. Wie alle anderen Naturwacht-Mitarbeiter/innen kann sie dem Nicht-Initiierten dutzendweise Tier- und Pflanzennamen an den Kopf werfen, die er noch nie gehört und drei Sekunden nach Nennung wieder vergessen hat. ***»Hören Sie? Das war ein (Name irgeneines Wasservogels)«***. Die Öko-Seilschaft Schorfheide-Chorin hat alles fest im Griff, kennt jedes beim Namen und es ist gut so.

Revierbesichtigung

»Nun sehen Sie sich das mal an!« schimpft Walter Bockisch. Wir stehen im Hinterhof eines verlassenen Bauernhofs an der Strasse zwischen Eberswalde und Angermünde und begleiten den Truppführer bei seiner Revierbesichtigung. Gleich als erstes wollte er einer Meldung nachgehen, die »**aus der Bevölkerung**« gemacht wurde. Nun stellt sich diese Meldung als absolut richtig heraus: Ein alter, zerlegter, brauner Wartburg und ein ebenso alter, hellgrüner Trabant rosten in aller Stille vor sich hin - zumindest jene ihrer Bauteile, die rosten können. Die Motoren wurden ausgebaut und der Rest achtlos im Schutzgebiet deponiert. *»Und hier! Was für eine Sauerei!«* In der Tat, ein halbes Dutzend alter Autobatterien liegen im hohen Gras verstreut, als ob es niemals so etwas wie Quecksilber darin gegeben hätte.

Ein Rechtsverstoss, ohne Zweifel. Walter Bockisch wird die nächsten Minuten damit verbringen, die Nummern der Fahrzeuggestelle ausfindig zu machen (abgefeilt) und nach weiteren Anzeichen, die auf den Besitzer schliessen lassen, Ausschau zu halten. Seinen Fund und seinen Befund wird er dem Herrn Ney in der Zentrale der Naturwacht zufunken und dieser wird diese der Polizei und der Umweltbehörde weitermelden. Wird der Besitzer der Fahrzeuge nicht ausfindig gemacht werden können, muss der Besitzer des Grundstücks für die ordentliche Entsorgung der Altlasten geradestehen.

Walter Bockisch ist echt sauer. Strichdünner Mund und Zornesröte verraten, dass er seinen Fund alles andere als gutheisst. *»Denken die Leute denn nicht nach?«* Ganz ohne Zweifel, sein neuer Beruf ist auch eine Berufung. Sein Lohn ist eher knapp bemessen, wo doch die Preise und Lebenskosten so hochgeschnellt sind, und er übt seine Arbeit nicht nur zum Geldverdienen, sondern vor allem um ihrer Willen aus.

Das Biosphärenreservat ist in Untergebiete und Parzellen unterteilt. Die Naturwacht führt regelmässige Revierbesichtigungen, Kontrollrunden, durch, überwacht dabei den Zustand der Landschaft, registriert Veränderungen und meldete Rechtsverletzungen. Die Naturwacht besitzt keine polizeiliche Kompetenz und ihre Bewaffnung besteht nur aus einem Fahrrad, einem Fernglas und einem Funkgerät: Sie kann damit nur Bestand aufnehmen, im Auge behalten, falls möglich gut zureden und falls nötig weitermelden. Und sie kann Präsenz markieren, durch Anwesenheit und Dialog verdeutlichen, dass jemand hier nach dem Rechten schaut. Und zwar auf jedem Quadratmeter der 1'900 Quadratkilometer. Die Lebensdauer von unentdeckten Umweltsünden ist kurz, zumal die örtliche Bevölkerung immer mehr gewohnt ist, solche weiterzumelden.

Dadurch wird die Naturwacht zur Trägerin der regionalen Identität, die mit Behörden, Verbänden, Naturschutzbehörden, Forstämtern, Revierförstereien, Ordnungsämtern, Polizei, Wasserschutzpolizei, Fischern, Bauern, Unternehmen aus dem Gastgewerbe und der Hotellerie im Kontakt steht. Daher ist der Anblick eines Walter Bockisch, der auf seinem Fahrrad aus dem Wald geradelt kommt und der die Landschaft aufmerksam von unterhalb seiner Hutkrempe mustert, ein gewohntes und gar nicht bedrohliches Bild.

»**Einer von uns!**« Alle heutigen Mitarbeiter/innen der Naturwacht wurden in Weiterbildungsseminaren ausgebildet. Von den insgesamt 843 Schulstunden galten ein Viertel, 212 Stunden, allein der Öffentlichkeitsarbeit, dem Auftritt nach aussen. Wer daher da auf einem klapprigen Drahtesel hergeradelt kommt, ist mehr als ein Beamter oder ein Ordnungshüter, sondern ein akkreditierter Botschafter des Landes. Einer, der nach »**unserer Natur**« schaut.
Entscheidend ist, dass alle Naturwacht-Mitarbeiter/innen aus der Region stammen, dieselbe Sprache (dieselbe Mundart) sprechen, hier geboren, aufgewachsen und schon seit langen Jahren bekannt sind. Es ist ein lokaler Beruf und er kann nur von lokalen Berufsleuten ausgeübt werden.

»Ich habe Glück gehabt!« nickt **Walter Bockisch** ernsthaft und meint damit, dass er nach der Wende noch einen Unterschlupf bei der Naturwacht finden konnte. Auf die Frage, was sonst gewesen wäre, schüttelt er nur den Kopf. Es gibt mehr als genug Fälle in der Gegend, auch in seinem Bekanntenkreis, was sonst gewesen wäre: Arbeitsamt, spärliches Taschengeld und nichts zu tun, nach zwei Jahren Sozialhilfe und ein noch spärlicheres Taschengeld, ab und zu vielleicht Hilfsarbeiten nach dem bekannten und in Deutschland inzwischen so oft praktizierten 600 Mark-Prinzip. *»Ich habe riesiges Glück gehabt«*, verbessert sich Walter Bockisch. *»Dass ich in einem Umfeld arbeiten kann«*, sagt er und weist um sich herum, *»um das mich viele Leute beneiden würden, nein, also, ich würde sagen, ich habe viel Glück gehabt«*.
Dass er seinem Glück ein wenig mit seinem Hobby nachgeholfen hat, schliesst er nicht aus, aber er hat dieses ja nicht der Berufsperspektiven wegen aufgenommen, sondern aus privater Begeisterung. Der Rest war Zufall, meint er.
Sein Chef, Dr. Eberhard Henne, war einst einmal ein Tierarzt und ein ehrenamtlicher Naturschützer. Als 1991 die ersten Naturwacht-Mitarbeiter/innen gesucht wurden, achtete man darauf, dass einheimische Anwärter berücksichtigt wurden, die erstens entweder arbeitslos oder von Arbeitslosigkeit akut bedroht waren und die schon aktiv oder ehrenamtlich im Naturschutz oder mit Arbeiten in der Natur vertraut waren. Es war von Anfang an geplant, aus dem Hobby der Bewerber einen Beruf zu machen.
Das Vorhandensein eines Hobbys als Berufsbildung, als Vorstufe der Arbeit, war der einzige mögliche Weg, um bei der Gründung der Naturwacht die Frage nach Eignungen und Neigungen der Anwärter zufriedenstellend zu beantworten: Der private Leistungsnachweis war das Fundament für die Besetzung.
Die Naturwacht begann 1991 als ABM mit 200 Kandidaten. Heute sind nur noch 20 Mitarbeiter/innen in ABM-Stellen und 54 in einem zeitlich befristeten Verhältnis gemäss Arbeitsförderungsgesetz Paragraph 249 h beschäftigt. Absolut niemand zieht den

Nutzen der Naturwacht heute in Zweifel, wenn auch das Bundesland Brandenburg nicht mit vollen Kassen gesegnet ist und sich ganz genau überlegen muss, wie es jeden Pfennig einsetzen soll. Gefahr droht der Naturwacht daher nur vom knappen Budget des Landes, und ob die 54 AFG-Stellen nach Ablauf der Frist verlängert, auf ABM-Status zurückgestuft, gekürzt oder ganz abgebaut werden, entscheidet sich in Potsdam. Dass das Biosphären-Reservat in Form des WWF einen begeisterten Fürsprecher besitzt und von der UNESCO ausdrücklich als Modell-Reservat gelobt wird, das ausgezeichnete Arbeit leistet, könnte vielleicht helfen. Vielleicht auch nicht.

Es gibt in Deutschland 11 Nationalparks, 8 Biosphärenreservate und 80 Naturparks. Keiner dieser Orte befindet sich in einem so gutem Zustand wie das Biosphärenreservat Schorfheide-Chorin, das jährlich 1.5 Millionen Besucher empfängt, ohne dass diese die Integrität der Biosphäre und der Kulturlandschaft stören. Ohne eine wirkungsvolle Überwachung, wie sie von der Naturwacht gewährleistet wird, wäre das nicht möglich. Die Umweltstiftung WWF-Deutschland fordert daher in ihrer Studie von 1995 den raschen Aufbau einer hauptamtlichen Naturwacht in allen Schutzgebieten, die aufgrund allgemeingültiger, nationaler Bestimmungen einheitlich arbeitet und mit zusätzlichen, hoheitlichen Befugnissen ausgestattet werden sollte. Betrachtet man die derzeitige, angespannte Finanzlage in den diversen Staatshaushalten, erweist sich diese Forderung als etwas illusorisch.

Mittel- und langfristig eröffnet sich aber dennoch ein zwar zahlenmässig geringes, aber nichtsdestotrotz konkretes Arbeitspotential für weitere Zeitgenossen, die ein Naturhobby verfolgen. Früher gab es einmal den grimmigen Beruf des Flurschützers, in Frankreich als Garde Champêtre noch schwach existent, eines Gemeindebeamten, der Flurschäden, den Zustand der Felder und der Landschaft der Gemeinde überwachte. Heute üben einige Umweltbehörden oder Forstämter dessen Funktionen aus, aber nicht mehr so lokal und alltäglich wie dies ihr historischer Vorgänger tat. Eine Renaissance dieser Berufsgattung wäre gar nicht so abwegig, zumal heute immer mehr Gesetze zum Thema Umweltschutz erlassen werden und es sich nun langsam herumgesprochen hat, dass intakte Natur und Lebensqualität miteinander verbunden sind. Die Stiftung WWF Deutschland bezeichnet diesen neuen Beruf als den eines Schutzgebietbetreuers. Diese Funktion braucht jedoch nicht nur auf Biosphärenreservate und Naturschutzgebiete beschränkt zu sein.

Jedermann spricht gern von der Umwelttechnik als Zukunftsindustrie. Aber es wird zuwenig über lokale Umwelt-Basisarbeit als Zukunftsdienstleistung debattiert. Wer in einer ländlichen Gemeinde lebt, dazu arbeitslos und gelangweilt ist und zum Beispiel von einer Waldsäuberungsaktion hört, der könnte allein durch seine Teilnahme erste Kontakte zu seiner eigenen lokalen Ökoseilschaft knüpfen. Wer das alles bezahlen soll, wenn aus kostenlosen Ehrenämtern später echte, bezahlte Arbeit entsteht, ist sicher eine berechtigte Frage. Wer dann die höheren Folgekosten bezahlen soll, die durch Nichtstun und nachträgliche Flurbereinigungen und Renaturierungsprojekte entstehen, das ist keine Frage: Die nächste und übernächste Generation.

Im Sommer ist die Naturwacht beinahe vollständig mit der Betreuung der Touristen beschäftigt. Es kommen immer mehr, und niemand verargt es den Erholungssuchenden, dass sie in den Genuss von Natur kommen wollen. Die meisten Mitarbeiter/innen der Naturwacht verwenden die Zeit ausserhalb ihrer Revierbesichtigungen für Führungen, für die Arbeit an Infoständen und an Dorffesten. Wer sich im Hochsommer in seiner Naturwacht-Uniform aus dem Haus wagt, wird umgehend angesprochen, mit Fragen und Bitten um Auskunft durch Touristen eingedenkt und von der Öffentlichkeitssarbeit in Anspruch genommen.
Im Herbst und Winter ist Zeit für ständige Weiterbildung in allen möglichen und allen unmöglichen Teilbereichen und für die Instandsetzung und Inventarisierung in den Revieren. Es geht dann in zum Teil harter, körperlicher Arbeit um wichtige Dinge wie die Wiedervernässung von Gebieten durch Sohlschwellen oder die Errichtung von kleinen Schutzwällen, damit Moore nicht austrocknen. Ein kurzer Blick in den Adebar 4/1, die Zeitung für das Biosphärenreservat Schorfheide-Chorin, zeigt, welche Themen so über ein Jahr hinweg die ökologischen Gemüter bewegen:

Futter, Nest und nette Leute: Nach 15 Jahren wollen Störche wieder nach Serwest, ein kleines Dorf zwischen Eberswalde und Angermünde.

Sommercamp: Den Kranichen auf der Spur.

Ausbau Autobahn A11 - Biosphärenreservat schlägt Grünbrücken vor

Stolpe in der Schorfheide. Manfred Stolpe, Ministerpräsident des Land Brandenburges: »...einen der grössten Schätze Brandenburgs. Der Reichtum, den hier Flora und Fauna bieten, ist eine Einmaligkeit...«

Kolkrabe und Krähen - wie gefährlich sind sie wirklich für die Landwirtschaft?

Mehr Tiere für Bauern und Landschaft, um die natürlichen Kreisläufe schliessen zu können

Wir brauchen Signale der Gemeinsamkeit (Über die Umwelt-Aktiven des Ökodorfes Brodowin)

Wasser ist kostbar und Abwasser teuer - oder ginge es nicht doch billiger?

Angeln im Biosphärenreservat - Dafür oder Dagegen?
Trockenrasen - Lebensraum für viele seltene Pflanzen.

Vom Zustand unserer Seen - und was aus ihnen werden kann.

Naturwacht - ein Beruf für die Zukunft?
»Eine Studie zum Wert der Naturwacht des Biosphärenreservats

Schorfheide-Chorin, die im Auftrag der Umweltstiftung WWF Deutschland erstellt wurde, beweist, dass mit dem Einsatz der rund 70 hauptamtlichen Naturwacht-Mitarbeiter/innen ein gesellschaftlicher Nutzen von rund 29 Millionen Mark verbunden ist...«

Eichen und Kiefern - eine Hilfe für natürliche Prozesse

Erster Waldkindergarten Brandenburgs dankt Naturwacht

Zweites Umweltseminar unter dem Motto »Vom Wissen zum Handeln« des BundesUmweltWettbewerbs im Freilandlabor Schorfheide in Gollin.

Wir fragten Beate Schönebaum, Naturwacht-Mitarbeiterin, was für sie ganz privat Arbeit bedeutet. Sie überlegte sich kurz, was diese blöde Frage soll. Dann sagte sie uns nachdenklich, Arbeit bedeute für sie Lebensqualität. Darüber liesse sich manch kluger Satz schreiben, aber die natürliche Selbstverständlichkeit der Antwort, dem Milieu durchaus entsprechend, bleibe hier unkommentiert.
Ebenso wie die bereits an anderer Stelle in diesem Buch vorweggenommen Antwort von **Dr. Eberhard Henne** auf dieselbe Frage:

Für mich bedeutet Arbeit erst einmal ein Engagement für eine Sache. Das steht an oberster Stelle, und nicht nur blanker Gelderdienst. Das wir das auch machen müssen, dazu leben wir in Mitteleuropa, das wissen wir, aber eigentlich sollte es erst einmal Engagement für eine Sache sein.

Damit ist der Weg vom Hobby zur Arbeit vorgezeichnet und erklärt, weshalb aus dem einen unter gewissen Umständen das andere werden kann. Nicht immer. Aber immer öfter.

Abschliessend

Was tun Sie wirklich gern? Wofür begeistern Sie sich so wirklich echt? Jetzt sagen Sie bloss nicht, dass ihr Enthusiasmus sich einzig und allein auf Ihre Arbeit an der Kasse im Supermarkt beschränkt; oder etwa auf ihren Job in der Personalabteilung, pardon, im Human Resources Department, eines mittelständischen Unternehmens; oder auf ihren Alltag als Laborassistent an einer Deutschen Uni; oder als Filmregisseur, der eines Tages erfährt, dass er ein Buch über die Zukunft der Arbeit schreiben darf und trotz wieder-

holten Hinweisen auf seine nicht-vorhandene journalistische Ausbildung dies hiermit tut?
Nun mal raus damit! Was ist es? Wir lassen hier einige Zeilen frei und Sie können dann hier hineinschreiben, was Sie wirklich am liebsten machen würden und was für ein Hobby Sie so richtig total mitreissen würde. Also los: Füllen Sie diese Leere!

Nicht kneifen! Träumen ist erlaubt. Haben Sie die Leere gefüllt? Ich selbst wäre am liebsten ein Golfplatz-Architekt, wenn es dies als Hobby gäbe. Was Sie sich wünschen, kann ich nicht wissen.
Wenn Sie oben etwas hingeschrieben - oder zumindest in die Lücke hineingedacht - haben, dann fragen Sie sich nun, was sie konkret unternommen haben, um sich diesem idealen Zustand anzunähern. Nichts? Wenig? Keine Zeit? Sind Sie sicher? Worauf warten Sie?
Entschuldigen Sie, falls dieser Passus Sie unangenehm an diese grauenhaften Bücher über Lebenshilfe erinnert, dies es immer mehr in den Buchhandlungen und im Regal in den Supermärkten zu kaufen gibt, alle so im Stil »Die Macht des Positiven Denkens und zehn praktische Tips für ihren Einsatz«. Hier geht es um fundamentale, persönliche Fragen und Entscheide, denen sich jeder Weltenbürger zu stellen hat. Und es geht darum, Sie darauf hinzuweisen, dass Sie mehr Freiheit und mehr Gestaltungsfreiraum für ihr eigenes Leben besitzen, als Sie es manchmal für möglich halten. Sie erhalten hier keine praktischen Tips, Sie müssen sich schon selbst um sich selbst kümmern, und wie Sie ihre eigenen Ziele verwirklichen, sofern sie dies überhaupt wollen, ist uns eigentlich egal.
Und sollte eine einigermassen tiefe Lücke zwischen Ihren Wünschen und Ihrem Alltag klaffen, bleibt es Ihnen überlassen, daraus Konsequenzen zu ziehen oder nicht.
Besitzen Sie ein Hobby, ein Steckenpferd, eine Vereinszugehörigkeit? Verspüren Sie ab und zu ein Engagement für eine Sache? Es geht hier nicht um Selbstverwirklichung, den Sinn des Lebens oder um die Bewältigung Ihrer Freizeit.
Es geht hier schlicht um Ihre Arbeit in der Zukunft. Der Rest liegt in Ihrer Hand.

Die sozialhistorische Dimension

Ausschnitte aus einem im September 1996 geführten Interview mit Will Hutton

Will Hutton
Chefredaktor,
Observer, London

Alle wissen, dass in einer modernen kapitalistischen Wirtschaft die Einkommen unterschiedlich verteilt sind, sei es nun in Deutschland, Frankreich, Italien, Grossbritannien oder in den USA. Ungefähr zwei Drittel der Bevölkerung verdienen weniger und ein Drittel mehr als das landesübliche Durchschnittseinkommen. Und die zehn Prozent an der Spitze erzielen vier- bis fünfmal soviel wie die untersten zehn Prozent. Das ist die Norm in allen industrialisierten Ländern.

Ich denke, dies widerspiegelt aber nicht mehr genau, was in der Arbeitswelt vor sich geht. Eine Tatsache, die in unserer Einschätzung berücksichtigt werden muss, ist das Ausmass des Risikos und der Sicherheit des Arbeitsplatzes, die wir zu übernehmen gewillt sind. Ich habe deshalb ein Konzept entwickelt, das speziell für Grossbritannien zutrifft, aber mehr oder weniger auch anderswo gültig ist: die 30-30-40-Gesellschaft.

Gegenwärtig sind in Grossbritannien 30 Prozent aller Männer und Frauen, abgesehen von Studenten, entweder arbeitslos oder wirtschaftlich inaktiv. Nun waren Frauen schon immer wirtschaftlich inaktiv, während sie ihre Kinder gross zogen. Erst danach stiegen sie wieder ins Berufsleben ein. Eine für Grossbritannien dramatische Entwicklung ist nun, dass Frauen dies immer weniger tun, und die wirtschaftliche Arbeit vermehrt von Männern getragen wird. Und diese gehen zudem noch früher in Pension - heute ist es die Hälfte aller Männer zwischen 55 und 64. Ziemlich viele, eigentlich die Mehrheit von ihnen, tun dies unfreiwillig. Sie haben gar keine Wahl, weiter zu arbeiten. Dies hat natürlich Folgen für die ganze Gesellschaft. Für einen Mann in seinen Vierzigern, der eine Hypothek über 25 Jahre auf seinem Haus laufen hat, wird es wohl gewiss sein, dass er während der letzten zehn Jahre der Laufzeit keine Arbeit haben wird. Dies wirkt sich natürlich auf den Markt, ja auf alles aus. 30 Prozent sind also arbeitslos oder wirtschaftlich inaktiv und leben natürlich mit sehr geringem Einkommen, das sich entweder aus staatlicher Unterstützung oder einer kleinen Pension ergibt.

Die nächsten 30 Prozent nenne ich die neuen Unsicheren. Sie sind von den neuen Entwicklungen der Anstellungsverhältnisse betroffen. Für zehnjährige Arbeitsverhältnisse gibt es keine Garantie mehr. Dafür gibt es Vertragsarbeit, Zeitarbeit, Gelegenheitsarbeit, Arbeit auf Abruf, projektbezogene Jobs, all diese Arbeitsformen, bei denen das Risiko auf die Arbeitnehmer abgeschoben wird. Man kann dies als Flexibilität betrachten, aber auch als ein unannehmbares Ausmass eines Risikos, das von Leuten mit sehr geringen Ersparnissen getragen werden muss. Diese Leute gehören nicht der Mittelklasse an. Aber zu diesen 30 Prozent kommen daraus immer mehr dazu. In den letzten 25 Jahren hat sich diese Kategorie beinahe verdoppelt. Auch für sie wird es sehr schwierig werden, eine Hypothek aufzunehmen, für Kinder zu sorgen, sich gegen Arbeitslosigkeit, Krankheit oder andere Unsicherheiten, die das Leben bringt, zu versichern, wenn ungewiss bleibt, wie lange man noch mit einem Einkommen rechnen kann.

Lediglich 40 Prozent haben zehnjährige Arbeitsverhältnisse, entweder in Form einer Vollbeschäftigung in grossen Unternehmen sowie als selbständig Erwerbende oder Teilzeitangestellte. Das ist meine Definition der komfortabeln 40 Prozent.

Daraus ergibt sich also diese 30-30-40-Gesellschaft, in welcher die untersten 30 Prozent arbeitslos, wirtschaftlich inaktiv und sehr arm sind. Weitere 30 Prozent stellen die neuen Unsicheren dar, von denen einige zwar ziemlich gut verdienen, deren Einkommen aber nicht sicher und voraussagbar ist. Nach einem Jahr könnten sie es schon verlieren. Die restlichen 40 Prozent haben zehnjährige Arbeitsverhältnisse mit gewerkschaftlichen Vereinbarungen, in welchen der Arbeitgeber Altersvorsorge, Krankengeld und Urlaubsansprüche garantiert. So sieht die neue Gesellschaft in Grossbritannien aus, die sich in dieser Form überall in Europa mehr oder weniger ausgeprägt herausbildet.

Mein Einwand ist, dass sie ökonomisch nicht sehr effizient ist. Ich kann nicht glauben, dass immer mehr Ungleichheit und immer mehr Unsicherheit die Voraussetzungen für eine erfolgreiche Wirtschaft sein müssen. Im Gegenteil, ich denke, es sind Voraussetzungen für eine erfolglose Wirtschaft, weil die Nachfrage sehr schwankend ist. Unternehmen können nicht mit einer garantiert wachsenden Nachfrage rechnen, weil eine solche Gesellschaft keinen guten Markt darstellt. Dieser ist äusserst instabil, was vielleicht für fünf oder zehn Jahre funktionieren mag, aber auf längere Zeit eine Gesellschaft darauf aufzubauen, ist unmöglich.

Die heutige gleicht immer mehr dem Gesellschaftsbild des 19. Jahrhunderts - und die grossen Greuel der ersten Hälfte dieses Jahrhunderts, der Aufstieg des Faschismus, der Aufstieg des Kommunismus, die Entmündigung im Kapitalismus, all dies entstand ja nur, weil wir damals solch inhumane Gesellschaftsmodelle hatten. Und nun darauf zurückzusteuern und zu behaupten, es sei einfach wirtschaftlicher, das ist ein ungeheurer, historischer Fehler, ein Totalausfall von geschichtlicher Erinnerung.

Die grosse soziale Errungenschaft in der zweiten Hälfte dieses Jahrhunderts war es ja, dass die kleinen, gewöhnlichen Leute annehmen durften, ihre Arbeit sei gesichert und ihre materielle Existenz nicht länger bedroht. Es war ein sozialer Fortschritt für die Massen. Der Rückzug von diesen Errungenschaften und die Rückkehr einer öden, armseligen Arbeitswelt von gestern ist etwas, von dem die Allgemeinheit noch nicht weiss, wie gefährlich es für die Gesellschaft des nächsten Jahrhunderts werden könnte.

Leib und Seele

Wieviele Menschen können heute noch das Endprodukt ihrer Arbeit sehen? Wieviele können das Resultat ihrer Anstrengungen in Händen halten und stolz sagen: ***»Das habe ich gemacht!«*** *Wir meinen damit nicht Geschäftsbilanzen, die auf einem Bildschirm aufflackern, sondern echte, handfeste Dinge. Arbeit wird immer abstrakter. Der meist leise im Scherz ausgestossene Stossseufzer:* ***»Was mache ich eigentlich hier?«****, lässt sich oftmals gar nicht so einfach beantworten.*

Das Phänomen der entfremdeten Arbeit oder ganz allgemein der Entfremdung bei der Arbeit hat uns wieder. Wäre der Begriff heute nicht so von marxistischer Ideologie getränkt, er würde viel häufiger eingesetzt und als Problem wahrgenommen werden. Entfremdung bezeichnet einen Zustand, in dem eine ursprünglich organisch gedachte Beziehung zwischen Menschen untereinander; zwischen Menschen und ihrer Arbeit; zwischen Menschen und dem Produkt ihrer Arbeit; sowie von Menschen zu sich selbst für aufgehoben, verkehrt oder zerstört angesehen wird. Der Begriff wurde von Hegel 1807 in der ***»Phänomenologie des Geistes«*** *erstmals definiert.*

Wir sind, was wir tun. Nur: Was machen wir eigentlich? Und was bleibt uns nach Feierabend, auf das wir stolz sein können? Ein Kollege, dessen Namen hier nicht genannt werden soll, erlebte vor einem Jahr ein Erweckungserlebnis der eigenen Art: Er, dessen tägliche Arbeit mit den drei Stichworten Kommunikation, Motivation und Produktion hinreichend beschrieben ist, liess auf seinem Grundstück einen Anbau an sein Haus errichten. Als er sah, wie mittels Mörtel und Spachtel ein Ziegelstein auf den anderen gelegt wurde, griff er als Bauherr selbst zu und verlegte stolz einige Ziegelreihen. Nach zehn Minuten war er erschöpft und schweissgebadet und wandte er sich schnaufend an mich: ***»Das hier, das ist Arbeit«,*** *meinte er,* ***»alles andere ist Bullshit und Hühnerkacke!«***

Letztere zwei Begriffe zielten auf seine tägliche Arbeit im frenetischen Wettbewerb unter neuzeitlichen, vollvernetzten Kommunikations-Dealern.

Einer, der mit sich und der Welt zufrieden ist, der genau dort ist, wo er sein will und genau das tut, was er tun will; der als Kunsthandwerker nicht den geringsten Abstand zwischen Arbeit und Endresultat erleiden muss, möge das Konzept der unmittelbaren Arbeit nurmehr illustrieren.

Coachbuilding

Der kleine Ort Lymington liegt ungefähr 25 Kilometer südwestlich von Southhampton an der Englischen Riviera, der Südküste Grossbritanniens. Das Dorf ist eine nicht allzu grosse Ansammlung von Backsteinhäusern entlang der Meeresküste. Hotels gibt's hier auch, vor allem für jene Touristen, die in Southampton oder Bournemouth keinen Platz gefunden haben. Der Badestrand befindet sich zehn Fahrzeugminuten ausserhalb, als Höhepunkt der Aufenthalts entpuppt sich der Besuch des Indischen Restaurants an der Main Street und das unerbittliche Fazit muss lauten, dass Lymington auch beim besten Willen nicht unbedingt eine Reise wert ist.

Im Hinterland der Gemeinde, jenseits von Villen, Pubs und einem kleinen Waldstück, liegt ein modernes Industriegelände, auf dem kleinere Unternehmen sich in anonymen Fertigteil-Werkstattpavillons einmieten können. Der Ort sieht aus wie irgendwelche anderen Industriegelände überall auf der Welt. Am einen Ende des Compounds, von den Wipfeln mächtiger Kiefern überragt, ist die eher kleine Handwerksfirma **»Rod Jolley Coachbuilding«** ansässig.

Unsere Verhandlungen mit dem Besitzer kamen zügig voran. Sie dauerten weniger als zwei Minuten, verteilt auf drei Telefonate über vier Monate. Mit dem ersten fragten wir Rod Jolley an, ob er etwa bereit wäre, bei einem Fallbeispiel in der Fernsehserie **»Zukunft der Arbeit«** mitzuwirken, und zwar in der Episode, in der wir neues, altes Handwerk an der Schwelle zum Informatikzeitalter untersuchen. *»Sure! No problem«*. Mit dem zweiten Telefonanruf einigten wir uns mit ihm auf einen Drehtermin: *»Ginge es Ihnen so am 22. und 23. August?«* Er blättert kurz in seiner Agenda: *»Okay, lässt sich machen«*.

Das dritte Mal, dass wir ihn anriefen, war am Vorabend des ausgemachten Termins. *»Hallo, wir sind gerade hier im Ort eingetroffen und wollten nur schnell nachfragen, ob das morgen früh immer noch klappt?« - »Ihr seid diese Schweizer, nicht? Klar, wir erwarten euch, kommt einfach 'rüber«*.

Wir fuhren 'rüber, verfuhren uns in der englischen Countryside und stiessen mehr zufällig auf unser Ziel. Schon kam ein untersetzter, sechzigjähriger Mann mit etwas spärlichem, weissem Haarkranz auf uns zu, blinzelte uns von hinter enorm dicken Brillengläsern freundlich grinsend an und streckte seine dicke, verhornte Pranke von einer Hand zum Gruss aus. *»Hi! I'm Rod. How can I help you?«*

Direkt, freundlich, kurzentschlossen. Ansteckend gutmütig. Der erste Augenschein vor Ort lässt eine erste Bestandesaufnahme zu: Zwei Werkstatträume und ein kleines Büro auf einer Gesamtfläche von etwa 450 Quadratmetern, prallvoll mit Maschinen für die Metall- und Holzbearbeitung, gefüllt mit alten Automobilen exklusivster Herkunft: Ein Lagonda LGG, Baujahr 1938; ein 1932er Alfa Romeo 8c 2300, der von Sir Jim Birkin gefahren an den **»24 heures des Le Mans«** den dritten Platz belegte; ein alter Bentley, ein Ferrari, ein Aston Martin in diversen Zerlegungszuständen. Die Werkstatt wird von acht vornehmlich sehr jungen Handwerkern in Blaumännern bevölkert, die an den seltenen Oldtimern eifrig herumwerkeln, klopfen, hämmern, schaben, feilen, polieren, punktschweissen und dabei einen zünftigen Krach erzeugen.

»Keine Oldtimer«, verbessert Rod Jolley uns. *»Ich bin spezialisiert auf Vintage Cars«*. Es folgt eine erste Einführung in das präzise Vokabular der Autoklassiker. Den Begriff des Oldtimers gibt es gar nicht: Automobile, die vor oder bis und mit Dezember 1918 gebaut wurden, nennt man »**Veteran Cars**«, die Periode vom Januar 1919 bis und mit Dezember 1930 ist diejenige der »**Vintage Cars**«. Jahrgangsfahrzeuge, notieren wir. Rod Jolley Coachbuildung arbeitet an der Restauration von Jahrgangsfahrzeugen, aber Achtung, nur an der fachmännischen, möglichst originalgetreuen Wiederinstandsetzung des Bodyworks, der Karrosserie, die damals meist aus Aluminiumformen über einem Holzgerüst bestand. Für Motoren, Getriebe und Polsterung gibt es andere Spezialisten. Rod Jolley ist der unbestrittene Mister Bodywork der Vintage Cars und er hat sein Unternehmen vor etwa zwanzig Jahren aus der Vorstadt von London auch deshalb nach Lymington verlegt, weil es keine Rolle spielte, wo er sein Quartier aufschlug: Seine Kundschaft wäre ihm auch an den nördlichen Polarkreis oder in den Regenwald von Borneo gefolgt.

Was Rod Jolley für seine eher exklusive Kundschaft von privaten und institutionellen Automobilsammlern unverzichtbar macht, ist die von ihm als beinahe einziger noch aktiv praktizierte Methode der kalten Aluminiumverformung. Rod Jolley hat sie als junger Mann noch selbst erlernt, als sie damals noch gang und gäbe war, und er hat sein Know-how in die Gegenwart hinübergerettet. Er verwendet teilweise noch immer die Originalwerkzeuge aus den 50er-Jahren.

Worum geht es nun genau? Man stelle sich zum Beispiel einen geschwungenen und eleganten Kotflügel an irgendeinem alten Fahrzeug vor. Er besteht aus einem Stück, aus einer dünnen Aluminiumplatte frisch ab Walzwerk, die zurechtgeschnitten und in die gewünschte Form verbogen, gedrückt, gewalzt und gehämmert wird. Einmal geformt, muss dieses Stück passgenau auf das untere, extra anzufertigende Holzgerüst passen, an dem alle Karrosserieteile befestigt werden. Es gäbe ein industrielles, ein sogenanntes heisses Aluminiumformverfahren: Das Aluminium wird eingeschmolzen und mittels Spritzguss in Negativformen gespritzt - aber dieses Verfahren ist teuer und rechnet sich nur für Grossserien. Rod Jolley hat es mit Unikaten zu tun. Ihm reichen eine Art Amboss mit rundem Hammer, eine Rollwalze und die normale Werkstatt-Temperatur. Erst bringt er mit vielen hundert wuchtigen, dröhnenden Hammerschlägen einer starren Aluminiumplatte die ungefähre Krümmung und Verbiegung bei, anschliessend quetscht er die Form durch eine kleine Walze, drückt und zieht er sie energisch hin und her, immer wieder, bis sie schön glatt und ebenmässig aussieht und die richtige Verbiegung angenommen hat.

Primitve Low-Tech, möchte man nicht zu Unrecht meinen, aber der Teufel sitzt im Detail: Langjährige Erfahrung, Fingerspitzengefühl und Augemass sind unerlässlich.

Jederman könnte zwar nach kurzer Einweisung irgendeine Krümmung ins Aluminium hineinkriegen, aber die genau erforderliche Krümmung, auf zwei oder drei Millimeter genau, bitteschön, und dies auch in einer komplexen, dreidimensionalen Form, die von allen Seiten überzeugen und auf das Holzgerüst passen muss, dies ohne jede Beihilfe eines Computers, das können nur sehr, sehr wenige. Ein bis zwei Tage Arbeit stecken schnell einmal in einem solchen Bauteil, und zwar harte, körperliche Arbeit bei voller Konzentration in der lärmigen, heissen Werkstatt. Nur ein winziger Fehler, nur eine kurze Unachtsamkeit, ein Ausrutschen der Hand - und alles muss nochmals von vorn beginnen.
Erschwerend kommt dazu, dass von diesen Vintage Cars nur noch wenige oder gar keine Orginalbaupläne vorhanden sind. Als Grundlage für die Restauration dienen vor allem historische Photographien. Aus ihnen ermittelt Rod Jolley wie ein Eleganzdetektiv die richtigen Krümmungen, Schwellungen und Biegungen heraus. Die Fotos werden zum Beispiel auf ein Papier projiziert, die Krümmungen von Hand abgezeichnet und dann in den richtigen Massstab hochgerechnet. Aus spärlichen Vorlagen muss erst in geduldiger Kleinarbeit ein Maximum an Informationen gewonnen werden. In einigen Fällen gibt es kaum mehr taugliche Fotos vom Fahrzeug im Originalzustand, nur noch unscharfe oder grobkörnige Flüchtigkeitsansichten im Bildhintergund. Es soll schon einen Fall gegeben haben, wo der entscheidende Teil des Fahrzeugs unsichtbar war und wo der Schatten des Autos, den die Sonne auf eine hintere Wand warf, bei der Formgebung eines Ersatzteils weiterhalf. Manchmal gibt es überhaupt keine Informationen: Dann muss Rod Jolley nach bestem Wissen und Gewissen, aufgrund seiner riesigen Erfahrung und all seiner Fachkenntnisse, diejenige Form von Grund auf neu entwickeln, die wohl am ehesten für das betreffende Fahrzeug, die Handschrift seines Konstrukteurs und die zur Bauzeit vorherrschende Designphilosophie passen könnte. Ob Mercedes, Jaguar, Amilcar, Bristol AC oder Lagonda: Jedes Bodywork-Projekt wird mit unendlicher Liebe zum Detail verfolgt.
Rod Jolleys Arbeit ist eine Liebesgeschichte mit Happy End. Wie so manch anderer, besonders im angelsächsischen Sprachraum, bekennt er freimütig, dass er bis über beide Ohren in diese wunderschönen, alten Fahrzeuge verknallt ist. Die Eleganz, die schwungvollen Formen, der Stil, die Schönheit dieser Zeugen der Grande Epoque des Automobilbaus, halten ihn in ihrem Bann. Moderne Autos? *»Gewiss sind das ganz tolle Autos, heuzutage«*, tönt es grosszügig und tolerant vom Vintage-Addikten, *»wirklich hervorragende Ingenieursarbeit. Sie bedeuten mir einfach nicht soviel«.*
Rod Jolly Coachbuilding beschäftigt insgesamt zwölf Angestellte. Ein grosses und anspruchsvolles Bodywork-Projekt kann bis zu zwei Jahre dauern und zwei bis drei Leute für den grössten Teil dieser Zeit beschäftigen. Das Unternehmen wickelt jedes Jahr etwa 12 bis 15 Projekte für einen Umsatz von ungefähr 500 bis 600'000 Pfund im Jahr ab. Die Nachfrage ist konstant hoch und was ihr immer wieder nachhilft, sind die zahlreichen Nostalgie-Wettrennen, an denen Autosammler teilnehmen und dabei hin und

wieder Blechschäden erzeugen, die Rod Jolley gerne repariert. Er, der mit seinem alten Alvis gleich selbst an den meisten dieser Rennen teilnimmt, und nicht wenige gewinnt, ist schnell zur Hand und in der Szene bestens bekannt. Der Wert aller Vintage Cars steigt mit der Zeit: Es gibt immer weniger, besonders in gutem Zustand, und die Telefonnummer eines qualifizierten Coachbuilders gehört in die Kartei jedes Sammlers, der an seiner Investition hängt. Ende der 70er-Jahre zog das Geschäft mit den Jahrgangsfahrzeugen richtig an, als genug Zeit seit ihrer Herstellung verstrichen war. Der Markt ist klein, da ja heute keine neuen Fahrzeuge gebaut werden und nur noch mit ihrer Instandhaltung ein Geschäft zu machen ist, und umso wichtiger ist es im begrenzten Umfeld, einen guten Namen und einen guten Ruf für echte Qualitätsarbeit zu besitzen.

Karrosseriebauer

Rod Jolley hat genug Arbeit für ein gutes Dutzend Karrosseriebauer. Diese ist zwar auch saisonal bestimmt, im Frühjahr und Sommer finden die Nostalgierennen statt und mehren sich die Unfälle, während der Herbst und vor allem der Winter für grosse, zeitraubendere Projekte eingesetzt wird. Alle Karrosseriebauer bis auf einen, die im Workshop arbeiten, hat Rod Jolley in den letzten Jahren eigenhändig angelehrt. Es sind junge oder sehr junge Burschen, die er frisch ab der Mittelschule rekrutiert hat.

Wie lange dauert denn so eine Lehrzeit, wollen wir von ihm wissen. »*Sieben Jahre*«, antwortet er ruhig und nickt grimmig, als wir in erstaunt anstarren. »*Schneller geht es nicht. Wir beginnen mit einfachen Dingen, Schreinereiarbeiten oder Aluminium zurechtschneiden, und steigern erst ganz langsam die Ansprüche*«.

In seinem winzigen Office, seinem Büro, dem er nach eigenem Bekunden die Werkstatt bei weitem vorzieht, liefert er uns weitere Details über die Lehrzeit. »*Man muss hier so vieles lernen. Es reicht nicht, ein Schweisser oder ein Metallarbeiter zu sein; ein kompletter Karroseriebauer muss vieles können und vieles sein, er muss handwerkliche Fertigkeiten besitzen und ständig an ihnen arbeiten, er muss daneben jedoch auch mentale Eigenschaften haben, eine sichere Hand, ein gutes Auge, eine Fähigkeit zur totalen Hingabe und ein ausgeglichenes Gemüt. Nur aus einem kompletten Menschen kann ein kompletter Karrosseriebauer werden. Schliesslich ist Karrosseriebau ein altes und seltenes Kunsthandwerk. Das lernt man nicht auf die Schnelle*«.

Shawn Witt, 20 Jahre jung, einer von Rods Lehrlingen und deshalb vermutlich ein Mensch kurz vor seiner Komplettierung, erzählt uns aus seiner Warte, was er bisher bei seinem Meister erlebt hat: »*Als ich von der Schule kam, hatte ich nicht unbedingt etwas mit*

Autos im Kopf«, meinte er lächelnd. »*Die Berufsberatung hat mein Profil und so gemacht, es ausgewertet, und wir haben uns erst mal auf etwas Handwerkliches geeinigt. Ich kam hierher, schnupperndeweise, und bin dann geblieben. Früher habe ich ein Auto angeschaut und nur ein Auto gesehen. Heute sehe ich vor allem Kurven, Formen, Verbiegungen und Kontraste. Es hat mich gepackt. Und ich bin froh, dass ich hier ein rechtes Handwerk erlerne kann, und zwar eines, wo nicht irgendjemand von der Strasse hineingelatscht kommt und es einfach nachmachen kann. Man muss sich dem Job mit Leib und Seele verschreiben. Man kann nicht abends nach Hause gehen und den Job abknipsen; der folgt einem überallhin. Die Arbeit kann ganz schön stressen, wenn von überall her herumgehämmert und Krach gemacht wird und man sich dabei voll auf den eigenen Job konzentrieren muss. Aber das Endprodukt ist das alles mehr als wert. Einen Wagen lassen wir ohnehin nicht aus dem Haus, bevor wir selbst nicht mit ihm vollständig zufrieden sind*«.

Rod Jolley erklärt später, welche zwei Dinge ihm beweisen, ob jemand das Zeug zum Karrosseriebauer hat: »*Der Wille und das Auge*«. Diese zwei Sachen entscheiden, ob sieben Jahre Aufbauarbeit sich lohnen. »*Es ist ein körperlich und seelisch extrem anspruchsvoller Job; deshalb versuchen wir, junge Leute zu finden, die ihn wirklich tun wollen. Wenn man diesen Job nicht hundertprozentig tun will, kann man ihn nicht lernen. Man muss es wirklich unbedingt wollen. Und ein Auge muss man dazu haben, ein Auge für Formen und Umrisse. Bis zu einem gewissen Punkt kann man das lernen, aber das gute Auge ist etwas Angeborenes: Man hat es oder man hat es nicht*«.

Sagt's und lächelt dünn. Identisches wie das, was er soeben gesagt hat, kriegt man von jedem Personalchef über jeden Job zu hören und sagt sich dazu, dass es schon nicht so hundertprozentig gemeint sein wird. Bei Rod Jolley merkt man, dass es genauso und nicht anders gemeint ist. Noch ein anderes, andernorts oft gehörtes Credo scheint hier ein wenig glaubwürdiger als anderswo zu sein: Qualität. Zumindest das, was Rod Jolley unter Qualität versteht: Nichts weniger als Perfektion. »*Das Wichtigste überhaupt*«, nickt er kurz. »*Bei mir wird nichts ausgeliefert, das nicht vollständig perfekt ist. Wenn etwas nicht ganz genau stimmt, wird es nochmals und nochmals und nochmals und immer wieder überarbeitet, bis es ganz genau stimmt*«.

Sein Ansprüche an Qualität und Perfektion sind dabei ungleich höher als diejenigen seiner Kunden. Rod Jolley leistet sich den Luxus, drei Wochen an der Wölbung einer Kühlerhaube herumzutüfteln, bis sie wirklich »**inch-perfect**« zur Gesamtkomposition passt. Bei ihm sind Akribie und Pedanterie essentielle Tugenden. Seine Kunden, die für seine Arbeit gewiss keinen Pappenstiel zahlen, dürfen nichts weniger erwarten. Eine heute eher ungewöhnliche Form des »**Customer Focus**«: Der Kunde darf erst zufrieden sein, nachdem es der Lieferant ist. Meistens funktioniert das heute umgekehrt und ist die Qualität daher vom »**Nicht mehr als nötig**«-Gedanken geprägt. Bei Rod Jolley heisst Qualität »**So absolut gut wie nur denkbar möglich**«.

Jeder Lehrling erwirbt langsam das notwendige Rüstzeug. Es dauert sehr lange, bis er sich an den »**big parts**« wie etwa Kotflügel, Kühlerhaube, Kühlergrill und Kofferraum

versuchen darf. Zu Beginn sind es eher kleinere Dinge wie das äussere Trittbrett, eine innere Radfassung oder ein Türinnenrahmen, an denen sie sich versuchen dürfen und ihre Techniken verfeinern sollen. Ihre Berufsausbildung erfolgt in traditioneller Art: Rod Jolley macht etwas vor und sie machen es nach. Von Meistermund zu Lehrlingsohr fliesst das Fachwissen. Der Lohn ist eher karg. *»It's not much«*, meint Shawn Witt eher lakonisch, *»aber wenn ich einmal ausgelehrt habe, werde ich ein ausgewiesener Spezialist sein. Ausserdem ist Rod der einzige hier in der Gegend, der ja noch Lehrlinge aufnimmt. Hier ist es immer noch viel besser als arbeitslos zu sein oder im Sommer in einer Hotelküche herumzujobben. Mehr als das gibt's hier ohnehin nicht«*. Zu jeder Sekunde kann Rod Jolley in der Werkstatt auftauchen und den Fortschritt einer Arbeit überprüfen. Man bemerkt, wie es dem Meister immer in den Händen juckt, selbst zuzupacken, und dass es ihn oft Überwindung kostet, seine Bemerkungen erst einmal verbal zu formulieren. Fruchten diese nichts, sprechen dennoch bald einmal seine Hände, während er es nochmals vormacht. *»Look here: like this, over there and back here. See? Don't rush it, it'll come. Be patient, take your time«*.
Bei interessanteren Details trommelt er gern einige Lehrlinge zusammen: *»Kommt mal her, schaut euch das an. Merkt es euch!«* Mitten in der Arbeit ein improvisiertes Praktikum, nach zehn Minuten zurück an die Arbeit, nach nochmals drei Minuten steht der Meister neben einen und grinst: *»How are we doing, squire? Lemme have a look or two...«* - *»Make that three if you must, Gov'nor«*.
Der Lehrplan besteht aus einigen, wenigen handschriftlichen Notizen. Sieben Jahre sind eine lange Zeit, von Fall zu Fall kann hier ein wenig mehr und dort ein bisschen weniger gelernt werden. Die Lehrlinge nennen ihren Meister beim Vornamen und die Stimmung ist locker. Man scherzt und steht nicht unter Zeitdruck. Jeder kann seinen eigenen Arbeitsrhythmus mehr oder weniger einhalten. Der Job selbst, die Arbeit, ist allen sehr ernst, aber genau dafür wurde ja schliesslich das britische Understatement erfunden, um die grossen Dinge mit kleinen Worten und kleinen Gedanken liebzuhaben. Übereifer und Zelotismus wären hier **»bad spirit«**. Meister und Lehrlinge stellen sich nach aussen als eingeschworene Gemeinschaft dar: Die Coachbuilder, eine eigene Zunft, stolze Geheimnisträger eines beinahe ausgestorbenen Kunsthandwerks.

Mister Bodywork

Obwohl er Prospekte drucken lässt und hin und wieder einen eigenen Stand mit einem vom ihm instandgesetzten Vintage Car an einer internationalen Messe mietet und jetzt sogar eine eigene Website auf dem Internet eröffnet hat, ist doch die Mund zu Mund-Propaganda immer noch das wichtigste Acquisitionsinstrument von Rod Jolley. Sein Name ist all jenen bekannt, die ihn kennen sollten. Fast alle seine Kunden kommen zu ihm zurück: Am Tag der Dreharbeiten wurde ein blauer, 1957er Skarab mit schlimm eingedrückter Front angeschleppt: einer von insgesamt sechs Sportwagen dieser Art, die jemals gebaut wurden. Das Fahrzeug war extra von den USA für ein Rennen nach England eingeflogen worden und wurde in einen Unfall verwickelt. Der Auftraggeber, der nicht zum ersten Mal geschäftlich mit Rod Jolley zu tun hat, hat zwei Fotos vom Fahrzeug im intakten Zustand mitgebracht, eine von vorn und eine vom Profil, und schon kauern die beiden vor dem beschädigten Objekt und zeichnen sie mit den Händen Kurven und Biegungen durch die Luft. Von hier nach dort, dann so herum, hier etwas gewölbt, in der Mitte etwas flacher...*»Drei Monate, mindestens«*, hören wir Rod Jolley sagen. Der Skarab MK II ist zwar kein Vintage Car, aber Rod Jolley sieht das nicht so eng: Ein Juwel von einem Fahrzeug ist es allemal.

Als junger Mann lernte er seinen Job bei einem britischen Automobilhersteller, den er nicht namentlich nennen will, dies nicht zuletzt wohl deshalb, weil er seinen ersten Arbeitgeber schliesslich im Streit verliess, als immer mehr Maschinen und immer grössere Produktionsserien sein Handwerk in die Ecke drängten. Er versuchte etwas eigenes, scheiterte, wanderte in die USA aus, wo er bei dortigen Sammlern sporadische Arbeit fand und einen Teil seiner Zeit damit verbrachte, dieselbe Technik, die er für die Vintage Cars einsetzte, ebenfalls für die Instandsetzung von alten Flugzeugen zu benützen, die nach demselben Prinzip gebaut waren: Aluminiumformen über einem hölzernen Rahmen. Sein langer Weg führte ihn sogar bis in den erweiterten Haushalt der Rockefellers, wo er mit der Wartung der Automobilsammlung betraut wurde. Mitte der 70er-Jahre kehrte er endlich nach England zurück und gründete er »**Rod Jolley Coachbuilding**«, erst in einem Vorort im Südosten von London, später in Lymington. Der Markt für sein Kunsthandwerk war nunmehr entstanden.

»Ich wollte nie etwas anderes tun«, sagt er heute. *»Ich wollte immer nur dies, was ich jetzt tue: Mein eigener Meister zu sein und an den wunderschönen, alten Automobilen dasjenige beizutragen, das ich gelernt habe«*. England, ein Land und eine Insel, wo die Traditionen manchmal nur schon um ihrer selbst willen grosses Ansehen besitzen, war dafür der richtige Ort: Die vielen Sammler und Liebhaber, alteingesessene Lords und neureiche Yuppies, bildeten seinen Kundenstamm.

Einer seiner prominentesten Kunden ist das National Motor Museum in Beaulieu, das 15 Kilometer von Lymington entfernt liegt und das den Motorverkehr auf den Strassen Britanniens zum Thema hat. In der riesigen Ausstellungshalle sind über 350 teilweise historische Exponate vom ersten »**Horseless Carriage**« bis zu einem 1996 Williams Formel 1-Rennwagen untergebracht, Türklinke an Türklinke. Wenn es Probleme mit dem Bodywork des automobilen Erbguts Albions gibt, kontaktiert Michael Ware, der Curator, Rod Jolley. Als dessen grösste Stärke bezeichnet er dessen Fähigkeit, aus sehr wenigen Vorgaben viel zu machen. Zur Karrosserie eines prächtigen, alten Mercedes, von dessen Typ nur ein Exemplar 1935 gebaut wurde, gab es nur eine einzige und erst noch unbefriedigende Photographie, um das gesamte Bodywork zu erneuern. Zuwenig für alle, ausser für Rod Jolley. Wie Michael Ware spricht er Auto, denkt er Auto, fühlt er Auto. Kenner der Materie finden schnell zueinander: Die Art und Weise, wie sie über

Automobile diskutieren, der Tonfall, die Zeichensprache, wenn ihre Hände in der Luft schwungvolle Kurven und Formen zeichnen, verraten ihre Zugehörigkeit zum Club. Als Nicht-Eingeweihter fühlt man sich rasch einmal als Aussenseiter.
Die Kardinalstugenden hinter Rod Jolleys Erfolg sind allerdings universeller Natur und gelten nicht nur in der Vintage Car-Szene: Ein Beruf fürs Leben, von der Pike auf gelernt, bis zur absoluten Meisterschaft weiterentwickelt, über lange Jahre geduldig und unbeirrbar zum Ziel gesetzt; höchste Ansprüche an sich selbst und an die Qualität der eigenen Arbeit; die vollkommene Hingabe mit Leib und Seele an den Inhalt der eigenen Arbeit; Kompromisslosigkeit in allen Belangen.
In einer Arbeitswelt voller Entfremdung stehen alle diese Dinge nicht mehr so sehr im Vordergrund:

> ***Ein Beruf fürs Leben?***
> ***»Nichts da: Umschulen und Weiterbilden, wenn's recht ist, wie ein Hampelmann an den Fäden des Wettbewerbs zappeln und noch dankbar für die Gelegenheit zur persönlichen Verbesserung sein. Toujours à jour, Stillstand ist Rückschritt!«***
>
> ***Absolute Meisterschaft bei der Arbeit?***
> ***»Natürlich, aber sofort, nicht in sieben oder vierzig Jahren. Niemand hat soviel Zeit!«***
>
> ***Höchste Ansprüche und optimale Qualität?***
> ***»Selbstverständlich, aber immer optimal innerhalb des vorhandenen Zeit- und Geldbudgets, gell?«***
>
> ***Radikale Kompromisslosigkeit?***
> ***»Finden wir stark, echt, aber lieber nicht auf Kosten des reibungslosen Teamworks.Perfektionisten und Bremser bedrohen das Wir-Gefühl.«***
>
> ***Haben wir etwas vergessen? Ach ja:***
> ***Der komplette Mensch und Arbeiter:***
> ***»Also wirklich, das versteht sich doch von selbst. Wir setzen Engagement und volle Begeisterung voraus, keine Frage. Wir stellen nur komplette Menschen an, wo die aber letztendlich herkommen, ist uns eher wurscht. Selber solche heranwachsen zu lassen, entschuldigen Sie, aber wir sind kein philanthropisches Institut«.***

Rod Jolley Coachbuilding ist es auch nicht. Da aber nur komplette Menschen mit Wille und Auge geeigneten Karrosseriebauer-Nachwuchs ergeben und da Rod Jolley davon ausgeht, dass diese nicht auf den Bäumen wachsen, nimmt er sich die notwendige Zeit, um eine natürliche Entstehung dieser Eigenschaften zu ermöglichen.

»Es erfüllt mich, wenn ich etwas wirklich Befriedigendes geleistet habe«, meint er zum Abschluss. *»Es gibt mir das Gefühl, etwas vollbracht zu haben. Es ist schön, ein Endprodukt zu haben. Darum mag ich ja den Büro-Anteil meiner Arbeit so wenig: Dort gibt's kein Endprodukt«.*
Schon wieder dieses Endprodukt! Etwas Greifbares, Handfestes, Selbstgemachtes und mit Stolz Erfüllendes. Etwas, auf dem »**ICH**« in Grossbuchstaben draufsteht. Die Welt würde stillstehen, wenn alle Teilnehmer am Arbeitsprozess dieses Privileg einfordern würden.
Ein Endprodukt führt uns Rod Jolley gleich praktisch vor: Ein 1929er Alvis »**Silver Eagle**«. Ein echter Vintage Rennwagen mit einem tiefen, raubtierhaft grollenden und vibrierenden Motorengeräusch, das Puls und Blutdruck jedes Liebhabers sogleich in die Höhe schnellen lässt. Damit gibt es eine Ausfahrt, mit konservativen 180 km/h Spitze, über die weitläufigen Landstrassen des in der Nähe liegenden Naturparks der British Forest, einer britischen Weidelandschaft mit wenig Wald, trotz des Namens. Rod Jolley hat das Fahrzeug mit Zweilitermotor und Kompressor aus einem Haufen von alten Teilen vollständig neu zusammengebaut. Heute zeigt er sich damit an Wettrennen und fährt er damit aus. *»I've done that«*, nickt er stolz. *»You don't get cars like these any more nowadays«.*
Rod Jolley Coachbuilding ist ein idyllischer, zeitloser Mikrokosmos, ein isolierter Felsen im Sumpf der Entfremdung und gewiss eine Ausnahme von der Regel. Kurzum: ein Einzelfall. Ob dieses Beispiel daher in einem übergeordneten Kontext vollkommen irrelevant und überhaupt nicht aussagekräftig ist, das entscheide jeder Leser für sich selbst.
Einigen wir uns, wenn Sie es uns gestatten, vorsichtshalber auf folgendes Verdikt: »**Schön' dass es so etwas noch gibt**«.

Abschliessend

Natürlich gibt es zahlreiche Arbeitnehmer, die den Gedankensprung von ihrer eigenen Arbeit bis zum unsichtbaren Endprodukt noch vollziehen können. Und solange dieser Gedankensprung noch eine emotionale Dimension einschliesst und nicht nur eine Folge von rationalen, logischen Schritten darstellt, gibt es nichts daran zu bemängeln.
Es gibt zahlreiche andere, welche ihre Entfremdung zumindest unbewusst als solche empfinden und irgendwie kompensieren, in ihrer Freizeit, etwa durch ein Hobby. Die Unmittelbarkeit des eigenen Tuns muss irgendwie sichergestellt werden. Man will und muss ganz einfach wissen, was man tut.
Mit der Entfremdung von der Arbeit, dem offensichtlichsten Beispiel für den Verlust einer organischen Sinnesbeziehung, sind andere Entfremdungsformen verbunden, wie bereits im Vorwort angedeutet: Die Entfremdung vom Staat, von der Gesellschaft und sogar von sich selbst. Vereinfachend gesagt: Je grösser die Entfremdung bei der Arbeit,

desto weniger ist der Mensch sich selbst und desto eher verwandelt sich ein mündiges Individuum in jene fiktive, synthetische Figur, die zu sein von ihm erwartet wird, die er aber eigentlich gar nicht ist. Selbstüberlistung als Schutzmechanismus, aus dem Schein wird das Sein.

Mit dem Übergang vom Industriezeitalter ins Informatikzeitalter und in die globale Marktwirtschaft wird die bereits heute schon drastische Entfremdung des Arbeiters vom Endprodukt seiner Arbeit noch gesteigert. Mit zunehmender Entmaterialisierung der Arbeit, wenn nur noch Informationen, Daten und abstrakte Gedanken die Produkte der Arbeit sind, nicht mehr Fertigungsschritte und greifbare Veränderungen, ebenso. Schnell eine persönliche Beobachtung: Es zählt zum Alltag eines Videoregisseurs und Industriefilmers, in vielen verschiedenen Unternehmen aus allen möglichen Branchen die Arbeitsplätze aufzuzeichnen. Der grosse Frust bei den Dreharbeiten von »**Zukunft der Arbeit**« war die Feststellung, dass drei Viertel der dargestellten Arbeit nur noch vor dem PC oder mit einem Laptop geleistet wurde. Der kleine Rest fand wahlweise bei internen Meetings oder Kundenbesuchen statt. Wir waren ausgezogen, um die Zukunft der Arbeit zu zeigen. Wir haben sie gesehen: Sie besteht aus einem vernetzten PC mit Keyboard und Maus und aus einem Arbeitnehmer, der damit herumhantiert.

Das ist die Zukunft der Arbeit- Mensch am PC.

Ihr Vorname lautet: Entfremdung. Monotonie, Unübersichtlichkeit, Isolationbegleiten sie, während die Hersteller von Hard- und Software »**Excitement**« versprechen und ihre jeweiligen Produkte als ideale Werkzeuge zur Befreiung des Menschen, zur Erweiterung seines geistigen Horizonts und zur Steigerung seines humanen Potentials anpreisen. Wer denkt, das sei traurig, dem sei hier noch etwas Traurigeres mitgeteilt: Es finden sich mehr als genug Leichtgläubige, die das tatsächlich glauben! Nun gut, seien wir nicht zu hart mit ihnen: es könnte ihnen ja helfen, ihre Entfremdung zu übersehen.

Natürlich will niemand in die Steinzeit zurück: Computer sind gut und mehr als nur brauchbar. Dass sie eine entfremdende Nebenwirkung haben könnten, steht leider nicht auf der Verpackungsbeilage. Dass Entfremdung, wie gehabt, das Bild verändert, das sich der Mensch von sich selbst macht, sein Denken und sein Verhalten verändert und letztendlich sein humanes Potential von der Berufstätigkeit weglockt, anstelle es eher dort zu bündeln, ist ein gesellschaftliches Problem. Wie bei allen gesellschaftlichen Problemen wird auch mit diesem auf überlieferte Art und Weise verfahren werden: Es wird sich schon irgendwie von selbst lösen.

Wird es auch, ganz bestimmt. Jeder Mensch braucht ein Endprodukt, ein fiktives oder ein reelles. Entweder findet er durch seine Arbeit zu seinem Endprodukt oder er besorgt es sich woanders, in der Freiheit, beim Hobby, in seiner Beziehungswelt oder als High Score in einem Computerspiel. Gleich wie. Jeder Mensch muss sich irgendwo, irgendwie mit Leib und Seele einbringen können. Jeder Mensch besitzt sein eigenes Kapital an liebe Interesse, Wille, Engagement und entscheidet, wie er es anlegen will. Dass er dies allerdings immer weniger an seinem Arbeitsplatz tut, das belegt jede neuere Studie über

das Freizeitverhalten der Menschen. Für die Arbeitgeber ist das ein Problem, zumal sie heute nur noch den teamfähigen, begeisterten, kompletten, hochmotivierten Knowledge-Mitarbeiter einstellen wollen, den seine Arbeit 110 Prozent begeistert, obwohl es sich immer mehr um entfremdete, substanzarme, endproduktfreie Arbeit handelt. So oder so, die Software »Mensch« ist die mit Abstand beste überhaupt. Ihr Potential zur Sinnfindung und Anpassungsfähigkeit ist sensationell und es beschränkt sich je länger je mehr zwangsläufig nicht mehr auf den Arbeitsplatz.
Das hat dann mit Emanzipation und Selbstverwirklichung nur noch wenig, dafür aber mit Eskapismus und Ersatzhandlungen sehr viel zu tun. Sei's drum: Irgendwie werden wir alle irgendwie die Kurve zum Endprodukt kriegen.
Leider nicht alle in einem 1929er Alvis Silver Eagle.

Showtime

Unterhaltung: Opium fürs Volk? Gilt heute, wie damals im alten Rom für die Plebs, das Motto von ***»Panem et Circenses«*** *für die Unterprivilegierten?*
Es gilt. Es wächst und gedeiht, denn es lässt sich damit gar gut Geld verdienen: Vor wenigen Jahren gab es nur Entertainment allein, heute spricht man von Infotainment, der veredelten und aufgepäppelten Version von Information, und von Edutainment, der motivationsgeladenen, ludistischen Steigerung von Education. Was kommt wohl als nächstes? Philosotainment? Medicitainment? Policytainment? Oder wie wär's mit Ergotainment - Arbeit und Unterhaltung?
Der Markt wächst und wächst. Die Summe der Gesamtfreizeit, teilweise erarbeitet und teilweise wegen Arbeitslosigkeit oder Kurzarbeit erzwungen, nimmt ständig zu. Diese Zeit muss irgendwie gefüllt werden. Unterhaltsames, meistens via Fernseher, ist die naheliegendste Alternative. Aber auch innerhalb der Arbeitswelt wächst der Druck auf Unternehmer, den Entertainment-Aspekt nicht zu vernachlässigen: Der Wettbewerb erfordert einen professionellen und emotionsgeladenen Auftritt, der mit allen Mitteln Aufsehen erregen muss. Man appelliert an die Ratio und an das Gemüt gleichzeitig. Werbungen preisen längst nicht mehr Produkte an, sondern verknüpfen diese mit Werte- und Erlebnispaketen, die dann beim käuflichen Erwerb mittels unerklärlicher Magie auf den neuen Besitzer übergehen sollen.
Da die Nachfrage nach Unterhaltung, quasi als Gleitmittel und Anästhetikum in einem, von der niedersten Unterleib-Schublade bis zum gehobenen, artistischen Niveau ständig zunimmt, entstehen in diesem Bereich mehr und neue Arbeitplätze. Wer sich beruflich mit Unterhaltung auseinandersetzt, sei es als Hohepriester des schnellen Glucksens in einer Werbeagentur oder als Theaterstatist, vierter Speerträger von rechts, arbeitet in der derzeit grössten Wachstumsbranche der Industriewelt. Heute noch ein motorisch durchschnittlich und gesanglich total unbegabter junger Mann - und morgen schon Teenie-Idol in einer Boy Group. Das von Christian Lutz weiter unten angekündigte kulturelle Zeitalter hat begonnen. Aber was für eine Kultur?
Das kulturelle Zeitalter begann für Chantal Hamel an einem Donnerstagabend, als ihr Telefon klingelte. Die Vorgeschichte beginnt 12 Jahre früher in Kanada…

Die Freiheit

Der gute Name verpflichtet, besonders im Fall von **Guy Laliberté**. Ein Name wie ein Manifest: la liberté, die Freiheit. Seine Nationalität: Kanadier. Genauer: Französisch-Kanadier oder Québèquois. Der junge Guy Laliberté war zu Anfang der 80er-Jahre ein Strassengaukler und Kirmeskünstler, ein Saltimbanque, wie man diese leichtlebigen und närrischen Spassbereiter zu nennen pflegt, der mit seinen Kameraden und seinen Gleichgesinnten von Ort zu Ort tingelte und dort zirzensische Volksbelustigung mitsamt Gaukler-Romantik und üppiger Jahrmarktpoesie feilbot.

> ***Tagein und tagaus, Mal um Mal, bin ich was wir sind: Einzig und vielfach, schwindelerregend und verrückt, geschmeidig und rebellisch, schwebend und magisch. Sterblich, unsterblich, körperhaft und zeitlos, bin ich ein Unterwerfer, ein Verführer, ein Verzücker und Verzauberer. Lasst Euch aber ja nicht von mir beirren: Ich bin weder Fantasiegestalt noch Zauberspruch; ich bin weder Mann noch Weib und besitze weder Körper noch Seele; ich bin weder Gott noch Dämon, weder Geschichte noch Melodie; ich bin niemand und doch bin ich überall.***
> ***Ich bin Saltimbanco.***

Im Jahre 1982 gründeten Guy Laliberté und einige seiner Freunde einen Verein, den sie **»Le Club des Talons Hauts«** nannten, den Klub der Hohen Absätze. Alle waren sie unter anderem **»Echassiers«**, Hochstelzenartisten, die nun zwei bis drei Meter über dem Erdboden eine hochgesteltzte Show entwickelten und vor Publikum aufführten. Zur Bekanntmachung der Show, als PR-Massnahme, organisierten sie gleich ein regionales Festival für Kirmes- und Zirkusartisten der Provinz Québec mit, das nach seinem ersten Erfolg 1982 zu einer jährlichen Veranstaltung, der **»Fête Foraine de Baie St. Paul«** avancierte, benannt nach jenem kanadischen Ort, der am Ufer des St. Lorenz-Stroms liegt.

Es kam das Jahr 1984, für Kanada ein Jubeljahr, denn genau 450 Jahre zuvor hatte der französische Kapitän Jacques Cartier nach langer Segelfahrt zum amerikanischen Kontinent die Mündung eines Stroms entdeckt, diesen nach dem Heiligen Lorenz benannt und begonnen, ihn zu erkunden. Es war das Geburtsjahr Kanadas und insbesondere des französischen Kanadas, des Québecs: 450 Jahre später immer noch ein guter Grund zum Feiern, besonders wenn man um die Spannungen zwischen englischsprachigen und den französischsprachigen Kanadiern weiss. Die Kanadische Regierung, im Rahmen einer Vielzahl von anderen Projekten, wandte sich unter anderen an Guy Laliberté, den Organisator jenes Festivals in Baie St. Paul, und leistet ihm beim Aufbau eines neuen, grösseren Programms für das Jubiläumsjahr finanzielle Unterstützung.

Was Guy Laliberté aus dieser Ausgangslage machte, war der »**Cirque du Soleil**«. Heute ist dieser Sonnenzirkus eine globale Erfolgs-Story, ein absoluter Publikumsliebling und wird er gern mit der Renaissance des Zirkus' in einem Satz genannt. Der »**Cirque du Soleil**« beschäftigte 1996 insgesamt 1'250 Mitarbeiter, darunter 260 Artisten, aus insgesamt 21 Ländern der Erde; er ist inzwischen mit neun verschiedenen Shows in 118 Grossstädten rund um den Globus aufgetreten; er erzielt einen jährlichen Umsatz von 125 Millionen Kanadischen Dollars (etwa 150 Millionen DM) mit Billetverkäufen und mit professionellem Merchandising; er wurde seit 1984 von über zehn Millionen zahlenden Gästen besucht - jedes Wochenende gesellen sich allein 46'000 Zuschauer mehr dazu. Das Unternehmen besitzt zur Zeit zwei Hauptquartiere, ein kleineres, europäisches in Amsterdam und das grosse Hauptquartier mitsamt eigener Zirkusschule in Montréal, Kanada. Dort werden alle neuen Shows entwickelt, einstudiert, choreographiert, die Dekors und die Kostüme entworfen und die neue Musik eigens komponiert. Bereits gestandene Zirkusartisten aus Übersee, Europa und Fernost, die ihr eigenes Repertoire besitzen, werden im neuen Repertoire eingeübt, ihre Nummern verfeinert und angepasst, bevor sie auf Tournee gehen.

Oder zu den permanenten Shows abkommandiert werden, wie zum Beispiel der Show »**Mystère**« im Treasure Island Theater in Las Vegas, mit 1'500 Sitzplätzen in einem eigens entworfenen Vorführsaal. Am 1. März 1998 wird »**Bellagio**«, ebenfalls in Las Vegas, in einem noch im Bau befindlichen, neuen Hotel-Casino, Abend für Abend 1'800 Zuschauer unterhalten. Ab November '98 wird auch der Walt Disney World Resort in Orlando, Florida, eine permanente Show des »**Cirque du Soleil**« beherbergen. Wie man sieht, das US Mainstream-Entertainment ist drauf und dran, den Sonnenzirkus aus Kanada zu vereinnahmen. Aber nicht nur: Ab dem jahr 2000 kommt der »**Cirque du Soleil**« auch nach Berlin und zieht in ein neues Theater am Leipziger Platz mit einer Kapazität von 1'600 Plätzen ein.

Dazu kommen weitere Tourneeproduktionen in zwei Zelten. Deren neun gab es bisher, weitere werden folgen. Bereits die erste Show, »**Cirque du Soleil**«, aus den Jahren 1984/85 wurde von der Kritik und diversen Juries mit Auszeichnungen überschüttet: Emmy Award, Drama Desk Award, Ace Award, Gemini Awards, Rose d'Or de Montreux, Felix Awards.

Und bereits zum dritten Mal allein im Jahr 1997, wir schreiben Mitte April, sind Artisten des »**Cirque du Soleil**« in der vielbeachteten und gerngesehenen Tonight Show von Jay Leno aufgetreten: Ein sicheres Zeichen für die endgültige Konsekration zur festen Grösse in der Oberliga des Show Biz. Erfolg auf der ganzen Linie!

Aber weshalb? Es gibt viele Gründe für den durchschlagenden Erfolg des »**Cirque du Soleil**«, das Zuzwinkern des Schicksals, das Auftauchen zur rechten Zeit am richtigen

Ort, die Top-Qualität der dargebotenen, artistischen Unterhaltung und ein innovatives Konzept: Anstelle einer zufälligen Abfolge von Zirkusnummern wie im klassischen Zirkus, bietet der »**Cirque du Soleil**« ein abgeschlossenes Spektakel, ein Zirkus-Musical, in das die einzelnen Darbietungen hineingewoben werden. Diese Darbeitungen sind, es versteht sich von selbst, vom Feinsten. Sie basieren auf klassischen Zirkuskünsten, wie Hochseiltänzer, Trampolinspringer, Kontorsionisten, Trapez, Kraftmeiereien, die aber liebevoll in den Gesamtkontext eingebettet werden und das Neue im Alten zum Ausdruck bringen. Die Übergänge von einem Showteil zum anderen sind fliessend und gepflegt gestaltet. Die Truppe ist eigenwillig kunterbunt in bemalter Spandexkluft einkostümiert, so dass sie über alle Nummern hinweg als Einheit empfunden wird. Zu jeder Nummer gibt es zahllose Randaktivitäten, Clowns, surreale Gaffer und komische Nachäffer, so dass das Auge zu jeder Sekunde etwas Neues entdecken kann.
Besonders eindrücklich sind die Massenszenen, wenn 50 bunte Artisten die Manege und den hinteren Aufbau bevölkern und eine Massentanznummer darbieten, die eines MGM-Musicals würdig wäre. Eine riesige Lichtorgel sorgt für kaleidoskopische Effekte und die Musik stammt nicht von einer blechernen Brassband à la St. Peppers im Altersheim, sondern wird jetzt von einer Popband abgeliefert: elektrische Bass- und Leadguitarre, Keyboard, Saxophon und Schlagzeug produzieren einen melodischen, rhythmischen Sound, der nichts mit dem berüchtigten Tschinderassa-Bumm-Bumm der Vorgänger gemein hat, sondern als eigenständige Musik besticht, besonders wenn sich die Sänger dazugesellen, denen man anhört, dass sie wirklich singen können und deren oftmals absichtlich beschwörende Stimmen der Gesamtheit des Programms eine Stimme verleihen. Tiernummern gibt es keine mehr.
Im Vorzelt, während der Pause, kann man von den lokalen Catering-Lieferanten alles zwischen Bier oder Champagner und eines von über zweihundert Merchandising-Produkten kaufen, von der CD über das Videoband, ein T-Shirt oder einen Mug bis hin zum bedruckten Zippo-Feuerzeug oder einen von rund zwanzig verschiedenen Pins.
Die Show ist ein optisches, akkustisches, emotionales, top-professionell gemachtes Gesamtkunstwerk der Spitzenklasse. Die Show ist stärker als jeder Artist, der darin auftritt. Der »**Cirque du Soleil**« ist stärker als jede Show und der Name ist inzwischen gleichbedeutend mit einem Gütesiegel: Steht er einmal obendrauf, ist der Rest schwer in Ordnung, darauf ist Verlass. Kein Zufall, dass eine Zusammenarbeit mit Walt Disney begonnen hat; was Walt Disney in der Film- und Freizeitparkindustrie darstellt, dafür steht der »**Cirque du Soleil**« in der zirzensischen Branche: Der Look und die Aufmachung ist von Show zu Show dieselbe: Es ist immer derselbe Mix von Show, Musik und Magie. Ganz gleich, was gespielt wird, stets herrscht dasselbe Grundgefühl von Exuberanz, Rhythmus, Licht, Zuckerwatte und Kommerz.
Das eigentliche Produkt des »**Cirque du Soleil**«, die Zielvorgabe jeglicher Aktivität, bezeichnet Guy Laliberté als das »Emerveillement« des Zuschauers, als Bezauberung. Sein Erfolgsrezept, lakonischer, geht so: »**S'amuser, pour amuser les autres**«. Selber

Spass haben, um anderen Spass zu machen. Ob er noch Spass hat? Er tritt nicht mehr selber auf und jettet zwischen Amsterdam, Montréal, Premieren hier, Vorpremieren dort und Pressekonferenzen ein wenig überall hin und her.
Ein anderes Wort fällt häufig. »**Rêver**«: Träumen. In der Tat: Das Werk des Traums ist allgegenwärtig unter dem »**Grand Chapiteau**«, dem Grossen Zelt. Die Show ist wie ein zum Leben erweckter, schöner Traum: Sprunghaft, mystisch, traumhaft. Der »**Cirque du Soleil**« ist ohne Zweifel der verwirklichte Lebenstraum seines Gründers. Und ein immer zahlreicheres Publikum aus einer an akuter Traumarmut leidenden Welt will am schönen, bunten, unterhaltsamen Sonnentraum teilnehmen. Die Eintrittspreise sind eher happig, aber die mindestens 50 Mark für einen guten Sitz sind dennoch weise angelegtes Geld und ihr Gegenwert, 150 Minuten Weltklassezirkus, ihren Preis mehr als wert.
Chantal Hamel, Orthopädagogin aus Montréal, träumte diesen Traum nicht. Aber der Traum träumte von ihr und das Märchen konnte beginnen.

»Tout va bien«

Es war einmal, in einem fernen Land vor nicht allzu langer Zeit, eine junge und lustige Französisch-Kanadierein namens **Chantal Hamel**, die in Montréal aufgewachsen war und zur Schule ging. Ihr zuliebe ist Montréal, der königliche Berg, in französischer Weise geschrieben. Als es für sie an der Zeit war, an der Universität das hohe Fach der Medizin zu studieren, gab es ein Problem. Das Problem hiess Numerus Clausus: Es gab zuviele Anwärter für zuwenige Studienplätze und Chantals Schulnoten waren knapp nicht gut genug. »*Na gut*«, sprach unsere Prinzessin unverzagt und überlegte. »*Was gibt's anderes?*«
Im Gespräch mit der Studienberatung fand sich etwas anderes, das zumindest von Ferne eine medizinische, sprich: therapeutische Dimension besass, auf die Chantal so Wert legt. Das Unding nannte sich Orthopädagogie und war ein Fach, vor dem nicht hunderte von Kandidaten Schlange standen. Chantal Hamel wurde Orthopädagogin und arbeitete an einer Mittelschule, wo sie von nun an mit der Betreuung und Ausbildung von schwererziehbaren Jugendlichen betraut wurde. Mit der Erziehung von Jugendlichen, um es genauer zu sagen, die nicht lernen konnten oder partout nicht lernen wollten: Jungkriminelle, Drogenabhängige, Verwahrloste, Sozialfälle schon mit fünfzehn. Es war eine durchaus bereichernde, aber nicht immer freudenreiche Arbeit. »*Man erlebt da Dinge, die glaubt man nicht*«, kommentiert Chantal Hamel heute, ohne zu erklären, was sie alles miterleben musste. »*Ich habe es gern getan*«, schiebt sie nach, »*sonst hätte ich es nicht getan. Je ne regrette nien!*«
Die Jahre vergingen und Chantal leistete pflichtbewusst ihren kleinen, lokalen Anteil zur Eindämmung des Elends dieser Welt. Sie heiratete und zog in ein nettes, kleines

Häuschen in der Vorstadt von Montréal. Klassische Suburbia, klassischer Mittelstand. *»Es lief mir wie auf Schienen«*, meint sie rückwirkend. *»Alles geradeaus und weit und breit keine Überraschungen in Sicht«*. Sie runzelt ihre Stirn.

In ihrer freien Zeit tat sie, was man in der Freizeit so zu tun pflegt. Dazu sang sie auch gerne. Schon als Mädchen hatte sie Gesangsunterricht genommen, und da sie eine junge Frau mit einem durchaus sonnigen Gemüt war, sang sie aus Spass' an der Freude auch noch als Erwachsene. Sie legte dabei Wert darauf, nicht einfach nur Töne zu erzeugen, sondern die Noten genau zu treffen und ihre Stimme zu schulen. *»Man kann einfach nur etwas machen«*, nickt sie schulterzuckend, *»oder dann etwas gut machen. Wenn man schon etwas macht, dann sollte man es entweder gut machen oder gar nicht«*. Chantal wurde als Sängerin in ihrem Bekanntenkreis bekannt, man hörte ihr gerne zu und es wurde üblich, wenn immer man sich traf, zum Nachtessen, zum gemütlichen Abend oder bei Festen und Hochzeiten, dass Chantal um eine Darbietung gebeten wurde, die sie niemals ausschlug. *»Du solltest auftreten, mit so einer Stimme«*, hiess es von Zeit zu Zeit. Chantal winkte ab: *»Ich bin jetzt bald 30 und habe einen Beruf, was soll ich mich da noch aufreiben? Tout va bien«*.

Und dann, an einem Donnerstagabend, als sie vom Unterricht nach Hause zurückkehrte, klingelte das Telefon. Es war der Anruf, der ihr Leben veränderte.

Am anderen Ende der Leitung war jemand vom »**Cirque du Soleil**«, der Chantal Hamel zum Vorsingen einlud. Der Cirque erwähne ernsthaft, sie für eine Show zu casten.

»Wie kommen Sie auf mich?« wunderte sich Chantal.

»Sie haben vor vierzehn Tagen an einem Hochzeitsfest gesungen. Jemand von uns war als Gast dort dabei und war sehr beeindruckt«.

»Aber es gibt doch sicher genug Profis, die ebenso gut sind wie ich, vermutlich sogar besser?«

»Wissen Sie«, kam die Antwort, *»für unsere Show Saltimbanco suchen wir eine ganz bestimmte Stimme mit einem bestimmten Timbre. So wie die Ihre«*.

Chantal Hamel, neugierig und verdutzt, meldete sich zum Vorsingen beim »**Cirque du Soleil**«. An eine ernsthafte Chance wagte sie nicht zu glauben. Sie würde, dachte sie, gewiss nur eine von Dutzenden von Kandidatinnen sein und nach der ersten Runde nach Hause zurückgeschickt werden, so wie im Musical »**A Chorus Line**«. Nun ja, immerhin einmal etwas anderes. Den »**Cirque du Soleil**« kannte sie nur als Besucherin und das, vermutete sie, würde auch so bleiben. Als sie bei der Audition eintraf, war sie aber die einzige. Sie gab einige Chansons zum besten. Sie wurde dann gebeten, auch ein wenig vorzutanzen, was sie nach bestem Wissen und Gewissen tat.

»Wir möchten Ihnen den Job geben«, lautete es am Ende. *»Es würde uns freuen, wenn Sie in zwei Wochen bei Saltimbanco in Japan einspringen könnten«*.

Noch heute, an diesem Punkt in ihrer Erzählung angelangt, macht Chantal den äusserst verdutzten Gesichtseindruck nach, den sie damals zeigte: Gross aufgerissene Augen und eine Kinnlade, die fassungslos weit nach unten kippt.

Zwei Wochen später, nach einer äusserst turbulenten Zeit, stand sie in Osaka, Japan, in

der Manege. Ihr Arbeitgeber hatte sie freundlicherweise beurlaubt, vermutlich half dabei die Nennung des Namens des »**Cirque du Soleil**«. Es folgte ein Crash Course, das Büffeln an den Gesangsnummern, das Einüben der Tanzschritte und unzählige Proben, bis zu Chantals erfolgreicher Premiere. Wie kam sie zurecht?
»C'était.... c'était...«
Sie sucht nach Worten und findet keine. *»Merveilleux?«* bieten wir ihr ein Adjektiv an.
»Oh oui! Formidable!«
Es lohnt sich durchaus, an dieser Stelle einige hundert Buchstaben in die Behandlung zweier Details in Chantals Biographie zu investieren, die damals für ihr Umsteigen von entscheidender Bedeutung waren. Zwei persönliche Trumpfkarten im ewigen Poker um Arbeit sind es, die Chantal zu ihrem neuen Job halfen, selbst wenn sie dies damals gar nicht bemerkte. Das erste Trumpfass wurde bereits genannt: Das Hobby. Irgendein Hobby, das vor Entfremdung schützt, die Monotonie und die Abnützungserscheinungen der herkömmlichen Arbeit etwas mildert. Gleich, was man macht, aus Hobbies könnte irgendwie Arbeit entstehen. Die zweite Trumpfkarte ist ebenso stichhaltig: Vitamin B, das Beziehungsnetz oder, wie es neuerdings heisst, das Beziehungskapital. Kontakte, seien sie professioneller oder persönlicher Natur, die gepflegt werden. Nichts für Brummbären und Miesepeter: Ein starkes Beziehungskapital bildet ein vorzügliches Auffangnetz. Beides, das ernsthaft betriebene Gesangshobby und die kommunikative Kunst, Leute zu kennen, die wiederum andere Leute kennen, verhalfen Chantal Hamel zu ihrer Einladung in die Zirkuswelt. Ein Zufall? Ganz bestimmt. Aber dass der Zufall überhaupt zugunsten Chantals entschied, das war kein Zufall.
Zwei Jahre lang war Chantal Hamel auf Tournee, erst in Japan und dann quer durch Europa. Ihr Part war derjenige der Lead-Sängerin, einer Art Saltimbanco-Priesterin, die mit ihren Inkantationen die Vorführung begleitet. »Es gibt in unserem Programm keine eigentliche Handlung«, erklärt sie, »jeder Zuschauer soll das Gesehene selbst zu einer Handlung zusammenträumen. Gesang und Worte sind in einer Nonsens-Sprache, die es gar nicht gibt, formuliert, einer fantastischen Universalsprache, die überall auf der Welt nicht verstanden und gerade deshalb verstanden wird«. Das Eingangslied »**Kumbalawé**« wurde zu einem Hit, selbst ohne Zirkus und Manege rundherum. Die Musik von Satlimbanco, wie diejenige der vorhergegangenen Shows von René Dupéré komponiert, ist einer der Schlüssel des Erfolgs.
Während etwa 100 Minuten in jeder Show singt, tanzt, hüpft Chantal Hamel in der Manege herum, von starken Verfolgerscheinwerfern prominent in den Vordergrund gebracht oder im schattigen Zwielicht neben der Band. Meistens ist sie in Bewegung, selten steht sie still. Gesang als Leistungssport. Jeder Schritt, jeder Wink, jedes Zwinkern ihrer Performance ist genau vorgeschrieben und exakt getimt. Selbst wenn 50 Artisten oder mehr die Manege bevölkern, bleibt der Zufall vollständig aussen vor und ist Improvisation nicht willkommen: Die Choreographie und der Soundtrack sind die einzigen Taktgeber. Jede Show wird auf Video aufgezeichnet und analysiert. Selbst kleinste

Fehler werden aufgestöbert und ausgemerzt - meistens gleich von den Artisten selbst. Die grossen Dinge sind in der Regel weniger ein Problem, meistens geht es um Kleineres, einen Schritt, der nicht im Takt ist, ein Winken, eine Pause, ein Verneigen, ein Lächeln, die nicht hundertprozentig richtig sitzen. Was während der Vorstellung wild, lebenslustig und total spontan anmutet, entpuppt sich als perfekte Inszenierung. Die Artisten können natürlich Ideen und Verbesserungensvorschläge unterbreiten. Damit wenden sie sich Serge Roy, den Directeur Artistique.

Weisst Du, es war in New York, als wir die Show dort aufzogen und ich gerade mal wieder eine Pause hatte, die erste seit langem. Ich ging in diesen grossen Park in der Stadtmitte spazieren, wie hiess der doch noch? Central Park, das ist es. Also ich ging durch den Park und setzte mich auf ein Bank. Es war Herbst und die Sonne schien. Es war ruhig, das farbige Laub, ein frischer Wind und ich fühlte mich einfach total gut, total happy und zufrieden. Und ich erinnere mich, dass ich mich dann und dort gefragt habe, weshalb sich nicht alle Menschen die ganze Zeit lang so fühlen dürfen wie ich damals. …Ich weiss es nicht.

Serge Roy, Gelegenheitsphilosoph wie die meisten Zirzensier, ein Mann der allerersten Stunde, noch aus den Zeit des »**Club des Talons Hauts**«, ist der artistische Leiter. Seine wichtigste Aufgabe ist es, die Linientreue gegenüber dem Originalprogramm aufrecht zu erhalten: Saltimbanco ist als Show schon fünf Jahre alt, ihre endgültige Dernière erlebte das Programm am 31. Januar 1997 in der Royal Albert Hall in London. Die Besetzung hat sich laufend verändert, immer neue Artisten, Clowns, Musiker, Sänger und Techniker lösten sich ab, während Saltimbanco immer dasselbe blieb. Serge Roy betreut und korrigiert Artisten. Diese sollen ja nicht sklavisch das Original abspulen, sondern seinen Geist umsetzen: *»Chantal bewegt sich etwas anders als die Vorgängerin. Natürlich wird das berücksichtigt«*. Serge Roy ist von seinem Typ her der typische, rauhbeinige und dennoch herzensgute Kumpel. *»Chantal bewegt sich gut«*, meint er zu uns. *»Sie setzt sich ein, sie arbeitet an sich selbst, an ihrer Stimme, sie geht damit sehr professionell um, vorbildlich, das heisst sehr schonungsvoll und dennoch ist sie überhaupt nicht primadonnenhaft oder mimosig, sondern immer gutgelaunt und sehr kooperativ. In der Manege kommt sie gut aus sich heraus. Das ist überhaupt, was ich von allen Artisten am meisten erwarte: Aus sich herauszukommen, grosszügig zu sein, zu geben, von ganzem Herzen«.*
Chantal singt in jeder zweiten Vorstellung den Lead-Part und wechselt sich mit einer Kollegin ab. Wenn sie nicht die Hauptgesangsstimme im pink-gelben Glitzerkostüm mit schwerer Perücke zu bewältigen hat, die backstage als »**Shrimp**« bezeichnet wird, tritt sie in einer kleineren Nebenrolle mit Nebengesang auf. Jeden Tag sind Proben und Übungen angesagt. Vor ihren Auftritten bestreitet sie einen Soundcheck und beginnt etwa drei Stunden vor der Vorstellung mit Aufwärmübungen, Stretching, Atemübungen und Warmsingen. Ganz nebenher erteilt sie noch einem russischen Jungen, der in der ersten Nummer mit seinen Eltern in einem Schlangenmenschen-Ballett auftritt, Französischunterricht. Wir hatten befürchtet, dass sie so etwas sagt, wir hatten schon seit

Tagen auf diesen Moment gewartet, als sie es sagt: *»Wir sind eine grosse Familie!«* Von Mittags bis tief in die Nacht ist Chantal auf dem Zirkusgelände. Die zweite Vorstellung des Tages endet um halb elf und dann gibt es einen Umtrunk in der Kantine als erste, informelle Manöverbesprechung, an der dann über die Hoppalas der Kollegen geschmunzelt wird. Bei diesem formlosen Anlass lernen wir einen neuen, französisch-kanadischen Kolloquialismus: »**Se pacter la fraise**«, sich die Erbeere vollpacken, sich betrinken. Es ist die einzige Tageszeit, nach der Show, an der sich die Artisten einen genehmigen dürfen. Oder zwei.
Vormittags, wenn sie frei hat, könnte sie die Stadt auskundschaften. *»In welcher Stadt sind wir jetzt eigentlich? Immer noch Zürich?«* Chantal besucht auch in Zürich einen Gesangslehrer, so wie ein Golfer zum Pro geht, um die Technik durchzuchecken. Alle Artisten sind während der Tournee in guten Hotels untergebracht. Im Tross mit dem grössten Zirkuszelt, das Europa jemals gesehen hat, befinden sich eine eigene Kantine mit grossem Menüplan, eine Wäscherei, eine eigene Physiotherapeutin, ein eigenes Trainingszelt und ein eigenes Pressezentrum.
»Alors?« fragen wir Chantal nach einer kurzen Gesprächspause.
»Tout va bien!« lacht sie.

Saltimbanken und Graugesichter

Auf den Spuren des philosophischen Unterbaus des »**Cirque du Soleil**«: Trifft das Cliché zu oder wird es als universeller Mythos hier dem Aussenstehenden nur vorgelebt?
»Seid Ihr hier wie eine grosse Familie?« fragen wir Serge Roy.
»Ach!« lacht der auf. *»Das sagt man immer so. Manchmal ja, manchmal nein«.*
»Und«, bohren wir nach, *»Hast du manchmal Mitleid mit uns, den »visages gris«, die im Publikum hocken?«*
Serge überlegt. Die Graugesichter, die Normalos. *»Weisst Du, ich glaube nicht an diese Extreme«*, meinte er dann. *»Ich denke, die Welt muss so sein, wie sie ist, damit aus ihr als Nährboden heraus die Zirkusse entstehen können und damit die Saltimbanques und die Graugesichter sich unterscheiden können. Gäbe es die vielen, grauen Leute nicht, wären die Vorstellungen ja nicht ausverkauft und das fände ich schade«.*
Letzte Frage: Die Magie, die er durch die Show erzeugt, verspürt er sie selbst immer noch? *»Oh ja! Ich sehe die Show zum ixten mal, kriege noch immer eine Gänsehaut und lasse mich von der Magie entführen... wenn ich diese Energie erlebe, diese Farben, diese Musik, das verzaubert mich immer wieder von Neuem«.*
»Tout va bien?« erkundigen wir uns mit neidischem Anflug.
»Tout va bien«, stimmt er lachend in den Refrain ein.
Während des Gastspiels von einem Monat in Zürich waren mehr als 90 Prozent aller Sitzplätze ausverkauft. Die biederen, äussert verschlossenen Schweizer reagierten begeistert, der Applaus am Ende langdauernd und frenetsich. Saltimbanco wurde zum

Tagesgespräch und bot vielen Graugesichtern einen ausgezeichneten Vorwand zu total unschweizerischer Begeisterung.
Reine Magie.
Ehrlich!
Chantal Hamels Engagement wird mit der Dernière von Saltimbanco enden. Was dann? Sie macht ein etwas säuerliches Gesicht. *»Es gibt zwei Möglichkeiten«*, meint sie nachdenklich. *»Ich kann zurück ins Schulzimmer. Noch bin ich beurlaubt, aber bald einmal wird mein Verfallsdatum als Orthopädagogin überschritten sein, werde ich keine Verlängerung der Beurlaubung mehr zugestanden erhalten. Also müsste ich zurück«*. Sie macht eine kurze Pause. Wir vermuten, dass sie diese erste Möglichkeit eher der Vollständigkeit halber angesprochen hat. *»Ich möchte lieber weitersingen, irgendwie«*, fährt sie fort. *»Ich könnte eine eigene Platte machen, es gibt da Kontakte. Bei Walt Disney könnte ich auch versuchen, unterzukommen. Wenn der »Cirque du Soleil« mich für eine andere Show haben will, dann gern. Aber wenn Saltimbanco eingestellt wird, dann gibt es nur noch »Allegria«, und dafür habe ich das falsche Timbre. Was als nächstes kommt, ist noch offen. On verra«*.
Was sie wirklich machen wird, wissen wir nicht. Vielleicht enthält die nachfolgende Passage einige Anhaltspunkte darüber, ob sie die defensive oder offensive Variante wählen wird. Wie auch immer: Tout ira bien, Chantal.
Auf der Bühne, jeden Abend für die Leute zu singen, das ist eine unglaubliche Droge...die Beste, die es gibt! Ein guter Artist kann sein Inneres vollständig nach aussen kehren und dem Publikum schenken....das ist extrem...der reine Wahnsinn! Und unsre Ängste, unsere Begierden, unsere Freuden, alles was wir empfinden, geben wir mit unserer Aufführung an das Publikum weiter. Abends, während der Vorstellung, sind wir ...wahrhaftig!
Es bereitet mir ein bisschen Kummer, wenn ich mit einem Zuschauer in Blickkontakt trete - und es kommt von ihm nichts zu mir zurück. Das bekümmert mich, denn dann fehlt etwas...Unbeschreibliches. Einer reicht. Nur einer unter 2'000 Besuchern, der dich anschaut, der dir applaudiert - und der Abend ist gerettet.
Es gibt keine Zufälle im Leben. Wenn ich hier gelandet bin - und nicht woanders - dann deshalb, weil es irgendwie so kommen musste. Viele denken, ich lebe hier in einer Märchenwelt. Für mich ist es eine Arbeitswelt. Ich habe nicht lange überlegt, als ich angefragt wurde, habe nicht lange gefackelt, bin ins Nichts gesprungen und das war das Beste, das mir jemals widerfahren ist.
Ich sage dir: Wenn dir so etwas passiert, darfst du dir das nicht entgehen lassen. Du musst es unbedingt ausleben und sofort zupacken, hörst du?

Abschliessend

Wäre die Qualität der Unterhaltungswelle, die über uns zusammenbricht, immer von der Güte eines »**Cirque du Soleil**«, dann wären wir ein gesegnetes Geschlecht.

Die Unterhaltung, gleich welcher Art, sei es in Film und TV, auf der Bühne, im Sport und im Kunstbetrieb, verwandelt sich vor unserer Nase immer mehr zum Produkt, das professionell gestaltet und vermarktet wird. Was damals den »**Cirque du Soleil**« aus der Anonymität der kanadischen Provinz ins globale Rampenlicht beförderte, war die Professionalität seines Auftritts. Nicht länger ein überforderter Zirkusdirektor, der nach Feierabend eine Viertelstunde lang Bettelbriefe verfasst, sondern Vollzeit-Profis in den Bereichen Marketing, PR und Werbung haben das Produkt »**Cirque du Soleil**« grossgemacht. Wenn die Show in Ihre Stadt kommt, ist eine Probevorstellung für die Presse mit anschliessender Pressekonferenz bereits fest eingeplant, erhalten die anwesenden TV-Stationen dazu bereits vorgeschnittene Videoclips, eine CD mit der Musik und ein umfassendes, detailiertes Dossier. *»Sie wollen kurz mit Guy Laliberté sprechen? Kein Problem«.* Diese letzten zwei Worte fallen oft, wenn nicht immer, im Umgang mit der Aussenwelt: »**Kein Problem!**« Das administrative und publizistische Begleitpersonal ist immer auf Ballhöhe und sehr dribbelstark.

Wir fragen auf der Pressekonferenz Guy Laliberté nach dem Stellenwert des Zirkus als sozialhygienischer Institution: *»Nun ja«*, kommt es zurück. *»Wir leben in einer Welt, in der jeder seinen Job hat. Und jeder Job ist wichtig«.*

Wir verdächtigen ihn, einen Gemeinplatz von sich gegeben zu haben. Verständlich, bei den immer identischen Fragen. Fühlt er denn als Zirzensier manchmal Mitleid mit den Graugesichtern im Publikum? *»Nein, warum? Es braucht von allem. Wer soll denn sonst zu uns in die Vorstellung kommen?«*

Als die Kamera abgeschaltet ist, fällt uns eine letzte Frage ein. Er selbst, als äussert erfolgreicher Ex-Zirkusmann und vielbeschäftigter Geschäftsleiter, ist aus ihm gar ein Graugesicht geworden? Sehnt er sich nach den alten Zeiten zurück? Er befindet sich bereits im Abdrehen, der Kollege von Tele Züri wartet, und antwortet nur mit einem Blick, in den man, wenn man will, viel hineinlesen kann.

Einer von vielen Vorboten des kulturellen Zeitalters? Die Banalisierung der meisten Massenproduktionsmittel, Videokamera, Musik- und Grafik-Software führt dazu, dass mehr und mehr Menschen die professionellen Werkzeuge und Medien für sogenannt kulturelle Aktivitäten erwerben können. Wer heute Regisseur, Autor, Schauspieler oder Produzent werden will, dem wurde es noch nie so leicht gemacht.

Am anderen Ende des Gedankengangs finden sich neue Arbeitsplätze und neue Arbeit in Unterhaltung, Freizeit, Sport und Kultur; neue Entfaltungsmöglichkeiten für Genies und Quacksalber; neue Fluchtfenster und Ersatzträume für Graugesichter. Wie bei jeder Arbeit gilt auch hier, das sei allen Schwärmern gesagt, dass diese aus 95 Prozent Arbeit und höchstens 5 Prozent Spass besteht.

Und noch etwas sei erwähnt. Die beiden Sponsoren des Auftritts des »**Cirque du Soleil**« in Zürich waren die Union Bank of Switzerland UBS und DEC Schweiz, Digital Equipment Company. Unterhaltung und Kultur, die zugleich auch als Werbeplattformen für andere dienen, sind in etwa so suspekt wie ein Philantrop, der

zuhause seine Frau verprügelt. Die Symbiose von Lebensfreude und Kommerz, Spass und Image, Spiel und Ernst, oft als unausweichlich akzeptiert, wird das kommende kulturelle Zeitalter prägen und uns allen unterhaltsame Zeiten bescheren.
Die Graugesichter benützen die Magie als Werkzeug. Dass muss so sein. Aber es steht nirgends geschrieben, dass wir sie dafür gernhaben müssen.
It's Showtime! Viel Spass!

Das 21. Jahrhundert - ein kulturelles Zeitalter?

Dr. Christian Lutz
Direktor,
Gottlieb Duttweiler Institut, Rüschlikon

Ob Zufall oder nicht - die Jahrtausendwende ist mit einem fundamentalen Paradigmenwechsel in Wirtschaft und Gesellschaft verbunden. Die Zahl der Etiketten, die man dem neuen Zeitalter schon angeklebt hat, ist kaum noch übersehbar, und alle Namen spiegeln einen bestimmten Blickwinkel, eine bestimmte Teilwirklichkeit, teils auch bestimmte Wunschvorstellungen. Was soll also der Ausdruck »**Kulturelles Zeitalter**«?
Die letzten 50 Jahre standen weitgehend im Zeichen der »Hyperindustrialisierung«, d.h. der Ausdehnung des industriellen Wertschöpfungsmusters auf den Dienstleistungssektor, seiner letzten Vervollkommnung in allen Wirtschaftsbereichen und seiner Globalisierung. Dabei hat die Entfaltung der Informations- und Kommunikationstechnologie eine Schlüsselrolle gespielt, weshalb diese »**Industrialisierung mit anderen Mitteln**« auch »**Informationszeitalter**« genannt wurde, obwohl die Grundstrukturen des Denkens und Handelns zunächst weitgehend unverändert blieben.
Diese Grundstrukturen leiteten sich von einem abendländischen Welt- und Menschenbild ab, das sich seit der Renaissance schrittweise herauskristallisiert hatte und auf den folgenden kürzesten Nenner gebracht werden könnte: eine Newton'sche Maschinenwelt wird beherrscht von einem Cartesianischen Menschen, weil dieser kraft seines rationalen Verstandes als souveränes Subjekt ausserhalb der Maschinenwelt steht. Die Vorstellung der physischen Welt als Maschine lag offenkundig auch der industriellen Organisation und der traditionellen Betriebswirtschaftslehre zugrunde: Ausserhalb bzw. an der Spitze stehende Entscheidungsträger bauten immer präzisere, raschere, effizientere Maschinen. Alle Arbeitsabläufe wurden bis ins Letzte analysiert, optimiert und schliesslich vervielfältigt: Der weltweite Siegeszug der Massenfabrikation und damit der Stückkosten-Degression war programmiert. Im Dienstleistungssektor, in dem menschliche Informationsverarbeitung eine grössere Rolle spielte als physische Arbeit, hielt er erst nach dem 2. Weltkrieg mit Hilfe der Infor-mationstechnologie seinen Einzug. Deshalb ist der Industrialisierungsprozess hier heute auch noch in vollem Gange. Hinzu kommen stagnations- und rezessionsbedingte Rückfälle in ältere Organisationsformen. Dadurch wird verschleiert, dass das nachindustrielle Zeitalter längst begonnen hat.
Vielleicht am spektakulärsten zeigte dies der Zusammenbruch des Sowjetimperiums, das ja nichts anderes war als ein Versuch, die Weltgesellschaft in eine zentralgesteuerte Organisatonsmaschine zu verwandeln. Darüber haben viele übersehen, wieviele

industrielle Dinosaurier im Westen - obwohl gemildert durch Markt und Demokratie und damit auch weit effizienter und flexibler - haarscharf an der Katastrophe vorbeigeschrammt sind. Man denke an Beispiele wie BBC, Philips, GM, IBM, Daimler-Benz, etc..

Wo liegt das Problem? Die industriellen Strukturen werden zum Opfer ihres Erfolgs: Sie haben eine Komplexitätsspirale in Bewegung gesetzt, der sie selbst immer weniger gewachsen sind. Sie haben bewirkt, dass die Gesellschaft sich immer rascher verändert, dass sie sich in immer undurchsichtigerer Weise vernetzt, und dass sie sich zunehmend ausdifferenziert: Lebensmuster, Wertvorstellungen, Güter- und Dienstleistungssortimente, Regionen - alles individualisiert sich. Aus dem Wachstum der Wahlmöglichkeiten mit zunehmender Kaufkraft, Freizeit und Bildung ist längst die tägliche Qual der Wahl oder die Beliebigkeit geworden. Besondere Brisanz gewinnt diese Entwicklung durch die Explosion virtueller Realitäten, der kaum physische Grenzen gesetzt sind. Auf der Suche nach der Unterscheidung zwischen wirklichen und künstlichen Wirklichkeiten, gelangt man bald zum Schluss, dass die »Wahrheit« einzig im Auge des Betrachters liegt, d.h., dass die Ausdifferenzierung längst auf die Wirklichkeitsmodelle und Wahrnehmungsfilter in den Köpfen der Menschen übergegriffen hat, die darüber entscheiden, was jemand für »wahrnimmt«, getreu der klassischen Definition von Gregory Bateson, Information sei ein Unterschied, der einen Unterschied mache.

In dieser Welt der »Neuen Unübersichtlichkeit«, wie sie Jürgen Habermas einmal nannte, stehen industrielle Organisationen vor einem unüberbrückbaren Dilemma: Entweder sie gehen auf den Komplexitätswettlauf ein, werden schneller, grösser und vielfältiger und bauen damit so viel innere Komplexität auf, dass sie die Handlungsfähigkeit einbüssen, oder sie richten sich nach dem KISS-Prinzip (die Abkürzung steht für »Keep it simple and stupid«) und versuchen durch rigorose Vereinfachung und »Gesundschrumpfung« handlungsfähig zu bleiben. Dann verlieren sie aber die Anschlussfähigkeit, indem sie die Antennen für die Sensibilitäten ihres Umfeldes und sämtliche Innovationsquellen systematisch wegrationalisieren.

Auf der Ebene der Individuen sieht es ähnlich aus: Während die einen sich unter wachsenden Stress setzen lassen und immer noch mehr in die dadurch immer noch knapper werdende Zeit hineinzupacken versuchen, werden andere zu eindimensionalen Karriere-Zombies, die schliesslich jeden Kontakt zur gesellschaftlichen Wirklichkeit einbüssen, wie etwa jene einäugigen Verfechter des »Shareholder Value«, die diesen als einziges Unternehmensziel sehen und die keine Ahnung haben, dass sie ganz ohne Not den Ast absägen, auf dem sie sitzen.

Es ist das zentrale Symptom eines Paradigmenwechsels, des Übergangs zu grundlegend neuen Denk- und Handlungsmustern, dass Rezepte, die einfach »mehr desselben« postulieren, nicht mehr funktionieren. Es gibt ja durchaus andersartige Antworten auf die Problematik, die sich immer rascher verbreiten. Das Bonmot, dass heute nicht mehr die Grossen die Kleinen, sondern die Schnellen die Langsamen fressen, gewinnt zunehmend an Evidenz. Wir finden sie etwa bei Asea Brown Boveri, die nach der Fusion rund 5000 unternehmerisch autonome Profit-Center gebildet hat, in den neuen Wirtschaftsimperien, die aus Garagenunternehmen hervorgegangen sind (allerdings mit wachsender Grösse des öfteren Gefahr laufen, in alte industrielle Muster zurückzufallen und von agileren jungen Konkurrenten überholt zu werden), oder in den Dienstleistungsnetzwerken, die aus Hunderten kleiner Familienunternehmen bestehen, wie sie sich in kleingewerblichen Strukturen mancher Regionen herausbilden. Während die hyperindustriellen Dinosaurier sich durch Fusionen und Arbeitsplatzabbau über die Runden zu retten versuchen, erleben wir eine Gründungswelle von Klein- und Kleinstunternehmen. Hier entstehen die neuen Arbeitsplätze (näheres hierzu im Beitrag »**Der Arbeitnehmer ist tot - es lebe die Lebensunternehmerin!**«).

Was ist das für ein neues Muster, das hier entsteht? Wir erleben den Übergang von den mechanistischen zu bionischen Strukturen, also zu Lebensformen und Organisationsmustern, die nicht Maschinen, sondern lebenden Wesen nachgebildet sind. Diese zeichnen sich dadurch aus, dass sie nicht wie Maschinen einen von aussen vorgegebenen Code besitzen, sondern einen, den sie in der Auseinandersetzung mit einem dynamischen Umfeld selbst weiterentwickeln können. Der Code eines Informationsverarbeitungssystems - und mit solchen haben wir es ja zu tun - ist dessen Wahrnehmungsfilter, der ihm sagt, was einen Unterschied macht, und wenn etwas einen Unterschied macht, dann **macht** es einen Unterschied, d.h., es verändert den Code. Dieser enthält somit etwas wie ein Wirklichkeitsmodell und eine Selbstbeschreibung des betreffenden Systems, d.h., die Antwort auf die Frage, wodurch sich das Letztere von seinem Umfeld unterscheidet. Lebende Systeme sind lernende Systeme, die in einem Selbstorganisationsprozess sich »**selbst**«, d.h., ihren Code ständig weiterentwickeln. Der Prozess wird auch »**Autopoiese**« genannt.

Wenn wir in Anlehnung an Niklas Luhmann sagen, Sinn erschliesse sich, indem ich zwischen mehreren Möglichkeiten jene wähle, die meiner Selbstbeschreibung entspreche, so können wir von »**sinngesteuerter**« Selbstorganisation sprechen. Das ist der Fall bei einem Individuum, das sich in einem unübersichtlichen Umfeld den ihm entsprechenden Lebenspfad sucht, oder einem Kleinunternehmen, das sich auf jene Kernkompetenzen und »**Unique Selling Propositions**« konzentriert, die Resonanz zur Selbstbeschreibung, zur Selbstinszenierung, möglichst auch zu den verborgenen Wünschen ihrer Kunden entwickeln. Anders ausgedrückt sind bionische Organisationen dialoggesteuert, wobei Dialog, im Gegensatz zu einer mechanistischen Fehlkonzeption, nicht die gegenseitige Übertragung von Informationen zwischen Sendern und Empfängern bedeutet, sondern den Versuch, bei Dialogpartnern eine Resonanz zu erzeugen durch Irritation ihrer Wirklichkeitsmodelle.

Von hier aus könnten nun die weitreichenden Konsequenzen des Paradigmenwechsels für die Organisationen des nachindustriellen Zeitalters aufgerollt werden. Doch nicht dies ist das Thema, sondern die Frage, weshalb dieses Zeitalter verdienen sollte, ein

»kulturelles« genannt zu werden. Das ist der Fall, weil der Lebens- und Organisationserfolg in dieser Welt wachsender Komplexität von der Fähigkeit zur Ausbildung »**sinnvoller**« Selektionsstrategien abhängt. Die Konsequenzen sind auf mehreren Ebenen zu beobachten:

> ***In der individuellen Lebensgestaltung hängt der Lebenserfolg nicht mehr von der Wieviel-Frage ab, sondern von der Wie-Frage. Entscheidend ist nicht, wieviel jemand verdient oder wieviel er oder sie sich leisten kann, sondern wie gut es einem Menschen gelingt, einen Lebenspfad zu finden, der seinen Fähigkeiten und Vorlieben entspricht. Die Wie-Frage ist aber die Kernfrage der Kultur im antiken Sinn des Wortes: die Frage nach der Gestaltung im Unterschied zum blossen Erleiden des Umfeldes.***
>
> ***In dem Masse, wie wir in allen Bereichen der Gesellschaft und Wirtschaft die mechanistischen Organisationsformen hinter uns lassen, wird die menschliche Tätigkeit einen zunehmend «kulturellen», d.h. auf Wie-Fragen, auf Fragen der eigenständigen Gestaltung zugeschnittenen Charakter erhalten, im Unterschied zur industriellen Massenarbeit, die von der raschen und präzisen Erfüllung von aussen vorgegebener, quantitativer Leistungsziele lebte. Selbst dort, wo industrielle Organisationsstrukturen überleben, werden alle strukturierten, alle von aussen definierbaren Aufgaben an die Technik delegiert. Übrig bleiben Aufgaben der Gestaltung, der Kommunikation, der Entwicklung neuer Ideen, Impulse, Vorgehensweisen, Produkte, etc., die ein breites Spektrum von nicht nur fachlichen, sondern auch kommunikativen, sozialen, intuitiven und emotionalen Kompetenzen erfordern - wie dies mit dem Schlagwort der «Emotionalen Intelligenz» bereits angeklungen ist - also Tätigkeiten, die wiederum im antiken Sinne des Wortes »kulturellen« Charakter haben.***
>
> ***Die Koordination innerhalb der nachindustriellen Organisationen erfolgt nicht mehr durch Entscheidungsträger an der Spitze, die die Maschine im bewährten Viertakt »Planen, Entscheiden, Anweisen, Kontrollieren« beherrschen und weiterentwickeln, sondern mit Hilfe der Organisationskultur. Das ist der Organisationscode, der die verbindenden Vorstellungen darüber enthält, wodurch sich eine Organisation von anderen unterscheidet, was sie für besondere Stärken und Wertvorstellungen hat und welche Rolle sie spielen möchte. Der Erfolg hängt nicht zuletzt davon ab, dass die***

Kultur lebt, d.h., dass sie sich in vielfältigen Dialogprozessen weiterentwickelt, und dass sie, wie die Gene eines Organismus, in jeder Zelle wirkt (während Informationen in mechanistischen Organisationen nach dem Geheimdienstprinzip gehandelt werden, wonach ein jeder nur die und genau die Informationen erhält, die er für seine präzis definierte Aufgabe benötigt).

Die wichtigste Energiequelle in der Gesellschaft wird der interkulturelle Dialog, der sich nicht nur zwischen «Kulturen» verschiedener Länder und Regionen abspielt, sondern auch innerhalb der lockeren Organisationsnetzwerke, die sich anstelle der monolitischen Hierarchien des Industriezeitalters herausbilden: Jede Organisationszelle bildet ihre eigene Subkultur aus, und jedes Individuum ist an verschiedensten Kulturen beteiligt; aus der Auseinandersetzung zwischen ihnen entstehen die neuen Kombinationen, die Innovation bedeuten.

Management und Politik werden im Kern kulturelle Aufgaben. An die Stelle des oben erwähnten Viertaktes tritt ein eleganter Vierspänner, bestehend aus Katalysator, Fazilitator, Animator und Kommunikator: Es geht nicht mehr so sehr darum, Entscheidungen zu treffen und durchzusetzen, als vielmehr um die Fähigkeit, Meinungsbildungsprozesse in Gang zu halten, Menschen bei der Entwicklung ihrer Begabungen, Ideen und Energien zu unterstützen, durch Impulse und Irritationen Innovationsprozesse auszulösen und den Beteiligten und Betroffenen den Sinn des Vorgeschlagenen oder Erreichten zu vermitteln.

Die exponentiell zunehmenden Verständigungsschwierigkeiten, die angesichts der fortschreitenden Auffächerung der Wirklichkeitsmodelle und Wahrnehmungsfilter zu erwarten sind, rufen nach der Entwicklung neuer und neuartiger Kopplungsmedien zwischen Individuen und Kulturen. Zu denken ist an den Bereich der Musik, der Bilderwelt, des Design und anderer menschlicher Ausdrucksformen, aber auch an jenen der Spielregeln, etwa im Internet, oder der Suche nach kulturübergreifenden Werten - alles überlebenswichtige Aufgaben kulturellen Charakters.

Das alles bedeutet, dass der kulturelle Sektor im traditionellen Sinn - Kunst, Bildung, Medien, Design, Wissenschaft - zum Schlüssel- und Hauptwachstumssektor wird bzw. statistisch gesehen bereits

geworden ist. Er reagiert damit nicht nur auf das überpropotionale Wachstum nach kulturellen Gütern und Dienstleistungen für die persönliche Lebensgestaltung der Konsumenten, sondern auch als Zulieferer der anderen Sektoren, welche neues Wissen, Lernfähigkeit, kommunikative und soziale Kompetenz, Ideen und Impulse, Deutungen des gesellschaftlichen Wandels, Aufschluss über Konsumentenwelten, Qualitätsvorstellungen, Design, Konzepte des interkulturellen Dialogs und neue Kopplungsmedien benötigen.

Zusammengenommen bedeuten alle diese Dimensionen des kommenden kulturellen Zeitalters ein gigantisches Entmaterialisierungsprogramm der wirtschaftlichen Wertschöpfung. Auf der Angebotsseite hatte dieses schon während der hyperindustriellen Zeit gegriffen, wurden doch ständig natürliche Ressourcen und physische Arbeit substituiert durch Informationsverarbeitungsleistungen: Wir entwickelten immer »intelligentere« Materialen, Prozesse, Strukturen und Produkte. Dieser Prozess läuft weiter, aber er wird nun zunehmend ergänzt durch die »Kulturisierung«, d.h. Entmaterialisierung auf der Seite der Nachfrage und der Lebensgestaltung überhaupt, unter Einschluss der Arbeitswelt, eben durch die Verlagerung auf die Wie-Frage und auf die entsprechenden kulturellen Güter und Dienstleistungen bzw. auf die kulturellen Qualitäten traditioneller Güter und Dienstleistungen.

Wie ist die Perspektive eines kulturellen Zeitalters zu bewerten? Die letztgenannte Dimension deutet darauf hin, dass sie die gesuchte Antwort auf das Problem der »Nachhaltigkeit« beinhaltet, indem die wirtschaftliche Wertschöpfung sich zunehmend und schliesslich radikal vom Einsatz natürlicher Ressourcen abkoppelt. Das gilt übrigens nicht nur für die höchstentwickelten Länder dieser Welt, hat sich doch schon lange erwiesen, dass gerade auch für die nachhaltige Lösung der Armuts- und Umweltprobleme in den Entwicklungsländern, die kulturelle und organisatorische Qualität der Gesellschaftsordnung der praktisch allein entscheidende Faktor ist. Auf die westliche Welt bezogen aber scheint mir etwas anderes entscheidend: Erst mit dem Kulturellen Zeitalter, das nicht mehr auf fremdbestimmte Massenarbeit angewiesen ist, sondern von der lebendigen, eigenständigen Auseinandersetzung jedes Individuums mit seiner komplexen dynamischen Umwelt lebt, kommen wir dem alten abendländischen Traum von einer Gesellschaft näher, in der jeder Mensch sich als Subjekt seines Handelns fühlen kann (Helmut Klages).
Umso wichtiger ist es, dass wir rechtzeitig die Risiken auf dem Weg zum Kulturellen Zeitalter erkennen und bekämpfen. Sie bestehen m.E. nicht darin, dass nur eine schmale Elite der Menschen die Fähigkeiten mitbringt, auf die es im Kulturellen Zeitalter

ankommt, denn diese werden jedem Menschen in die Wiege gelegt. Das Risiko ist eher, dass allzu viele heute lebende Menschen von mechanistischen Strukturen geprägt sind, ihre Eigenständigkeit haben verkümmern lassen, Eigenschaften wegrationalisiert haben, die für ihre eindimensionalen Laufbahnen nicht hilfreich waren, gar nicht die Chance zu einer eigenständigen Entwicklung erhalten haben oder in Lebenssituationen geraten sind, die sie schlicht im Übermass der Probleme ertrinken liessen. Wenn wir verhindern wollen, dass eine wachsende Minderheit der Bevölkerung von der Perspektive des Kulturellen Zeitalters abgeschnitten wird, oder dass durch das Auseinanderdriften zweier Gesellschaftsteile gar das ganze System in ein autoritär-faschistoides Szenario umkippt, müssen wir die überfällige Deregulierung unserer Rechtsordnung durch einen radikalen Umbau des Wohlfahrtsstaates und des Bildungssystems flankieren, der integrierend wirkt, ohne die Anreize zur individuellen »**Lebensunternehmer-Verantwortung**« zu beeinträchtigen.

Der Verlag Schäffer-Poeschel sieht die Berücksichtigung von Umweltgesichtspunkten als Teil seiner Unternehmenskultur und bezieht sie in besonderer Weise in seine Entscheidungen mit ein.

Bei der Produktion unserer Bücher verwenden wir ausschließlich aus chlorfrei gebleichtem Zellstoff hergestelltes und im pH-Wert neutrales Papier.

Die zur Verpackung und zum Schutz der Umschläge eingesetzten Folien sind aus recyclefähigem Polyethylen und schneiden gegenüber anderen Verpackungsmaterialien in der Umweltbilanz positiv ab.

Wir haben zusammen mit unserem Produktions-Partner - der Franz Spiegel Buch GmbH in Ulm - ein Verfahren entwickelt (Spiegel-ProPrint), das eine besonders umweltschonende Herstellung unserer Bücher ermöglicht:

- Durch filmlosen Druck (computer-to-plate) werden Ressourcen gespart und kann auf umweltbelastende Chemikalien verzichtet werden.
- Durch Standardisierung der Formate und gemeinsame Fertigung gleichartiger Titel wird das zum Einrichten der Maschinen erforderliche Material minimiert und Abfall reduziert.
- Durch bedarfsgerechte Produktion (Printing-on-demand) werden Überdrucke und ihre Entsorgung vermieden.